교육학개론

더나눔학술 · 문화재단 편

전상준 신봉호 조남미 정수애
서동기 조혜영 김회엽 홍지명
정두배 문종길 조창영 김숙경

INTRODUCTION TO EDUCATION

박영story

머리말

인간은 교육이 필요한 유일한 존재다. (중간 생략) 인간은 미성숙의 상태로 세상에 나오므로 오랫동안 타인들의 도움에 의존해야 한다. 인간의 선천적 능력은 인간이 직접 자신의 노력을 통해 점진적으로 발달시켜 나가야 한다.

칸트, 교육에 대하여
- 교육학 명문 100선, 김성훈 편저 -

칸트의 이야기처럼 인간의 능력은 자신의 노력과 교육을 통해 점진적으로 조화롭게 발달시켜야 한다. '인생은 흘러가는 것이 아니라 채워지는 것이다. 우리는 하루하루를 흘러보낼 것이 아니라 내가 가진 무엇으로 채워 가야 한다.'는 영국의 사회 비평가 러스킨의 말처럼 더욱 성숙한 인간을 위하여 교육을 통하여 인간의 삶을 의미 있게 채워나가는 것도 가치 있는 일일 것이다.

미래를 예비하고자 할 때 우리는 과거를 알아야 하고, 과거의 바탕 위에서 현재가 존재한다. 지금 우리 사회는 현실과 가상이 인간을 중심으로 융합하는 4차 산업혁명의 시대를 살고 있다. 이처럼 빠르게 변화하는 사회를 우리 교육은 어떠한 형태로든지 담아내야 한다. 이러한 점에서 이 책은 기존의 교육학개론서들이 가지고 있는 틀을 탈피하기 위해 많은 시도를 했다. 집필진들 중 절반 이상이 학교 교육 현장에서 30여 년 이상의 풍부한 경험과 관련 이론을 가지신 분들이다. 모두 교육에 대하여 연구하며 가르치는 자들로서, 보다 나은 교육을 위해 늘 머리와 가슴으로 어떻게 가르치는 것이 바람직한가에 대하여 고민하고 느끼면서 가르친다는 것이 보람되지만 어렵다는 것을 느끼는 현장실천가들이다.

이를 바탕으로, 이 책은 내용면에서는 이론보다 현장 교육의 실태와 사례를 중심으로 집필하고자 노력하였으며, 새로운 교육환경을 반영한 교육의 다양한 측면을 소개하여 시대적 변화에 따른 사회적 요구와 필요를 반영하였다. 이를 위해 대안교육, 다문화 교육, 평생교육, 회복적 생활교육, 학교폭력의 이해라는 단원을 과감하게 편제하였다. 아울러 2022 개정 교육과정에서 디지털 교육 환경에 부합하는 미래 교수·학습 방법과 평가 체계 구축에 필요한 디지털 교육에 대한 이해 부분도 추가하였다. 다음으로, 형식면에서는 각 대단원별로 관련 내용에 대한 학습목표, 관련 학자의 말, 연습 문제를 수록하여 학습자들의 이해를 제고하기 위해 노력하였다.

전반적 이해를 돕기 위해 이 책은 교육학의 다양한 세부 전공 중심으로 총 열두 개의 장으로 구성하였다.

이 책의 **제1장 교육이해의 기초**(신봉호)에서는 과거·현재·미래 교육은 어떻게 달라질 것이고, 이에 따라 교사, 학생, 교육 내용 및 방법은 어떻게 변해야 하는지에 대한 진지한 성찰의 필요성에 따라서, 교육의 정의와 목적, 교육의 가능성과 필요성, 교육 요소들의 변화를 중심으로 살펴 보았다.

제2장 교육사 및 교육철학의 이해(조남미)에서는 교육사 이해를 돕기 위해 한국교육사와 서양교육의 흐름을 설명하고, 우리의 교육과 서양교육을 비교 분석하면서 역사적인 안목을 넓히는데 도움을 주고자 하였다. 교육철학의 이해 부분에서는 다양한 교육철학에 대한 관점, 개념, 성격, 기능, 탐구방법, 현대교육 철학의 흐름을 중심으로 살펴보았다.

제3장 교육심리학의 이해(김회엽)에서는 교육의 과정에서 일어나는 여러 문제를 심리학적 측면에서 연구하여 그 원리를 정립하고 해결 방법을 제시함으로써 교육의 효과를 극대화하려는 학문이다. 이를 위해서 교육심리학의 기초와 인간과 발달, 인지발달, 성격발달, 도덕성 발달, 인지적 특성, 정의적 특성, 학습이론을 중심으로 살펴보았다,

제4장 교육사회학의 이해(전상준, 홍지명)에서는 교육을 사회적 관계 속에서 파악하려고 노력하였다., 교육의 내용은 곧 사회가 되고 사회의 산물은 교육이 되는 것이다. 교육은 사회 속에 분리되어 나타나는 것이 아니라, 사회관계에 의해 영향을 받으며 형성된다. 교육과 사회를 다루는 교육사회학은 학문적 이해를 위한 이론과 실제를 다루고 있다. 거시적·미시적 관점의 교육사회학 이론, 사회와 교육, 문화와 교육, 사회계층과 교육 학교조직과 교육으로 구성하였다.

제5장 교육행정학의 이해(조창영)에서는 교육활동이 잘 이루어지도록 교육기관을 '조직-지원-관리'하기 위한 입장에서 교육행정의 개념, 원리, 발달 과정, 핵심

이론, 교육조직, 교육재정, 인사행정, 장학행정의 주요 특징과 실천 사례들을 중심으로 살펴보았다.

제6장 1절 교육과정(전상준)**의 이해**에서는 교육 활동의 여러 장면에서 가장 본질적인 과제는 학생이나 교육 대상에게 무엇을 어떻게 가르칠 것인가를 결정하고 가르치고 있는 과정과 결과를 확인하는 일이다. 교육과정이 어떻게 설계되느냐에 따라 교육의 방향성이 결정되고, 그에 따른 결과도 달라진다. 교육과정의 개념, 결정 수준, 법적 근거, 개발 모형, 종류, 유형, 구성, 우리나라의 교육과정 변천을 중심으로 살펴보았다.

2절 교육평가(정두배)**의 이해**에서는 교육과정에 대한 종합적 평가를 통해 교육과정에 대한 반성과 새로운 교육과정을 계획할 때 중요한 자료로서 역할이 필요하다. 교육평가의 개념, 목적, 기능, 관점, 모형, 유형, 그리고 조건들에 대해 살펴보았다.

제7장 상담의 이해(조혜영)에서는, 상담은 학생들의 전인적 성장을 돕는 데 필수적이며, 교육의 목표를 효과적으로 달성하는데 중요한 역할을 한다. 학습뿐만 아니라 다양한 심리적, 정서적 문제를 깊이 파악하고, 학생들에게 적절한 지원을 제공하여 효과적인 학습 환경을 조성하는데 도움을 준다. 상담의 개념, 과정, 기법과 상담자의 자질, 주요 상담 이론을 중심으로 살펴보았다.

제8장 1절 회복적 생활교육(김숙경)**의 이해**에서는 학생들이 상호 존중과 책임감을 바탕으로 건강한 학교생활을 할 수 있도록 돕는 중요한 교육방법이다. 회복적 생활교육의 개념과 필요성을 이해하고, 운영 방법과 다양한 프로그램 활용 방법을 중심으로 살펴보았다.

2절 학교폭력의 이해(서동기)에서는 날로 심각해져가는 학교폭력의 문제를 예방하고 해결하기 위한 방안 모색을 위해 학교폭력의 개념과 유형, 사안처리과정과 다양한 학교폭력 사전예방 프로그램에 대해 살펴보았다.

제9장 대안교육(조혜영)**과 평생교육**(정수애)**의 이해**에서는 제도교육의 한계를 인식하고 새로운 미래지향적 교육모델로서 등장한 대안교육의 개념과 유형, 특성을 이해하고 변화하는 환경 속에서 미래 사회의 개념과 필요성, 평생교육의 방향을 중심으로 살펴보았다.

제10장 특수교육의 이해(김회엽)에서는, 특수아동의 올바른 특성을 이해하기 위해서 장애 및 특수아동의 정의와 분류, 특수아동의 개별화 프로그램을 중심으로 살

퍼보았다.

제11장 교육방법과 디지털 교육의 이해(서동기)에서는 교육방법에서는 교수-학습활동을 효과적이고 능률적으로 수행하기 위한 교육 방법의 개념과 유형, 다양한 교수-학습이론과 모형을 중심으로 살펴보았다. 2022 개정 교육과정에서 새롭게 편성된 디지털 교육은 학습자 중심의 접근 방식을 통해 개인 맞춤형 학습을 가능하게 한다. 다양한 온라인 자원과 도구를 활용하여 학습의 접근성과 포용성을 높이고, 더 나은 학습 경험을 제공하는 데 필수적이다.

제12장 다문화교육(홍지명)**과 세계시민교육**(정수애)에서는 다양한 문화와 민족, 성, 사회계층이 함께 살아가고 있는 현대사회에 다양한 문제들이 상호연결되어 있음을 이해하고 다문화교육과 세계시민교육의 개념과 필요성 등을 살펴보았다.

이 중에서 몇몇 대단원은 위의 집필진들이 중심이 되어 지난 2023년에 도서출판 정민사에서 출판한 교육학개론의 원고내용 일부를 그대로 가져왔음을 밝혀 둔다. 아울러 각 장에는 대단원의 학습목표를 중심으로 학습 내용을 확인할 수 있도록 연습문제가 수록하여 구성하였다.

우리는 열 여덟 번째 도전했다. 또 하나의 도전을 통하여 미완의 부족한 결과물을 조심스럽게 세상에 내밀어 본다. 여기에 내놓은 조그마한 결과물이 여러분들의 목마름을 풀기에는 부족함이 많지만, 여유와 사랑으로 감싸주시길 바란다. 앞으로 더 낳은 책이 되어가기까지는 수많은 충고와 조언 그리고 우리 내부의 열린 마음의 담금질이 필요하다. 이 책을 접하는 모든 분들의 도움도 절대적으로 필요하다.

그 동안 이 책이 나오기까지 한 단어, 한 문장을 어떻게 써내려갈지 노심초사하며 많은 고민을 거듭해 온 집필진들과 그 배우자 및 가족 여러분들의 보이지 않는 고마움에 대하여 마음 속 깊은 곳에서 우러나오는 진심을 전한다. 또, 많은 관심과 조언을 아끼지 않으신 주변의 지인들께도 감사의 마음을 전한다. 마지막으로 부족한 원고의 출판을 기꺼이 허락해주신 출판을 허락해주신 도서출판 박영사 안상준 대표와 관계자 여러분들께 진심으로 감사드린다.

2024년 11월 15일
미향 여수에서
저자 대표 전상준

차례

CHAPTER

05

교육행정학의 이해

CHAPTER

06

교육과정과
교육평가의 이해

CHAPTER

07

상담의 이해

CHAPTER

01

교육 이해의 기초

CHAPTER 01
교육 이해의 기초

 학습목표

가. 교육의 정의와 목적을 예를 들어 설명할 수 있다.
나. 교육의 가능성과 필요성을 예를 들어 설명할 수 있다.
다. 교육의 변화를 시대에 따라 설명할 수 있다.
라. 교육 요소들의 변화를 열거할 수 있다.

> 이론 없는 경험은 맹목적이지만 경험 없는 이론은 지적 유희에 불과하다.
>
> 칸트(Kant)

> 저를 내버려 두면 저 스스로가 될 수 없습니다.
>
> 피터스(Peters)

교육은 시대와 사회의 변화에 따라 그 역할을 달리해 왔고, 미래를 위한 또 다른 변화를 위해 노력해야 하는 시점에 와 있다. 과거·현재·미래 교육은 어떻게 달라질 것이고, 이에 따라 교사, 학생, 교육 내용 및 방법은 어떻게 변해야 하는지에 대한 진지한 성찰이 필요하다. 이 장에서는 '교육의 정의와 목적', '교육의 가능성과 필요성', '과거·현재·미래 교육의 변화', '교육 요소들의 변화'를 중심으로 살펴보고자 한다.

교육을 이해하려는 가장 기초적인 노력은 '교육의 정의', '교육의 목적'을 살펴보는 것일 것이다.

가. 교육의 정의

1) 어원적 정의

동양의 고전에서 교육이라는 단어는 『맹자』에 최초로 등장한다. 이 책의 '진심장구(盡心章句)'상편에 군자의 세 가지 즐거움(君子三樂)이 소개되고 있다. 그 첫째는 부모가 생존해 계시고 형제가 아무런 탈이 없는 것이요, 둘째는 하늘을 우러러 한 점 부끄러움이 없고 사람에게도 부끄러움이 없는 삶을 사는 것이요, 셋째는 천하의 영재를 얻어 교육하는 것이다. 군자의 세 번째 즐거움을 이야기하면서 '교육'이 언급되고 있다. 여기서 주목할 점은 맹자가 고대 중국의 교육적 이상인 군자의 즐거움을 먼 곳에서 찾지 않고 인간의 일상적 삶 속에서 찾고 있다는 것이다.

한자의 敎는 老와 子가 합쳐진 것으로 자식이 늙은이를 모시고 받든다는 의미다. 더 엄밀히 말해서, 윗사람이 하는 일을 아랫사람이 본받도록 지도·편달하는 일이 바로 敎라 할 수 있다. 동양의 전통적인 교육 개념에 효도, 공경, 훈육 등의 의미가 깊게 배어 있는 것은 이러한 연유에서다. 또한 한자의 育은 養과 生이 합쳐진 것으로 원래 '아이를 낳아 잘 기른다'는 뜻과 함께 자녀를 길러 착하게 만든다는 뜻을 담고 있다. 여기에는 물질적, 신체적, 정신적 도움과 지원의 의미가 깊게 스며들어 있다. 동물과 달리 인간의 양육이 교육에서 결정적인 이유는 정신적, 심리적 도움 없이는 교육적 행위가 성공을 거두기 힘들기 때문이다. 요컨대, 동양에서 교육(敎育)의 의미는 '가르치고 기르는 일'이다(김진한, 2011).

서양의 경우 교육을 뜻하는 영어 단어 education은 educare에서 유래되었는데, 이는 e(밖으로)라는 접두사와 ducare(이끌어 내다)라는 라틴어 어근이 결합된 합성어다(Simpson, 1987). 교육은 인간의 내부에 있는 소질, 가능성 등을 밖으로 이끌어 내는 작업인 것이다. 영어의 education이나 독일어의 Erziehung 모두 여기서 파생된 단어다. 서양교육의 근원을 추적해 보면, 교육은 아직 미성숙한 상태에 있는 피교육자의 내부에 숨겨진 소질, 잠재 능력, 가능성 등을 기르고 육성하는 일과 밀접하게 관련되어 있다(문종철 외, 2022).

교육을 가리키는 또 다른 영어 단어인 Pedagogy는 원래 고대 그리스 시대의 노예였던, 가르치는 사람이란 뜻을 지닌 paidagogos에 그 기원을 두고 있다(Liddell & Scott, 1975. 김진한, 2011). 그리고 가르치는 노예란 의미의 '교복(敎僕)'은 오늘날 교수자의 효시가 되었다. 교복은 귀족 자제들을 학교에 데리고 다니면서 교육을 받게 하였고, 가정에서 기본 예의범절과 생활태도 등을 가르치는 가정교사의 역할을 하였다.

교육에 관한 동서양의 어원을 살펴보면 교육을 보는 관점이 약간 다른 것을 알수 있다. 동양에서는 윗사람이나 어린이 아이들에게 무엇인가를 가르쳐서 착한 방향으로 이끌어 가는 데 교육의 초점을 두고 있다. 이는 교육이 행해지는 방향이 학습자의 '밖에서 안으로' 향하고 있음을 알 수 있다. 반면 서양은 아이들이 자신의 내부에 존재하는 재능과 잠재능력을 밖으로 표출하고 실현할 수 있도록 돕는 데 교육의 초점을 두고 있다. 이는 교육이 행해지는 방향이 학습자의 '내부에서 밖으로' 향하고 있음을 알 수 있다(신봉호 외, 2015).

2) 조작적 정의

교육을 정의할 때 그 정의가 적어도 어떤 활동이 그 정의에 해당하는 것이며, 어떤 활동이 그 정의에 해당하지 않는가 하는 것을 식별할 수 있게 명확히 진술하면 좋겠다. 여기서 한걸음 더 나아가 그러한 활동이 어떤 요소를 포함하고 있으며 어떤 과정으로 이루어져 있는지를 알 수 있게 해주었으면 하는 것이다. 그래야 우리는 그 정의가 지칭하는 활동을 분명히 알 수 있으며 그 활동이 일어나는 기본적인 조건과 절차를 알 수 있다. 이러한 정의 방식이 바로 조작적 정의이다. 조작적 정의의 창시자인 브릿지만(Bridgman)에 의하면 "개념의 의미는 일련의 조작에 지나지 않는다." 다시 말해서 구체적으로 조작할 수 있는 내용을 담고 있지 않는 개념이나 정의, 즉 조작이 불가능한 개념이나 정의는 무의미한 것에 지나지 않는다. 그러므로 교육과 관련하여 교육을 조작적으로 정의한다는 것은 교육활동에 포함되는 기본적인 요소와 그 요소들이 작용하는 실제적인 과정과 방법을 보여 줄 수 있도록 정의하는 것이다.

조작적 정의의 대표적인 예는 교육을 '인간행동의 계획적인 변화'로 보는 정범모(1976)의 정의에서 찾아볼 수 있다. 이 정의에서는 '인간행동', '계획적', '변화'라는 실제 교육의 과정에서 포함되는 기본적인 요소와 그 요소의 의미를 규정하고 있다. 여기서 '인간행동'은 교육의 대상, '계획적'은 교육의 의도성과 계획성, 그리고 '변화'라는 것은 교육의 목적 또는 결과에 대한 언급으로 이해할 수 있다. 이 정의에 의하면 교육이란 물리현상이나 화학현상이 아닌 인간의 행동을 다루는 활동이며, 기르고자 하는 인간행동에 관한 명확한 목표가 설정되어 있어야 하는 활동이다. 또한 교육은 인간행동을 기를 수 있는 일정한 계획, 과정, 방법이 있는 활동이다. 조작적 정의는 비의도적인 교육이나 잠재적 과정을 통한 교육들이 제외된다는 점에서 교육을 다소 좁게 규정하기는 하지만 교육의 기본적인 구성 요소와 교육적 과정의 성격을 제시해 준다는 점에서 교육을 이해하는 데 중요한 의미를 찾는다(신봉호 외, 2015).

3) 규범적 정의

교육에 대한 규범적 정의의 가장 대표적인 예는 피터스(R. S. Peters)에게서 찾아볼 수 있다. 피터스에 의하면 교육은 기본적으로 합리적인 사고와 활동(경험내용)으로 입문시키는 성년식이다. 여기서 합리적 사고와 경험내용은 인간이 되는 데 그리고 인간다운 삶을 사는 데 없어서는 안 될 요소이다. 출생 시에는 동물로서의 인간이 합리적인 사고와 경험을 배움으로써 진정한 의미의 인간이 된다는 점에서 이것은 교육활동 그 자체 내에 들어 있는 가치이다. 이런 점에서 이것은 교육의 내재적 목적 또는 내재적 가치라고 불린다. 그런데 그러한 목적을 달성하기 위해서는 그러한 목적에 맞는 내용과 그러한 목적에 맞는 방법으로 가르쳐야 한다. 합리적인 사고를 기른다고 하면서 합리적 사고를 기르는 데는 아무런 관련이 없는 내용을 가르친다거나 합리적 사고를 사용하지 않는 비합리적인 방법으로 가르친다면 그것은 목적에 맞지 않게 된다.

따라서 피터스에 의하면 교육은 "가치 있는 내용(합리적 사고방식과 지적 안목)이 도덕적으로 온당한 방법으로 의도적으로 전달하는 과정 또는 전달된 상태"로 정의된다. 이러한 정의는 교육 그 자체에 내재된 의미를 중심으로 정의하기 때문에 교육을 상당히 좁게 정의하기는 하지만 교육활동의 본질적 측면을 보여 준다는 점에서 교육을 이해하는 데 매우 중요한 의미를 갖는다(노희선 외, 2014).

4) 기능적 정의

기능적 정의는 활동 그 자체의 의미나 목적에 의해 정의하는 것이 아니라 목적을 위한 수단이나 도구로 규정하는 것이다. 이 정의는 교육이 수행하는 외적 기능을 중심으로 교육을 정의하는 방식이다. 이처럼 기능적으로 정의하는 방식은 그 기능을 어떤 관점에서 보느냐에 따라 아주 다양하게 정의될 수 있다. 예를 들어, 교육을 개인, 국가, 사회발전을 위한 수단이나 문화 계승 및 발전의 수단 등으로 여긴다. 오늘날 우리 사회에서 교육을 규정하는 데에 있어 가장 팽배해 있는 것이 이러한 기능적 정의에 의한 것이라고 할 수 있다. 그러나 이러한 관점은 교육행위 자체의 가치나 의미를 훼손할 가능성을 지니고 있다. 즉, 교육을 기능적 관점을 중심으로 파악하게 되면 교육은 교육 자체의 가치를 등한시하게 될 가능성을 안고 있으며, 나아가 교육을 지나치게 기능적으로 파악하는 것은 교육을 교육이 아닌 다른 활동으로 변질시킬 가능성을 안고 있는 것이다. 이것은 우정을 자신의 이익을 위한 수단으로 보거나 종교를 많은 재물을 얻기 위한 수단으로 볼 때 우정이나 종교가 타락하게 되는 것과 같은 이치이다. 그러나 교육에는 이런 기능적 측면이 있으며 필요하다는 것도 부인할 수 없는 사실이다. 이러한 기능적 정의는 교육의 도구적 가치나 외재적 가치를 중요시하는 입장을 견지하며 교육이 기여해야 한다고 생각하는 대상에 따라 무수히 정의할 수 있다(신봉호 외, 2015).

나. 교육의 목적

1) 내재적 목적

교육의 내재적(본질적)인 목적은 교육을 통해 획득해야 할 인간의 이상적인 가치로 오랫동안 인정하는 지·정의·심미적 가치를 추구하는 것이다. 이 세 가지 가치 영역에는 다양한 가치가 포함되어 있다.

지적 영역의 목적은 지적 호기심과 이해, 창의성 함양, 진리와 정의에 대한 사랑, 세계와 우주를 이해하는 포용성 등의 인지적 안목을 기르는 것이다. 이러한 내재적 목적은 인지적 안목을 가진 교육받은 사람을 육성하는 것이다. 교육받은 사람은 지식의 소유자가 아니라 지적인 덕목을 가진 자이고, 이를 행동으로 실천하는 동시에 지혜를 가진 자다.

도덕적인 안목을 포함한 정의적인 영역의 가치는 지적 영역과 함께 중요한 가치이다. 선, 절제, 관용은 변하지 않는 고전적인 덕목이며 이와 함께 이해, 우정, 사랑, 동정 등은 인간의 행복한 삶을 이끄는 중요한 가치를 지닌 덕목이다. 교육의 내재적 목적은 이러한 인간의 도덕성과 감정을 지배하는 덕목을 육성하는 것이다.

심미적 덕목은 예술을 통해 아름다운 영혼을 육성하여 행복하고 조화로운 인간의 삶을 추구하는 목적을 지니고 있다. 예술을 통하여 아름다움을 추구하는 인간의 욕망을 정상적으로 충족시키면 정결한 정신세계와 영혼의 미적 세계를 가진 자로서 아름다운 영혼을 지닌 교육받은 자이다(신봉호 외, 2015. 전상준 외, 2018).

2) 외재적 목적

교육의 외재적(수단적) 목적은 개인의 삶을 지배하는 생계와 관련되고 국가·사회적인 입장에서는 효율적인 인력의 양성을 통한 국가발전과 바로 연결된다. 통상적으로 외재적인 목적은 직업, 수입, 결혼, 명성, 권력 등을 획득하는 수단으로 연결되고, 국가적으로는 전문 인력의 양성을 위한 방법으로 인식된다. 외재적 목적은 교육을 통하여 성취하려는 목적이 가시적이며 개인과 사회의 이익에 부합되기 때문에 매력적이고 명확한 제시가 가능하다. 따라서 대부분의 국가와 사회는 외재적인 목적의 달성 여부에 관심이 많고 국가·사회를 위한 인재 배출의 척도가 외재적 목적을 평가하기 위한 기준이 되어 왔다. 슐츠(T. Schultz)의 인간자본론은 교육의 외재적인 목적을 정당화시키는 이론 중의 하나이다.

또한 개인의 입장에서 보아도 교육의 수단적 당위성을 설명하는 매력적인 투자 요인이 된다. 교육을 통해 부(富)와 사회지위와 명예를 얻을 수 있다는 사회통념은 개인이 교육을 받는 동기가 되는 동시에 구성원 간의 경쟁을 부추기며 사회의 발전 동력이 되어 왔다(신봉호 외, 2015. 전상준 외, 2018).

2 교육의 가능성과 필요성

인간 이외의 동물에게도 무엇인가를 가르치고 배우는 것이 있을 것이다. 그러나 인간은 오랜 기간을 통하여 누적된 문화와 삶의 양식으로 가지고 있다. 그것을 가르치고 배우는 어느 정도 체계화된 교육활동은 인간에게서만 찾아볼 수 있는 특징적인 활동이다. 이러한 인간의 특성에 비추어 '교육의 가능성과 한계'와 '교육의 필요성'을 살펴보는 것은 교육에 대한 보다 깊은 이해를 제공해 줄 것이다.

가. 교육의 가능성과 한계성

교육이 필요한 것이라 하더라도 실제로 교육이 가능하지 않다면 무의미할 것이다. 랑에펠드(M. Langeveld)는 인간을 교육이 필요한 존재인 동시에 교육이 가능한 존재로 보았다. 케이(Ellen Key)는 "부모의 팔에 안겨 잠든 영아의 모습을 지닌 생명에는 인류의 미래가 잠들어 있고 그의 발끝에는 역사의 장래가 꿈틀거리고 있다."고 말하였다. 교육은 개인의 삶을 좌우하고 인류의 미래를 결정지을 만큼 많은 가능성을 가지고 있다. 그렇지만 교육이 모든 것을 가능하게 하는 것도 아니다. 교육에는 분명 한계도 있다. 먼저 교육의 가능성을 살펴보자. 인간은 어떤 면에서 어느 정도까지 교육이 가능한가?

첫째, 인간의 성장 가능성이 교육을 가능하게 한다. 인간은 태어날 때 미약한 현실성을 지니고 있는 반면 커다란 가능성을 지니고 있다. 인간은 신체·정신적 측면에서의 성장 가능성이 다른 동물에 비해 월등하다. 무엇보다도 인간의 신체적 특징인 직립보행에 따른 두 손의 자유로운 사용이 가능한 점, 체중에서 차지하는 뇌의 중량 비율이 다른 동물보다 훨씬 높은 점, 정교한 언어구사 능력을 가지고 있는 점은 인간이 동물과 달리 훌륭한 문화를 발전시키는 원동력일 뿐만 아니라 교육이 가능하도록 만들어 주는 요인들이기도 하다.

둘째, 인간의 정신적 특성이 교육을 가능하게 한다. 심리학의 연구들은 인간이 뛰어난 기억과 학습능력을 지니고 있음을 밝혀 왔다. 또한 인간의 호기심, 탐구심, 모험심, 자아실현 욕구는 다른 동물에게서 찾아보기 힘든 특성이다. 이런 특성들은 인간이 성장할 수 있는 가능성을 말해 주는 내적 조건들이다. 앞에서 언급한 사회적 환경이 갖춰진다고 저절로 교육이 이루어지는 것은 아니다. 교육을 가능하게 하는 인간의 내적 조건이 필요하다. 그 내적조건이 바로 인간의 정신능력이다.

교육의 가능성을 신뢰하는 사람들은 여러 형태로 자신의 입장을 피력하였다. 로크(J. Locke)는 인간이 출생 시 백지상태로 태어난다는 백지설을 주장하였다. 가능성만 가진 채 아직 무엇에도 물들지 않은 백지상태의 인간이 어떤 교육을 받는가에 따라 결과가 천차만별로 달라질 수 있음을 알 수 있다. 행동주의 심리학자인 왓슨(J. Watson)은 "나에게 열두 명의 건강한 어린아이들을 맡겨 주고 내가 원하는 적절한 여건을 갖춘 장소를 마련해 주면 그들의 재능, 취미, 성향, 능력, 직업, 종족에 관계없이, 의사, 변호사, 예술가, 상인, 심지어 거지나 도둑으로도 만들 수 있다(이지헌 외, 2012)."고 주장하였다. 이는 교육을 통해 어떤 인간도 만들어 낼 수 있다는 '교육 만능설'이다. 교육의 가능성에 대한 신뢰가 지나치면 이처럼 교육 만능설에 이르게 된다.

그러나 교육은 만능이 아니다. 교육에도 한계가 있다. 인간의 유전적 요인과 환경은 성장 가능성에 한계를 부여한다. 유전과 환경은 교육에 영향을 미치는 중요한 요소들이다. 양자의 상호작용 속에서 인간은 성장한다. 특히 교육은 좋은 환경을 조성하여 성장 가능성을 극대화하려는 노력을 한다. 그러나 유전적 요소가 인간의 발달에 결정적 영향을 미치는 중요한 요소임을 부인할 수 없다. 또한 교육이 환경 요인을 모두 통제할 수 있는 것도 아니다. 일란성 쌍생아라 하더라도 성장 환경을 달리 하면 발달에 있어서 매우 다른 결과를 가져올 수 있다. 이처럼 유전과 환경의 제약은 교육의 한계를 설정한다. 또 현대교육이 안고 있는 각종 병리 현상은 교육의 한계를 느끼게 한다. 개인차를 고려하지 않고 결과만을 중시하는 교육 풍토는 많은 개인에게 좌절감을 맛보게 하기도 한다(신봉호 외, 2015; 전상준 외, 2018).

나. 교육의 필요성

왜 교육이 필요한가? 이 질문에 대한 보편적인 답은 인간이 다른 동물에 비해 매우 미완성의 상태로 태어나 철저한 보호와 지속적인 교육이 없으면 생존하기 어렵기 때문이라는 것이다. 이처럼 교육은 가장 원초적으로는 이런 필요 때문에 요구되는 것이라고 할 수 있다. 인간에게 교육이 필요하다고 하는 것은 개인적 측면, 문화적 측면, 사회적 측면, 국가적 측면, 경제적 측면에서 필요로 구분하여 생각해 볼 수 있다.

첫째, 개인적 필요는 다시 생존을 위한 필요와 사회적 존재로서의 인간적 생활을 위한 필요로 나누어 생각해 볼 수 있다. 생존을 위해서 교육이 필요하다는 말은 인간이 생명을 유지하기 위해서는 교육이 필요하다고 하는 것이다. 생존을 위한 것은 단순히 인간이 갖는 신체적 특성만으로 이해될 수 있는 것이 아니다. 신체적인 기능이 제대로 발휘하기 위해서 교육의 기간이 필요하다고 하는 것은 생존을 위한 교육의 필요를 말하는 일차적인 지점이기는 하지만, 인간의 신체적 능력이 제대로 발휘된다고 하더라도 그것은 다른 동물들에 비하면 아주 무능한 것에 불과하다. 인간이 열악한 신체적 조건 속에서도 지구상에 번성하게 된 데는 다른 동물에는 없는 정신 능력이 있기 때문이다. 늑대소녀 이야기에서도 알 수 있는 것처럼 인간의 정신 능력과 사고 능력은 선천적인 것만으로 보기는 어렵다. 그리고 인간다운 정신·사고 능력은 인간으로서 생존을 유지하고 인간다운 삶을 향유하는 기초가 된다. 인간은 신체·정신적으로 아주 미약한 존재로 출생하기 때문에 교육이 반드시 필요하다고 할 수 있다. 개인적인 측면에서 또 다른 이유는 인간다운 생활을 향유하기 위하여 교육이 필요하다는 것이다. 인간은 인간으로서 존엄을 누리고 싶어 하며 자신의 삶의 의미와 가치를 실현하려는 자아실현의 욕구도 가지고 있다. 그러나 인간은 문화를 누적적으로 발전시켜 왔으며, 또한 앞으로도 그러할 것이기 때문에 전수해야 할 문화내용은 점점 더 다양하고 복잡하게 된다. 인간이 진정한 의미의 인간이 되기 위해서는 그 당시 사회에 있는 문화의 내용을 알아야 한다. 교육은 인간이 인류 문화의 정수를 전달받아 인간으로서의 존엄을 누리는 생활을 하고 자신의 삶의 의미와 가치를 실현하는 생활을 하기 위하여 반드시 필요한 것이다.

둘째, 사회적 측면에서 교육이 사회의 존속과 문화 발전의 측면에서 반드시 필요하다고 하는 것이다. 사회의 존속은 유한한 개인들의 삶 속에서 이어져 나가는 문화 요소를 지속적으로 보존하는 양식으로서의 교육을 필요로 한다. 교육이 없다면 개인의 유한성으로 인해 사회는 지속되지 못할 것이며 문화전달 역시 불가능할 것이다. 인간에게 교육이 없었다면 인류는 누적된 문명이나 문화의 현상을 기대할 수 없었을 것이며, 동물적인 생활만을 반복하여 왔을 것이다. 즉, 교육이 발전하면 교육을 통한 훌륭한 인적 자원의 생산이 이루어져 빠른 사회 발전을 꾀할 수 있으며, 사회가 발전하면 발전된 사회를 유지 발전시키는 데 필요한 인적 자원을 생산하기 위하여 교육의 발전이 이루어지는 것이다. 이처럼 교육은 사회의 유지와 존속, 그리고 발전을 위하여 필요한 것이다.

셋째, 문화적 측면에서 교육은 자기가 속해 있는 집단의 문화를 전달하고 보존하며 발전·창조시킨다. 이를 위해서 교육은 문화 속에 내포된 것 중 가장 가치 있는 것을 교육과정에 포함시켜 그것을 다음 세대에게 전달함으로써 그들로 하여금 기존의 문화를 수용하게 하고 새로운 문화 창조에 참가할 수 있는 힘을 길러 주는 역할을 한다. 그러므로 문화적 측면에서 교육의 필요성은 그 사회가 지니는 문화의 연속성과 창조성이 사라지는 것을 막기 위해서라고 할 수 있다.

넷째, 국가적 측면에서 교육은 한 나라의 흥망성쇠와 밀접한 관련이 있다. 이 때문에 모든 국가는 교육을 가장 중요하게 여기고 있다. 현대교육의 다원화는 그 어느 때보다도 교육의 필요성을 절감하게 하고 있으며, 이로 인해 국가는 국민교육을 질적으로 향상시키기 위하여 노력하고 있다. 또한 국가는 교육을 질적으로 향상시키는 것과 더불어 건강한 국민정신과 애국심을 고취시키고 있다. 교육이 이러한 기반을 둘 때 국가발전이 기대될 수 있다.

마지막으로 경제적 측면에서 교육의 필요성을 살펴보면 경제성장은 생산의 기본요소인 자원, 자본, 노동에 의해서 달성될 뿐만 아니라 외적 요소인 개인의 심리적 특성, 사회의 특성, 교육 등의 요소에 의하여 이루어진다. 그러나 과거와 달리 고도의 성장과 빠른 변화는 기존의 경제 성장에 제동을 걸고 있다. 그러므로 빠르게 변화하는 경제 환경에 능동적으로 적응하기 위해서는 교육에 의한 인간 능력, 인력의 개발이 중요시되고 있다. 마셜(A. Marshall)은 교육을 고차생산을 위한 수단으로 생각하였으며, 교육수준이 경제성을 추진하는 데 강력한 영향력을 지닌다고 강조하였다. 또한 사회학에서 기능이론가들은 교육수준이 사회계층을 결정하는 중요한 요인이며, 교육이 사회계층의 이동과 변화에 관계가 있다고 주장한다(이종철 외, 2010).

3 과거·현재·미래 교육의 변화

사회의 변화를 다양한 관점에서 논의해 볼 수 있는데, 여기서는 산업화의 관점에서 '과거', '현재', '미래'교육의 특징들이 무엇인지 살펴보고자 한다.

가. 과거의 교육

18세기 산업혁명 이후 사회의 특징을 규정하자면 '분업과 대량생산'의 사회라고 할 수 있다. 산업혁명은 1770년대부터 1830년대에 걸쳐서 영국을 중심으로 일어난 생산과 경제의 대변혁을 말한다. 1차 산업혁명은 인간의 육체적 노동을 기계로 대체시켰고, 2차 산업혁명에서는 자동화에 의한 대량생산으로 분업이라는 노동 형태가 나타나기 시작했다. 1, 2차 산업혁명은 인간이 해야만 했던 단순한 육체노동을 기계로 대체함으로써 생산성에서 엄청난 효율성을 가져왔다. 이 과정에서 노동자들이 소외됨에 따라 대규모 실업 사태가 생겨났지만, 기계의 육체노동 대체는 더욱 가속화되었으며, 기업은 공장의 기계화를 통해 생산성의 효율성을 통해 이윤의 극대화를 추구하였다. 그러나 기계가 인간의 육체노동을 대신한다고 해도 그 기계를 작동시키는 것은 여전히 인간이었고, 이에 따라 교육은 보다 숙련된 노동자를 어떻게 양성해 내느냐에 집중하였다고 할 수 있다(류방란 외, 2018).

앨빈 토플러(Alvin Toffler)는 『부의 미래(Revolutionary Wealth)』라는 책에서 근대의 학교 체제를 산업화 시대의 노동력을 양성하는 곳으로 묘사한 바 있다. 근대 국가가 형성되고 산업화가 빨라진 19세기 이후에 선진국들은 전 국민을 대상으로 의무교육을 시작하였고, 이는 토플러의 말처럼 산업혁명이 불러온 새로운 사회구조에 필요한 노동력을 양성해야 했기 때문이었다. 개인적으로 이루어지던 도제식 교육이 학교라는 기관을 통해 '보편교육'으로 바뀌게 되고, 이는 근대 학교제도의 기반이 된 것이다.

산업화 시대에 형성된 학교제도는 특수한 계층이 독점적으로 향유하던 교육의 가치를 모든 국민이 공유하게 하였다는 점에서 교육의 민주주의 실현에 기여하였다고도 할 수 있다(홍선주 외, 2016). 보편교육의 실현은 교육받을 권리를 모든 사람에게로 확장하였다는 점에서 의의를 가지지만, 교육 보편화를 위해 교육과 관련된 여러 제도와 내용, 방법 등을 표준화하게 된다. 이 시기 국가가 정한 학제에 의해 모든 학생들이 동일한 교과목을 이수하는 것이 일반적이며, 동일한 내용들을 많은 학생에게 효율적으로 전달하기 위한 방법으로 강의식 수업방법이 획일적으로 학교현장에 적용되기 시작하였다.

나. 현재의 교육

산업화 이후 지금까지의 현재 사회를 특징짓는 개념으로 가장 먼저 생각할 수 있는 것이 지식정보화라는 것이다. 컴퓨터와 인터넷이 발명과 대중화로 시작된 디지털혁명은 정보에 대한 접근을 용이하게 만들었고, 지식을 기반으로 한 산업들이 자본과 자원을 기반으로 한 산업들을 앞서기 시작했다. 지식정보화 시대에 들어서면서 기존의 자본이나 자원이 아닌, 기술, 정보, 지식 등의 지식 자원이 사회발전의 주요한 원천이 되기 시작한다(Toffler, 1990).

1, 2차 산업혁명 시대에는 누가 독점적으로 자원을 소유할 것이냐가 중요하였고, 이 측면에서 과거 사회는 중앙집권적·수직적 사회구조의 특징을 갖는다고 할 수 있다. 하지만 지식에 대한 학습 및 활용을 강조하는 지식정보화 사회에서는 지식 네트워크를 기반으로 한 협력적 업무수행 및 그 결과의 공유가 중요해지면서, 수평적·협력적·공유적 사회구조가 그 특징으로 대두된다. 따라서 지식 자본을 최대한 활용하기 위해 경쟁보다는 남들과 어울려 작업할 수 있는 능력인 협업 능력이 보다 더 강조되며, 지식의 창출과 관련하여 비판적 사고능력이나 창의적 사고능력이 중요하게 대두되기 시작한다.

구체적으로, 이 시기 복잡하고 많은 정보가 넘쳐나기에 이에 대처할 수 있는 인지적·비인지적 능력들이 학교교육에서 강조되기 시작하였다. 앞서 언급한 인지적 능력으로서 비판적 사고능력이나 창의적 사고능력 외에도, 다양하고 복잡한 정보를 이해하고 활용할 수 있는 능력인 정보 문해력(information literacy)이 강조되며, 정보의 원천으로서, 학습을 위한 도구로서, 그리고 다른 사람과의 의사소통과 네트워킹을 위한 도구로서 ICT를 활용할 수 있는 능력도 강조되고 있다(소경희, 2009).

또한 현대 사회는 습득해야 할 정보와 지식의 양이 폭등하고, 지식과 정보의 생명주기는 계속해서 짧아지는 특징을 갖는다. 따라서 전 생애 주기에 걸쳐 계속적인 능력 개발이 중요해지고, 학교 졸업 후에도 사회생활에 필요한 능력 개발을 위한 지속적인 교육기회가 보장되는 것이 중요해진다. 이와 관련하여 최근 들어 교육의 관점이 제공자 입장을 강조하는 '교육'패러다임에서, 개별 학습자의 주체적 참여와 기회 보장과 자원을 강조하는 '학습'의 개념이 강조되고 있음을 볼 수 있다(김신일, 2005). 이는 교육이 학교교육을 넘어 평생교육으로 그 패러다임의 전환이 시작되었음을 보여 주는 것이라 할 수 있다.

다. 미래의 교육

미래 사회는 인류 역사상 가장 큰 혁신과 발전을 가져올 사회라고 생각할 수 있다. 현재 컴퓨터 및 인터넷을 기반으로 한 ICT 사회 기반은 물리적 공간과 디지털적 공간의 경계를 희미하게 만들었고, 다양한 기술의 융합의 시대를 만들고 있다(조헌국, 2017). 앞으로 다가올 미래 사회는 초연결(Hyper-connectivity), 초지능(Supper-intelligence) 사회라고 한다. 인공지능(AI), 사물 인터넷(IoT), 클라우드 컴퓨팅, 빅데이터 등 모든 것이 네트워크로 연결되고 사물이 지능화되는 시대를 우리가 마주하고 있는 것이다(이경호, 2019).

기술 발전의 급속화와 초연결 사회로의 변화로 인해 미래 사회는 급진적인 혁신을 만들어 낼 것이고, 이로 인해 사회의 불확실성이 더욱 가속화될 것이다. 과학기술의 발전 속도가 빨라지면서 기술 및 지식의 생존주기가 짧아지고, 직업에 대한 수요 변동 역시 급격히 이루어질 것으로 예상되며(한국고용정보원, 2017), 이러한 변화와 불확실성을 다룰 수 있는 역량을 키워 주는 것이 미래 교육에서 중요한 과제로 등장할 것으로 예상된다. 한마디로, 미래 사회는 복잡하면서도 예측 불가능한 '변혁의 시대(The Age of Vortex)'라고 할 수 있다(이경호, 2019).

이렇게 급속한 사회 및 기술 변화의 핵심에는 인공지능이 자리 잡고 있음을 알수 있다. 인공지능이 기존에 인간이 수행하던 많은 일들을 대체할 것으로 보이며, 따라서 인공지능과 인간의 경쟁 및 공존이 미래 사회에 중요한 과제로 대두될 것이다. 다양하고 수많은 지식을 스스로 학습하고 이를 기반으로 문제를 해결하는 능력이 뛰어난 인공지능 시대에, 미래 사회에서 인간이 갖추고 있어야 할 고유 역량이 무엇이고, 이를 어떻게 키워 나갈 것인지에 대한 준비를 교육이 시작해 나가야할 시점인 것이다(정제영, 2018).

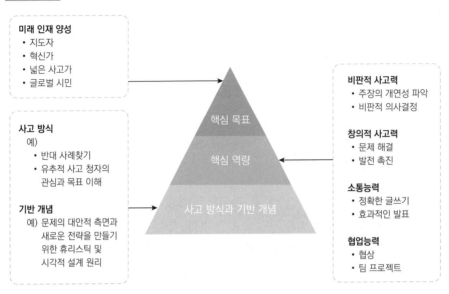

그림 1-1 | 미네르바스쿨 교육 모형

미래 인재 양성
- 지도자
- 혁신가
- 넓은 사고가
- 글로벌 시민

사고 방식
예)
- 반대 사례찾기
- 유추적 사고 청자의 관심과 목표 이해

기반 개념
예) 문제의 대안적 측면과 새로운 전략을 만들기 위한 휴리스틱 및 시각적 설계 원리

핵심 목표

핵심 역량

사고 방식과 기반 개념

비판적 사고력
- 주장의 개연성 파악
- 비판적 의사결정

창의적 사고력
- 문제 해결
- 발전 촉진

소통능력
- 정확한 글쓰기
- 효과적인 발표

협업능력
- 협상
- 팀 프로젝트

출처: 김성열 외(2021).

　　이와 관련하여 미래 사회를 살아갈 다음 세대가 갖추고 있어야 할 역량으로 다양한 제안이 있어 왔다. 미래 인재에게 요구되는 역량으로 가장 많이 언급되고 있는 4C인 비판적 사고력(Critical thinking), 창의적 사고력(Creative thinking), 소통능력(Communication), 그리고 협업능력(Collaboration)은 현재에도 중요한 역량으로 강조되고 있지만, 앞으로 다가올 사회에서는 더 강조될 것으로 생각할 수 있다. 실제 새로운 교육 시스템을 만들어 이들 역량 계발을 핵심으로 교육활동을 하고 있는 고등교육기관이 바로 미네르바스쿨이고, 이 고등교육기관에는 4C 역량을 갖춘 미래 인재 양성으로 기존 교육 시스템에 신선한 충격을 준 바 있다([그림 1-1] 참조).

　　또한 미래 교육에서 강조해야 할 역량으로서 호주 멜버른대학교의 패트릭 그리핀(Patrick Griffin)은 크게 사고역량(Ways of thinking), 업무역량(Ways of working), 업무수행을 위한 도구활용역량(Tools for working), 그리고 세상을 살아가기 위한 삶의 역량(Ways of living in the world)을 제안한 바 있다([그림 1-2])에서는 이들 4개이 역량 내에 세부적인 하위 역량들이 포함되어 있음을 볼 수 있다(김성열 외, 2021).

그림 1-2 **21세기 역량 평가 및 교육 모델**

사고역량
- 창의력과 혁신
- 비판적 사고력, 문제해결력, 의사결정력
- 메타인지

도구활용역량
- 정보 문해력
- ICT 문해력

업무역량
- 의사소통능력
- 협업능력(팀워크)

세상을 살아가기 위한 삶의 역량
- 시민의식
- 인생 및 진로 계획
- 개인적·사회적 책임감

출처: 21세기 역량 평가 및 교육 모델(Griffin et al., 2012)을 김성열 외(2021)에서 재인용.

4 교육 요소들의 변화

급속한 사회 및 기술 변화에 발맞추어 교육 요소들도 변화를 하고 있는데, 여기에서는 '교사의 역할 변화', '학생의 역할 변화', '교육 내용과 방법의 변화'이 어떻게 달라지고 있는지 살펴보고자 한다.

가. 교사의 역할 변화

과거 교사들은 '학생들의 지식 소유를 위한 지식 전달자'라고 규정할 수 있다. 전통적인 학교 체제에서 수업 장면을 생각해 보면, 교사는 내용 전문가로서 체계적으로 학습 내용을 조직하고 이를 학습자들에게 효과적·효율적으로 전달하기 위해 노력하는 교육전문가라고 할 수 있다(홍선주 외, 2019). 혹자는 과거 교사의 역할을 배우로서 비유하기도 한다(Pineau, 1994). 배우가 가상 상황에서 주어진 대본에 따라 연기하는 것처럼, 과거 교사들은 학습의 구체적인 맥락보다는 짜여진 교육과정에 따라 학생들을 가르치는 역할에 중점을 두었다는 측면을 부각한 비유라고 할 수 있다. 정리하자면, 과거 전통적 교육 패러다임 속 교사는 절대적인 지식관을 가지고 학생들의 지식 획득을 목적으로 지식 전달자로서의 역할을 충실히 했다고 할 수 있다(김병찬, 2000).

반면, 현재 교사들의 역할은 이전에 비해 학생들의 학습 촉진자로서의 역할로 변화하고 있음을 볼 수 있다. 과거 전통교육에서 교사는 학생들의 정보 획득을 강조하는 역할을 수행했다면, 현대 교육에서의 학생들이 새로운 것을 스스로 학습할 수 있는 능력과 학습한 지식을 활용하는 능력을 키워 주고, 학생들의 흥미, 필요, 능력 등에 기반해 학생들의 적극적인 학습 참여를 기획, 운영, 평가하는 전문가로서의 교사 역할이 더 커지고 있다고 할 수 있다(허형, 2010).

또한 교사의 역할을 가르치는 것에 국한되지 않고, 학생들의 진로 및 진학에 대한 상담자 또는 컨설턴트로서 확장되고 있음을 볼 수 있다. 단순히 지적 가르침을 담당하는 전문가를 넘어 학생들의 미래 설계를 돕는 역할이 점차 중요해지기 시작한 것이다. 특히 중학교에서의 자유학기제 도입은 교사의 진로 전문가로서의 역할이 중요해지고 있음을 보여 주는 현대 학교교육의 변화라고 할 수 있다. 또한 2025년부터 전면 도입될 고교학점제 시행은 교사의 가르침에 대한 전문성과 진로에 대한 전문성 모두를 요구하는 제도 변화라고 할 수 있다(박균열 외, 2019).

한편, 미래 교육은 교사의 개인적·집단적 전문성과 함께 인공지능을 활용한 교육환경으로 전환이 이루어질 것으로 기대되기 때문에 교사들에게 새로운 역할을 요구할 것으로 예측된다. 미래 교육에서는 교수-학습활동을 통해 생성되는 다양한 빅데이터가 맞춤형 학생지원시스템을 구현하는 데 활용될 수 있을 것이고, 교사들에게는 빅데이터에 기반한 교수-학습활동을 설계, 운영, 평가할 수 있는 역량과 함께 학생맞춤형 교육지원활동을 기획, 운영할 수 있는 능력들이 요구될 것이다.

이러한 에듀테크 기반 환경에서 맞춤형 교육지원시스템을 기획, 운영하는 것은 지금처럼 교실수업을 책임지는 교사 1인이 하는 것은 불가능하고, 교사들이 팀 단위로 교수-학습활동을 기획, 운영할 때 가능하다. 따라서 어느 때보다 교사들 간의 팀 단위 일을 위한 협력과 소통, 업무수행 능력들이 중요해질 것이며, 교수-학습 팀 단위 운영에 대한 전문성이 미래 교사들에게 더 요구될 것이다. 또한 교육 내용과 방법에 있어서 실제와 밀접하게 연계된 교육경험을 제공하는 것이 더 중요해지기에, 학생들의 실천지식과 문제해결력을 향상시킬 수 있는 교육 내용과 방법 설계 능력도 미래 교사들에게는 더욱더 중요하게 요구될 것으로 기대된다.

또한 미래에는 학교 울타리를 넘어 지역사회 기관이나 공동체와 연계하여 교육

활동이 확장, 변화가 예상된다. 따라서 미래 교사들에게 요구되는 전문성 중에 하나는 학교-지역사회-기관을 연계하여 학생들이 보다 실세계와 밀접한 교육 경험을 갖도록 하는 네크워킹 및 협력 능력이다.

실세계와 연계된 교육경험을 확장, 강화하는 교수자의 역할이 나타난 대표적 미래지향 혁신 교육 사례는 바로 미네르바스쿨이다. 지역공동체나 산업체의 문제들을 확인하고, 이를 해결하는 과정에서 배움을 경험하도록 한다. 이를 통해 실제 문제를 해결할 수 있는 역량을 키우도록 하는 것이다. 이 과정에서 교수자의 역할은 지식을 지배적인 입장에서 전달하던 과거의 역할보다 학생들이 유용한 교육경험을 체험할 수 있도록 전체 배움의 과정을 모니터링하고, 필요한 지원을 제공하는 컨설턴트 또는 안내자로서 역할이 더욱 중요해진다.

나. 학생의 역할 변화

시대 변화에 따라 교사의 역할이 변하는 것처럼 학생들의 역할도 변할 수밖에 없다. 점차 교육활동의 중심이 교수에서 학습으로 축이 이전됨에 따라, '외부적 요구에 따라오는 학습자'로서의 관점에서 적극적으로 자신의 역량을 계발하고자 하는 '자기주도적 학습자로서의 역할'이 강조되고 있음을 볼 수 있다.

먼저, 전통적 관점에서 본 학생은 표준화된 지식을 습득하는 수동적 학습자라고 규정할 수 있다. 이 시기 교육은 표준화된 교육내용을 습득하고 기본적인 사회생활에 필요한 업무능력과 책임감, 성실성 등과 같은 조직의 일원으로서의 인성을 갖춘 사람을 키워 내고자 하였고, 학생들의 역할도 표준화된 교육시스템을 통해 개인이 속한 사회가 요구하는 능력과 인성을 갖추는 것이 중요하게 여겨졌다. 따라서 학생들이 자신의 개성을 중심으로 개인화된 교육경험을 갖도록 하는 데에는 아무런 관심을 기울이지 않았다고 할 수 있다.

반면, 현대 사회의 학습자는 수동적으로 표준화된 지식을 받아들이는 존재를 넘어서 자신의 개성을 추구하고, 지식을 최종 결과물이 아닌 도구와 소재로 배우며, 이를 활용해 자신이 직면할 문제들의 해결 역량을 갖추도록 요구된다. 현대 사회를 특징짓는 개념인 지식정보화 사회에서는 학습자가 자신의 관심이나 학습 목적에 맞는 정보를 찾고, 이를 재구성하여 새로운 정보를 생산하는 역할이 강조된다. 또한 지식정보화 사회에서 지식은 끊임없이 재생산되고 확장, 변화하기 때문에 단순히 지식을 획득하는 것은 의미가 없을 수 있으므로, 단순한 지식학습은 '죽은 학습'이라고 비판받기도 한다. 반대 개념인 '살아 있는 학습'은 곧 학교에서 학습하는 지식이 실제 문제해결이나 업무수행에 연결될 수 있는 교육경험을 배움의 과정에서 가질 수 있도록 교육활동이 구성, 운영되는 것을 말한다. 지식학습과 활용능력을 연계하여 학습경험을 가짐으로써 '수행역량학습'이 이루어지도록 해야 하며, 학습자의 역할은 바로 다양한 문제와 과제를 수행하는 데 요구되는 기본 역량을 핵심 지식과 함께 내면화하는 노력을 하는 것이다.

앞서도 언급한 것처럼, 미래 사회 특징을 규정하는 핵심 요소는 인공지능이라고 할 수 있고, 4차 산업혁명은 바로 인공지능에 의한 사고혁명이라고 할 수 있다. 인공지능의 지속적 진보는 단순 지식이나 반복 기능의 습득보다는 팀 단위로 문제를 발견하고 소통하고 협력하여 문제를 해결하는 능력과 새로운 결과들을 창출할 수 있는 집단 사고력과 창의력을 보다 더 강조할 것으로 예상된다. 따라서 학습은 개인학습을 넘어 집단학습의 의미로 해석되어야 하며, 개인의 학습역량뿐만 아니라 협력역량, 소통역량 등 집단역량을 개발할 수 있도록 설계되어야 한다. 이러한 측면에서 학습자는 '솔로 플레이어(solo-player)'로서의 역할을 넘어 '팀 플레이어(team-player)'로서의 역할수행에 필요한 역량을 갖추기 위해 더욱 노력해야 한다.

2016년에 발간된 한 보고서(서울특별시교육청 서울미래교육준비협의체, 2017)에는 미래학습자에게 필요한 구체적 역량 10가지(기본학습역량, 비판적 사고역량, 창의적 사고역량, 의사소통역량, 협업역량, 문화예술역량, 행복추구역량, 자기관리역량, 사회참여역량, 다문화역량)를 제시하였다.

다. 교육 내용과 방법의 변화

과거 교육의 특징은 중앙 정부가 교육정책을 독점적으로 기획, 결정하고, 시·도교육청이나 단위 학교가 결정된 사안들을 제대로 운영하고 있는지를 평가, 감독하는 중앙집권적 특징을 갖는다. 따라서 학생들이 학교에서 배우는 교육 내용과 방법은 표준화, 획일화되는 경향을 가질 수밖에 없다. 실제 과거 우리나라의 교육을 보면 국가 전체적으로 결정된 표준화 교육과정을 따르기에, 학교별로 특성을 갖는 교육과정을 자율적으로 운영하기가 거의 불가능한 상황이었다고 할 수 있다. 또한 표준화된 교육과정을 전체 학생들에게 효율적으로 전달하는 것이 중요하였기에 교육 방법도 정해진 내용을 대량으로 전달하는 강의식 교수방법이 주를 이룰 수밖에 없었다. 과거 교육은 내용 측면에서는 표준화 또는 획일화, 방법 측면에서는 많은 학생을 대상으로 한 대량 전달식이라는 특징을 갖는다고 말할 수 있다.

표준화 및 대량화 교육이 갖는 문제점이 점차 비판을 받으면서 현재 교육 내용과 방법에 있어 많은 변화가 나타나고 있음을 볼 수 있다. 교육과정의 국가주도에서 나타나는 표준화라는 특징은 여전히 큰 틀에서 존재하지만, 점차 교육과정 구성에 있어 단위학교의 자율성을 허용하는 변화들이 일어나고 있다. 예를 들어, 우리나라는 중학생을 대상으로 새로운 교육 내용과 방법을 중심으로 학교가 자율적으로 일부 교육과정을 운영하는 자유학기제를 2016년부터 전면 실시하고 있다. 학생들의 꿈과 끼를 발견하고 키워 주기 위한 다양한 진로탐색 프로그램들이 학교에서 계획, 운영되고 있으며, 교사들이 교육과정 구성의 자율성을 가지고 새로운 교육 시도들을 할 수 있도록 허용하고 있다. 이뿐만 아니라 2025년부터 전면 실시되는 고교학점제는 학생들의 교과 선택권을 기반으로 한 탈획일화 교육과정 운영의 획기적 전환점이 될 것으로 기대된다.

교육방법 측면에서도 학생중심 활동들이 교육현장에 많이 도입되고 있음을 볼 수 있다. 문제기반학습, 프로젝트기반학습, 조사탐구활동, 협동학습 등 다양한 학생참여 수업 모델들이 학교현장에 도입됨에 따라 학생들의 학습 참여와 경험을 수업활동의 중심으로 하는 변화들이 만들어지고 있다. 이러한 관점에서 볼 때 현대 교육은 내용 측면에서 획일화를 벗어나 선택권을 존중하는 단위학교의 자율성으로 전환이 이루어지고 있으며, 방법 측면에서는 대량 강의식 수업 모델을 탈피해 교사와 학생 간, 학생과 학생 간 상호작용을 강조하는 학생중심 수업 모델로 이행되고 있음을 볼 수 있다.

그렇다면 미래 교육의 내용과 방법 측면에서의 변화는 어떻게 진행될까? 내용 측면에서는 미래 사회가 갖는 불확실성의 증가에 학생들이 준비할 수 있도록, 단순한 지식경험 축적을 넘어 창의적 문제해결 경험을 갖도록 학교교육의 변화가 나타날 것이다. 지식학습에서 끝나는 것이 아니라 이를 실제 문제해결이나 과제수행에 연계하는 활동들이 교육의 중심이 될 것이고, 학생들의 개별적 학습보다는 집단적 학습이 더 강화될 것으로 예상된다. 사회의 불확실성이 증가하고 해결해야 할 과제나 문제의 복잡성이 증가함에 따라 혼자 일을 하는 것보다 협력하여 팀으로 일을 하는 것이 일상화되기에, 학교교육에서도 협력을 기반으로 집단적 역량을 키울 수 있도록 교육 내용과 방법의 혁신이 필요하다. 개인 지성과 함께 집단 지성, 개인 창의성과 함께 집단 창의성을 계발해 주는 것이 미래교육애서는 더 강조될 수밖에 없을 것이다(김성열 외, 2021).

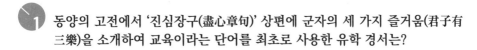

1 동양의 고전에서 '진심장구(盡心章句)' 상편에 군자의 세 가지 즐거움(君子有三樂)을 소개하여 교육이라는 단어를 최초로 사용한 유학 경서는?

① 맹자   ② 논어   ③ 중용   ④ 대학   ⑤ 순자

정답 ①

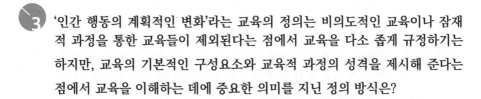

2 "교육이 필요한 것이라 하더라도 실제로 교육이 가능하지 않다면 무의미할 것이다."라고 주장한 사람은?

① 브리지만(P. W. Bridgeman)   ② 랑에펠드(M. Langeveld)

③ 피터스(R. S. Peters)   ④ 슐츠(Theodore W. Schultz)

⑤ 앨빈 토플러(Alvin Toffler)

정답 ②

3 '인간 행동의 계획적인 변화'라는 교육의 정의는 비의도적인 교육이나 잠재적 과정을 통한 교육들이 제외된다는 점에서 교육을 다소 좁게 규정하기는 하지만, 교육의 기본적인 구성요소와 교육적 과정의 성격을 제시해 준다는 점에서 교육을 이해하는 데에 중요한 의미를 지닌 정의 방식은?

① 기능적 정의   ② 규범적 정의   ③ 심미적 정의   ④ 정의적 정의   ⑤ 조작적 정의

정답 ⑤

다음 글의 (   )에 알맞은 말을 쓰시오.

동양에서는 윗사람이나 어린이 아이들에게 무엇인가를 가르쳐서 착한 방향으로 이끌어 가는 데 교육의 초점을 두고 있다. 이는 교육이 행해지는 방향이 학습자의 (   ) 향하고 있음을 알 수 있다. 반면 서양은 아이들이 자신의 내부에 존재하는 재능과 잠재능력을 밖으로 표출하고 실현할 수 있도록 돕는 데 교육의 초점을 두고 있다. 이는 교육이 행해지는 방향이 학습자의 (   ) 향하고 있음을 알 수 있다.

정답 (밖에서 안으로, 내부에서 밖으로)

 다음 문장에 공통으로 들어갈 말을 쓰시오.

(   )는 활동 그 자체의 의미나 목적에 의해 정의하는 것이 아니라 목적을 위한 수단이나 도구로 규정하는 것이다. 교육의 (   )는 교육이 수행하는 외적 기능을 중심으로 교육을 정의하는 방식이다.

정답 (기능적 정의)

 미래 인재에게 요구되는 역량으로 가장 많이 언급되고 있는 4C인 ( ), ( ), ( ), ( )은 현재에도 중요한 역량으로 강조되고 있지만, 앞으로 다가올 사회에서는 더 강조될 것으로 생각할 수 있다.

정답 (비판적 사고력(Critical thinking), 창의적 사고력(Creative thinking), 소통능력(Communication), 협업능력(Collaboration))

교육 요소들의 변화 3가지를 쓰시오.

정답 교사의 역할 변화, 학생의 역할 변화, 교육 내용과 방법의 변화

 교육의 정의에서 조작적 정의와 규범적 정의를 비교 설명하시오.

조작적 정의	규범적 정의

정답

조작적 정의	규범적 정의
가치중립적으로 인간변화를 기술 행위변화로서의 교육 문화획득으로서의 교육 경험의 개조로서의 교육 습관형성으로서의 교육	교육적 가치판단의 기준을 제시 주입·도형·도야로서의 교육 계명(啓明)으로서의 교육 성장으로서의 교육 자아실현으로서의 교육

CHAPTER

02

교육사 및 교육철학의 이해

CHAPTER 02
교육사 및 교육철학의 이해

 학습목표

가. 교육사의 이론을 한국교육사와 서양교육사로 나누어 설명할 수 있다.

나. 교육철학의 개념과 탐구방법을 이해하고 적용할 수 있다.

다. 현대교육철학의 흐름을 이해하고 설명할 수 있다.

"과거를 기억할 줄 모르는 사람은 과거를 되풀이한다."

산타야나(G. Santayana)

"역사란 인간 계도의 산 교육이다."

마키야벨리(N. Machiaveli)

"내가 진정으로 가르치고자 하는 것은 철학(지식체계로서의 철학)이 아닌
'철학하는 것'이며, 학생들이 진정으로 배워야할 것도 철학(지식체계로서의
철학)이 아니라 '철학하는 것'이다."

칸트(I. Kant)

교육사를 연구하는 목적은 과거에 대한 이해와 과거에 대한 지식을 이용해 현재의 문제를 해결하기 위해서이다. 교육문제를 해결하기 위해서는 철학적 탐구가 필요하다.

이 장에서는 교육사 이해를 돕기 위해 한국교육사와 서양교육사의 흐름을 설명한다. 우리의 교육과 서양교육을 비교 분석하고, 역사적인 안목을 넓히는 데 도움을 주고자 한다. 교육철학의 이해 부분에서는 다양한 교육철학에 대한 관점, 개념, 성격, 기능, 탐구방법, 현대교육 철학의 흐름을 살펴보고자 한다.

1 교육사의 이해

가. 한국교육사의 이해

1) 고대 및 중세의 교육

원시시대의 교육은 주로 의식주를 해결하기 위한 절박한 필요에 의해서 이루어졌을 것이다. 남성들에게는 수렵술, 농경술이 전수되었을 것이고, 여성들에게는 길쌈이라든가 가사일이 전수되었을 것이다. 학교라는 기관은 없었으나 가정이나 특정한 모임장소에서 살아가는 데 필요한 기술과 지식을 전달했을 것이다. 특히 부족을 방어하기 위한 기술 이외에도 집단 구성원의 협동과 단결을 위하여 의식을 통일하기 위한 의식교육이 집단적으로 이루어졌을 것이다. 원시시대에는 하늘에 제사를 지내는 의식이 일반화되어 있었는데 이러한 의식은 종교의식이었을 뿐 아니라 하나의 교육활동이기도 했다.

원시사회에서의 교육은 주로 성년식을 통해 이루어졌다. 성년식은 미성년이 성인이 되었음을 알리는 사회의식이기도 하지만 성인으로서 해야할 의무와 역할을 배우도록 하는 교육과정이기도 하다(신득렬 외, 2020).

「삼국유사」에 등장하는 단군신화에는 우리 고유의 민족의식과 삶의 원형이라 할 수 있는 인간관, 세계관, 사회관 등이 포함되어 있어 고조선 시대의 교육적 의의를 찾아볼 수 있다. '인간이 사는 온 세상을 두루 널리 이롭게 하라'는 우리 민족의 삶의 이상과 사유방식이 담겨진 홍익인간(弘益人間)의 이념 속에는 천(天)·지(地)·인(人) 삼재사상(三才思想)의 표현이라는 견해도 도출될 수 있다(신차균외, 2013).

삼국시대 교육의 성립과 발전에 결정적인 영향을 준 것은 유교와 불교였다. 유교는 학문적 성격의 특성 때문에 형식적인 교육(formal education)의 발전에 영향을 주었으며, 불교는 비형식적인 교육(informal education)의 발전에 기여했는데, 특히 일반 대중의 종교적 신념과 가치관의 형성에 크게 기여하였다. 유교와 불교는 순수한 종교적인 기능의 수행을 넘어서 정치, 경제, 교육 등 문화 전반에 걸쳐 영향을 주었으며, 윤리의식의 발달과 아울러 정치제도의 발달을 촉진시켰다.

고구려는 형식적인 교육기관으로 태학(太學), 국자학(國子學), 경당(扃堂)등을 설립하여 운영하였다. 「삼국사기」에 의하면 태학은 소수림왕 2년(372)에 중국의 학제를 본받아 국가관리를 양성하기 위해 주로 상류계층의 자제를 교육시켰던 관학(官學)이다. 태학의 주요 교육과정(敎育課程)으로서는 오경(五經: 시전, 서전, 주역, 예기, 춘추)과 삼사(三史: 사기, 한서, 후한서)등 유학의 경전이었다. 고구려에는 태학 이외에도 국자학이라는 학교가 있었던 것으로 보인다. 고구려의 고등교육은 주로 태학과 국자학을 중심으로 이루어졌다고 할 수 있다.

우리의 교육 역사상 최초의 사학(私學)으로 알려진 경당(扃堂)은 정확한 설립연대를 알 수는 없으나 독서와 활쏘기 등 문무(文武)교육을 겸했던 초·중등 교육기관이었다. 경당에는 귀족과 서민자제들이 같이 어울려 수학했을 가능성이 높다. 또한 경당은 국가에 의해 세워지고 운영된 관학이라고 보는 것이 타당할 것이다.

백제는 고구려와 신라보다도 발달된 문화양식을 가지고 있었을 뿐만 아니라 중국을 비롯한 주변 국가들과 활발한 문화적 접촉을 가지면서 나름대로 독창적인 문화를 발달시킨 고대국가였다. 학교가 있었다는 직접적인 기록은 미비하지만, 간접적인 자료들로 살펴보면 '박사'라는 명칭에서 학교제도 설립의 가능성을 제기할 수 있다. 「삼국사기」에 의하면 근초고왕(375) 때 박사 고흥(高興)에게 서기(書記)를 만들도록 하였으며, 일본의 기록(285)에 의하면 박사 왕인(王仁)에 의해 「논어」와 「천자문」이 전해졌다고 한다. 오경박사는 「시경(詩經)」, 「서경(書經)」, 「역경(易經)」, 「예기(禮記)」, 「춘추(春秋)」를 담당하고 의박사, 역박사 등의 다양한 영역의 박사가 존재했을 거라고 추정한다. 또한 실용학문을 중시하여 농업, 기술, 직조, 의학, 천문, 지리, 예술 영역 등에서 뛰어난 자질의 사람들로 인하여 삼국의 나라 중에서 가장 아름답고 찬란한 문화를 이뤘음을 짐작할 수 있다(신봉호 외, 2014).

신라는 삼국통일 전까지 학교 교육에 관한 기록이 없으며, 그 대신 화랑도라는 독특한 제도가 교육의 전반을 대신한 것으로 보인다. 화랑도는 국가에서 쓸 인재를 선별하기 위한 필요에서 시작된 청소년 집단이었으나 진흥왕 때부터 국가적 단체로 인정되었던 것으로 짐작된다. 화랑도의 근본정신 및 윤리적 실천 이념은 「삼국사기」의 기록에 남아있는 〈세속오계〉와 〈임신서기석〉을 통해 짐작할 수 있다. 신라 고유의 문화 속에서 탄생한 화랑도가 교육적으로 원활한 기능을 발휘하여, 국가에서 필요로 하는 인재를 잘 양성했을 것으로 추측된다(이지헌 외, 2019).

삼국이 불교를 숭상하는 한편, 학교를 세워 유학을 장려했기 때문에 많은 고승과 유학자들이 교육에 영향을 끼쳤다. 그 중 대표적인 인물로 원광, 원효, 강수, 설총, 등이 있다.

고려는 숭불(崇佛)정책을 내세우면서도 유교 교육을 국가 차원에서 널리 장려하였다. 유교 교육을 장려한 것은 봉건제도를 강화하고, 신진 지배층을 적극 등용하는 데 목적이 있었다. 고려의 교육기관은 크게 관학(官學)과 사학(私學)으로 구별되는데, 거듭되는 내란과 외적의 침입으로 중앙 정부가 교육에 소홀할 수밖에 없었으므로 관학에 비해 지방의 유학자들에 의해 세워진 사학이 발달하였다. 관학으로서는 중앙에 국자감, 5부학당과 동서학당이 있었으며 지방에는 향교가 있었다.

국자감은 성종 11년(992) 개경(개성)에 설립된 최고 교육기관으로서 국가의 고급 관리를 양성해 내는 데 목적이 있었다. 이 국자감에는 태학전(太學田)을 주고 조세를 면제해 주었을 뿐 아니라 예종 14년(1119)에는 양현고(養賢庫)를 두어 재정을 돕도록 하였다. 또 국자감 안에는 많은 경학박사(經學博士)를 두어 경전을 적극적으로 연구하고 경론(經論)을 펼치도록 했다.

향교(鄕校)는 지방에 설립된 관학으로 중등교육을 담당했던 교육기관이다. 향교는 주로 유학을 널리 전파하고 지방 사람들을 도덕적으로 교화하고 풍속을 바로잡는 데 크게 기여하였다. 교육내용은 유교경전들이었으며 선현들을 추모하는 제사를 지내기도 했다. 입학자격은 문무관 8품 이상과 서인들이었고 성적이 우수한 사람에게는 국자감에 입학할 수 있는 특전을 주기도 했다.

학당은 고려시대 말기에 등장한 중앙 교육기관으로서 원종 2년(1261)에 동서학당(東西學堂)으로 시작하여 나중에는 정몽주에 의해 5부학당(五部學堂)으로 확장되었다. 동서학당과 5부학당은 "안(중앙)으로 5부학당을 세우고 밖(지방)으로는 향교를 설치하여 유술(儒術)을 진작시켰다(「고려사」 권117 열전 30 정몽주전)."는 기록으로 미루어 보아 학당은 지방의 향교와 비슷한 수준의 학교였다.

사학으로서는 12도와 서당이 있었는데 이것들은 대체로 신라의 교육제도를 계승한 것이다. 11세기경 고려의 조정은 내란과 외적의 침입으로 관학의 진흥에 그다지 힘을 쏟지 못하고 있었다. 이 때 관직에서 은퇴한 학자와 지방에서 은거생활을 하던 선비들이 사립 교육기관을 설립하여 후학을 기르는 데 힘을 썼다. 대표적인 것이 최충의 문헌공도(文憲公徒)를 포함한 12도(十二徒)와 서당(書堂)이다. 서당은 고려시대 일반 서민자제들을 교육시킨 초등 교육기관이었다.

고려시대는 불교와 유교가 공존했기 때문에 승려와 유학자들이 배출되었다. 이 시대의 승려로서는 균여(均如), 의천(義天), 지눌(知訥), 일연(一然), 보우(普愚) 등이 있으며, 유학자들로는 최충(崔沖), 안향(安珦), 백이정(白頤正), 이제현(李齊賢), 이색(李穡), 정몽주(鄭夢周), 정도전(鄭道傳), 권근(權近), 길재(吉再) 등이 있다(신득렬 외, 2020).

2) 조선시대의 교육

교육사적 측면에서 볼 때, 유교에 기반을 둔 조선 왕조는 교육을 통해 성리학적 가치를 확대·재생산하면서 이상 국가를 추구하려는 노력을 기울였다. 고려시대 충렬왕 때 안향에 의해 도입된 성리학은 정몽주, 이색, 길재, 정도전 등에 의해 많은 발전을 할 수 있었다.

교육은 명실상부하게 유학적 가치 질서에 따른 백성에 대한 관념 지배와 엘리트 관료 양성이라는 양대 기능을 수행하게 되었다. 유교 윤리는 일상생활의 주요 규범으로 교육의 주 대상자인 사대부와 일반 평민들까지 알고 지켜야만 하였다.

조선의 교육기관은 한양의 성균관을 정점으로, 왕도의 4학과 각 부목군현에 설치된 향교로서 구축된 관학이 있었다. 성균관은 고구려의 태학에서부터 통일 신라의 국학, 고려의 국자감을 거쳐 조선으로 이어지는 최고 인재를 양성하는 교육기관이었다. 이들은 국가가 설립한 관학이지만 서로 단계화되어 있지는 않았다. 사학으로는 조선 중기에 등장한 서원과 임진왜란과 병자호란의 양란(洋亂) 이후 널리 보급된 서당이 있었다. 이와 함께 조선 왕조는 학제 관련 법규와 과거제를 잘 정비하였다(이지헌 외, 2019).

조선시대 대표적인 교육사상가로 권근, 서경덕, 길재, 김종직, 김굉필, 이언적, 조식, 기대승, 이황, 이이, 김인후, 김우옹 등의 학자들이 활약하였다. 조선 초기의 권근, 중기의 조식, 이황, 이이, 김우옹의 교육사상을 살펴보도록 한다.

권근(1352~1409)은 조선의 개국에 주도적으로 참여하여 당시 정도전과 함께 성리학을 기초로 교육의 기틀을 마련하고 관학을 정비하여 성리학에 바탕을 둔 교육 사상을 체계화한 인물이다. 배불숭유(排佛崇儒) 정책을 입안하는 데 일익을 담당했던 조선 초기의 유학자이기도 하다.

이황(李滉: 1501~1570)호는 퇴계(退溪)이며, 중종 29년(1534)에 문과에 급제하여 성균관(成均館)의 박사를 거쳐 예조판서, 이조판서 등을 두루 거쳤다. 정치에서 은퇴한 후 도산서원(陶山書院)을 지어 후진 양성에 전념했다.

조식(1501~1572)은 경남 합천에서 태어났다. 자는 건중이며 호는 남명(南冥)이다. 조식은 경(敬)과 의(義)를 강조하였다.

이이(1536~1584)는 중종 31년(1536) 강릉 오죽헌에서 태어났다. 그의 호는 율곡(栗谷)이며 시호는 문성공(文成公)이다. 「성학집요」, 「격몽요결」, 「학교모범」등은 그의 사상이 비교적 잘 집약되어 있는 책들이다.

김우옹(1540~1603)은 경북 성주에서 태어났다. 그의 호는 동강(東岡)이다. 그는 조식의 제자로서 의리정신을 중시하였던 학자였다. 남명학파의 학풍을 계승한 인물이지만 한 때 퇴계 이황에게도 시사 받았다.

3) 근대의 교육

근대교육이란 곧 개화교육(開化敎育)을 의미한다. 즉, 전통적 유교교육을 종식하고 서구의 신문화를 섭취하려는 교육을 총칭하여 근대교육이라고 말한다. 그러나 근대교육은 우리 민족의 주체적인 결단해 의해 이루어지기보다는 외세의 강압에 의해 이루어졌다. 예컨대, 구한말 외국 열강들의 개방 및 우호통상조약이 맺어지게 되었다. 또 1886년 한불(韓佛) 수호조약이 불평등하게 체결되었다. 이러한 문호개방의 외압 속에서 외국 문물을 배우고자 하는 운동이 일어났고 이러한 요구에 부응하기 위한 학교들이 설립되게 되었다.

개화기 및 주권 상실기에 민족의 독립 및 주권을 회복하기 위해 많은 이들이 노력했다. 그들 중에는 정치혁명가도 있었으며, 사회개혁 사상가도 있었다. 또 그들 중에는 민족의식을 일깨우는 것이 곧 자주독립의 밑거름이 될 것이라고 믿었던 교육운동가들도 있었다. 유길준, 이상재,.박은식, 남궁억, 이승훈, 안창호, 방정환 등은 투철한 민족의식을 바탕으로 학교를 건립하고 그곳에서 후학을 기르는 데 헌신했던 교육운동가요 교육사상가들이다. 그들은 국가적인 어려움을 극복하기 위해서는 교육 이외에 다른 방법이 없다고 생각했다.

4) 현대의 교육

현대의 교육이란 해방 이후부터 현대까지의 교육을 의미한다. 해방 이후의 교육은 전통적인 계급주의와 차별주의를 배격하고 인간을 도구화하는 교육에 반대하였고, 특히 획일적인 교육을 거부하고 각 개인의 인격과 개인차를 인정하고 개성을 살리는 교육을 표방하였다.

한국전쟁 이후 교육의 양적 팽창은 급속도록 진행되었으며, 고등교육의 발전과 의무교육의 확대는 교육의 질적 발달에도 영향을 주었다. 대한민국 교육의 특징을 정리하면 다음과 같다.

학교제도의 근본 구조는 단선형이다. 학교 제도는 교육적 성격상 3단계로 구분되어 있다. 형식적으로는 6-3-3-4제 4단계로 되어 있다. 남녀가 평등하게 교육을 받도록 되어 있고 평생교육의 이념이 법으로 보장된다. 의무교육제도가 실시되어 중학교(9년)까지 무상으로 받을 수 있다. 시각장애인·지적장애인·지체장애인·기타 심신장애인 등을 위한 통합교육이 추진되고 있다. 각종 대학원이 전문대학원 체계로 바뀌면서 의학전문대학원, 법학전문대학원 등 고등교육의 체계가 변화하고 있다. 유치원의 공교육화가 진행되고 있으며, 국가의 공교육 정책 또한 확대되고 있다.

국가수준의 교육과정의 영향력이 큰 편이다. 1954년 제1차 교육과정을 제정한 이래 9차(2007·2009 개정 교육과정 포함)에 걸쳐 교육과정을 개정하였다(손승남 외, 2013).

이후에 2015 개정 교육과정에서 추구하는 인간상은 홍익인간의 이념을 바탕으로 '자주적인 사람', '창의적인 사람', '교양있는 사람', '더불어 사는 사람'이다. 2015 개정 교육과정은 학교교육을 통하여 모든 학생들리 인문·사회·과학기술에 대한 기본 소양을 함양하여 인문적 상상력과 과학기술의 창조력을 갖춘 융합 인재로 성장할 수 있도록 우리의 학교교육을 개혁하기 위한 것이라고 할 수 있다(신득렬 외, 2020).

2022 개정 교육과정에서 초, 중, 고 공통적으로 변화되는 사항은 다음과 같다.

첫째, 디지털 소양교육을 통한 미래형 교수학습 방법의 도입

둘째, 생태 전환 교육과 민주시민 교육을 통한 학습자의 공동체 가치 함양 및 역량 강화

셋째, 진로연계 학기를 운영하여 학교급 전환 시기의 진로교육 연계 강화

2022 개정 교육과정의 중점 사항은 교육 환경 변화에 적극적으로 대응하기 위해 국가, 사회적 요구를 반영하여 초, 중등학교 교육과정을 개선하는 것이다. 미래 사회를 대비하는 교육 방향을 제시하고, 학교 교육과정 자율권에 대한 운영 근거를 마련하여 분권화를 바탕으로 학교 교육과정 자율성을 확대하는 방향으로 개선된다(2022 개정교육과정 총론).

나. 서양교육사의 이해

1) 고대의 교육

고대 서양의 교육이 언제부터인지 명확하지는 않다. 최초의 흔적은 기원전 2천년 전 수메르 문명이 점토판에 새긴 학교교육의 모습이다. 고대 서양의 교육을 파악할 수 있는 시기는 기원전 7세기경부터이다. 이 시기 지중해 문화권인 고대 그리스와 고대 로마의 교육은 오늘날 교육제도나 교육사상에 많은 영향을 주었다.

기원전 8세기경 그리스 지역은 폴리스(polis)라는 작은 도시들로 구성되어 있었다. 대표적인 폴리스는 아테네와 스파르타이다. 고대 그리스의 신화,철학, 민주주의 속에는 인간중심주의(humanism)가 들어 있다. 인간적인 모습의 신, 인간 이성의 힘이 강조된 철학, 공동체의 가치를 존중하는 자유인의 삶 속에서 인간중심적 사고를 엿볼 수 있다. 휴머니즘이란 인간이 인간임을 자각하고 아름답게 사는 것을 제일의 가치로 여기는 삶의 방식을 말한다(신득렬 외, 2020).

스파르타는 북방에서 이주해 온 도리아족이 세운 도시국가이다. 그들은 강인한 신체를 지닌 군인을 양성해 내는 것을 교육의 목적으로 삼았다. 스파르타의 교육단계는 크게 가정교육기와 국가교육기로 나눌 수 있다. 가정교육기는 출생으로부터 7세까지의 교육기로 가정의 부모 보호 하에 엄격한 교육을 받았다. 국가 교육기는 8세부터 20세까지의 기간으로 병영에 수용되어 엄격한 신체 훈련을 받았다. 그들의 교육방법은 일종의 훈련이었다. 강한 무사를 기르기 위한 목적으로 무자비한 체벌과 군대식 훈련 방법, 전투 방법을 동원하였다.

아테네는 이오니아족이 세운 가장 대표적인 도시국가이다. 아테네 교육의 궁극적 이념은 지혜로운 사람을 육성하는 일이었다. 태어난 아이는 0세부터 7세까지 주로 가정에서 어머니를 통해 일화나 신화를 들으면서 성장했다. 8세에서 16세까지는 음악학교와 체육학교에서 교육을 받았다. 16세에서 18세까지는 지식교육과 신체교육이 동시에 이루어졌는데, 지식교육은 주로 소피스트들과 접촉함으로써, 신체교육은 공립 체육관에 나가 전문적인 체육교육을 받음으로써 이루어졌다. 18세가 되면 시민으로 등록하고 군(軍)에서 훈련을 받은 후, 만 20세가 되면 완전한 시민으로서의 특권을 얻어 정치활동에 참여하고 자유로운 생활을 누릴 수 있었다 (신득렬 외, 2020).

소피스트들(sophists)은 합리적으로 개인의 목적을 추구하여 교육목적, 교육과정, 교수방법 등에서 새로운 인간형을 육성하였기도 했지만 이전의 자연철학 관점에서 상대주의적 지식관을 가지고 인간중심의 철학으로 전환시키면서 교육의 목적을 정치가, 웅변가로 성공하는 도구로 삼았기 때문에 지식, 즉 변론술, 수사학, 웅변술 등을 배우는데 주안점을 두어 출세 위주의 입신양명에 그 뜻을 두었다.

소크라테스(Socrates, B.C. 469~399)는 행복·정의·용기 등의 덕목에 관하여 문답법으로 모든 인간이 무지의 자각을 통해 자신의 현 상태를 확인하고 실천력을 담보한 앎의 세계로 나아가 진리를 깨치는 '지행합일(知行合一)'을 추구하였다. 이에 앎은 단순한 지식의 획득이 아니라 보편적인 진리에 대한 인식을 의미하는 것으로 행위를 수반할 수밖에 없는 실천적 앎으로서의 지식의 보편타당성을 주장하였다. 교육방법으로는 무의식적 무지에서 의식적 무지를 이끌어내는 반어법, 무지의 자각이 된 상 상태의 학습자를 참된 지식과 보편타당하고 합리적인 지식으로 이끄는 상기법, 교사가 우리의 의식에 재재한 무의식적 지식을 외부로 나오게 하는 산파법이다.

플라톤(Platon, B.C. 427~347)은 보편적이고 절대적이며 영원한 진리란 이데아의 세계에 존재한 것이며, 현상의 세계에 존재하는 것이 아니며, 교육의 목적은 현상계의 변화하는 사물의 법칙 이면에 내재한 사물의 이데아를 파악하는 안목을 기르게 하는 것이라고 주장하였다. 교육단계와 조기교육의 중요성을 강조하였는데, 유아기(0~5세)의 경험이 인간발달의 절반을 이루는 중요한 시기로 파악하였다. 이 시기에 비합리적이거나 비속한 것은 금지하며 감정이나 정서를 즉각적으로 만족시키는 것을 반대하고, 사려 깊은 교육은 유아의 평생교육에 기초하고, 유희를 기반으로 한 음악과 체육활동 중심의 교육 내용을 펼쳤다.

아리스토텔레스(Aristotle, B.C. 384~322)는 플라톤의 이상주의에서 벗어나 실재의 세계에서 존재의 본질을 추구하며, 현실의 합리적 이성적 활동을 통한 실증과학을 중요시하였다. 국가에 봉사하는 시민의 양성을 위해 적극적인 교육을 강조하며, 중용의 원리를 만족시키는 덕을 함양하는 것으로는 용기와 절제를 통해 조화와 균형을 이루고자 하였다. 교육의 목적으로는 이성적 능력의 개발을 통한 덕의 획득으로 지적 탁월성과 도덕적 탁월성을 연마하여 행복에 도달하게 하는 것이다(신봉호 외, 2015).

그리스 문화와 학문을 수용하면서 로마인들은 점차 학교교육제도를 발달시킨다. 로마의 학교는 문자학교, 문법학교, 수사학교라는 3개의 교육수준으로 체계화되었다.

문자학교는 초등수준의 학교로 읽기와 쓰기, 단순 셈하기 등을 가르쳤다. 읽기는 애국심과 도덕적 교훈을 고취시킬 만한 문학 작품을 대상으로 이루어졌다. 신분계급에 관계 없이 6~7세의 모든 남자아이는 문자학교에 다닐 수 있었으며, 때로는 여자아이도 포함되었다.

문법학교는 문법뿐만 아니라 문학을 포괄하는 문법교육을 실시하였다. 문자학교를 마친 학생 중 상류계층의 남자아이만 12~13세가 되면 상급학교인 문법학교로 진학할 수 있었다. 당시 로마인들 사이에는 그리스 문학 작품에 통달할 지식을 갖추고 그리스 문학의 어법을 우아하게 구사할 수 있는 것이 교육받은 사람의 징표로 생각했다.

수사학교는 16세 정도의 청소년들이 정치 활동을 목적으로 대중 연설의 기술을 집중적으로 배우는 곳이었다. 청소년들은 수사학 이론뿐만 아니라 웅변에서 사용되는 다양한 형식, 기법, 주제 등을 자유자재로 구사할 수 있는 길고 힘든 훈련을 받았다(서용석 외, 2017).

로마 시대의 교육사상가로서는 키케로(Cicero: B.C. 106~43), 세네카(L. A. Seneca: B.C. 4~A.D. 65), 퀸틸리아누스(Quintillianus, A.D. 35~100)를 들 수 있다. 퀸틸리아누스는 자신의 저서 「웅변교수법」에서 웅변가를 가장 이상적인 인간상으로 규정하였다. 그는 훌륭한 웅변가가 되기 위해서는 사물에 대한 지식, 적절한 용어, 우아한 태도, 역사와 법률에 대한 지식, 좋은 기억력, 그리고 좋은 담화법을 길러야 한다고 강조했다. 또 그는 일방적 교수보다는 학생의 요구나 흥미를 고려하여 가르치는 것이 더 효과적이라고 주장하였으며, 체벌보다는 관대한 태도가 학습을 더욱 향상시킨다고 주장하였다. 이러한 그의 주장은 암기와 체벌이 상식화되어 있었던 그 당시로서는 파격적인 주장이었다. 그의 교육사상은 르네상스 시대의 에라스무스와 같은 인문주의 사상가에게 큰 영향을 주었다(신득렬 외, 2020).

2) 중세의 교육

역사적으로 중세는 서로마제국이 망한 476년에서 동로마제국이 망한 1453년까지의 시기다. 이시기를 지배한 것은 종교적으로 기독교, 경제적으로 봉건제, 사상적으로 스콜라철학이었다.

중세 전기의 교육은 기독교 사상의 영향으로 종교적인 성격이 강하였다. 교부철학과 스콜라철학의 발달로 수도원 교육이 성행하였으며, 기독교 사상이 교육내용과 교육방법을 지배했다. 교세의 확장, 교회제도의 체계적인 운영, 신자의 효율적인 관리 등을 위해 각급 교회들은 각종 학교들을 설립하게 되었다. 교구학교, 초신자학교, 문답학교, 본산학교, 수도원학교들이 세워졌다. 이들 학교들의 가장 두드러진 특징은 신앙활동과 더불어 교육활동을 병행했다는 점이다.

11세기경 중세의 교육은 종교적인 성격이 쇠퇴하고 세속적인 성격이 강하게 나타나기 시작했다. 이것은 중앙집권적인 체제의 붕괴에 따른 봉건제의 출현, 신흥 상공 계급의 출현, 그리고 사라센문화의 유입과 관계가 깊다.

서로마제국이 붕괴된 이후 중앙집권적인 체제가 해체되면서 봉건국가가 출현하게 되었고, 봉건 영주들은 자신의 안위와 자신의 토지를 지키기 위한 방법으로 전문적인 기사를 양성하는 기사도교육이 발달하였다. 기사도교육은 봉건제도의 산물로서 무지하고 야만적인 기사들에게 기독교 정신을 통하여 용기와 충성·관용을 지닌 군인의 미덕을 겸비하고 예의와 공손·자비 등을 가진 무사를 양성하는 데 주력하였다. 생활현장에서 직접 실천할 수 있는 교육과 군사적 기술로 체육교육을 중시하여 신사교육의 지표가 됨으로써 후에 영국의 신사도 교육의 전형이 되었다.

시민계급의 등장으로 일반 시민교육에 대한 필요성이 제기되었다. 실제 생활에서 활용할 수 있는 지식과 능력을 중시하고 생산적이고 직업적인 교육의 요구에 조합학교, 도시학교 등이 설립되었다. 전문적인 상업인을 위한 도제교육은 길드에서 직업기술 습득을 전문으로 한 기술자 양성 교육이 이루어지는 제도이었다. 이런 제도적 공장교육은 유럽의 산업발전에 토대를 제공하였다(신봉호 외, 2015).

중세 중·후반에 이르러 서구인들은 고등교육을 기존의 본산학교나 수도원학교에 의존할 수 없음을 인식하게 되었다. 이러한 시대적 흐름 속에서 출현한 것이 중세의 대학들이다. 중세 최초의 대학은 1158년 북이탈리아에 세워진 볼로냐(Bologna)대학으로서 법학으로 유명했다. 1231년에는 남이탈리아에 살레르노(Salerno)대학이 세워졌는데 의과대학으로 유명햇다. 프랑스에서는 1180년 파리대학이 세워졌으며, 영국에서는 1167년 옥스퍼드(Oxford)대학, 1214년에는 캠브리지(Cambridge)대학이 세워졌다. 독일에서는 1348년 프라게(Prage)대학, 1368년 빈(Wien)대학, 1368년에는 하이델베르그(Heidelberg)대학이 세워졌다. 중세 말기에는 유럽 각지에 80여개의 대학들이 생겨났으며 이것들은 학문 연구와 교수의 중심이 되었다.

중세 대학들의 강의용어는 주로 라틴어였으며, 교과목은 7자유과(Seven Liberal Arts)dp 속하는 수학, 기하, 음악, 천문학, 문법, 수사학, 논리학 등이었다. 중세 대학의 출현과 발달은 교육사적으로 대단히 중요한 의미를 지닌다. 중세 대학은 자유로운 지적 연구기관으로서 고전문화를 계승발전시키는 데 결정적인 역할을 했으며, 르네상스운동의 선구적인 역할을 했다(신득렬 외, 2020).

3) 근대의 교육

14세기 르네상스부터 19세기까지를 우리는 '근대시대'라고 부른다. 근대시대는 격동의 시대, 혁명의 시대이다. 지리상의 발견, 종교개혁, 과학혁명, 시민혁명, 산업혁명 등은 인간의 삶과 사회를 크게 바꾸어 놓았다. 이 속에서 교육은 사회 변화를 좇아가기도 하고, 사회 변화를 이끌어가기도 한다.

(1) 인문주의와 교육

르네상스 시대의 정신은 '인문주의(Humanism)'이다. 고대 그리스·로마의 정신을 강조하면서 인간적 삶이나 이성의 가치를 재평가한 인간중심사상으로 사고의 자유와 창조적 활동을 강조한 사상이다. 르네상스 시대의 학자와 교육가들은 중세의 신학, 논리학, 법률이 아니라 고대 그리스·로마의 문학, 역사, 시, 윤리학, 수사학, 문법 등을 연구하고 가르치기 시작한다. 고전은 자유로운 인간성을 높여준다고 믿었기 때문이다. 인문주의의 변천과정을 살펴보면 초기 심미적 성향이 강했던 이탈리아 남부를 중심으로 개인적 인문주의가, 이후에 북유럽지역에서는 사회개혁을 강조한 사회적 인문주의가 나타나 실학주의와 종교개혁에 영향을 주었다.

개인적 인문주의 교육방법은 강압적이고 체벌하는 것보다 자유스러운 분위기에서 학생의 개성과 흥미를 존중해주었다. 대표적인 사상가로 베르게리오(Vergerio, 1349~1420), 비토리노(Vittorino, 1378~1446)가 있다.

북유럽의 르네상스는 15세기 중반 이후부터 시작되었다. 봉건적 잔재가 아직 남아 있던 북유럽 르네상스는 사회비판적이며 종교지향적인 성격을 띄었으며 사회적 인문주의로 부른다.

사회적 인문주의 교육목적은 '도덕적 규범과 종교를 중시하면서 사회를 개혁하는 것'이다. 교육방법으로는 종래의 강압적인 방법을 벗어나 인문학적 합리성과 자유, 개별성의 원리에 따랐다. 대표적인 사상가로 에라스무스가 있다.

(2) 종교개혁과 교육

16세기 독일을 비롯한 북유럽국가에서 발생한 종교개혁은 타락한 가톨릭(구교)를 비판하고, 기독교 본래의 순수한 사명을 회복하고자 했던 종교학상의 개혁운동이었다(신득렬 외, 2020).

종교개혁운동은 르네상스 운동의 연장으로 봉건적 지배체제와 형식적인 교권주의에 대한 투쟁은 오직 성서에 의해서만 구원을 얻을 수 있다는 신앙의 해방운동으로서 성서주의에로의 복귀운동으로 볼 수 있다. 중세의 내세중심주의에서 벗어나 현세에서의 삶 자체를 긍정하고 직업과 생산활동에 가치를 부여함으로써 근대적인 산업발전의 계기를 마련한 것으로 평가된다(신차균 외, 2013).

본격적인 종교개혁은 독일의 루터(Luther, 1483~1546)가 1517년 비텐베르크대학 교회 문에 '95개보 반박문'을 붙이면서부터 시작되었다. 종교개혁의 촉발은 교회의 면죄부 판매행위였다. 교황 레오 10세는 '상자 속에서 돈이 쨍그랑거리는 순간 사람의 영혼이 연옥을 떠나 천국으로 간다'는 허무맹랑한 말로 면죄부 판매를 선전했다(서용석 외, 2013). 독일에서 루터의 개혁론이 지지 받게 된 큰 이유는 교황청에 대한 불만이 많았기 때문이다.

(3) 실학주의 교육

17세기 실학주의 교육은 인문주의와 종교개혁에 대한 비판과 반발에서 시작한다. 고전의 언어와 문법에만 치중한 형식적 인문주의에 대한 비판과, 종교적·도덕적인 교육만을 강조하는 종교개혁자들에 대한 반발은 실학주의 교육이 등장하게 된 계기이다. 실학주의자들은 현실의 구체적인 삶에 관심을 두었으며, 학교는 쓸모 없는 지식만 가르치고 실생활의 준비에 실패했다고 보았다(팽형일, 2004).

실학주의는 내용적 특징에 따라 인문적 실학주의, 사회적 실학주의, 감각적 실학주의로 구분할 수 있다.

인문적 실학주의는 고전을 중시하되, 그것을 실생활에 활용해야한다는 점을 강조한 교육사조이다. 고전을 존중했다는 점에서 인문주의적 요소를 지니며, 고전의 형식보다 내용을 중시하고, 그 내용이 실제 생활에 활용해야한다는 점에서 실학주의 성격을 지녔다고 볼 수 있다. 유창한 언어나 문법·언어를 중시했던 키케로주의를 타파하려는 반동에서 인문적 실학주의가 등장한다. 인문적 실학주의자로 분류되는 대표적 사상가로 스페인의 비베스(Vives, 1492~1540)가 있다(서용석 외, 2017).

사회적 실학주의는 실제 사회생활에서 얻어지는 경험을 강조한 교육사조이다. 사회적 실학주의 교육목적은 '타인과 원만한 인간관계를 맺고 행동하는 신사(gentleman)를 기르는 것'이다. 신사는 실제 생활을 통해 폭넓은 지식과 교양을 갖춘 사람을 말한다(이원호, 2003). 대표적인 사상가로 프랑스의 몽테뉴(Montaigne, 1533~1592)가 있다.

감각적 실학주의는 인간의 감각적 직관을 기초로 사물의 본질을 파악하며 자연과학의 발전에 따른 과학적 지식과 연구방법을 도입하여 실생활에 유용한 지식으로 삼으려 하였다. 모든 사람은 교육 받을 필요가 있으며 교육은 자유롭고 실제적 지식을 포함하면서 전 교과과정에 관심을 가졌고 특히 하층민을 위한 민주주의적 교육을 주도하였다. 독일의 라트케(W. Ratke, 1571~1653), 체코의 코메니우스(J. A. Comenius, 1592~1670) 등이 있으며, 교수법은 지식이란 '감각을 통하여 나온다'는 것과 학습은 반드시 '사물-사고-언어'순으로 되어야 한다는 근대적 교육방법론으로 평가될 수 있다(노상우, 2008).

(4) 계몽주의 교육

18세기에는 유럽에서 계몽사상이 출현하였다. 여기서 계몽(啓蒙)이란 '꿈에서 깨어난다는 것'을 의미한다. 즉 계몽이란 몽매함, 구습, 무지, 편견, 권위에서 벗어난다는 것을 뜻한다. 계몽주의자들은 신앙을 탄압했던 종교적 권위주의에 도전했으며, 사회적 불평등을 가져오는 그릇된 제도를 고발했다. 그리고 시민의 자유와 인권을 짓밟는 정치적 전제주의에 강력하게 저항하였다. 이러한 이유로 계몽사상은 한편으로 정치적 혁명운동으로 전개되었으며, 다른 한편으로는 사회개혁운동으로 전개되었다. 이러한 계몽운동은 주로 볼테르(F. M. A. Voltaire), 디드로(D. Diderot), 흄(D. Hume), 칸트(I. Kant), 몽테스키외(C. L. de Montesquieu), 스미스(A. Smith)와 같은 사상가들에 의해 전개되었다(신득렬 외, 2020).

계몽주의자들은 교육의 목적이 이성을 구사할 수 있는 사람을 양성하는 데 있다고 생각했다. 그들은 이 이성의 능력을 강화시키면 시킬수록 합리적인 판단능력이 커질 것이며, 나아가 사회개혁 및 사회진보의 가능성도 커질 것이라고 믿었다.

(5) 자연주의 교육

18세기는 철학적으로 이성과 합리성이 지배했던 시대이기는 했지만, 교육사적으로는 자연주의 교육사상이 풍미했던 시대였다. 교육사에서 말하는 자연주의는 인위적인 교육에 반대되는 자연적인 교육을 의미한다. 이러한 자연주의 교육사상은 루소에 의해 주도되었다. 루소의 자연주의 특성은 구체제 교육에 대한 비판과 아동기의 재발견을 들 수 있다. 「에밀」에 의하면 인간의 자유를 담보하는 주체자는 잘못된 사회적 조건에 의해서 구속당하고 제약받고 있는 인간으로부터 탈피하여 완전히 자기 자신을 위해 생존하는 자기목적적인 자연인을 뜻한다. 이런 자연인의 도야를 돕는 것이 교육의 목적인 셈이다. 루소의 교육원리는 '자연인을 위한 교육'과 아동이 주도적으로 체험하고 느끼고 깨닫도록 도와주는 '소극적 교육의 원리'와 각각의 연령대가 그 자체의 고유한 특징을 가지고 있다고 보는 '연령별 차이에 따른 교육'과 교육은 미래의 삶을 위한 준비가 아니라 그때 그때의 생활 실천을 통해서 인생의 선악에 잘 견딜 수 있는 인간을 형성하는 것으로써 아동이 능동적인 학습자가 되어야 함을 강조하는 '아동중심주의'로 설명할 수 있다(신차균 외, 2013). 아동존중교육, 자연주의 교육적 방법론, 자연상태를 유지하기 위한 사회개혁의 정치·윤리적 관점 등은 현대교육에 지대한 영향을 주었다.

(6) 국가주의 교육

19세기에 등장한 국가주의는 여러 방면으로 사회발전의 원동력으로 작용하였다. 국가주의는 개인의 이익보다는 국가나 민족 전체의 이익을 우위에 두는 이념 및 사상을 말한다. 나폴레옹(1769~1821)의 침략주의에 유럽 각국은 자국 국민들에게 국가의식과 열렬한 애국심을 자극한다. 나폴레옹의 몰락 이후 프랑스 혁명으로 쟁취한 공화국의 이념이 후퇴해 제정으로 이어진다. 하지만 혁명의 정신은 나폴레옹 침략으로 인해 유럽 국가들에 전파된다. 이로 인해 유럽 각국은 민족주의를 성장시키고, 근대 국민국가를 형성한다. 경제적으로 자본주의 경제체제, 정치적으로 제국주의가 등장한다(이지헌 외, 2019).

국가주의는 교육의 국가통제, 국가적 교육제도의 조직, 의무교육제도의 발달과 촉진 등 교육체제에 많은 변화를 가져왔다. 따라서 19세기 이후 유럽 각국은 공교육기관을 갖게 되었으며, 이러한 교육제도를 통해서 국가의 보전과 번영을 꾀하였다(이원호, 2003).

국가주의 사상의 형성과 발전에 기여한 대표적인 사상가로 프랑스의 콩도르세(Condorcet, 1743~1794), 독일의 피히테(Fichte, 1762~1814), 영국의 오웬(Owen, 1771~1858) 등이 있다.

(7) 신인문주의 교육

신인문주의 사상가들은 계몽주의가 추구했던 합리주의와 주지주의 교육이 지나치게 이성과 지성의 계발에만 치우쳐 있었다고 비판하며, 지·덕·체를 골고루 갖춘 전인(全人, whole man)을 길러야 한다고 주장했다. 또한 교육이 지나치게 외부에서 부모나 교사가 강제하는 교육이 아닌 아동의 내면세계를 계발하는 것이 중요하다고 주장했다.

신인문주의 공통적인 면을 살펴보면 고대 그리스문화의 핵심인 인간성의 조화로운 발전을 추구, 인간의 보편성보다는 각자의 개성과 역사 및 민족의 특수성을 강조하였다. 개인의 삶에서는 사회와 역사, 문화 전통의 중요성을 강조한 점을 찾아 볼 수 있다(신차균 외, 2013). 대표적인 사상가로는 페스탈로치, 헤르바르트, 프뢰벨 등이 있다.

페스탈로치(J. H. Pestalozzi, 1746~1827)는 칸트의 교육적 이상과 더불어 루소의 「에밀」에 타나난 교육을 몸소 실천한 교육자라고 할 수 있다. 「은자의 황혼」 서문에는 "인간은 옥좌 위에 앉아 있으나 초가의 그늘에 누워 있으나 본바탕으로는 평등하다."라고 밝히고 있다. 평등적 인간관을 나타내고 있으며, 모든 인간의 도덕성을 일깨워 인간 본성이 지니고 있는 선함과 발전가능성을 전제로 조화로운 발달

이념을 표명하였다(박의수 외, 2007).

헤르바르트(Herbart, 1776~1841)는 교육학을 철학으로부터 독립시켜 하나의 체계적인 학문으로 정립시킨 '교육학의 아버지'로 널리 알려져 있다. 그는 선량한 인간 또는 도덕성의 함양이라는 교육의 목적을 '윤리학'으로부터, 그리고 교육방법의 원리를 '심리학'에서 가져왔다. 헤르바르트는 교육적 수업에서 주목할 만한 요소는 학문성, 인격성이다. 이것이 가능하도록 수업은 일정한 형식적 단계를 따라야 한다. 이를 위해 수업단계설을 주장하였다. 이것을 '심사(尋思), 숙고(熟考)'로 설명된다.

표 2-1 헤르바르트의 교수단계설

심사	명료	학생은 우선 수업에서 다루게 될 지식요소를 깊이 생각하여 학습 대상을 파악하고 이해해야 한다. 낯선 상념들이 학습자에게 '명료'해져야 한다.
	연합	학습자가 기존의 지식과 새로 배운 내용을 연결 짓도록 수업을 진행해야 한다. 이 단계에서 새로 배운 상념들은 '연합'적으로 서로 연결된다.
숙고	체계	새로 배운 지식내용이 기존의 지식체계에 녹아들도록 수업을 구성해야 한다. 이미 배운 체계와 새로운 체계가 관계를 맺어 '체계'적 연관을 획득하게 된다.
	방법	새로 배운 내용을 지적, 도덕적 의미의 교육적 수업에 적용하는 단계이다. 이 단계에서 실천의 '방법' 혹은 적용 가능성을 찾아야 한다.

* 출처: 이지헌 외(2018). 교육철학 및 교육사.

헤르바르트의 교수단계설은 그 후계자들에 의해 발전을 거듭했으며, 오늘날 교수-학습 지도안의 전형적 틀로 자리 잡게 되었다(이지헌 외, 2018).

프뢰벨(F. Fröbel, 1782~1852)은 유치원의 창시자로서 유아교육의 아버지로 널리 알려져 있다. 프뢰벨은 식물에 대한 깊은 관심이 있었다. 이로 인해 그는 자연에 대한 경건하고 신비주의적인 사랑을 갖게 된다. 이러한 젊은 시절의 경험을 바탕으로 1839년에 '유아교육지도자강습소'를 설립한다. 이듬해 그는 이 기관에 '유치원(Kindergarten)이라는 이름을 붙인다. 유치원은 '어린이가 성장해가는 정원'이라는 뜻이다(서용석 외, 2017).

프뢰벨의 교육사상은 20세기 듀이를 비롯한 미국의 진보주의 교육사상가에게 큰 영향을 주었다.

가. 교육철학의 개념

'교육철학이란 무엇이다.'라고 합의되어 정립된 어떠한 정의나 준거는 없지만 20세기 후반부터 이 분야의 전문적인 연구 및 교육활동이 점차 활발해지고 있으며, 학자들이 시대와 공간을 넘어 학문적 교류를 시도하고 있다. 그러한 연구 및 상호교류를 통해 교육철학은 다양한 문제의식을 공유하고, 접근방법을 발달시켜 왔다. 교육은 개인의 삶 전반에 관련되고, 변화하는 사회 및 문화의 영향을 받는 활동이기에, 교육철학을 '교육'이란 대상을 '철학적' 방법에 의하여 탐구하는 학문영역이라고 정의한다고 하여도 그 연구 대상과 방법에 있어 범위가 매우 넓다(강선보 외 역, 2011).

교육철학은 교육의 이론만이 아니라 교육의 실제에서 이루어지고 있는 것들에 대해서도 관심을 기울여야 한다. 교육실제 및 현상에 대한 논의들을 철학적 사유를 통해 종합하고 체계화시키며, 교육이 무엇이고 교육의 목적 및 방향이 어디로 가야 하는지를 탐구하는 학문이어야 한다(고미숙, 2006).

따라서 교육철학은 교육현상을 체계적으로 고찰하여 교육학에 쓰이는 언어 및 전제를 다듬고 체계적으로 교육학을 구축하는 방법을 탐구하며, 교육의 본질을 분석하는 학문이다. 교육철학은 교육의 이론과 실제의 가장 근본적인 문제들에 대해 우리가 보다 깊이 인식하도록 이끌어 주는 학문이다. 즉 교육철학은 교육의 목적, 교육의 개념과 관련된 내용을 철학적으로 연구한다(조남미 외, 2020.).

나. 교육철학의 성격

1) 철학의 영역

우리가 지금 쓰고 있는 '철학'이라는 말은 philosophy 또는 philosophie를 옮겨 놓은 것으로 고대 그리스 철학자인 피타고라스(Phthagoras: B.C. 580~500)가 처음으로 사용한 것으로 알려져있다(신득렬 외, 2020).

철학의 정신은 지혜에 대한 사랑이다. 어원을 보더라도 philosophy는 '지혜'인 'sophia'와 '사랑, 애호'를 의미하는 'philos'의 결합어이다. 지혜와 앎에 대한 욕구는 구체적으로 우리가 살아가는 이 세계의 제반 현상을 만들어 낸 본질, 근거가 되는 아르케(arche)를 묻는 일로 시작된다. 아르케란 '시초'를 뜻하는 희랍어로, 그 후에 일어나는 것의 원인이 되므로 '근거', 또는 '본질'의 의미로 이해할 수 있다. 그리스 철학의 태동기에 철학자들은 만물의 아르케를 묻는 일로 앎에 대한 탐구를 시작하고 있다. 철학이란 말의 어원으로 볼 때, 철학의 정신이란 지혜에 대한 사랑으로 정확하고, 철저하게 사유하는 것이라고 볼 수 있다(정윤경, 2010).

2) 철학과 교육철학

내용으로서의 철학은 크게 존재론(형이상학), 인식론, 논리학, 가치론(윤리학) 네 분야로 나눌 수 있다.

존재론은 존재하는 것 가운데 '가장 근본적인 것은 무엇인가?'를 묻고 답하는 분야이다. 이런 철학적 질문들은 교육과 관련이 있다. 즉, 교육에 관련된 많은 질문은 이런 성격의 질문임을 알 수 있다. 우리가 교육을 할 때 일차적으로 물어야 할 질문은 교육을 하는 인간이란 어떤 존재인가?, 교육의 목적은 무엇인가?, 삶의 목적은 무엇인가?, 인간의 본성은 무엇인가? 하는 식의 질문들이다. 그러므로 교육 현상에 관한 많은 질문들은 형이상학적 질문과 관련이 있다.

인식론은 전통적으로 지식의 문제를 다루는 분야이다. 즉 지식의 본질, 지식의 원천, 지식의 정당성을 묻는 분야이다. 교육은 가르치고 배우는 활동이요, 가르치고 배우는 것의 내용은 다름 아닌 지식이다. 따라서 교육 현장에서 무엇을 가르치고 배울 것인지에 관한 많은 문제는 바로 인식론적인 문제이다.

논리학은 어떤 추론이 올바른 추론인지 아닌지를 비판적으로 검토하는 분야이다. 고전 논리학은 전제와 결론이 갖는 관계를 중심으로 논의를 전개했다. 우리가 알고 있는 아리스토텔레스의 삼단논법이 그 대표적인 예다. 20세기가 되면서 많은 수학을 전공한 사람들이 논리학 분야에서 눈부신 업적을 남기기 시작하면서 점차 논리학은 철학의 영역에서 수학 영역으로 넘어간다. 그러나 탁석산(2003)은 논리학이 철학 영역에서 사라지는 것이 아니라 논리학의 실용적 측면인 비판적 사고가 남아있다고 언급한다.

마지막으로 가치론은 가치문제를 다루는 것으로 세부적으로는 윤리학과 미학에서 다룬다. 이 분야에 관한 질문과 교육과의 관련성은 쉽게 예측할 수 있다. 교육이라는 활동은 무엇인가 가치 있는 방향으로의 변화를 뜻한다. 따라서 교육에 관한 질문 중 많은 부분이 가치에 직접 또는 간접적으로 관련된다고 할 수 있다(정윤경, 2010).

위에서 살펴본 바와 같이 철학의 영역인 존재론, 인식론, 논리학, 가치론에서 다루어지는 철학적 질문들은 교육과 밀접한 관련이 있다. 교육과 관련된 질문들이 대부분 철학적 질문들을 포함하기에 교육 현상을 철학적으로 사유할 수 있도록 해야 함을 알 수 있다.

다. 교육철학의 기능

교육철학은 교육에 관련하여 이루어지는 의미 부여와 그 기준에 대해 과연 그것들이 어떠한 신념과 가치관, 동기와 관심, 지식과 이론 위에서 이루어지고 있는가를 분석하고, 그것들의 타당성을 비판적으로 음미하고 검토하는 작업이다. 이러한 교육철학적 탐구활동 또는 그에 따른 기능을 흔히 분석적 기능, 평가적 기능, 사변적 기능, 통합적 기능으로 구분한다.

1) 분석적 기능

분석적 기능은 이론적 또는 일상적 언어의 의미와 이에 포함된 논리적 관계를 분석하고, 가치 기준을 밝히는 것을 말한다. 교육적 언어와 의미를 분명하게 하고 교육적 의미들 사이의 논리적 관계를 명백히 드러내는 활동이다. 교육이론이나 교육행위의 논리적 맥락, 즉 인간관, 세계관, 학교관, 지식관, 가치관, 아동관, 교수자관의 관계를 분석하는 기능이다(정희숙, 2011). 이러한 분석은 표방하는 이론이나 철학만이 아니라 내재된 의도, 동기, 관심, 목적까지도 분석하는 일을 포함한다. 그리고 그러한 의도, 동기, 가치관, 세계관들이 서로 어떻게 관련되어 있고, 일관된 원칙과 관점 하에 반영되고 있는 가를 분석하는 것이다(신득렬 외, 2020). 분석철학에서는 분석적 기능을 철학적 연구의 본연의 과제로 삼고 이를 탐구한다.

2) 평가적 기능

평가적 기능은 교육의 가치 기준이나 준거에 비추어 실천, 이론, 주장, 원리의 만족도를 밝히는 행위로 분석적 기능을 바탕으로 진행된다. 이 기능은 평가 준거를 명백히 밝히는 일이고 개념의 의미를 명백히 하는 것이므로 분석적 과정이라 할 수 있다. 또 평가 대상을 가지는 일로써 현황을 조사하여 실태를 파악하는 기능을 하므로 경험적인 과정이고 실제 평가하는 일로서 가치판단의 철학적 과정이기도 하다. 교육에서의 역할은 교육 이론이나 실천에 쓰이는 좌표나 원리대로 교육을 이루고자 하는 것으로 교육원리와 실천원리의 당위성을 규명해 준다(안길훈 외, 2019).

3) 사변적 기능

사변적 기능은 어떤 문제를 해결하기 위하여 새로운 가설, 아이디어, 개념을 찾아내는 이론적 활동이다. 교육에 대한 새로운 의미체계, 즉 이론이나 설명체계를 고안하여 제시하는 활동을 말한다. 여기에는 인간관, 세계관, 지식관, 아동관, 교수자관을 기초로 교육의 방향, 교육이념, 교육목적, 교육제도를 제안하거나 주장하는 일이 포함된다(정희숙, 2011). 교육철학에서의 사변적 기능은 분석적 기능, 평가적 기능을 바탕으로 진행되며, 교육 이론이나 실천에서 문제해결의 새로운 방향을 모색한다. 그리고 교육에서 개별 이론이나 실천을 전체적·통합적으로 묶어 주는 역할을 하며, 교육목표를 설정할 때 사용한다.

4) 통합적 기능

통합적 기능은 교육에 관한 현상이나 과정을 전체로 파악하고, 여러 부분과 차원을 통합하여 이해하려는 것을 말한다. 교육에서의 역할은 교육의 일관성을 유지하게 해준다. 교육철학은 다양한 학문과 관련되어 있어서 교육과 관련하여 다양한 학문영역에서 발견된 이론과 새로운 제안을 전체로 통합하는 이해가 필요하다. 따라서 교육철학은 분석적·평가적·사변적 기능을 연관시키고 상호보완적으로 통합하는 작용을 한다(안길훈 외, 2019).

라. 교육철학의 탐구 방법

1) 분석적 방법

철학적 방법의 하나로서 분석적 방법(analytic method)은 20세기 중반 영국과 미국에서 널리 사용된 탐구방법이다. 이 방법은 분석 교육철학자들이 즐겨 사용했던 방법으로, 한때 영미 교육철학계에서 크게 주목을 받았으며, 실제로 이 방법의 적용으로 교육철학은 새로운 전기를 마련하게 되었다. 특히, 1950년대에 접어들면서 일단의 교육철학자들에 의해 시도된 철학적 방법은 교육철학의 개념, 역할, 의의를 바꾸어 놓을 정도로 학계에 커다란 반향을 불러일으켰다. 일찍이 분석적 방법으로 교육현상 및 교육문제를 분석한 학자로는 하디(Hardie), 라일(Ryle), 오코너(O'Conner), 셰플러(Scheffler), 피터스(Peters)와 허스트(Hirst) 등을 들 수 있다. 이들은 지금까지 불분명하게 사용되어 온 교육언어의 용법을 분석함으로써 그 의미를 명료화하는 데 크게 기여하였다(이명기 외, 2011).

2) 현상학적 방법

현상학적 방법(phenomenological method)은 주로 유럽의 현상학자들이 사용한 철학적 방법으로 영미계통의 교육철학자들이 사용한 분석적 방법과는 큰 대조를 이루고 있다. 분석철학자들이 주로 교육언어를 분석함으로써 그 언어가 가진 의미를 명료화하는 데 관심을 가진 반면에 현상학적 교육철학자들은 교육하는 주체의 의식과 교육을 받는 대상 간의 관계를 탐색하는 데 관심을 기울였다. 즉, 교수 주체와 학습 주체 간의 관계를 다루는 데 깊은 관심을 가지고 있었다(이명기 외, 2011).

3) 비판적 방법

비판적 방법(critical method)은 20세기 중반 이후에 비판철학자들이나 비판 이론가들에 의해 체계화되고 활용된 연구방법으로 교육이 이루어지는 사회체제에 대한 비판을 하였다. 주로 자본주의 체제하에서 이루어지는 학교 교육에 대해 날카롭게 비판하였다. 비판철학은 교육이 이루어지는 사회체제를 구조적으로 분석하였다. 이들의 교육에 대한 분석과 비판을 살펴봄으로써 교육을 다른 시각에서 바라볼 수 있게 되고, 교육을 비판할 수 있는 능력을 기를 수 있을 것이다. 비판교육론은 비판철학에 기초하여 성립되었으며, 비판철학은 19세기의 독일 철학, 특히 헤겔과 마르크스 철학에 기반을 두고 있다(안길훈 외, 2019).

4) 해석학적 방법

해석학적 방법(hermeneutic method)은 근대 이후 주로 유럽을 중심으로 활동하였던 해석학자들에 의해 사용된 철학적 방법의 한 형태이다. 해석학의 성립과 발전에 서는 슐라이마허(Schleiermacher), 딜타이(Dilthey), 하이데거(Heidegger), 가다머(Gadamer)가 차지하는 위상은 특히 높다. 그 이유는 이들이 해석학을 삶의 이해와 대화의 학문으로 성립시켰기 때문이다. 이해와 대화의 문제가 교육학의 핵심주제에 속한다고 볼 수 있다(손승남, 2001).

해석학의 탐구방법에 기댄 교육철학은 분명히 오랜 역사를 거치면서 다양한 갈래와 시도들로 전개되었다. 정신과학적 교육학에서부터 교육학의 근본관심인 교육과 도야의 역사성과 의미를 해석하려는 시도, 나아가 교육현실과 교육적 가설형성을 해석하고 이해하려는 시도 등으로 다양하다. 그렇지만 해석학에 기댄 교육철학의 성과는 크게 세 지점에서 수렴되는 것 같다. 즉 교육의 총체성과 통일성 이해, 교육적 만남과 대화의 강조, 그리고 교육적 현상과 사실에 대한 이해시도 등이다(김상섭 외, 2024).

마. 현대 교육철학의 흐름(20세기 전, 후기)

20세기 전기의 교육철학은 '진보주의', '본질주의', '항존주의'와, '재건주의'가 대두되었다. 20세기 후기의 교육철학은 실존주의, 분석철학, 비판적 교육철학, 포스트모더니즘, 페미니즘을 중심으로 살펴보고자 한다.

1) 20세기 전기의 교육철학

(1) 진보주의

진보주의(progressivism)는 전통적인 교육에 반기를 들고 등장한 교육 사조로 20세기 미국뿐만 아니라 전 세계의 교육에 일대 개혁을 일으킨 교육 사조라 할 수 있다. 진보주의 교육철학은 실용주의의 사상을 기초로 하여 성립된 교육철학으로 20세기 초반부터 중반까지 진보주의 교육은 듀이의 이론을 중심으로 하여 미국뿐만 아니라 세계교육을 지배하여 온 교육사상이다. 진보주의 교육은 루소의 자연주의적 교육관에서 출발하여 페스탈로치(Pestalozzi), 프뢰벨(Fröbel) 그리고 아동중심 교육을 부르짖은 엘렌 케이(Ellen Key) 등을 거쳐 듀이에 이르러 집대성된 이론이다.

교육철학의 고유한 의미에서 '진보주의'라 할 때 그것은 프래그머티즘에 근거한 교육 개혁운동을 지칭하는 것이며, 전통적인 형식주의 교육에 반기를 들고 민주주의적인 교육의 이념, 아동의 창의적 활동, 생활 안의 교육의 소재 그리고 학교와 사회와의 밀접한 관련의 구축 등을 강조한 혁신적 교육이념을 말한다. 다시 말해 진보주의자들이 강조하는 교육 형태는 아동의 흥미, 욕구, 경험을 존중하는 교육이다. 학교는 아동이 학습하기에 즐거운 곳이 되어야 하므로 학교를 아동들이 가고 싶어 하는 장소, 머물고 싶은 학교로 만들어 주어야 한다(윤재흥, 2012).

진보주의 교육은 우리나라에도 1950년대 새교육운동이나 1990년대의 열린교육운동에 영향을 미쳤다. 진보주의 교육은 수동적·주입식·권위주의적 교육의 시정에 있어서 많은 공헌을 하였다. 그러나 진보주의는 학습자 흥미 위주의 교육을 지나치게 강조하여 학습자들이 재미있고 쉬운 과목만 선택하게 되어 학습자들의 학습 능력 저하의 문제점을 가져왔다. 절대적인 진리는 없고 변화하는 경험이 중요하다는 주장은 보수주의자들의 공격 대상이 되었다.

특히 1957년 구소련이 미국을 앞질러 인공위성 스푸트니크(Sputnik)1호를 발사하게 되자 미국 사회에서는 진보주의가 초래한 학습 능력 저하 문제를 비판하였다(박선영 외, 2010).

(2) 본질주의

본질주의(essentialism)는 교육에는 본질적인 부분과 비본질적인 부분이 있다고 주장하며, 본질적인 부분 중심의 교육은 질적 심화를 강조하였다. 그들은 본질과 비본질을 구분하지 않고 변화와 상대성으로 일관하는 진보주의를 비판하였고, 고전을 비롯한 모든 훌륭한 과거와 지식이 현재의 문제를 해결하기 위한 방안이 된다고 주장하며 본질적인 부분에 대한 학습의 필요성을 강조했다(박선영 외, 2010).

본질주의는 1930년대 미국 교육사상을 지배하고 있던 진보주의에 대한 비판, 즉 진보주의에 불만을 품은 교육자들에 의하여 제기된 교육 운동이다. 본격적인 비판은 1938년 베글리(Bagley)를 중심으로 20여 명의 교육학자에 의하여 선포된 '미국교육 향상을 위한 본질파 강령'이다. 강령의 내용은 진보주의를 전면적으로 거부하는 것은 아니며, 진보주의의 장점과 공헌을 인정하면서 그 결점을 비판하여 시정을 요구하는 내용으로 이루어져 있다.

본질주의는 학습자의 흥미에 따라 교육하는 진보주의의 교육에 대해서 부정적으로 생각한다. 학습자가 가치 있는 것에 흥미를 갖게 하는 바람직한 교육을 위해서는 미성숙한 학습자보다 교수자가 주도권을 가져야 한다고 주장하였으며, 교수자가 지정된 교과를 이해하고 이수하는 능력이 필수적이라고 인식한다(박선영 외, 2010).

본질주의는 능동적인 교육과 현실 문제의 조화를 주장하기 때문에 현대사회에서 널리 호응을 받고 있다. 1970년 미국에서 일어난 "기초로 돌아가자(Back-to-basics)"는 운동도 본질주의적 입장이다(박선영 외, 2010).

(3) 항존주의

본질주의(essentialism)와 항존주의(perennialism) 모두 진보주의(progressivism)를 비판하는 점에 있어서는 그 맥을 같이 하지만 본질주의가 주로 20세기의 소산임에 반하여 항존주의는 오랜 역사를 가진 철학적 신념이 20세기에 이르러 교육이론으로서 새로운 각광을 받게 되었다.

현대생활의 산물인 교육은 끊임없는 동요와 상반되는 목적과 잡다한 이론과 방법 등으로 인해 나아갈 길을 찾지 못하고 방황하고 있다. 따라서 현대교육에 필요한 것은 변하지 않는 확실성이다. 항존주의 만이 이 과업을 완수할 수 있다고 본다.

대표적인 학자로는 고전(Great Books)을 중시하는 허친스(Hutchins), 신교적 기독교 철학에 입각한 아들러(Adler), 구교적 기독교 철학에 기초한 마리탱(Maritain) 등을 들 수 있다.

항존주의에서는 과거의 전통이 결코 낡은 것이 아니라고 본다. 과거의 전통을 공부함으로써 오히려 학습자들은 자기 자신의 흥미만을 추구하거나 현실 생활에서 발견할 수 있는 것보다 훨씬 중요한 진리를 배울 수 있다(장원동, 2011).

항존주의는 인간의 본성을 탐구하고 절대적 가치를 탐구함으로써 교육의 지표를 확고히 하려 했다는 점에 의의가 있다. 그러나 항존주의는 주입식교육과 획일적인 전통교육으로 대중교육과 전인적 발달을 추구하는 현대교육의 일반적 요구와 합치되지 않는다. 또한 교수자의 권위주의적 교육, 비민주적인 교육이 되기 쉬운 문제점이 있고, 현실의 가치를 과소평가하여 급격하게 변화하는 현대사회 교육에 있어서 한계점이 노출되었다(박선영 외, 2010).

(4) 재건주의

20세기에 등장한 재건주의(reconstructionism) 사상은 미국의 브라멜드(Brameld)에 의해 체계화된 교육 사조로 이전의 진보주의, 본질주의, 항존주의를 비판적으로 종합하고 절충하였다.

재건주의는 개인의 변화보다 사회와 문화의 개조에 관심을 더 기울였다. 재건주의는 현대의 인류가 처한 문화적 위기를 분석한다. 현대의 인류문명이 과학기술을 발달시켰지만, 이를 비인간적으로 악용하여 위기사태를 초래하였다고 지적하고 교육을 통하여 새로운 사회질서를 적극적으로 재건할 필요가 있다고 주장하면서 문제를 제기한다. 그들은 교육을 통하여 과학기술의 힘을 파괴보다 창조에 사용할 수 있도록 해야 한다고 주장하였다. 재건주의는 교육을 통해서 사회구성원들이 공통적으로 새로운 비전을 갖도록 하여 사회질서를 새롭게 재구축해야 한다고 주장한다.

재건주의는 현대사회가 심각한 문제점을 안고 있다는 것을 경고하고, 민주주의와 교육의 중요성을 강조했다는 점에서 가치가 있다. 그러나 재건주의는 새로운 사회질서를 누가 어떻게 건설하느냐의 방법론에 있어 이상주의적이며, 교육의 힘을 지나치게 과대평가한다는 비판을 받고 있다. 재건주의 방법론은 오히려 누군가가 설정해 놓은 새로운 사회질서에 학습자들이 승복하도록 몰아가는 독재적 방법이 될 가능성도 있다. 한 사회의 재건 문제에 있어서도 그렇지만 재건주의가 궁극적으로 생각하는 세계 공통의 질서 재건은 그 건설의 가능성이 지나치게 이상주의적이라는 비판을 많이 받는다(박선영 외, 2010).

2) 20세기 후기의 교육철학

1960년대와 70년대를 거치면서 서구 교육학계는 실존주의, 분석철학 등의 새로운 사조들이 등장하여 영향을 미치기 시작했다. 1980년대 이후에는 포스트모더니즘이 교육학에서 논의되기 시작해서 커다란 변화의 방향을 제시하였다.

(1) 실존주의 교육철학

주체적 존재로서의 실존의 본질과 구조를 밝히려는 실존주의(existentialism)는 19세기의 합리주의적 관념론 혹은 실증주의에 대한 비판과 도전으로 시작하여 분석철학과 함께 현대철학의 주류를 형성하였다.

실존주의자들은 인간의 존재의 성격을 실존이라고 규정하였고 인간소외를 가져오는 대중화, 기계화된 사회에 반대하고 개인의 자유와 개성을 강조하였다. 대표적인 철학자는 키에르케고르(S. A. KierKegaar), 야스퍼스(K. T. Jaspers), 마르셸(G. Marshell), 니체(F. W. Nietzsche), 하이데거(M. Heidegger), 부버(M. Buber) 등이 대표적이다(박선영 외, 2010).

실존주의 교육사조로 계승·발전시킨 것은 보르노(Borno)와 홀트(Holt), 넬러(Kneller), 모리스(Morris) 등이 대표적이다.

실존주의는 개인이 현명한 선택을 하도록 교육해야 하는데, 이러한 선택은 기본적 가치를 포함하는 행동에서부터 선택해야 한다고 한다. 선택은 자기 자신에 대한 깊은 통찰과 전심을 요구하며 '관습에 의존하는 선택이 아니라 자기 자신에 의존하는 선택이어야 한다.'는 교육관을 제기하였다. 특히 실존주의 교육은 인간소외를 가져오는 교육 현실, 학습자들의 개성과 창의성을 경시하는 교육 방법 등을 비판하며, 지적교육, 정서교육, 도덕교육의 조화를 통한 전인교육을 목표로 하는 '인간주의 교육'을 외치며 '열린 교육(open education)'을 추구하였다(박선영 외, 2010).

(2) 분석적 교육철학

분석적 교육철학(analytic philosophy of education)은 1960년대에 영국과 미국을 중심으로 나타났다. 이들은 교육을 과학적으로 탐구하여 교육철학을 하나의 독립학문으로 체계화하려고 하였다. 이를 위하여 교육철학은 객관적인 언어와 논리로 분석하고자 하였다. 객관적인 언어와 논리로서 교육의 이론과 의미를 객관적으로 명료하게 하고 이의 타당성을 검증해야 한다는 것이다(박선영 외, 2010).

분석철학의 방법을 교육 연구에 적용하려는 시도는 하디(Hardie, 1942)에 의해 처음으로 이루어졌으며, 그 이후 영국의 피터스(R. S. Peters)와 허스트(P. H. Hirst), 미국의 셰플러(I. Scheffler) 등이 주도하였다. 영국에서는 '런던 라인' 피터스를 중심으로 교육, 교수, 학습, 발달, 창의성, 정서, 자유, 평등, 권위, 벌 등과 같은 개념들의 준거를 밝히고, 그 교육 개념들 사이의 상호관련성을 탐색하였다. 미국에서는 셰플러(Scheffler, 1954)를 중심으로 분석철학적 방법을 교육의 주요 개념, 교육 이론, 다양한 교육 실제 분석에 도입하였다. 셰플러는 교육철학이 교육 실제와 관련된 주요 개념을 엄밀하고 논리적으로 분석하는 학문이라고 천명하였고, 그 후 여러 저작(1958, 1960)을 통하여 철학적 분석 방법을 교육에 적용하려고 하였다(신차균 외, 2013).

(3) 비판적 교육철학

비판적 교육철학(critical philosophy of education)은 1970년대 후반부터 현대 독일에서 호르크하이머(Horkheimer), 아도르노(Adorno), 마르쿠제(Marcuse), 프롬

(Fromm), 하버마스(Habermas) 등 독일의 프랑크푸르트학파의 비판 이론을 받아 형성되었다.

비판적 교육철학은 하나의 통일적인 교육철학은 아니며 교육학을 비판적으로 여러 학자의 업적을 총칭한 것이다. 비판 이론은 인간의 자유로운 의식을 억압하고 왜곡하는 요인들을 분석·비판하고, 이 제약으로부터 인간을 해방시키는 가능성을 모색하는 것을 목표로 한다.

비판적 교육철학은 사회적 불평등이 학교 교육을 통하여 재생산된다는 점을 주목하였다. 비판적 교육철학자들은 학교가 지배 이데올로기를 학습자에게 교육시키며 불합리한 사회구조를 유지, 재생산하는 기제라고 판단한다. 그들은 학교에서 발생하는 억압 관계, 지배와 피지배 관계, 인간의 물상화(物象化), 자기 소외의 문제에 주목하고 이러한 문제의 원인을 찾아 교육상황을 개선하고자 하였다.

따라서 비판적 교육철학은 교육의 개선과 실천을 위한 실천 학문적인 성격을 갖는다고 할 수 있다. 비판적 교육철학자들은 학습자에 대해 비판적인 의식을 키우게 하는 인문교육, 성차별 문제를 생각하게 하는 여성 해방교육, 사회의 구조와 발전과정을 보는 눈을 기르는 사회과학교육, 복지사회의 꿈을 키우는 이상사회 구상을 교육내용으로 제시하고 있다(박의수 외, 2007).

(4) 포스트모더니즘과 교육

포스트모더니즘(post-modernism)이라는 말은 1950년대 초 역사학자 토인비(A. Toynbee)가 처음 사용한 이래 문학, 철학, 예술, 과학, 교육, 문화 전반에 걸쳐 폭넓게 사용되고 있다. 포스트모더니즘은 데리다(J. Derrida)의 해체주의, 푸코(M. Foucalut)의 사회 이론과 역사 이론, 라캉(J. Lacan)의 심리분석 이론, 리오타르(J. F. Lyotard)의 포스트모더니티 이론을 포괄한다.

포스트모던 사회는 이질성과 다양성이 강조되는 사회이고, 구체적인 너와 나가 존중되는 사회다. 미래에 대한 예측이 불가능한 사회이면서 시민단체들의 영향력이 높아지는 사회이다. 또한 쾌락주의, 대중주의, 시대정신의 결여, 허무주의, 자아의 상실, 기준과 가치의 소멸, 반전통주의, 행복감이 만연한 사회다. 이러한 사상적 다원주의를 포괄할 수 있는 것이 포스트모더니즘이다(신차균 외, 2013).

포스트모던 교육과정은 알려진 것을 전달하는 것이 아니라 알려지지 않은 것을 탐구하는 데 그 목적이 있다. 교육목표도 인지적 영역과 정의적 영역을 구분하여, 상대적으로 이전의 교육에서 소외되었던 정의적 영역에 더 관심을 기울인다(신차균 외, 2013).

포스트모더니즘 교육은 획일적이고 보편적인 교육의 틀에서 벗어나 기존의 교육내용, 교육 방법과는 다른 새로운 대안을 모색하려고 한다. 기존의 교육과정에서 소홀히 다루어져 왔던 내용에 관심을 기울인다거나 대화, 토론 등의 다양한 교육방법을 탐색한다. 나아가 공교육체제와 함께 다양한 교육체제의 접목을 구성하기도 한다(이지헌 외, 2009).

포스트모더니즘의 등장과 더불어 다양성이 존중되고 많은 새로운 요소들이 교육적으로 의미 있게 부각된 것은 긍정적 요소라고 할 수 있다. 반면에 포스트모더니즘이 가진 상대주의와 비이성주의를 극단적으로 수용할 경우에는 소통 불가능성과 교육의 붕괴를 초래할 수도 있다는 우려가 함께 존재하는 것이 사실이다(윤재흥, 2012).

포스트모던적 태도는 기존에 확실한 것으로 인정되었던 것들에 대해 의심해 보는 것, 그럼으로써 인간 삶과 세계는 지금까지 여겨져 온 것만큼 단순하고 분명한 것은 아니므로 그것들을 대하는 데 있어서 보다 세심하고 주의 깊은 안목이 필요하다는 점을 일깨우는 태도라고 할 수 있다(한기철 외, 2016).

(5) 페미니즘과 교육

페미니즘 강점은 어떤 확고한 학과 구분이 없다는 점이다. 그러므로 페미니즘의 교육철학은 확고하게 범주화될 수 없다. 이것은 철학, 페미니즘 이론, 페미니즘의 실천 및 정치, 교육의 이론화, 교육 실제 등이 엮여 구성된 것이다. 좀 더 깊이 보자면 페미니즘 연구는 특별히 페미니즘이라는 학문영역에 속하지 않는다. 페미니즘은 이론이기보다는 세계를 보는 하나의 관점 혹은 행동 방식이라 하겠다(N. Blake 외, 2009).

사회학자들은 페미니즘의 세 가지 주요 '세대' 또는 시기를 구분하고, 일부 페미니스트들은 2010년대를 제4세대로 부르기도 한다. 각 세대는 특정한 사건을 계기로 시작되었다.

제1세대 페미니즘의 목표는 19세기 중반에 미국과 유럽에서 페미니스트 의제를 지배했고, 노예 폐지 운동을 이끌었던 사상과 동일한 자유주의 원칙에서 비롯되었다. 초기 페미니스트들은 주로 교육받은 백인 중산층 여성들로 참정권, 평등한 교육권, 평등한 결혼권 등을 요구했다. 제1세대 페미니즘은 대략 1920년대까지 지속되었다. 1920년대에 이르러서야 대부분의 서양 국가들은 여성에게 투표권을 부여했다.

1960년대 혁명적 기운에 고무된 제2세대는 대담무쌍한 여성해방운동(Womens's Liberation Movement)을 지지하며, 더 나아가 여성 억압을 종식시키는 데 목표를 두었다. 1980년대에는 흑인 페미니즘(우머니즘)과 교차성, 즉 중산층 백인 여성이 지배하던 기존 페미니즘에서는 다루지 못했던 유색인이 경험하는 다중적인 장벽을 인식하려는 움직임이 등장했다.

제3세대 페미니즘은 다양하고 종종 상충되는 사조들로 구성되었다. 의견 분열이 발생한 영역으로는 성적 자유의 표현으로서 '외설 문화(과도하게 성적인 행동)'에 대한 입장, 트랜스 여성을 페미니즘 운동에 포함 시킬지 여부, 또 페미니즘의 목표가 과연 자본주의 사회에서 달성될 수 있는지에 대한 논쟁 등이 있었다. 이런 활발한 생각의 교류는 2000년대에 들어서도 페미니스트 블로그와 소셜미디어를 통해 계속되었다. 현재 페미니즘은 직장 내 성희롱부터 성별 임금 격차까지 다양한 이슈를 다루면서 과거 어느 때보다 더 큰 의의를 얻게 되었다(하나 맥켄 외, 2019).

대부분의 사람들은 페미니즘이 우리 삶을 긍정적으로 변화시킨 무수히 많은 것들에 대해 전혀 알지 못한다. 페미니즘 사상과 실천을 공유해야 페미니즘 운동을 이어나갈 수 있다. 페미니즘 지식은 모두를 위한 것이다(벨 훅스, 2020).

연습 문제

 삼국시대의 교육에 대한 설명으로 옳은 것은?

① 백제의 국학은 우리나라 최초의 학교이다.

② 고구려에는 최초의 관학인 태학을 설립하였다.

③ 고구려의 교육기관인 경당은 귀족만을 수용하였다.

④ 백제의 화랑도 교육에는 고유의 사상 및 종교의 요소가 있었다.

⑤ 신라는 '박사'라는 명칭에서 학교 제도 설립의 가능성을 찾을 수 있다.

정답 ②

 삼국시대에서 고려시대까지의 교육에 대한 서술로써 옳은 것을 보기에서 모두 고른 것은?

▶ 보기 ◀

ㄱ. 고려의 학교 교육은 불교 사상을 근간으로 전개되었다.

ㄴ. 고구려에는 귀족만 교육을 받을 수 있는 교육기관이 존재했다.

ㄷ. 신라의 화랑도 교육에는 고유의 사상 및 종교의 요소가 있었다.

ㄹ. 백제는 박사 파견등을 통해 고대 일본의 학문과 교육발전에 영향을 미쳤다.

---

① ㄱ, ㄷ ② ㄴ, ㄷ ③ ㄷ, ㄹ ④ ㄱ, ㄷ, ㄹ ⑤ ㄴ, ㄷ ㄹ

정답 ③ (고려의 학교 교육은 유교사상을 근간으로 전개되었다. 고구려에는 평민도 교육받을 수 있는 교육기관이 있었다.)

3 다음 (보기)가 설명하고 있는 이론과 거리가 먼 사상가는?

▶ 보기 ◀

18세기에는 유럽에서 계몽사상이 출현하였다. 여기서 계몽(啓蒙)이란 '꿈에서 깨어난다는 것'을 의미한다. 즉 계몽이란 몽매함, 구습, 무지, 편견, 권위에서 벗어난다는 것을 뜻한다. 계몽주의자들은 신앙을 탄압했던 종교적 권위주의에 도전했으며, 사회적 불평등을 가져오는 그릇된 제도를 고발했다. 그리고 시민의 자유와 인권을 짓밟는 정치적 전제주의에 강력하게 저항하였다. 이러한 이유로 계몽사상은 한편으로 정치적 혁명운동으로 전개되었으며, 다른 한편으로는 사회개혁운동으로 전개되었다.

① 볼테르(F. M. A. Voltaire)
② 흄(D. Hume)
③ 몽테스키외(C. L. de Montesquieu)
④ 하이데거(M. Heidegger)
⑤ 칸트(I. Kant)

정답 ④ (하이데거는 19세기 실존주의 사상가이다.)

4 다음 (보기)가 설명하고 있는 이론은?

▶ 보기 ◀

전통적인 교육에 반기를 들고 등장한 교육사조로 20세기 미국뿐만 아니라 전 세계의 교육에 일대 개혁을 일으킨 교육사조라고 할 수 있으며, 실용주의의 사상을 기초로 하여 성립된 교육철학으로 20세기 초반부터 중반까지 듀이의 이론을 중심으로 하여 미국뿐만 아니라 세계교육을 지배하여 온 교육사상이다. 루소의 자연주의적 교육관에서 출발하여 페스탈로치(Pestalozzi), 프뢰벨(Fröbel) 그리고 아동중심 교육을 부르짖은 엘렌 케이(Ellen Key) 등을 거쳐 듀이에 이르러 집대성된 이론이다.

① 재건주의   ② 실존주의   ③ 본질주의   ④ 항존주의   ⑤ 진보주의

정답 ⑤

5 헤르바르트를 '교육학의 아버지'라고 부르는 이유를 150자 이내로 설명하시오.

_____

_____

_____

_____

정답 헤르바르트(Herbart, 1776~1841)는 교육학을 철학으로부터 독립시켜 하나의 체계
적인 학문으로 정립시켰기에 '교육학의 아버지'로 널리 알려져 있다. 그는 선량한 인간
또는 도덕성의 함양이라는 교육의 목적을 '윤리학'으로부터, 그리고 교육방법의 원리를
'심리학'에서 가져왔다. 헤르바르트는 교육적 수업에서 주목할 만한 요소는 학문성, 인
격성이다. 이것이 가능하도록 수업은 일정한 형식적 단계를 따라야 한다. 이를 위해 수
업단계설을 주장하였다.

6 다음 (보기)가 설명하고 있는 교육철학의 탐구방법을 쓰시오.

▶ 보기 ◀

철학적 방법의 하나로서 (   )은(는) 20세기 중반 영국과 미국에서
널리 사용된 탐구방법이다. 한때 영미 교육철학계에서 크게 주목을 받았으며,
실제로 이 방법의 적용으로 교육철학은 새로운 전기를 마련하게 되었다. 특히,
1950년대에 접어들면서 일단의 교육철학자들에 의해 시도된 철학적 방법은 교
육철학의 개념, 역할, 의의를 바꾸어 놓을 정도로 학계에 커다란 반향을 불러일
으켰다.
일찍이 (   )으로 교육현상 및 교육문제를 분석한 학자로는 하디
(Hardie), 라일(Ryle), 오코너(O'Conner), 셰플러(Scheffler), 피터스(Peters)
와 허스트(Hirst) 등을 들 수 있다. 이들은 지금까지 불분명하게 사용되어 온 교
육언어의 용법을 분석함으로써 그 의미를 명료화하는 데 크게 기여하였다.

(   )

정답 분석적 방법

다음 (보기)가 설명하고 있는 사상을 쓰시오.

▶ 보기 ◀

18세기는 철학적으로 이성과 합리성이 지배했던 시대이기는 했지만, 교육사
적으로는 (   ) 교육사상이 풍미했던 시대였다. 교육사에서 말하는
(   )은(는) 인위적인 교육에 반대되는 교육을 의미한다. 이러한
(   ) 교육사상은 루소에 의해 주도되었다. 루소의 (   ) 특
성은 구체제 교육에 대한 비판과 아동기의 재발견을 들 수 있다. 「에밀」에 의하
면 인간의 자유를 담보하는 주체자는 잘못된 사회적 조건에 의해서 구속당하고
제약받고 있는 인간으로부터 탈피하여 완전히 자기 자신을 위해 생존하는 자기
목적적인 인간을 뜻한다. 인간의 도야를 돕는 것이 교육의 목적인 셈이다.

(   )

정답 자연주의

CHAPTER

03

교육심리학의 이해

CHAPTER **03**
교육심리학의 이해

 학습목표

가. 교육심리학의 개념, 성격, 발달과정을 설명할 수 있다.
나. 발달의 개념과 원리를 예를 들어 설명할 수 있다.
다. 인간의 인지적·정의적 특성을 열거할 수 있다.
라. 교육 요소들의 변화를 열거할 수 있다.
마. 행동주의·인지주의 학습이론을 이해할 수 있다.

"실패할 때보다 성공할 때 더 많은 긍정적인 변화가 일어난다."
스키너

"유기체가 환경에 적응한다는 말은 파란 신호일 때 길을 건너는 것, 구구단을
외우는 것 등을 말한다. 즉 인간의 지적 능력은 타고난 것이되, 그것이 주어
진 환경에 적응하는 것이 인지의 발달이라는 것이다."
피아제

　교육심리학은 교육의 과정에서 일어나는 여러 문제를 심리학적 측면에서 연구
하여 그 원리를 정립하고 해결 방법을 제시함으로써 교육의 효과를 극대화하려는
학문이다. 이를 위해서 교육심리학의 기초와 인간의 발달, 인지발달, 성격발달, 도
덕성 발달, 인지적 특성, 정의적 특성, 학습이론을 중심으로 살펴보고자 한다.

교육은 배우는 사람과 가르치는 사람 사이의 상호 작용을 통해 지식, 태도, 기능 등을 체계적으로 전달하고 변화시키려는 인간의 계획적 활동이다. 궁극적으로 자신의 존재를 발견하고, 삶의 가운데 진실한 가치와 올바른 관계를 일깨워 내는 인간의 행동을 탐구하는 것이라 할 수 있다. 인간의 행동을 누가 어떻게 항상 바람직한 방향으로 변화시킬 수 있는가를 고민해야 하며, 이러한 문제의 해답을 교육심리학에서 찾고자 한다. 여기에서는 교육심리학의 개념, 성격, 발달과정, 영역, 연구방법을 살펴보고자 한다.

가. 교육심리학의 개념

여러 학자들의 정의를 종합해 보면, 교육심리학이란 교육에 관련된 여러 가지 문제를 심리학적인 방법과 절차에 따라서 교육 목적에 맞도록 해결하려는 원리와 기술을 찾으려는 학문이다. 보다 구체적으로는, 학습이나 수업 그리고 생활지도의 방향이나 방법의 개선에 기여하고 나아가 교육목표의 설정이나 교육과정의 구성은 물론 학교나 학급의 경영, 교육의 평가 등 교육 목적에 맞도록 해결하는 원리와 기술을 찾으려는 학문 분야라고 할 수 있다.

나. 교육심리학의 성격

교육심리학의 성격은 학자와 관점에 따라 다양하게 해석될 수 있다. 초기의 교육심리학은 심리학의 연구결과를 교육활동의 실천에 응용하는 분야로 출발하였으므로 심리학의 원리와 방법을 응용하는 하나의 응용분야에 지나지 않았다. 그러나 오늘날의 교육심리학은 심리학으로부터 출발하였지만 심리학의 이론과 방법의 단순한 응용뿐 아니라 독자적인 연구대상과 방법을 특징으로 하는 과학적 학문으로서 그 영역을 구축하게 되었다(오만록, 2008).

다. 교육심리학의 발달과정

오늘날의 교육심리학은 심리학에서부터 출발하였으며, 헤르바르트(J·F Herbart)는 교육실천에 심리학적 원리의 적용을 제시한 첫 번째 교육학자이다. 교육방법을 심리학에서 얻으려고 한 것이 심리학을 교육에 응용하는 첫 출발이었으며, 그 뒤 Herbart 학파는 교육현상을 과학적 연구에 심리학적 방법을 적용시켰다. 20세기 이전은 교육심리학 발전의 태동기라고 할 수 있는데 철학적 사고가 중심이 되었다. 교육심리학의 태동에 직접적인 계기가 된 것은 19세기 후반 갈튼(F. Galton)이었으며, 카텔(J. M. Cattell)과 손다이크(E. L. Thorndike)의 교육심리학에 영향을 미쳤다. 분트(W. Wundt)는 내성법 연구를 통하여 심리학 발전에 공헌을 하였다. 이처럼 19세기 후반의 교육과 심리학에 대한 연구는 독립된 학문으로서 교육심리학의 성립 배경이 되었으나, 오늘날의 과학적 심리학과는 달리 학문이 철학으로부터 완전하게 독립되지 못한 상태의 사변적 심리학이었다.

20세기에 들어서면서 미국 심리학자를 중심으로 독립된 학문으로서의 체제를 갖추기 시작하였다. 교육심리학을 독립된 학문 분야로 발전시킨 사람은 콜롬비아 대학의 손다이크이다(김희수, 2011). 20세기 전반은 교육심리학이 학문으로서의 기초를 형성하였는데, 손다이크가 'Educational psychology(1903)'를 저술하였고, 제임스(W. James)도 'Talks to teacher of psychology and to student on some of life's ideals' 라는 제목으로 교사들에게 기능과 실제를 강조하는 심리학을 강의를 하였다. 또한 분트는 심리학 실험실을 창설하여 심리학을 과학적으로 접근하였으며, 홀(Hall)은 인간 발달과 아동 행동에 관한 연구, 'Adolescence'와 'Educational problems'를 저술하였으며, 최초로 질문법을 창안했다. 카텔은 인간 능력 측정에서 '검사'라는 용어를 처음 사용하였으며, 'Psychology review'를 창간하였다. 칼튼은 유전 형질과 개인차에 대한 연구, 비네(A. Binet)와 시몽(T. Simon)은 지능에 대한 연구를 시작하였다. 20세기 전반의 가장 큰 특징의 하나는 행동주의를 바탕으로 한 학습이론의 형성이다. 왓슨(J. B. Watson), 스키너(B. F. Skinner), 손타이크 등의 연구는 초기 교육심리학의 체계를 정립하였다.

20세기 후반은 교육심리학이 독립적인 학문으로서의 성장하는 시기이다. 폭넓은 이론과 연구가 활발하게 진행되었으며, 이의 발전에 크게 공헌한 사람은 스키너이다. 그는 행동주의 강화원리에 근거하여 프로그램 학습 자료와 교수기기를 발명하여 교육을 공학화 하는데 기여한 바가 크다(김희수, 2011). 교육프로그램의 개발에 가네(R. M. Gagné)의 위계적 분석방법도 사용되기 시작하였으며, 메이저(Mager)의 교육목표 설정, 가네의 'Condition of learning'에서 수업설계 연구에서 그 개념적 기초를 제공하였다. 또한, 글래서(Glaser)의 개별 처방 교수법, 켈러(J. M. Keller)의 개별화 교수 체제, 블룸(J. S. Bloom)의 완전학습이론 등의 수업 체제에 대한 연구 설계도 발전하였다. 20세기 후반은 교육심리학이 독립적인 학문으로 성장하며 폭넓은 이론과 연구가 진행되어, 수업설계의 발전, 교육과정에 대한 연구, 인지 이론의 발전 등 크게 세 가지 흐름으로 발전하였다.

마지막으로, 최근의 교육심리학은 인간의 지적·정의적 측면의 교육적 관점에서 심리학적 접근으로 그 초점이 맞춰지고 있다. 따라서 앞으로의 교육심리학은 학습자, 교수, 학습, 생활지도 및 상담, 그리고 평가 등 교육과 관련된 광범위한 영역에서 연구가 활발하게 이루어지게 될 것이며, 이를 바탕으로 관련된 이론체계 수립 및 효과적인 적용을 위해서도 다양한 노력들이 진행될 것이다(김희수, 2011).

라. 교육심리학의 영역

교육심리학이 관심을 갖고 탐구하는 영역은 크게 학습자에 대한 이해, 교수자에 대한 이해, 수업 과정에 대한 이해, 교육 평가에 대한 이해로 나눌 수 있다.

먼저, 학습자에 대한 올바른 이해가 없이는 효과적인 교육을 할 수 없다. 교수자는 학습자가 무엇을 생각하고 어떻게 생각하는지 그 발달의 수준을 알아야 적합한 수업을 설계하고 교수방법을 선정할 수 있다. 학습자의 인지발달, 성격과 사회성, 도덕성의 발달, 지능과 창의성, 학습자의 다양성 등을 이해하는 것이다. 학습자의 인지적 특성은 어떤 영역보다 교육심리학에서 중요시하는 측면으로 지능, 창의성, 문제해결력 등이며, 정의적 특성에는 흥미, 태도, 가치, 동기, 자아개념, 성격 등이 있다. 학습자의 이해는 이러한 요인의 시기에 따른 발달적인 변화와 그 수준을 이해하는 측면과 더불어, 각각의 학습자가 지닌 개인차를 이해하는 측면으로 다루어진다(신명희 외 2011).

둘째, 교수자의 이해이다. 교육은 교육의 대상인 학습자와 교육의 주체인 교수자의 상호작용 과정이다. 교수자는 학생의 인지적·정의적 발달을 촉진하는 데 가장 중요한 변인이다. 교수자는 학습자 변인에 대한 이해를 기초로 하여 최선의 학습결과가 나올 수 있도록 최적의 교육환경을 마련하고 제공한다. 즉, 효과적이고 효율적인 교육목표 달성을 위해 여러 가지 다양한 수업방법을 선정하여 수업에 임해야 한다(문은식 외, 2011).

셋째, 수업의 과정을 이해하는 데 관심을 갖는다. 교수자의 수업은 학습자의 행동에 많은 영향을 미친다. 교수자는 학습자의 학습동기를 극대화하도록 도움을 주어야 한다. 학습자에게는 학습행동과 관련된 문제, 학습현상, 학습조건, 학습동기, 학습의 전이, 기억과 망각 등에 관한 지식을 제공해 주어야 한다(유승구, 2012).

마지막으로 교육활동을 평가하는 데 있다. 교육목표를 어느 정도 달성했느냐를 측정하고 평가하는 문제는 평가활동에 해당한다. 학습자의 성취수준에 대한 정보는 교수내용과 방법의 효과를 점검할 수 있을 뿐 만 아니라, 학습자의 다음 학습에도 영향을 미친다는 점에서 중요한 영역으로 이해되고 있다(조화섭, 2004). 평가활동은 교수-학습과정의 마지막 활동으로서 교사가 수업과 생활지도를 수행하고 나서 그 성과를 평가하는 것이다. 학생의 학습과정과 결과에 대한 평가는 결국 교사의 수업에 대한 평가이며, 동시에 교사가 모든 교육적 노력을 평가하는 것이어야 한다(김희수, 2011).

마. 교육심리학의 연구방법

여기에서는 가장 보편적인 연구방법인 조사연구, 실험연구, 상관연구, 기술연구를 중심으로 살펴보고자 한다.

첫째, 조사연구는 고대 이집트에서 인구조사, 농산물의 수확량 파악, 그리고 세금 부여 등을 목적으로 처음 사용 되었다. 무엇이 존재하고 있는가를 파악하여 사실대로 기술하고 해석하는 연구이다. 현상을 알기 위하여 자주 사용되는 연구방법 중의 하나로 현재의 실체를 알아보기 위한 목적을 지니고 있다. 사회현상을 알기 위한 조사일 경우 사회조사연구란 용어를 사용하고 있으나, 교육현상 등 많은 현상을 파악하기 때문에 일반적으로 조사연구라 한다(성태제, 2002).

둘째, 실험연구에는 두 개 이상의 변인이 있는데, 종속변인에 영향을 미치는 변인을 독립변인(independent variable)이라 하고, 이런 독립변인의 영향을 받는 변인을 종속변인(dependent variable)이라고 한다. 그리고 실험에서 처치를 받는 집단을 실험집단(experimental group)이라고 하고, 처치를 받지 않는 집단을 통제집단(control group)이라고 한다.

셋째, 상관 연구는 어떤 현상에 내재되어 있는 변인들이 서로 관계가 있는지를 알아보기 위하여 있는 그대로를 연구하는 방법이다. 수집한 자료들을 통계적으로 분석하고 해석하는 데 초점을 두는 연구이다. 상관연구는 통제나 조작이 어려운 문제를 다루며, 인과관계적인 해석을 하지 않는다.

넷째, 기술연구는 학생과 교사와의 상호작용 관계 또는 학교의 환경에서 발생하는 제반 사건이나 사실들을 있는 그대로 밝히는 것으로, 실제 생활 속의 특정 상황 안에서 일어나는 사건들을 단순히 기술하는 것이다. 어떤 조작이나 통제도 가하지 않고 자연적인 상황에서 있는 그대로를 파악하여 정확하게 기술하는 것을 연구목적으로 하며, 어떠한 상황이나 현상의 특징을 기술하기 위하여 관찰이나 검사, 면담, 설문 등의 방법을 사용한다(신명희 외, 2011).

2 인간과 발달

가. 발달의 개념

발달(development)의 개념은 수정에서 사망에 이를 때 까지 연령의 변화와 함께 전 생애에 걸쳐 일어나는 신체적 측면과 심리적 측면의 상승과 하강의 모든 변화 과정을 의미하는 것으로 양적 또는 질적인 변화의 과정을 의미한다. 양적인 변화는 신장, 체중, 어휘 수와 같은 크기나 양에서 일어나는 변화를 의미한다. 질적인 변화는 감성적 능력, 인지 특성과 같은 미분화된 수준에서 분화된 높은 수준으로의 구조적 변화를 의미한다. 질적인 변화는 생득적으로 내재된 특성과 환경 간의 상호작용에 따라 나타나는 질적인 변화까지 포함한다. 발달은 연령이 증가함에 따라 양적으로 더 많은 능력이 나타나기도 하며 질적으로 사고와 행동이 재조직되어 보다 세련되고 복잡한 행동양식이 나타나는 과정이다. 발달은 긍정적인 변화도 나타나지만 부정적인 변화까지도 포함하는 것이다. 발달은 연속적인 변화 과정이기에 약물이나 피로에 의한 변화와 같이 일시적 변화와는 구별되는 개념이다.

발달이라는 용어와 비슷하게 사용되는 개념은 성장과 성숙을 들 수 있다. 발달은 유전인자의 내적작용에 의한 생리적 변화와 경험 및 학습 등 외적 작용에 의한 변화 모두를 의미한다. 즉, 발달은 성장과 성숙 모두를 포함하는 포괄적 개념이다. 성장(growth)은 시간의 흐름과 연령의 증가에 따라 변화되는 신체적 측면을 의미한다. 신체적 크기, 신체적 기능의 양적 증가를 의미하며, 비교적 환경의 영향을 적게 받는 생득적 요인의 신장, 체중 등 외적 증가를 나타낼 때 사용한다. 성숙(maturation)은 유전인지가 발달과정을 방향 짓는 것으로(Crain, 1992; 김영옥 외, 2014, 재인용) 신체적 측면의 변화와 심리적 측면의 변화를 포함하여 사용된다. 예를 들어, 태아의 발달, 영아기의 운동 변화, 사춘기의 2차 성징 등이다.

나. 발달의 원리

인간의 발달은 환경적 요인에 의한 영향과 무관하게 모든 아동에게 보편적으로 나타나는 몇 가지 원리에 의해 이루어진다.

첫째, 발달은 일정한 순서와 방향이 있으며 누적적이다. 발달은 유전에 의해 정해진 순서대로 진행되므로 앞으로의 발달을 예측할 수 있고, 그 이전에 획득한 행동 변화에 새로운 행동과 능력이 포함되어 다음 단계로 나아간다. 신체·운동발달의 경우는 세 가지 원칙에 따라 발달이 이루어진다. 두미(cephalo-caudal)의 원칙은 발달이 위에서 아래로 즉, 머리에서 발 방향으로 이루어진다. 근원(proximal-distal)의 원칙은 발달이 중심에서 말초부위로 이루어진다. 마지막으로 세분화(mass to specific)의 원칙으로 발달은 전체 활동에서부터 시작하여 세분화된 특수 활동으로 이루어진다.

둘째, 발달은 계속적인 과정이지만 발달의 속도는 일정하지 않다. 발달영역, 즉 신체의 각 부위에 따라 발달의 속도는 일정하지 않다. 이처럼 발달영역에 따라 발달해 가는 모습은 다르며, 신체 부위에 따라 성장 시기와 속도가 다른 현상을 '비동시적 성장'이라고 한다(조성연 외, 2010).

셋째, 발달은 개인차가 있다. 인간은 연령이나 성별에 따라 보편적인 발달 경향을 따르기는 하나, 개인차가 존재한다. 예를 들어, 같은 연령의 3세 유아라 할지라도 언어발달이 빨라서 말을 잘하고 이해력도 높은 친구가 있는 반면, 말이 늦거나 가족구성원 간의 의사소통에 머무는 유아도 있다.

넷째, 발달은 분화와 통합의 과정이다. 아동의 운동과정을 살펴보면, 처음엔 각 부분들이 분화되지 못하여 미숙하고 정교하지 못한 모습을 보이다가 점차 각 기관이 분화되면서 필요한 부분만 사용하는 모습을 보인다. 보다 정확한 신속한 행동은 각 기관이 분화된 이후, 분화된 다른 여러 기관들이 상호 협응할 수 있는 통합능력이 생긴 후에 가능하게 되며 이 시기가 완전한 발달이 이루어졌다고 볼 수 있다(조성연 외, 2010).

다섯째, 발달은 유전과 환경과의 상호작용이다. 즉, 발달은 개체의 내부적인 힘과 환경의 영향 등이 서로 작용하여 새로운 하나의 체제가 달성되어지는 과정이라 할 수 있다.

여섯째, 발달의 초기 단계는 일생에서 가장 중요한 시기이다. 예를 들어, 영아가 발달 초기에 주양육자와 애착을 형성하지 못하면 이후 청년기 사회생활에서 원만한 대인관계를 형성하는 데 지장을 초래할 수 있다. 이는 유아기와 아동기의 발달이 이후 발달의 기초성이 된다는 점을 강조하는 것이다.

일곱 번째, 발달에는 민감기가 있다. 발달이 가장 급속하게 이루어지는 시기에 정상적인 발달이 이루어지지 못하면 부정적 영향을 받게 되어 심각한 발달의 결손을 초래할 수 있다.

여덟 번째, 발달의 각 영역은 상호 밀접한 관련성이 있다. 과거에는 발달의 각 영역이 독립적으로 이루어진다고 보았으나, 최근 연구들은 발달의 각 영역이 밀접한 관련성을 갖고 이루어진다고 본다. 신체, 언어, 인지, 사회, 정서 발달 영역은 유기적으로 연결되어 각 영역 간에 서로 영향을 주고받는다.

다. 발달과업

인간발달의 과정에는 일정한 단계가 있고 이러한 단계를 거쳐서 발달이 이루어진다. 해비거스트(R.J. Havighurst, 1900~1991)는 발달과업의 내용을 포괄적으로 목록화한 최초의 학자로 인간의 삶을 기술하는 데 있어 특정한 발달과업을 중심으로 발달시기를 나누었다. 해비거스트의 발달과업이론에 따르면 발달과업(developmental task)은 발달단계에 따라 수행해야 할 과제이며, 인간이 주어진 사회에서 발달해 나가는 과정에서 반드시 배우고 성취해야 할 일이다. 이러한 발달과업은 연령이 높아짐에 따라 자연스레 성취되는 것이 아니다. 신체적·정신적 성장과 함께 사회적 요구와 그에 따른 개인의 의도적인 노력과의 상호작용에 의해서 달성된다. 발달과업은 특정한 시기에 기대되는 행동과업으로 다음 발달단계의 행동발달에 영향을 미치므로 학습자는 이 시기에 필수적으로 학습하고 달성해야 할 과제를 성공적으로 수행하여야 한다. 발달과제를 성공적으로 성취하여 과업수행에 성공하면 행복하게 되고 실패하면 자신의 불행과 사회의 무시를 받게 되며, 그 이후의 과업수행에도 곤란을 겪는다고 보았다.

해비거스트는 인간은 전 생애에 걸쳐서 발달하고 각 시기마다 성취해야 할 과업이 있다고 보고, 특정한 발달과업을 중심으로 발달시기를 나누었다. 그가 제시한 연령별 발달과제는 영아기 및 유아기(0-6세), 아동기(6-12세), 청소년기(12-18세), 청년기(18-30세), 중년기(30-60세), 노년기(60세 이후)로 다음과 같다.

첫째, 영아기 및 유아기(0-6세)의 발달과업은 직립 보행, 고형질 음식 섭취, 언어 능력 연마, 배설 작용 통제, 성별 구분과 성적 성숙, 생리적 안정, 사회적 물리적 환경에 대한 간단한 개념 형성, 자신의 부모, 동기 및 타인과 정서적으로 관련 맺기, 선악의 구별과 양심 등이 있다.

둘째, 아동기(6-12세)의 발달과업은 일반적 놀이에 필요한 신체적 기능 학습, 성장하는 유기체로서 자신에 대한 건전한 태도 형성, 동년배와의 친교 능력, 성역할, 읽기, 쓰기, 셈하기의 기초 기능, 일상생활에 필요한 개념 습득, 양심, 도덕성 가치 척도, 인격적 독립의 성숙, 그리고 사회 집단, 제도에 대한 책임감 감지 등이 있다.

셋째, 청소년기(12-18세)는 남녀 간의 새롭고 성숙한 관계 형성, 남성과 여성으로서의 역할, 자신의 체격을 인정하고 신체를 효과적으로 구사, 부모와 다른 성인으로부터 정서적 독립, 결혼과 가정생활 준비, 직업 선택 준비, 경제 독립의 확신, 시민으로서의 지적 기능과 개념 함양, 행동지표로서 가치관과 윤리체계 습득, 그리고 사회적으로 책임 있는 행동을 원하고 수행하는 일 등이 있다.

넷째, 청년기(18-30세)는 배우자 선정, 배우자와의 동거생활 능력, 가정생활, 육아 능력, 가정 관리 능력, 취업, 시민 책임 감당 등이 있다.

다섯째, 중년기(30-60세)는 성인으로서의 시민, 사회적 책임 수행, 생활의 경제적 표준 설정 및 유지, 10대 자녀가 행복한 성인이 되도록 뒷바라지, 성인에 필요한 여가 활동, 배우자와의 인격적 관계 유지, 중년기의 생리적 변화 수용과 적응, 노부모 부양 등이 있다.

여섯째, 노년기(60세 이후)는 체력 감소 용납 및 건강 관리 적응, 은퇴 준비와 수입 감소에 적응, 배우자 사망에 적응 및 죽음 준비, 동년배와 친밀한 관계 형성, 사회적 및 공인적 책임의 이행, 그리고 만족스런 생활 조건의 구비 등이 있다.

3 인지 발달

가. 피아제(Jean Piaget)의 인지 발달 이론(Congnitive-Developmental Theory)

1) 개요

피아제는 1896년 스위스에서 출생했다. 피아제의 이론은 초기에 심리학자들의 관심을 끌지 못하다가 1960년대에 인정을 받기 시작했다. 유기체는 외부환경과의 적극적인 상호작용을 통해 인지구조를 변화시키는데, 인지구조가 변화되는 과정을 인지발달이라 한다. 인지(cognition)란 지각, 상상, 추론, 개념화, 판단 등과 같은 정신활동을 포괄하는 개념이다. 인간은 인지와 관련한 정신활동을 통하여 환경과 상호작용하며 인지 구조를 변화시키고, 인지발달을 이루어 나간다.

2) 기본 개념

인지는 라틴어의 'congos cere', 즉 '아는 것'(to know)이라는 단어에서 유래하였다. 인지(cognition)란 인간이 지식을 획득하여 사물을 알게 되는 과정과 이 지식을 활용하여 문제를 해결하는 정신적 활동을 의미한다. 인지란 감각, 지각, 기억, 이미지 형성, 상상, 추리, 판단 등 생활체가 사물, 사상에 대한 지식을 획득할 때 작용하는 모든 지각활동을 포괄하는 개념이다. 피아제의 인지발달은 도식(schema)과 동화(assimilation), 조절(accommodation)을 통해 이루어진다고 설명한다.

첫째, 도식은 경험에 의해 외부 세계로부터 들어온 정보, 사건, 사물 등에 대해 정신적으로 표상하거나 사고하는 틀을 말하는 것으로, 사고의 기본 단위이다. 도식은 유기체와 환경 간 상호작용을 통해 이루어지는 적응과 여러 개별적인 인지구조들을 전체로 통합하려는 조절을 통해 형성된다. 여기에서 적응은 유기체와 환경 간 끊임없는 상호작용을 통하여 이루어지는 것으로 동화와 조절의 통합적인 기능이라 할 수 있다. 예를 들어, 빨기 반사를 갖고 태어난 아기는 젖을 빨음으로써 빤다는 것에 대한 도식을 지니게 되고 이것이 계속 기억 속에 남아서 반복하게 된다.

둘째, 동화는 유기체가 이미 가지고 있는 도식을 활용해서 주변 세계를 이해하려고 할 때 나타나는 인지과정을 말한다. 외부로부터 들어오는 새로운 자극이 자신의 기존 도식과 동일하지는 않아도 비슷한 경우, 그 자극을 기존의 도식에 맞춰 통합시키는 과정이다. 예를 들어, 유아는 '개'에 대한 도식으로 다리가 네 개이고 털이 있는 동물을 보고 개라고 할 수 있다. 개에 대한 기존의 도식을 가지고 있던 유아가 고양이를 보고 개라고 했다면 개에 대한 기존의 도식에 고양이를 변형시켜 이해하려는 동화가 일어난 것이다.

셋째, 조절은 외부 세계로부터 들어오는 새로운 자극이나 경험이 기존의 도식과 맞지 않을 때, 기존의 도식을 수정하여 새로운 자극이나 경험을 재구성하려는 인지과정을 말한다. 즉, 현실 세계에 보다 잘 적응하기 위하여 기존의 인지구조를 수정하는 것으로, 새로운 정보에 반응하기 위해 기존의 도식을 바꾸거나 새로운 도식으로 바꾸어 가는 인지과정이다. 예를 들어, 개와 고양이의 차이를 인식하면서 기존의 도식을 변형해 나가는 것으로 고양이는 개보다 작고 얼굴 생김새도 다름을 인식하면서 기존 도식을 변형해 나가는 것이다.

마지막으로, 새로운 경험과 자극이 환경으로부터 유입되면 인지 갈등이 야기되고, 인지구조는 불평형(disequilibrium)상태에 놓이게 된다. 그러나 유기체는 인지의 평형상태를 유지하려는 경향성이 있기 때문에 동화와 조절을 통한 적응을 시도하게 된다. 이처럼, 유기체는 새로운 환경을 접할 때 동화와 조절의 과정을 통하여 적응해 나가게 되는데 이러한 인지적인 균형상태를 평형화라 한다(오만록, 2008).

3) 인지 발달 단계

피아제의 인지발달은 4단계로 구분되는데, 각 단계는 질적으로 서로 다른 특성을 갖는다. 피아제의 인지발달 단계는 감각운동기, 전조작기, 구체적 조작기, 형식적 조작기로 구분된다.

(1) 감각운동기(출생부터 만 2세까지)

감각운동기는 출생 직후 신생아의 반사적인 행동에서부터 출발한다. 만 2세경에 이르면 목표지향적인 사고 활동을 통하여 스스로 자기조절 능력을 갖게 된다. 이 시기 영아는 주로 감각을 통한 탐색과 운동기능을 통해 도식을 확장시켜 나간다. 영아는 자신의 감각기관을 통하여 세상을 경험하게 되는데, 입으로 빨고, 눈으로 보고, 손으로 만지며 주변을 탐색하고 인지구조를 발달시켜 나간다. 이 시기 특징은 대상영속성(object permanence)을 획득해야 한다는 것이다. 대상영속성이란 대상이 시야에서 사라지더라도 계속 존재한다는 것을 인식하는 능력을 말한다. 또한 목표지향적 행동(goal directed actions)으로 발달이 이루어져야 한다. 영아는 자신의 목표를 달성하기 위하여 의도적인 행동을 하는데, 장난감 상자 안에 뭐가 있는지 알아야겠다는 목표가 생기면 의도적으로 상자를 열기 위한 행동을 하게 된다는 것이다.

(2) 전조작기(만 2세에서 만 7세 까지)

전조작기는 유아의 급속한 언어발달과 인지능력이 발달하는 시기이다. 여기에서 조작이란 아동이 정신적인 조작을 통하여 문제를 해결하려는 것을 뜻한다. 전조작기란 아직 정신적인 조작을 통한 문제해결이 미숙하다는 것이다. 이 시기 특징은 가상놀이, 자기중심적 사고, 직관적 사고 등이 있다. 가상놀이는 정신적 표상을 형성하여 실제 존재하지 않는 인물이나 대상을 마치 있는 것처럼 대치하여 놀이 활동을 하는 것을 말한다. 그 예로 소꿉놀이, 병원놀이, 병정놀이 등이 있다. 자기중심적 사고는 타인의 생각이나 감정, 지각, 관점 등을 고려하지 못하고 마치 자신과 동일할 것이라는 사고방식을 말한다. 예를 들면 엄마의 생일날 유아가 가장 아끼는 인형을 선물로 주는 것과 같다.

직관적 사고는 유아가 사물이나 대상의 크기, 모양, 색깔, 무게 등 다양한 속성을 이해하지 못하고, 한 가지 두드러진 특성에 근거하여 사물이나 대상을 이해하려는 것을 말한다. 전조작기 유아는 눈에 보이는 한 측면에만 초점을 두고 사고하는 경향성이 있기 때문에 보존 개념이 결여되어 있음을 알 수 있다. 보존 개념이란 사물의 양이나 수가 더하거나 빼지 않는 한 그 속성은 변하지 않는 것에 대한 인식능력이다.

(3) 구체적 조작기(만7세에서 11세까지)

학령기에 해당하는 구체적 조작기는 전조작기에 비해 인지 발달이 급격하게 이루어지는 시기이다. 이 시기 아동은 구체적인 사물과 실제적인 상황에 대해 정신적으로 조작할 수 있고 논리적으로 문제를 해결할 수 있다. 아동은 자기중심성에서 벗어나 사물이나 사건의 여러 측면을 고려하여 판단하는 것이 가능하고, 타인의 관점과 생각이 자신과 다를 수 있음을 이해하게 된다. 이 시기 아동은 가역성에 대한 개념, 상보성, 동일성의 원리를 이해하게 되어 보존 개념을 형성할 수 있는 능력을 획득하게 된다. 가역성은 물체가 원상태로 되돌아올 수 있다는 것을 이해하는 것을 말하고, 상보성은 하나의 변화가 다른 변화로 인해 서로 상쇄되는 것을 뜻한다. 동일성은 다른 어떤 것을 더하거나 제거하지 않는 한 그 양은 동일하다는 것을 말한다. 또한, 구체적 조작기 아동은 유목화와 서열화의 개념을 이해하게 된다. 유목화는 물체를 공통된 특성에 따라 분류해 낼 수 있는 것을 말하며, 서열화는 물체의 크기나 무게와 같이 하나의 기준에 따라 순서대로 배열할 수 있는 것을 의미한다.

(4) 형식적 조작기(만11세부터 성인에 이르기까지)

형식적 조작기는 청소년기에 해당하는 시기로, 인지적으로 성숙에 이르는 단계이다. 이 시기는 구체적이고 실제적인 상황을 넘어서는 문제해결이 가능하고, 추상적인 개념에 대한 논리적 사고와 가설연역적 추론이 가능하다. 즉 눈에 보이지 않는 대상이나 실제 존재하지 않는 것에 대한 개념을 이해하고 의미를 찾으려는 추상적 사고를 할 수 있다. 더불어 다양한 현상에 대해 가설적 상황을 설정하고, 이를 도출하기 위해 자료를 수집하여 체계적으로 실험하고, 타당성을 검증할 수 있는 가설연역적 추론이 가능해진다.

표 3-1 Piaget의 인지 발달 단계

발달 단계		연령	특징
감각·동작기 (sensory-motor period)		0~2세	• 감각-동작에 의한 학습, 의도적인 반복 활동 • 사물의 실재성을 인식하지 못함 • 대상영속성 발달
전조 작기 (preoperational period)	전개념기	2~4세	• 자기중심성: 사고와 언어 • 언어의 발달(지적 발달의 촉진) • 지각과 표상 행동이 가능 • 전도 추리 가능 • 중심화 • 물활론적 사고(animism)
	직관적 사고기	4~7세	• 언어사용의 급속한 증가 • 자기중심성의 감소: 사회적 관심과 사회적 참여 • 개념화 능력 확대, 복잡한 사고가 가능 • 직관적 사고 가능 • 비가역성 → 논리적 사고 불가능
구체적 조작기 (concrete operations period)		7~11세	• 보존 개념의 형성 • 가역적 사고 가능 • 구체적 사물에 대한 논리적 조작 가능 • 탈중심화 • 분류개념, 유목화, 서열화 능력의 형성 • 언어의 복잡화 • 상대적 비교 가능
형식적 조작기 (formal operations period)		12세~	• 논리적 사고 가능: 추상적, 가설적 사고가 점차 과학적이 됨 • 가설검증 능력(→연역적 사고 가능) • 문제해결에 필요한 조합적 사고 가능 • 추리력과 적용력의 발달 → 사물의 인과관계 터득

출처: 신봉호 외(2016). 교육심리학. 동문사.

나. 비고츠키(Vygotsky)의 사회문화적 인지 발달 이론

1) 개요

비고츠키는 1896년 러시아에서 출생하였다. 모스크바 대학에서 법학을 전공하였으며, 그 후 문학과 언어학을 공부하였다. 교육학과 심리학 분야를 재구성하면서 인간 발달에서 사회문화적 요인의 중요성을 강조하는 발달심리학을 구상하여 사고, 기억, 추론 등의 정신활동을 강조하였다.

비고츠키는 인간이 살아가는 사회·문화·역사적 맥락을 중요시하였다. 특히, 성인이나 유능한 또래들과의 상호작용이 인지 발달에 영향을 미치는 바가 크다고 보았다. 아동의 인지 발달은 부모와 같은 성인이나 유능한 또래들과의 상호작용을 통하여 인지구조의 변화로 나타나는데, 이와 같은 인지 발달은 근접발달영역 내에서 이루어진다고 하였다.

2) 기본 개념

첫째, 근접발달영역(Zone of Proximal Development: ZPD)이다, 근접발달영역은 아동이 혼자서는 해결할 수 없지만 성인이나 뛰어난 동료와 함께 학습하면 성공할 수 있는 영역이다. 실제적 발달영역과 잠재적 발달영역 사이에 존재하는 영역을 의미한다. 아동이 혼자 독립적으로 문제를 해결할 수 있는 실제적 발달 수준과 성인이나 자신보다 유능한 또래로부터 도움을 받아 문제를 해결할 수 있는 잠재적 발달 수준 간의 차이 아동이 혼자서는 문제를 해결할 수 없지만 교사나 부모 또는 유능한 또래의 도움을 받으면 성공적으로 문제를 해결할 수 있는 영역을 말한다.

그림 3-1 **근접발달영역(ZPD)**

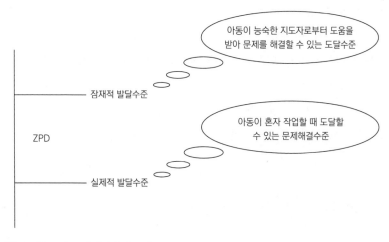

출처: 신봉호 외(2016). 교육심리학. 동문사.

둘째, 비계(scaffolding) 설정이다. 교사는 아동이 스스로의 힘으로 문제를 해결할 수 있도록 도움을 제공해 주어야 한다. 근접발달영역과 밀접한 관련이 있는 비계는 아동이 궁극적으로 그들 자신의 힘으로 문제를 해결할 수 있도록 하는 도움

혹은 조력을 의미한다. 비고츠키는 인지 발달이 아동과 성인 혹은 유능한 또래 간의 상호작용을 통해 발생한다고 제안하였다. 학생들이 근접발달영역을 통과해 나가도록 단서제공, 시범 보이기, 질문하기, 격려하기 등을 제공해야 한다. 발판을 제공하는 것은 학생들이 스스로 학습하지 못할 수도 있는 지식과 기능의 습득을 도와주기 위한 것이다. 아동은 점차 자신이 주도적으로 더 많은 활동을 수행해나가게 되고, 아동이 혼자서 문제를 해결할 수 있게 되면 더 이상 비계는 필요 없게 된다.

근접발달영역에서 중요한 것은 교사와 같은 성인 또는 유능한 또래의 가르침이 일방적으로 이루어지는 것이 아니라는 점이다. 교사는 아동의 현재 발달 수준을 이해하고 학습과정에 아동이 자발적으로 참여할 수 있도록 새로운 교재를 소개 하는 등 아동의 발달수준에 적합한 교수법을 채택하여 제공해 주어야 한다(조성연 외, 2010).

3) 언어와 사고

비고츠키는 아동의 인지 발달에 가장 중요하게 영향을 미치는 것을 언어와 대화로 보았다. 언어와 대화는 타인과의 상호작용과정에서 필수적이기 때문이다. 아동이 초기 능력을 바탕으로 사고와 언어가 각각 분리되어 발달하고, 2세경이 되면 서로 연합하여 언어와 사고가 일치된 개념을 형성하게 된다고 보았다. 자기중심적 언어를 아동이 스스로 문제를 해결할 수 있도록 돕는 사고의 도구로 보았으며, 이 때 나타나는 혼잣말을 사적 언어(private speech)라 한다. 사적 언어는 아동이 복잡한 문제를 해결하기 위해 마음속으로 사용하는 언어이다. 사적 언어는 타인들과의 상호작용을 통해서 발달하지만 처음에는 문제해결을 위해서 혼자 중얼거리고, 혼잣말은 속삭이는 언어로 발달해가며, 나아가 내적 언어(inner speech)로 전환되어 문제해결에 중요한 기능을 하게 된다.

4 성격발달

가. 프로이트의 성격발달 이론

프로이트(Freud)는 인간의 정신세계를 분석적으로 접근을 시도한 최초 학자로 그의 정신분석학은 다양한 학문영역에서 지대한 영향을 주었다. 그의 이론은 생물학적 기재의 본능적인 충동을 기반으로 하고 있다. 인간의 정신세계가 의식(consciousness), 무의식(unconsciousness), 전의식(preconsciousness)으로 구성되어 있다고 분석했다. 특히 그는 무의식의 본질과 기능에 주목하였다. 인간 정신세계의 90%를 외부로 드러나지 않은 무의식으로 보았다.

인간의 성격이 어떻게 구성되어 있는가? 에 대한 물음에 대하여 프로이트는 원초아(id), 자아(ego), 초자아(superego)로 구성되어 있다고 주장하였다.

원초아(id)는 심리적 에너지의 원천이자 본능이 자리하고 있는 곳으로 인간이 태어날 때부터 갖게 되는 부분이다. 이때 원초아는 외부 세계와 상관없이 즉각적, 성적, 공격적인 본능의 욕구를 충족하려는 것으로 '쾌락의 원리(pleasure principle)'를 추구하는 것으로 본다. 다음으로 자아(ego)는 원초아의 욕구를 이성에 의해 중재하려는 것으로 약 1세 이후 발달한다. 자아는 원초아의 본능적 욕구를 현실 상황을 고려하여 논리적으로 해결하고자 하는 것으로 '현실의 원리(reality principle)'를 추구한다. 마지막으로 초자아(superego)는 자아로부터 분화되어 약 3세경에 발달하기 시작한다. 초자아는 부모로부터 영향을 받은 가치, 도덕, 이상을 내면화하여 쾌락보다는 완전한 것을 추구하고, 현실적인 것보다는 이상적인 것을 목표로 한다.

이와 같은 기본 가정을 전제로, 프로이트는 인간의 성격 발달을 다섯 단계로 구분하고 있으며, 성적 에너지를 의미하는 리비도(libido)가 정해진 순서에 따라 구강, 항문, 성기와 같은 신체 부위에 집중하는 데에 따라 발달단계를 기술하고 있다.

1) 구강기(oral stage)

구강기는 리비도가 입과 입술, 혀 등에 집중되는 시기로, 생후 18개월까지 해당된다. 이 시기를 구강기(oral stage) 또는 구순기라고도 하는데, 유아는 구강을 통해 젖을 빨고, 고형물을 씹고, 깨무는 등의 활동을 통해 원초아적 욕구를 충족하게 된다. 프로이트는 원초아의 욕구를 충족하는 것이 곧 성적 쾌락을 갖는 것이라고 보았다. 지나칠 정도로 욕구를 충족하게 되면 구강을 통한 행위에 탐닉하려는 손가락 빨기, 과음, 과식 등과 같은 행동이 나타나, 수동적이고 소극적인 성격이 형성될 수 있다.

2) 항문기(anal stage)

항문기는 리비도가 항문에 집중되는 시기로서, 주로 대소변을 가리는 훈련이 시작되는 2~3세까지 해당된다. 이 시기 유아는 괄약근이 발달함으로써 배설물을 보유하였다가 배설하는 데에서 쾌감과 만족감을 얻는다. 이때 유아는 부모로부터 배변 훈련을 받으며 원초아적 충동에 대한 외부의 통제를 최초 경험하게 되는데, 부모에 의한 외부통제 방식에 따라 유아의 성격 형성이 이루어진다.

3) 남근기(phallic stage)

남근기는 리비도가 성기에 집중되는 시기로서, 아동은 자신의 성기에 관심을 보이기 시작하고, 만지고 자극하는 데에서 쾌감을 느끼게 되는 단계이다. 이 시기 아동은 부모에게 강한 성적 애착을 느끼게 된다. 남아는 어머니에 대해 이성적인 감정을 느끼며 아버지를 경쟁상대로 생각하고 적대감을 갖지만, 자기에 비해 강력한 아버지의 존재로 인해 갈등을 경험하게 된다. 프로이트는 이러한 현상을 오이디푸스 콤플렉스(Oedipus complex)라고 한다. 여아는 아버지의 남근을 선망하여 자신에게 남근이 없다는 것에 대해 어머니를 적대시하고 아버지에 대해 이성적인 감정을 느끼게 된다. 이를 엘렉트라 콤플렉스(Electra complex)라 한다.

4) 잠복기(latency stage)

잠복기는 아동기에 해당되며 리비도의 욕구가 줄어들어 비교적 평온한 시기이다. 이 시기는 초등학교에 입학하여 학업, 사회적 관계 등에 집중함으로써 두드러진 성적 갈등이 나타나지 않는 시기로 잠재기 또는 잠복기라고 한다.

5) 생식기(genital stage)

생식기는 2차 성징이 나타나기 시작하는 사춘기에 접어들면서 잠복해 있던 성적 욕구가 활발해진다. 프로이트에 의하면, 이전 단계까지는 자기 신체를 통한 성적 쾌감을 추구하는 자기애적 성향으로 나타났으나, 이 시기 접어들면 이성으로부터 성적 만족을 추구하려 한다.

표 3-2 프로이트의 성격 발달단계 및 과제

연령	단계	덕목	대상	발달과제
0~1	구강기	희망	주양육자 (어머니)	이 세상은 신뢰할 수 있는가?
				세상은 안전하고 살만한 곳이라는 느낌 갖기
1~3	항문기	의지	부모	나 자신의 행동을 스스로 통제할 수 있는가?
				결정할 수 있는 독립된 인간으로 인식하기
3~6	남근기	목적	가족	부모로부터 독립하고 자신의 한계를 아는가?
				새로운 것을 시도하고 실패를 처리할 수 있는 능력 개발하기
6~12	잠복기	유능감	학교, 교사, 또래	생존과 적응에 필요한 기술을 숙달할 수 있는가?
				기본적 기술을 배우고 다른 사람과 함께 일하는 것 배우기
12~19	성기기	충실	또래, 집단	나는 누구인가? 나의 신념, 감정, 태도는 어떤 것인가?
				기본적 기술을 배우고 다른 사람과 함께 일하는 것 배우기

출처: 전상준외(2018), 교육학의 이해. p. 107. 재구성

나. 에릭슨(Erikson)의 심리사회적 발달이론

에릭슨(Erikson)은 프로이트 이론을 보다 확장하여 인간의 성격이 전생애에 걸쳐 변화하고 발달한다고 주장하였다. 그는 전생애의 인간발달을 8단계로 구분하였다. 성격의 형성은 개인의 심리적 요인과 사회문화적 환경의 상호작용을 통하여 결정된다고 주장하였다. 특히 에릭슨은 각 단계마다 출현되는 '자아'의 특징을 강조한다. 자아가 심리사회적으로 요구되는 과업과 수반되는 위기와 갈등을 해결해 나가는 방식에 따라 성격발달에 지대한 영향을 미치는 것으로 보았다. 개인은 발달과업을 수행하는 각 단계에서 갈등과 위기를 겪게 되는데 이를 적절히 해결해 나가야 한다.

1) 기본적 신뢰감 vs 불신감

이 단계는 출생에서 18개월까지로 프로이트의 '구강기'에 해당하는 시기이다. Erikson에 의하면, 유아는 인생 최초 양육자와의 사회적 관계 경험을 통해 신뢰를 형성하게 되는데 양육자의 일관된 양육 태도와 행동은 유아의 성격발달에 지대한 영향을 미친다. 예를 들어 유아가 혼자 놀기 싫어서 짜증을 낼 때 양육자가 이를 알아차리고 유아에게 적절하게 반응을 해주면 유아는 이러한 경험을 통해 안정된 애착을 형성하게 된다. 반면 양육자가 적절하게 반응을 해주지 않고 비일관적인 양육 방식으로 응대하면 유아는 불신감을 갖게 됨으로써 시간 경과에 따라 다음 단계에 부정적 영향을 미치게 된다.

2) 자율성 vs 수치 및 의심

이 단계는 18개월에서 3세경으로 프로이트의 '항문기'에 해당하는 시기이다. 이 시기는 유아의 신체운동 기능 및 인지발달이 빠르게 나타나므로 자신의 의지대로 행동하고 주변 환경을 탐색하려 한다. 예를 들어 혼자 신발을 신거나 옷을 입는 등 스스로 행동을 해보려고 한다. 이때 유아의 자율적인 행동에 대해 칭찬과 격려와 같은 긍정적 반응을 해주면 자율성을 발달시킬 수 있다. 그러나 부모가 너무 엄격하게 유아의 고집을 꺾으려 하거나 유아 스스로 무능함을 갖게 되면 수치감이 형성된다.

3) 주도성 vs 죄의식

이 단계는 3세에서 6세경으로, 프로이트의 '남근기'에 해당하는 시기이다. 이 시기 유아는 무엇인가를 주도적으로 해보려고 나름의 목표를 세우고 시도해 본다. 이때 유아의 주도적인 행동에 대해 격려와 용기를 북돋아 주면 주도성을 발달시키게 되지만, 지나치게 간섭하거나 통제하게 되면 자신의 행동이 잘못된 것이라고 느끼게 됨으로써 죄의식을 갖게 된다.

4) 근면성 vs 열등감

이 단계는 6세에서 11세경까지로, 프로이트의 '잠복기'에 해당한다. 학령기 아동은 가정과 학교 등 활동반경이 넓어지고 인지적 활동이 활발해져 다양한 능력을 습득하게 된다(문은식, 2015). 자신의 능력을 발휘하여 새롭게 시도해보는 활동에 대해 부모나 교수자, 또래로부터 인정받아 성취감을 느끼게 되면 근면성을 발달시키게 된다. 그러나 새로운 도전에 대한 실패경험의 누적 또는 능력을 발휘했음에도 또래들보다 못하다고 느끼게 되거나 부정적 평가를 받게 되면 그때부터 열등감을 갖게 된다.

5) 정체감 vs 역할혼미

이 단계는 12세에서 18세경까지로, 프로이트의 '생식기'에 해당한다. Erikson에 의하면 이 시기 청소년들은 급격한 신체적, 인지적, 감정적 변화를 경험하는 시기로서 자신의 삶의 가치와 방향을 찾기 위해 노력한다. 나는 누구인가? 무엇을 하며 살아가야 하는지? 등 끊임없이 자신의 존재에 대한 답을 찾기 위해 탐험하는 단계로 보았다. 이 과정에서 심리사회적 위기를 잘 극복하고 당면문제에 대한 확신을 갖게 되면 자아정체감을 확립하게 되지만, 그렇지 않고 방황이 길어지고 자기 혼돈에 빠지게 되면 역할혼미를 겪게 된다.

6) 친밀성 vs 고립감

이 단계는 성인초기에 해당하는 것으로서, 이 시기 자신의 삶을 영위하기 위하여 직업을 선택하고 배우자를 선택하는 등 다양한 과업을 수행해야 한다. 일과 사랑을 획득하는 과정에서 다양한 위기를 경험하지만 진정한 자기를 찾기 위해 타인과의 연대 속에서 자기존재를 실현하려는 시기이다. 이 과정에서 자신의 미래에 대한 확신과 사랑하는 사람이나 사회적 관계 속에서 맺는 동료들과 공유적 정체감을 형성하게 된다. 이때 발달과업을 긍정적으로 해결하게 되면 친밀감을 형성하게 되겠지만 만일 친밀한 관계 형성에 실패하면 고립감을 갖게 된다.

7) 생산성 vs 침체성

이 단계는 성인중기에 해당하는 것으로서, 가정과 직업생활에서 활발한 활동을 하는 시기이다. 가정에서 자녀를 출산하고 교육시킨다. 직장에서는 직업적 역량을 발휘하여 승진, 업적달성 등 생산성을 창출한다. 사회적으로는 후세대를 양성하는 데 관심과 노력을 기울이는 단계이다. 이 과정에서 심리사회적 위기를 긍정적으로 해결하게 되면 생산성이 발휘하지만, 자기탐닉에 빠지면 침체성을 형성하게 된다.

8) 통합성 vs 절망감

성인 후기에 해당하는 이 단계는 노년기에 접어드는 시기이다. 사회활동 및 신체적으로 약화되며, 가까운 사람들의 죽음 등을 마주하게 되면서 허무감을 느끼는 경험을 하게 된다. 이 단계에서 지금까지 살아온 생애를 되돌아보며 자신의 존재가치를 어떻게 평가하느냐에 따라 통합성을 발달시키기도 하지만, 삶에 대해 비관하거나 후회하게 되면 절망감에 빠져들기도 한다.

표 3-3 에릭슨의 심리사회적 발달단계

단계	심리사회적 위기	주요 관계	덕목
1단계	신뢰감 vs 불신감	초기 양육자	희망
2단계	자율성 vs 수치심	가족	의지
3단계	주도성 vs 죄의식	가족	목표
4단계	근면성 vs 열등감	이웃, 학교	능력
5단계	정체감 vs 역할혼미	동료	충실성
6단계	친밀감 vs 고립감	친구, 연인, 직장동료	사랑
7단계	생산성 vs 침체성	일, 가사	배려
8단계	통합성 vs 절망감	인류	지혜

출처: 서미옥(2017), 교육심리학. p. 91~92 재구성

5 도덕성 발달

인간 본성에 관심을 갖는 도덕성 발달은 사람들의 행동 기준이 되는 규칙, 원리, 가치에 대한 사고, 행동, 감정 등이 연령이 증가함에 따라 발달함을 의미한다. 도덕성 발달은 옳고 그름의 기준에 대한 생각인 도덕적 사고, 유혹에 저항하고 자기통제를 할 수 있는 도덕적 행동, 스스로가 나쁘다고 생각하는 행동을 할 때 느끼는 도덕적 감정의 세 가지 영역으로 구분할 수 있다. 다음은 아이들이 옳고 그름의 기준에 대해 어떻게 생각하는지에 대한 피아제(Piaget)와 콜버그(Köhlberg)의 도덕

적 사고에 대해 살펴보고자 한다.

가. 피아제(Piaget)의 도덕성 발달

피아제의 도덕성 발달은 세 단계로 구분된다.

먼저, 타율적 도덕성, 외재적 도덕성(external morality)이다. 4~7세의 아동은 규칙이 권위자에 의해 만들어졌고, 정의와 규칙은 변하지 않는 것으로 사람들의 통제 밖인 것으로 생각하는 단계이다. 아동은 게임이나 놀이에서 지켜야 할 규칙과 질서가 있다는 것을 알고 이를 존중하고 준수하기 시작하며, 어떤 상황에서도 규칙은 무조건 지켜야 하며, 지키지 않을 경우 벌을 받아야 한다고 생각한다.

다음은 자율적 도덕성, 내재적 도덕성(internal morality)이다. 10세 이후의 아동에 해당하며 규칙과 법은 사람들이 만든다는 것을 이해하기 시작, 어떤 행위를 판단할 때, 결과뿐 아니라 행위자의 의도를 고려해야 한다는 것을 알기 시작하는 단계이다. 아동은 규칙이나 질서는 사람들에 의해 만들어진 사회적 약속이며, 상황에 따라서는 합의에 의해 규칙이나 질서가 변화될 수도 있다는 것을 알기 시작한다. 질서가 타인과 상호 협의 하에 결정된다는 것을 이해할 뿐만 아니라, 절대적일 수 없다는 것도 깨닫게 된다.

마지막으로 과도기적 단계이다. 7~10세 아동으로 타율과 자율의 두 가지 도덕적 특징을 모두 보인다.

나. 콜버그(Köhlberg)의 도덕성 발달

콜버그는 피아제의 도덕적 사고와 발달에 대한 이론을 더 정교화한 학자이다. 콜버그의 도덕성 발달이론에서는 개인의 도덕성 발달을 도덕적 추론에 기반을 두고 일련의 단계로 나타나는 것으로 제시하고 있다. 그는 아동을 대상으로 '하인즈의 딜레마(Heinz's dilemma)와 같은 도덕적 딜레마 상황을 제시하고 도덕적 갈등상황에 대한 광범위한 면접을 실시하여 도덕성 발달은 도덕적 추론에 기반을 두고 그 결과를 분석하여 도덕적 추론의 변화를 3수준 7단계로 구분하였다(Köhlberg, 1963, 1975).

1) 콜버그의 도덕성 발달 단계

• 제1수준: 전인습적 수준(전도덕성)

도덕적 선악의 개념은 있으나 준거는 권위자의 힘이나 개인적 욕구에 관련시켜 해석한다. 도덕성 발달 이론에서 가장 낮은 수준으로 도덕적 가치의 내면화가 이루어지지 않으며 외적인 보상이나 벌에 근거하여 도덕적 사고를 한다. 도덕적 규칙을 완전히 이해하지 못하고 처벌받는 행동은 나쁘고 보상받는 행동은 좋은 것으로 추론한다.

■ 제1수준: 전(前)인습 수준

▶ 제1단계: 처벌 회피·복종 지향

- 행위의 옳고 그름을 그 행위의 물리적 결과에 의해 판단
- 처벌을 피하기 위해 힘을 가진 사람의 명령이나 요구에 복종하는 단계

규칙은 처벌을 회피하기 위해 따른다. 좋거나 나쁜 행동은 그것의 물리적 결과에 의해 결정된다.

▶ 제2단계: 개인적 보상 지향

- 자신의 욕구 충족이 도덕 판단의 기준
- 자기에게 이익이 있을 때 규칙 준수

개인적 욕구가 옳고 그름을 결정한다. 도덕적 행동은 자신과 타인을 만족시키는 도구로서 정의된다. 더 이상 규칙이나 법률이 고정적이거나 절대적이지 않다.

• 제2수준: 인습적 수준(타율 도덕성)

자신이 속한 집단의 기대나 기준에 맞추어 행동하는 것을 이상으로 여기며 사회질서에 동조하고자 하고 힘 있는 사람과의 동일시를 하려 한다. 다른 사람의 상호작용을 고려한 사회 지향적 가치기준을 갖는다.

■ 제2수준: 인습 수준

▶ 제3단계: 착한 소년, 소녀 지향

- 다른 사람의 인정 중시
- 다른 사람에게서 칭찬받는 행위가 도덕적 판단의 기준

도덕은 다른 사람과 좋은 관계를 유지하는 것으로 다른 사람을 기쁘게 해주고
도와주려 한다.

▶ 제4단계: 법과 사회질서 지향
  - 사회 질서와 법을 준수하는 것이 도덕적 판단의 근거
  - 법은 만인에 평등, 예외가 있을 수 없음. 소수의 권리 불인정
법은 절대적이며 권위는 인정받아야 하고 사회적 질서는 유지되어야 한다.

• 제3수준: 후인습적 수준(자율도덕성)
  5, 6단계가 속하는 제3수준은 자신의 가치관과 도덕적 원리원칙이 자신이 속한
집단과 별개임을 깨닫게 되면서 개인의 양심에 근거하여 행위를 하게 된다. 가장
상위 수준의 후인습 수준에서는 도덕성이 완전히 내면화되어 타인의 기준이 근거
가 되지 않는다. 이 수준의 사람들은 대안적 도덕 상황을 파악하고 고려한 후 개인
의 도덕 기준에 의한 판단을 한다.
■ 제3수준 : 후(後)인습 수준
▶ 제5단계: 사회계약 지향
  - 법이나 규칙을 중시하지만, 사회적 유용성에 따라 법이나 제도가 바뀔
    수 있다는 생각
  - 사회적 책임으로서의 공리주의, 소수의 권리 인정
법은 여러 사람이 함께 살기 위해 동의한 장치라고 이해한다. 그러나 법이
사람들이 필요로 하는 바를 충족시키지 못한다면 언제든지 변경시킬 수 있다.

▶ 제6단계: 보편적 도덕원리 지향
  - 인간의 존엄성, 사회정의, 평등 등의 보편적 원리를 지향하며, 양심의
    결단에 따라 도덕적 판단한다.
선과 권리는 개인적 양심의 문제이며, 보편적 원리에 의해 모든 인간은 존엄
하고 정의의 원칙이 우선되도록 행동한다.

▶ 7단계(우주 영생 지향)

콜버그는 말년에 7단계를 추가한다. 그것은 도덕 문제는 도덕이나 삶 자체가 문제가 아니라 우주적 질서와의 통합이라고 보는 단계이다. 예수, 간디, 마틴 루터 킹, 공자, 소크라테스, 칸트, 본 회퍼, 테레사 등의 위대한 도덕가나 종교지도자, 철인들의 목표가 곧 우주적인 원리이다. 이 단계에서는 인간의 도덕성을 분절적인 접근이 아니라, 우주적 질서 속에 통합되는 원리에 입각하여 도덕적 판단을 한다

2) Heinz의 딜레마

유럽의 한 부인이 무서운 암에 걸려서 죽어가고 있었다. 그 부인의 병을 치료하는 데는 오직 한 가지 약밖에 없는 것으로 알려져 있었다. 이 약은 같은 마을에 사는 어느 약사가 최근에 발명한 약이었다. 그 약을 만드는 데 원가는 200달러가 들었지만 그 약사는 약값을 원가의 10배인 2,000달러를 요구하였다. 병든 부인의 남편인 하인즈는 돈을 구하기 위해 아는 사람을 모두 찾아다녔으나 그 약값의 절반인 1,000달러 밖에 마련하지 못했다. 할 수 없이 하인즈는 그 약사를 찾아가서 자기 부인이 지금 죽어가고 있다고 말하고 그 약을 반값에 팔거나 아니면 다음에 나머지 돈을 갚겠다며 간청했다. 그러나 약사는 거절하였다. 절망에 빠진 하인즈는 결국 약국에 침입해 약을 훔쳤다.

Heinz씨는 약을 훔쳐야만 했는가? 훔친 것을 옳은 일인가? 그른 일인가? 그 이유는 무엇인가? 약을 구하는 다른 방법이 없을 때 아내를 위해 약을 훔치는 것이 남편의 의무인가? 좋은 남편이라면 약을 훔쳐야 하는가? 약사는 가격에 상한선을 두는 법률이 없다고 해서 그렇게 비싸게 약값을 받을 권리가 있는가? 그 이유는 무엇인가?

콜버그는 도덕적 딜레마에 대한 사람들의 대답에 근거하여 도덕성 발달에는 3수준 7단계로 나누어진다는 가설을 세웠다. 도덕성 발달을 이해하는 중요한 개념은 내면화(internalization)인데 행동이 외적인 통제에서 발달과정을 거침에 따라 내적인 기준과 원칙들에 의해 통제되는 것을 의미한다. 아동·청소년기 아이들은 성장함에 따라 도덕적 사고도 점점 내면화된다.

교육 심리학적 입장에서 개인차가 존재하는 이유는 각 사람이 가지고 있는 지능, 창의성, 인지 양식이 있기 때문이다.

가. 지능

지능(intelligence)에 관한 많은 연구에서 연구하는 학자마다 이론적인 입장이 달라서 쉽게 정의하기가 어렵다. 대부분 학자에 의한 정의를 살펴보면 다음과 같다(이건인, 이해춘, 2009).

첫째, 지능을 추상적 사고를 하는 능력으로 보는 관점이다. Terman에 의하면 지능이란 추상적 사고를 하는 능력으로써 다양한 문제를 해결하는 데 추상적 상징을 사용하는 능력이라고 했다.

둘째, 지능을 학습 능력으로 보는 관점이다. Dearborn에 의하면 지능을 경험에 의한 학습 능력, Gates는 지능은 학습해 가는 능력 혹은 광범위한 제 사실을 파악하는 능력이고 복잡한 것이라고 정의하였다.

셋째, 지능을 개인이 환경에 적응하는 능력으로 보는 관점이다. Stern은 지능이란 사고를 적용해 새로운 요구에 의식적으로 적응하는 능력, Pinter는 지능이란 새로운 환경에 적응하게 하는 능력, 그리고 Colvin은 환경에 적응하는 능력과 학습 능력을 강조하여 지능이란 환경에 적응하는 방법을 학습하는 능력이라고 정의한다.

넷째, 앞의 세 가지 관점을 종합하여 포괄적으로 지능을 정의하는 관점이다. Wechsler(1958)는 지능이란 목적 지향적인 행동, 합리적 사고, 환경에 효과적으로 적응하는 능력을 포함하는 종합적인 능력으로 정의하고 있다(Wechsler, 1958).

지능에 관한 최초의 연구 들의 의미에서 지능의 의미는 첫째는 지능이란 지능검사의 점수이다. 둘째는 인간이 학습하기 위한 역량이다. 셋째는 한 인간이 획득한 총 지식이다. 넷째는 새로운 상황과 환경에 적응하는 능력이다(Woolfolk, 2007). 이런 여러 학자의 논의에 기초해 지능의 정의는 문제해결의 특성이 있고 인지과정과 조작으로 조정되는 개인의 적응적 행동을 의미한다.

나. 창의성

창의성에 대한 개념 정의는 창의성에 대한 접근방법과 연구 분야에 따라 다양하게 정의되었다. 창의성의 본질에 대해 1950년 Guilford가 미국심리학회에서 창의성의 중요성을 강조한 이후에 창의성을 인지적으로 접근하려는 경향이 지배적이었다. Guilford가 인간의 사고를 수렴적 사고(convergent thinking)와 확신적 사고(divergent thinking)로 구분하였고(Guilford, 1988), 그 이후 상당하는 동안 확산적 사고가 곧 창의성이라는 개념을 갖게 되었다.

Rhodes(1961)는 4P(product. person, process, press)를 통해 창의성에 대한 정의를 하였다. 즉, 창의적 산물(product)이란 창의적 인간(person)이 창의적 과정(process)을 통해 얻은 결과이며, 이 모든 것은 창의적 환경(press)의 영향을 받는다고 설명하였다. 그러므로 이 견해는 창의성을 연구하는 학자들의 4P에서 어디에 중점을 두고 연구하느냐에 4P 중 하나의 초점에 맞추어 진행되었다는 사실이다.

이 이후에는 창의성에 대한 기존의 서로 다른 이론이나 접근방법을 통합하여 인지적, 정의적, 동기적, 환경적 요인을 종합하여 지지 되어 왔다. 이 관점은 창의성을 새롭고(novel) 적절한(appropriate) 산출물을 생성할 수 있는 능력이라고 정의한다(Sternberg & Lubart, 1996).

그러므로 창의성(creativity)은 독창적이고 적합하면서도 유용한 것을 만들어 내는 능력이라고 할 수 있다. 즉, 창의성은 새로우면서도 유용한 아이디어나 산물을 생성할 수 있는 능력이다. 따라서 창의성의 정의에 따르면 신기성(novelty)과 유용성(usefulness)이 창의성의 판단기준이 될 수밖에 없다. 창의성에는 어떤 아이디어나 산물이 창의적인 것으로 간주하려면 그것이 기발하고 독창적이어야 할 뿐만 아니라 유용하고 적절하며 가치가 있어야 한다(권대훈, 2010).

그리고 창의성의 요인에 대해 Lubart(1994)은 지적 능력, 지식, 사고 양식, 성격, 동기 환경 등으로 제시하였다. 첫째, 지적능력은 그에 의하면 지적 능력은 창의성에 가장 중요한 요인이라 간주한다. 둘째, 지식은 모든 분야에 걸쳐 창의적인 문제해결에 영향을 준다. 셋째, 사고 양식(thinking style)은 문제를 해결할 때 능력이나 지식을 특정 방식으로 적용하는 방식을 지칭한다. 넷째, 성격특성은 인지능력을 효과적으로 활용하도록 촉진하고, 아이디어를 실제적 산물로 표출하는 데 도움을 준다. 다섯째, 동기는 인지적 자원을 창의적인 목적을 달성하기 위해 활용하도록 하는 원동력을 제공한다. 마지막으로 환경은 새로운 아이디어를 개발하는 데 영향을 주기도 하고 어떤 환경조건은 창의성을 제약할 수도 있다.

다. 인지 양식

인지 양식(cognitive style)이란 사물이나 정보를 지각하고 처리하는 독특한 방식을 의미한다. 즉, 다양한 지각 및 인지 과제에 대해 일관성 있게 반응하는 방식으로, 성격특성과 지적 능력을 연계시키는 통합적 개념으로 간주한다(권대훈, 2010).

인지 양식과 능력의 관계는 첫째, 지적 능력은 인지의 내용과 수준에 관련된 개념이지만, 인지양식은 인지활동의 방법 혹은 방식에 관련되는 개념이다. 둘째, 지적 능력은 단극적(unipolary)이고 가치지향적인 개념이므로 능력이 높을수록 바람직한 것으로 간주한다. 반대로 인지 양식은 양극적이고 가치 중립적인 개념이기 때문에 양극단에 위치하는 인지양식 중 어느 양식이 더 좋거나 나쁘다고 할 수 없다는 것이다. 셋째, 지적 능력은 특정 영역에만 적용되는 한정적인 성질을 가지고 있다는 것이다. 즉, 언어능력, 공간능력, 기억력 등등은 각각 특정 영역의 과제에만 적용되는 능력이다. 반대로 인지양식은 적용 범위가 훨씬 넓어서 인지과제는 물론 지각 과제나 대인관계 장면에 두루 적용된다는 것이다.

그렇다면 인지양식의 어떻게 활용할 할 수 있을까? 첫째, 교사의 인지양식과 학생의 인지양식을 일치시켜야 한다는 주장이다. 왜냐하면 교사와 학생의 인지양식이 일치되면 학생의 학업성적이 향상되기 때문이다. 즉, 교사와 학생의 인지양식이 일치하면 서로 긍정적으로 평가하고, 의사소통이 원활하게 된다. 둘째, 교사의 인지양식과 학생의 인지양식을 상치시켜야 한다는 주장이다. 이것은 교사와 학생의 인지양식을 일치시켜야 한다는 주장과 다르게, 교사가 학생의 인지양식과 다른 수업 방법을 의도적으로 제시하여 학생이 균형 있게 성장할 수 있도록 자극해야 한다는 주장이다.

현대사회에서는 흥미와 태도, 가치관, 신념, 동기, 불안, 자아개념 등의 요소를 포함하는 정의적(情意的) 영역의 발달을 중시하는 추세에 있다. 이러한 정의적 영역의 발달은 주체적인 자신의 삶과 더불어 살아가는 공동체적 삶의 조화를 이루는데 매우 중요한 요소가 된다. 여기에서는 동기, 흥미, 욕구, 적응, 불안 등에 관하여 살펴보고자 한다.

가. 동기

동기는 어떤 행동을 하게 하는 의지를 불러일으키는 원인이 되는 것으로서 구체적인 욕구나 소망을 뜻하는 말이다. 동기는 사람의 인격 구성에 있어서 대단히 중요하고 복잡한 요소이다.

인간의 행동과 교육에 있어서 동기의 개념이 중요한 이유는 여러 가지 있다. 첫째, 인간의 다양한 행동을 설명하기 위해서다. 동기는 어떤 날에는 일을 잘하고 어떤 날에는 그렇지 못한가를 설명해 준다. 둘째, 행동을 생물학적으로 설명하기 위해서이다. 인간은 생존을 위하여 신체적 기능을 자동적으로 조절하는 유기체이기 때문에 박탈 상태에 있는 상태에서 동기를 일으킨다. 셋째, 행동으로 개인의 상태를 설명하기 위해서이다. 외면적 행동과 반응에 대한 내면적 동기를 설명할 수 있다. 넷째, 행동에 대한 책임 소재를 밝히기 위해서다. 내적인 동기와 능력이 자신의 행동을 통제할 수 있다는 것으로 동기화된 행동은 의도적이고 계획적인 것이다. 다섯째, 역경에 대한 도전을 설명하기 위해서다. 동기화되었을 때는 비록 성공하지 못할 것이라고 인식해도 최선을 다하게 된다(오세진 외, 2015).

나. 흥미

우리는 흥미를 느끼는 일을 할 때 힘든 줄 모르고 몰두하게 된다. 또한 흥미로운 일을 하면 좋은 결과를 얻기 마련이다. 이와 같이, 흥미는 일에 대한 몰두와 성과 그리고 직업 만족도에 영향을 미치는 중요한 요인이다(권석만, 2014).

흥미는 학습자로 하여금 활동에 대한 내적동기를 발현시키는 요소라 할 수 있다. 즉, 학습자가 내부에서 이루어진 것으로 활동 그 자체가 보상을 제공 해주는 동기를 말한 것이고, 여러 학자들의 내적동기(intrinsic motivation)에 대한 견해를 학습 상황과 관련지으며 그것은 학습 과정자체에 내재되어 있는 즐거움, 호기심, 도전적이고 어려운 과제를 학습하려는 상황, 과제에 대한 지속성과 숙달성향, 그리고 과제 참여에 대한 열의 정도로 정의 될 수 있다. 따라서 흥미는 내적동기 부여를 촉진하는 기능을 하는 것이며 활동자체에 대한 즐거움을 제공하는 흥미의 경험을 학습자로 하여금 활동에 대한 내재 동기를 발현시키는 요소라고 할 수 있다(김태오, 2011).

흥미는 성장함에 따라 발전하고 변화한다. 어릴 때는 흥미가 단편적이고 잘 분화되어 있지 않으며 일시적인 형태로 나타난다. 그러나 성장함에 따라 흥미는 점차 분화되어 구체화되며 지속되는 경향이 있다. 개인적 흥미는 활동 자체를 통해서 내재적인 보상을 얻기는 하지만, 아무런 자극이 없는 진공상태에서 발달하지 않는다. 개인적 흥미는 주변 사람들의 지지와 격려를 통해서 발전한다(Fried, 2001). 특정한 영역의 흥미를 유발시키고 고취시킴에 있어서 매우 중요한 것이 교사나 멘토의 역할이다. 교사는 교육과 정보를 제공할 뿐만 아니라 아낌없이 지지를 해주고 도전적 과제를 제시해주어야 한다(Renninger, 2000). 동료와 부모의 지지 역시 흥미 발달에 도움이 된다(권석만, 2014.)

다. 욕구

대표적인 생리적 동기는 욕구(need)인데, Hull의 추동이론에 따르면, 생리적 박탈과 결핍(수면, 음식 부족 등)이 생물학적 욕구를 생성한다. 그 욕구가 충족되지 않으면 생리적 추동이 생성된다. 추동(推動)이라는 것은 생물학적 결핍에 기인하는 심리적 불편함으로 유기체가 생리적 욕구를 해결할 수 있는 행동을 하도록 이끈다. 그러므로 욕구란 유기체가 생명을 유지하고 성장하며 안녕을 도모하는데 필요한 조건으로서 이러한 욕구가 좌절되면 생물학적으로, 심리적으로 방해를 받게 된다. 동기화 상태는 이러한 방해를 방지하기 위해서 유기체가 행동하도록 만드는 것이다. 생리적 욕구의 충족을 통해서 평형상태(homeostasis)를 유지하게 된다(오세진 외, 2015).

그리고 다른 형태의 생리적 동기인 공격성(aggression)은 일반적으로 유기체에 대해 의도적으로 해를 가하려는 사회적으로 바람직하지 않은 행동을 의미한다. 공격성은 자신에게 이익이 되는 무엇인가를 얻기 위해 타인에게 해를 가하는 도구적 공격성(instrumental aggression)과 타인에게 고통이나 해를 가하는 것 자체가 목적인 적의적 공격성(hostile aggression)을 포함한다.

발달심리학자들은 공격성의 개인차의 발달에 관하여 많은 관심을 가지고 있는데, 공격성의 개인차를 설명하는 대표적인 이론으로서 보상이론(rewarding theory), 모방이론(modeling theory), 사회인지이론(social-cognitive theory) 등이 있다(송명자, 2013).

라. 적응

적응은 환경과 개인이 조화로운 관계를 유지하는 것을 의미하며, 이는 건강한 삶을 위해 중요한 일이다. 그러나 조화로운 관계란 아무런 노력 없이 이루어지는 것이 아니다. 환경이 요구하는 것과 자신의 욕구가 서로 다를 때 개인은 환경에 자신을 맞추거나 자신의 욕구에 맞도록 환경을 바꾸어야 한다.

개인의 힘으로 환경을 바꾼다는 것은 매우 어렵거나 때로는 불가능한 일이기 때문에 일반적으로 적응이라는 말은 환경의 수용이나 동화(accommodation)를 의미한다(김정희 외, 1998).

적응이란 개념은 원래 생물학적인 것으로 '종의 생존을 용이하게 하는 생물학적 구조 및 기능의 변화'라는 의미로서 유기체의 수동적 입장을 강조한다. 반면에 심리학적인 적응은 '개인이 사회적 및 물리적 환경에 대해 살아남고 유지해가기 위한 개인의 투쟁과정'이라는 의미로서 보다 적극적 의미를 갖는다. 사람들이 스트레스에 대처하는 방식은 크게 두가지로 대별된다. 첫째는 스트레스를 유발하는 문제에 대한 직접적 해결 방법이며, 둘째는 문제 자체 보다는 문제의 왜곡을 통한 해결 방법이다.

1) 직접적 방법

첫째, 긴장되는 환경이나 문제에 정면으로 맞서서 자신이 문제의 해결책을 찾을 수 있음을 믿고, 자신의 초기 목표를 단호히 추진하는 직면이 있다. 둘째 가장 흔한 해결 방식으로 우리는 흔히 자신의 욕구나 목표가 완전히 충족되거나 달성되기 어려움을 경험하는데, 이때 최초의 목표를 다소 축소하여 현실적으로 가능한 방식을 찾는 방법으로 '타협'이 있다. 셋째, 아무리 노력해도 스트레스를 감소시킬 수 없을 때의 효과적인 방법은 그 환경이나 문제로부터 일시적으로 물러서는 '철수'가 있다.

2) 자아방어기제

직접적 방법이 합리적이고 현실적인 해결책인 데 비해 비합리적이며 비현실적인 방식의 해결책이 사용되기도 한다. 이러한 해결법을 프로이드(Freud)는 자아방어기제(ego-defense mechanism)로 명명하고 개념화하였다. 그 중 대표적인 몇가지를 소개하면 욕구나 갈등을 의식 밖으로 배제함으로서 고통으로부터 벗어나려고 노력하게 되는 억압(repression), 다른 사람의 업적과 자신을 동일한 위치에 놓음으로써 억압된 욕구를 충족시켜 자아를 보호하려는 것을 동일시(identification), 어떤 관념이나 대상에 적의를 가졌을 때, 그 적의의 감정, 정서를 다른 관념이나 대상으로 옮겨가는 현상인 치환(deplacement), 억압되었거나 또는 금지된 욕구를 직접적으로 표현 못 할 때 이 욕구와 관련되며 사회로부터 용인되는 다른 목표를 달성함으로써 간접적으로 욕구의 만족을 취하는 행동을 말하는 승화(sublimation), 사회적으로 용납되지 않거나 죄의식을 일으키게 되는 억압된 욕구를 가진 사람이 그의 무의식적인 희망이나 원래의 욕구 성질과는 정반대되는 입장을 표현하는 반동형성(reaction formation), 자신의 것으로 받아들이기 곤란한 사고나 행동을 다른 사람의 사고나 욕망으로 돌림으로써 자아를 방어하려는 기제인 투사(projection), 용납될 수 없는 자신의 행동 동기를 무의식적으로 위장하여 합리적으로 설명함으로써, 자아를 보호하고 사회적 승인을 얻으려는 합리화(rationalization), 충분히 육체적, 정신적으로 성인이 되었으면서도 특정의 욕구불만 상태에 빠질 때 유아기의 행동이나 사고로 되돌아가서 문제를 해결하려는 현상인 퇴행(regression) 등이 있다.

방어기제는 인간의 무의식적인 과정의 이해에는 도움이 되나, 모든 행동을 방어기제에 비추어 해석하는 것은 적절치 않다. 이 점은 우리가 타인을 이해하는 과정에서 주의해야 할 부분이다(신응섭 외, 2006)

마. 불안

1) 불안의 개념

불안은 누구나 생활 속에서 흔히 경험하는 불쾌하고 고통스러운 감정이다. 여러 사람 앞에서 발표를 해야하거나 중요한 시험을 앞두고 있을 때 우리는 불안감을 느낀다. 부정적인 결과가 나타날 수도 있는 위험하고 위협적인 상황에서 우리가 경험하게 되는 정서적 반응이 불안이다(권석만, 2010).

불안을 학습 과정에 작용하는 학습자 변인으로 보고, 불안과 학습을 연구하기 시작하였는데 불안을 인간의 내부적인 욕구의 갈등에서 나타나는 심리 현상으로 막연한 예상과 그것에서 오는 두려움으로 표현하고 있다. Freud는 불안을 대상이 일정하지 않고 목적물이 뚜렷하지 않으며 모호하고 명료하지 않게 느끼는 심리적인 동요상태라고 정의한다. Freud는 불안을 현실적 불안, 신경증적 불안, 도덕적 불안으로 구분하였다. 현실적 불안(reality anxiety)은 외부 세계로부터 자신을 해칠지도 모르는 환경조건을 인식함으로써 발생되는 고통스러운 정서적 경험을 말하며, 시험불안증, 무대공포증, 대인공포증 등을 들 수 있다. 신경증적 불안(neurotic anxiety)은 본능으로부터 위험을 의식할 때 발생하는 것으로 자아가 충동적인 행위를 시도하려는 본능의 대상을 제어하지 못함으로써 발생할 수 있는 사건을 두려워하는 정서적 표출 상태이다. 도덕적 불안(moral anxiety)은 양심으로 인해 위험을 의식함으로써 발생하게 되는 것으로, 죄책감, 수치심 등이 여기에 해당된다(민희식 역, 2003).

2) 시험 불안

학생들에게 시험불안은 시험상황에서 불안을 느끼고 주의집중을 하지 못하며 문제를 보고 있어도 전혀 생각할 수 없는 상태로 나타나기도 한다. 시험불안에는 필기시험뿐 아니라 수업시간의 발표라든가 과제제출 등 평가가 이루어지는 모든 상황에서 생길 수 있는 불안이 포함된다. Spielberger(1972)는 불안을 기질적 특성과 관련이 깊은 특성불안과 특수한 상황에서의 불안인 상태불안으로 구별하고 있다. 특성불안이란 개인이 가지고 있는 불안을 일으키는 성향, 즉 기질적이고 성격적인 특성을 의미한다. 반면 상태 불안은 특수한 상황에서 긴장감, 걱정, 두려움을 의미한다. 시험불안은 상태불안에 해당된다(김동일 외, 2011).

시험불안은 시험과 관련된 상황에서 발생되는 모든 불안으로 시험에 상황에 대해 학습자가 경험하는 신체, 정서, 인지적 반응을 모두 포함한다.

표 3-4 시험불안의 정서적 측면과 인지적 측면

시험불안의 정서적 측면(감정)	시험불안의 인지적 측면(걱정)
• 지나친 긴장감, 초조감을 경험한다. • 일시적으로 기억력이 감소된다. • 극심한 공황상태에 빠진다. • 신체적으로 각성된다. • 심장박동, 호흡, 땀, 맥박, 신체적 온도 등이 증가한다. • 소화장애 등이 나타난다.	• 시험에 대한 자신감이 부족하다고 생각한다. • 거의 항상 시험에 대해 걱정한다. • 다른 사람과 자신을 비교한다. • 시험의 결과가 부정적일 것이라고 예상한다. • 시험에 대해 준비가 부족한 부분을 지속적으로 생각한다.

출처: 김동일 외(2011)

연습 문제

 다음 글이 설명하고 있는 교육심리학의 연구방법은 무엇인가?

> 어떤 조작이나 통제도 가하지 않고 자연적인 상황에서 있는 그대로를 파악하여
> 정확하게 기술하는 것을 연구 목적으로 하며, 어떠한 상황이나 현상의 특징을
> 기술하기 위하여 관찰이나 검사, 면담, 설문 등의 방법을 사용한다.

① 조사연구   ② 실험연구   ③ 기술연구   ④ 사례연구   ⑤ 상관연구

정답 ③

 다음 글이 설명하고 있는 교육심리학의 연구방법은 무엇인가?

> 무엇이 존재하고 있는가를 파악하여 사실대로 기술하고 해석하는 연구이다. 현
> 상을 알기 위하여 자주 사용되는 연구방법 중의 하나로 현재의 실체를 알아보기
> 위한 목적을 지니고 있다. 교육현상 등 많은 현상을 파악하기 때문에 일반적으
> 로 이 연구를 무엇이라고 하는가?

① 조사연구   ② 실험연구   ③ 기술연구   ④ 사례연구   ⑤ 상관연구

정답 ①

다음 글이 설명하고 있는 교육심리학의 연구방법은 무엇인가?

> 변인 간의 인과 관계를 규명하는 가장 효과적인 연구방법으로서, 실험 상황에서 관심의 대상이 되는 변인을 조작하여 그와 관련된 다른 변인의 변화를 살펴보는 연구이다.

① 조사연구   ② 실험연구   ③ 기술연구   ④ 사례연구   ⑤ 상관연구

정답 ②

 다음 글이 설명하고 있는 교육심리학의 연구방법은 무엇인가?

> 어떤 현상에 내재되어 있는 변인들이 서로 관계가 있는지를 알아보기 위하여 있는 그대로를 연구하는 방법이다. 수집한 자료들을 통계적으로 분석하고 해석하는 데 초점을 두는 연구이다.

① 조사연구   ② 실험연구   ③ 기술연구   ④ 사례연구   ⑤ 상관연구

정답 ⑤

 교육심리학을 독립된 학문 분야로 발전시킨 사람은 누구인가?

(   )

정답 손다이크(Thorndike)

발달의 개념에 대한 설명이다. 바르지 않은 것을 고르시오.

① 발달은 수정에서 사망에 이를 때 까지 연령의 변화와 함께 전 생애에 걸쳐 일어나는 과정이다.
② 발달은 신체적 측면과 심리적 측면의 상승과 하강의 모든 변화과정을 의미한다.
③ 발달은 양적인 변화 뿐만 아니라 질적인 변화의 과정을 의미한다.
④ 양적인 변화는 신장, 체중, 어휘 수와 같은 크기나 양에서 일어나는 변화이다.
⑤ 발달은 연속적인 변화 과정이기에 약물이나 피로에 의한 변화와 같이 일시적 변화 도 포함된다.

정답 ⑤

 다음은 발달의 원리에 대한 설명이다. 바르지 않은 것을 고르시오.

① 발달은 개인차가 있다.
② 신체, 언어, 인지, 사회, 정서 발달영역은 서로 관련성이 없다.
③ 발달은 유전과 환경의 상호작용으로 인해 일어난다.
④ 발달은 민감기가 있다.
⑤ 발달은 분화와 통합의 과정으로 이루어진다.

정답 ②

 다음이 설명하는 신체운동발달의 원칙을 쓰시오.

> 발달은 위에서 아래로 즉, 머리에서 발 방향으로 이루어진다. 머리 부분이 가장 먼저 발달하고 점차 팔, 다리 아래쪽 부분의 기관이 발달한다.

(   )

정답 두미의 원칙

피아제의 인지발달 이론과 관련된 내용이다. 다음의 설명에 해당되는 용어를 쓰시오.

새로운 자극이 기존의 도식과 맞지 않을 때, 기존 도식을 변형해 나가는 것이다. 즉, 현실 세계에 보다 잘 적응하기 위하여 기존의 인지구조를 수정하는 것으로, 새로운 정보에 반응하기 위해 기존의 도식을 바꾸거나 새로운 도식으로 바꾸어 가는 인지과정이다.

( )

정답 조절

 아래가 설명하고 있는 Piaget의 인지발달 단계는 어디에 해당하는지 쓰시오.(3점)

- 동질(同質)·동량(同量)·동가(同價)에 대한 개념이 형성된다.
- 가역적 사고, 언어의 복잡화, 상대적 비교 가능하다.
- 탈중심화: 어떤 상황을 한 가지 관점이 아닌 여러 관점에서 고려할 수 있다.
- 분류개념·서열화 (사물의 크기나 무게 등을 순서에 따라 배치하는) 능력의 형성
- 동작으로 생각했던 것을 머리로 생각할 수 있다.

( )

정답 구체적 조작기

 비고츠키의 인지발달이론에서 근접발달영역과 밀접한 관련이 있는 것으로 아동이 궁극적으로 그들 자신의 힘으로 문제를 해결할 수 있도록 하는 도움이나 조력을 해 주는 것을 ( )이/라고 한다.

정답 비계설정 혹은 스캐폴딩(Scaffolding)

12 프로이트의 원자아(superego)에 대한 설명으로 옳은 것은?

① 심리적 에너지 원천이 있는 곳으로써 인간이 태어날 때부터 갖는다.

② 욕구를 이성에 의해 중재하려는 것으로써 약 1세 이후 주로 발달한다.

③ 논리적 문제해결을 하고자 하며'현실의 원리(reality principle)'를 추구한다.

④ 가치, 도덕, 이상을 내면화하여 쾌락보다는 완전한 것을 추구한다.

⑤ 자아로부터 분화되며 약 1세~3세경에 주로 발달한다.

정답 ④

13 프로이트(Freud)와 에릭슨(Erikson)의 성격 발달단계가 및 발달과업의 연결이 옳은 것은?

① 구강기 – 자율성 대 수치/의심

② 항문기 – 신뢰감 대 불신감

③ 남근기 – 주도성 대 죄의식

④ 잠복기 – 정체감 대 역할혼미

⑤ 성기기 – 근면성 대 유능감

정답 ③

14 다음 중 외재적 동기와 관련이 있는 것은?

① 적성   ② 흥미   ③ 긍정적 자아개념   ④ 지적호기심   ⑤ 외적 보상

정답 ⑤

15 시험 불안의 요인 중 성격이 <u>다른</u> 하나는 무엇인가?

① 학교의 학습 풍토   ② 부모의 기대   ③ 학생의 지적 능력

④ 교과 교사의 특성   ⑤ 교실 내의 경쟁 분위기

정답 ③

프로이드(Freud)가 말한 자아방어기제(ego-defense mechanism)에 해당되지 않는 것은?

① 억압(repression)　　② 퇴행(regression)　　③ 폭행(assault)

④ 합리화(rationalization)　⑤ 동일시(identification)

정답 ③

다음 〈보기〉가 설명하는 것은 무엇인가?

▶ 보기 ◀

학습자로 하여금 활동에 대한 내적동기를 발현시키는 요소라 할 수 있다. 즉, 학습자가 내부에서 이루어진 것으로 활동 그 자체가 보상을 제공 해주는 동기로서어떤 특정 대상이나 한정된 활동 영역에 대해서 적극적으로 추구하려는 감정적·심적 태도이다. 학습 상황에서 가장 중요하게 작용하는 요인 중의 하나로 개인의 호기심이나 마음을 끄는 주제에 대한 자발적 탐색 활동으로 개인적 특성이나 정서적 상태를 의미한다.

(　　　　　　　　　　　　　　　　　　　　　　　　　　　　)

정답 흥미

고전적 조건형성의 창시자로 알려진 심리학자는 누구인가?

① 스키너　② 파블로프　③ 왓슨　④ 밴두라　⑤ 로시

정답 ②

CHAPTER

04

교육사회학의 이해

CHAPTER 04
교육사회학의 이해

 학습목표

가. 교육사회학의 개념과 발달과정을 이해할 수 있다.

나. 교육사회학의 이론을 거시적 관점을 기능이론과 갈등이론으로 나누어 설명할 수 있다.

다. 교육사회학의 이론을 미시적 관점에 해당하는 이론을 기본 입장을 설명할 수 있다.

라. 사회, 문화와 교육의 관계를 이해할 수 있다.

마. 사회계층과 교육, 학교조직과 교육과의 관계를 이해할 수 있다.

교육사회학은 사회학에서 이루어진 원리나 연구 방법 등을 통하여 교육과정
이나 교육 현상분석을 하는 학문으로 볼 수 있다. 즉, 교육사회학이란 교육의
사회적 현상들을 과학적인 방법으로 연구하는 학문을 말한다.

안병환

인간의 사회화는 개인이 자기가 소속해 있는 사회집단의 행동양식, 가치관,
규범과 같은 문화를 학습하여 내면화하고 자기 자신의 독특한 개성과 자아를
형성하는 과정이다.

헌트(Hunt)

교육을 사회화에 동일시하여 사람은 비사회적 존재로 태어 남으로써
이를 사회적 존재로 길러야 한다고 하였다.

뒤르켐(Durkheim)

교육은 사회적 산물이자 사회를 발전시켜 나가는 과정이다. 교육을 사회적 관계 속에서 연구하는 학문이다. 교육은 사회를 떠나서는 존재할 수 없으며, 교육의 내용은 곧 사회가 되고 사회의 산물은 교육이 되는 것이다. 교육은 사회 속에 분리되어 나타나는 것이 아니라, 사회관계에 의해 영향을 받으며 형성된다. 교육 관계는 사회관계의 그물망을 벗어날 수 없고, 사회적 토대 위에서 성립된다. 교육과 사회를 다루는 교육사회학은 학문적 이해를 위한 이론과 실제를 다루고 있다. 이 장에서는 교육사회학의 이해, 거시적·미시적 관점의 교육사회학 이론, 사회와 교육, 문화와 교육, 사회계층과 교육, 학교조직과 교육으로 구성하였다.

1 교육사회학의 이해

가. 교육사회학의 개념

교육사회학은 교육이 사회구조 속에서 교육과 상호 간에 어떤 영향을 미치고 있는지를 사회학적 접근방법을 통해 규명하는 학문이다. 학자들은 그 개념을 다음과 같이 다양하게 정의하고 있다.

석태종(1996)은 교육과 사회학의 관계 및 학교를 사회학적 이론과 원리를 통하여 연구 하는 사회과학의 하나이다.

김신일(2000)은 '교육이란 무엇인가'라는 질문에 대한 답을 교육의 사회성에 맞추는 지적 활동이다. 교육의 문제들을 사회학적인 기술 및 이론을 통하여 이해하려는 활동을 말한다.

안병환(2012)은 사회학에서 이루어진 원리나 연구 방법 등을 통하여 교육과정이나 교육 현상 분석을 하는 학문으로 볼 수 있다.

강유정 외(2020)는 교육 현상을 사회학적으로 연구하는 학문으로, 개인의 행동을 규명하는 심리학과는 다르게 사회구조적인 측면에서 교육의 문제점들을 해결하려는 접근으로 규정하고 있다.

조남미 외(2021)는 교육의 기능 및 현상을 사회학적으로 파악하려는 학문이라고 정의할 수 있다. 또, 교육 현상을 이해하려고 하며 유동적인 교육 현상에 동원되는 집단, 집단 간의 이해관계, 집단체제의 영향력, 교육과정, 교사와 학생의 관계와 기능을 이론적·경험적으로 파악하는 학문이다.

위의 여러 학자의 다양한 개념을 정리하면, 교육사회학이란 교육의 사회적 현상들을 과학적인 방법으로 연구하는 학문으로, 교육 현상을 사회적 관계 속에서 파악하여 규명하고, 그 사회와 연관된 학교나 집단 등에서 일어나는 교육의 양상을 연구하는 영역들을 포함하고 있다.

나. 교육사회학의 발달

교육사회학은 다양한 학문적 이론과 주장에 영향을 받아 발전해 왔다. 그러나 19세기 말까지는 학문적으로 정립되지 않았다. 교육사회학의 시발점은 1883년에 워드(Ward)가 저술한 『역동적 사회학(Dynamic Sociology)』에서부터 비롯되었다고 할 수 있다. 이후 1899년 듀이(Dewey)가 『학교와 사회(The School & Society)』라는 책을 출간하면서 교육사회학 발달에 활력을 불어넣기 시작하였다(안병환, 2012).

20세기에 들어서 교육사회학의 아버지라고 불리는 뒤르켐(Durkheim)에 의해 개척되었다. 1902년 질레트(Gillette)는 미국 있는 사범학교에서 교육사회학이라는 명칭으로 처음 강의를 하였다. 그러나, 공식적으로 교육사회학이 학문으로 주목받기 시작했던 것은 수잘로(Suzzallo)가 콜롬비아대학에서 처음 강의를 개설했을 때부터이다(강유정 외, 2020).

이에 영향을 받아 1960년대에는 인간자본론, 근대화이론이 출현하여 교육과 국가발전의 관계를 인과적으로 설명하였다. 1970년대에는 고전적 마르크스주의와 신마르크스주의의 영향으로 교육에 갈등론적 관심이 강조되었는데, 경제결정론적 입장에서 교육을 이해하려는 사회재생산이론, 제국주의적 관점에서 보는 종속이론, 교육을 통한 인간성 해방을 강조하는 급진적 저항이론 등이 발달하였다.

1970년대 중반부터 실증주의와 객관주의에 치우친다는 비판이 새로운 교육사회학적 접근의 필요성을 제기했다. 이러한 경향을 신교육사회학이라고 한다. 주로 영국을 비롯한 유럽사회에서는 지식사회학의 전통에서 비롯되어 사회에서의 계층구조와 교육제도의 불평등을 문제로 보았으며, 미국에서는 교육과정사회학 연구에 많은 영향을 주었다(조남미 외, 2021).

다. 교육사회학의 연구 영역

교육사회학의 연구는 교육과 사회의 개념을 이해하고 이들의 관계를 탐구하는 데서부터 출발한다. 그 관심 영역은 사회변화에 따라 다양하지만 주로 교육제도와 교육제도 내의 구조, 과정, 상호작용 유형에 두고 있다. 대체로 교육사회학의 연구 영역은 크게 둘로 나눈다. 사회적 요인으로부터 영향을 받는 교육학에 중점을 두고 연구하는 경우와 교육이 사회에 미치는 영향을 중점으로 연구하는 경우로 나눈다. 뒤르캠(Durkheim)은 교육에 대한 사회학적 탐구가 필요하다고 생각하여 사회구조의 한 부분으로서 교육의 사회적 기능을 밝히고자 하였다. 교육사회학의 연구 영역을 다음과 같이 네 가지로 나누고 있다. 첫째로 교육에 관한 사회적 사실과 교육의 사회적 기능을 밝히는 일, 둘째로 교육과 사회 및 문화 변화들 간의 관계를 살펴보는 일, 셋째로 교육체제의 여러 유형을 문화적·비교학적으로 연구하는 일, 넷째로 살아 있는 사회체제로서의 학급과 학교를 분석해 보는 일 등이다(윤옥현, 2020).

2 교육사회학의 이론

교육과 사회를 관련지어 연구하는 교육사회학의 가장 대표적인 연구 패러다임은 거시적 관점(기능주의, 갈등주의)과 미시적 관점(상징적 상호작용론, 신교육사회학) 등이 있는데 살펴보면 다음과 같다.

가. 교육사회학의 거시적 관점

1) 기능주의(합의이론, 질서유지이론, 균형이론, 평형이론, 구조기능이론)

1950년대를 전후하여 등장한 거시적이고 과학적 교육사회학인 기능주의는 교육 현실에 대한 정확한 진단과 설명을 위한 가치 중립 입장에서 이론적 탐구를 지향하였다. 주로 교육체제 내의 문제에 관심을 기울인다. 학교교육의 사회화 및 사회적 선발 기능, 교육의 기회균등, 교육의 효율성에 관심을 갖는다(한원석, 2016).

(1) 사회관

기능주의는 사회를 전체의 존속을 위하여 상호 관련되어 있는 여러 부분들이 각각의 기능을 수행하는 통합체로 본다. 다시 말하면, 한 사회를 부분들의 총체 또는 유기체로 간주하는 관점으로 사회는 신체와 같은 구조이고, 이 구조는 각각 맡은 기능을 수행하는 개인이나 집단 등의 구성요소로 이루어져 있다고 본다. 기능주의에서는 사회에 대한 관점을 모든 개인에게 공정한 기회를 제공하며, 개인의 노력과 능력에 따라 보상이 결정되는 자유 경쟁사회로 보기 때문에 사회구성원들은 이러한 사회구조에 대하여 합의하고 긍정적으로 수용하고 있다고 본다. 사회는 인력과 전문가를 필요로 하는 사회이고 교육받은 사람이 사회 전체의 경제발전에 기여한다고 본다(강유정 외, 2020).

(2) 교육관

기능주의는 교육과 사회관계를 긍정적으로 파악하고 교육의 순기능적 측면을 강조한다. 교육은 개인의 능력을 신장시켜 사회적 지위와 소득의 상승을 가져오므로, 교육 기회의 균등화를 통해 사회적 불평등을 해소할 수 있으며, 교육제도는 안정된 사회를 유지하기 위해 문화유산 전달, 사회통합, 사회 이동 및 선발, 사회 충원 등에 긍정적으로 기여한다고 보았다. 학교 교육은 능력에 따라 신분과 계층 상승, 사회화의 기능을 가능하게 하며, 사회구성원을 선발하는 기능(파슨스)을 수행함으로써 사회의 안정·통합·존속·발전에 기여하는 수단이 된다고 믿는다. 따라서, 학교의 교육 내용은 누구에게나 의미 있고 가치가 있으며 보편성을 띠어야 한다고 본다.

(3) 특징

기능주의는 구조와 기능, 통합, 안정, 합의의 네 가지 특징을 들 수 있다.

첫째, 구조(structure)와 기능(function)이다. 기능주의자들은 사회란 많은 부분들로 구성되어 있는 것으로 간주한다. 둘째, 통합(integration)이다. 기능주의자들은 사회의 다양한 부분들은 서로 통합된다는 것을 강조한다. 셋째, 안정(stability)이다. 어떠한 사회도 완전히 정적인 사회는 없다. 기능주의자들은 사회변화는 점진적이고 누적적으로 이루어진다고 본다. 넷째, 합의(consensus)이다. 기능주의자들은 중요한 지각, 감정, 가치 및 신념에 대한 합의를 강조한다(강유정 외, 2020).

(4) 관련 이론과 학자

먼저 뒤르캠(Durkheim)은 교육이 사회화(보편, 특수 사회화)의 기능을 수행해야 한다고 보고, 학교교육은 사회적 기능을 담당해야 하기 때문에 국가가 관여해야 한다고 주장하였다. 다음으로, 기능주의를 체계화하는 데 가장 공헌한 사람이 파슨스(Parsons)이다. 파슨스는 학교가 사회화와 사회적 선발을 사회체제로서의 기능을 강조하였다. 또, 드리븐(S. Dreeben)의 학교규범론에서는 독립성, 성취성, 보편성, 특수성의 규범을 중시하였다. 마지막으로 슐츠(T. Schultz)는 교육을 통한 사회·경제적 발전에 필요한 인적 자원의 생산을 강조한 인간자본론(HCT)을 들 수 있다. 인간자본론은 과잉 학력으로 교육의 양적 팽창을 정당화하는 이론적 근거를 제시하는 부작용을 낳았다.

(5) 비판점

기능주의는 모든 사회조직을 기능적인 것으로만 존재로 하는 모든 사회조직을 기능적인 것으로만 여긴다. 실증적이지 못하고, 변화를 설명하지 못하며, 권력 투쟁, 갈등, 일탈행동 등을 병리 현상으로 간주하고 이를 설명하지 못한다. 아울러, 보수적이며 실증적이지 못하고, 목적론에 빠져 있다. 그래서 기능주의는 사회를 변화, 개혁하기보다는 현상 유지한다는 비판을 받는다. 결국 기존의 사회제도를 정당화시켜 주는 이데올로기이다.

2) 갈등주의(불평등 재생산이론)

갈등주의는 기능주의에 대한 반발로 나왔다. 기능주의 이론이 자본주의 사회체제를 정당화하여 지배 집단과 피지배집단의 양극화 현상을 초래했다는 기능주의의 허구성과 학교 교육의 모순을 비판하며 1960년대를 전후하여 등장하였다.

(1) 사회관

사회는 언제나 변화의 과정, 불일치와 갈등 속에 있으며, 사회는 이해관계를 둘러싼 개인과 집단 간의 끊임없는 갈등과 경쟁의 연속으로 보았다. 사회는 한정된 재화와 권력의 배분을 둘러싼 구성원들 간의 대립과 갈등의 장으로 본다. 갈등의 원인을 불평등한 재화와 권력의 배분에 있으며, 사회구성 요소들 간의 대립과 갈등 관계로 여긴다. 사회는 지배계층의 기득권을 유지하는 수단이며, 불평등을 재생산하는 도구에 불과하다고 본다. 또, 역할의 배분은 지배계층의 억압과 강제에 의한 것이며, 사회갈등은 보편적 현상이고, 사회 발전의 원동력이 된다.

(2) 교육관

교육은 지배 집단의 문화를 권위와 권력에 의해 정당화하고 기존 계층구조를 재생산한다. 즉, 학교 교육은 지배 집단의 문화와 권위·권력을 정당화시켜 사회 불평등을 재생산한다고 본다. 학교 교육은 가치로운 문화의 전수보다는 편협한 주장과 왜곡된 지식을 주입시키고, 능력을 근거로 한 선발보다는 사회·경제적 배경에 의하여 크게 좌우되는 학력의 불평등 분배를 용인하고 있다.

학교의 교육내용은 지배계층의 지식과 문화를 중심으로 선정된다. 따라서 갈등주의의 학교교육은 사회적 불평등을 더욱 조장하게 된다고 본다. 학교는 학생을 억압하고 강제함으로써, 타율적이고 수동적인 존재로 전락시키고 있다. 교육의 문제는 사회의 구조적 모순에서 오는 것이므로 교육 내부의 변화로만 해결될 수 없으며, 사회체제의 변혁을 통해서만 이룰 수 있다고 본다.(한민석, 2016).

(3) 특징

갈등주의는 갈등, 변화, 강압의 세 가지 특징을 들 수 있다.

첫째, 갈등(conflict)이다. 어느 사회 또는 그 사회구성원의 상충된 이해관계로 인해 갈등은 언제든지 나타날 수 있다. 갈등은 가끔 조용히 일어나기도 하지만 종종 공개적으로 일어나기도 한다. 둘째, 변화(change)이다. 집단 간의 경쟁관계에 바탕을 두고 있으며, 집단 간의 끊임없는 권력투쟁은 사회를 변화시키는 원동력이다. 셋째, 강압(coercion)이다. 단지 힘만을 사용하여 강압하려는 것이 아니다. 지배집단은 선전과 교화와 같은 방법을 사용한다(강유정 외, 2020).

(4) 관련 이론과 학자

먼저, 베버(Weber)의 지위경쟁이론은 학교교육이 양적이고 질적인 팽창을 통해 개인들의 더 높은 지위 획득 경쟁을 발생시킨다고 보는 이론이다. 학교교육은 지배 집단의 문화, 경제 관계를 정당화한다는 보울즈(Samuel Bowles)의 재상산이론과 교육은 제국주의 관점으로 보는 카노이(Martin Carnoy)의 종속이론이 있다. 이밖에도 번스타인(B. Bernstein)의 교육자율성이론, 프레이(P. Freire), 일리치(Ivan Illich), 라이며(Evert Reimer) 등의 저항 이론을 들 수 있다. 저항 이론은 재생산이론의 한계를 극복하고, 교육을 통한 인간성 회복과 의식화를 강조했다.

(5) 비판점

갈등주의는 사회의 안정과 통합을 경시하며, 사회구성원들 간의 합리적 역할 배분을 설명하지 못한다. 사회의 질서나 안정상태를 과소평가하고 갈등과 억압 등을 강조함으로써 급진적 이데올로기라는 비판을 받는다. 마지막으로 갈등주의는 불합리한 사회구조에 초점을 맞추면서 업적, 능력, 실적을 통한 선발이 가장 공정한 장치라는 통념이 하나의 허울에 불과하다고 본다.

3) 기능주의와 갈등주의의 공통점과 한계점

(1) 공통점

거시적 관점에서 교육을 정치와 경제적 구조의 종속변수로 인식하고 있으며, 교육은 기존의 사회구조와 문화를 그대로 반영하고 있다고 전제한다. 또한 교육의 기능을 외적 요인에 기초하여 설명하여 학교의 내적 교육과정을 암흑 상자로 간주한 점이다(한민석, 2016).

(2) 한계점

사회 또는 경제구조가 인간을 지배한다는 거시적 관점에서 인간을 의지도 자유도 없는 수동적 인간으로 간주한 점이다. 또, 사회학의 기본 전제인 인간과 인간 사이의 상호 작용에 대한 분석을 소홀히 하였다. 즉, 학교 내적인 교육과정을 암흑상자로 간주하고 투입-산출의 외형적인 연구에만 치중한 점이다. 그리고, 교육을 설명하는 데 있어서 교육의 본질이 아닌 외적 기능에만 초점을 두고 있다는 점이다(한민석, 2016).

(3) 학교교육에 대한 관점

기능주의와 갈등주의의 학교교육에 대한 관점은 〈표 4-1〉과 같다.

표 4-1 학교교육에 대한 기능주의와 갈등주의의 관점

기능주의의 학교교육	갈등주의의 학교교육
1. 학교는 사회의 안정과 질서에 기여하는 제도이다.	1. 학교는 기존의 위계질서를 공고히 하며, 지배계급의 이익에 종사하는 도구이다.
2. 학교는 사회가 요구하는 기술, 지식 등과 공동체 의식을 전수한다. 학교교육이 기술훈련을 통하여 국가의 경제성장과 발전, 인간의 자기실현에 결정적인 역할을 한다.	2. 학교는 기존의 질서를 재생산함으로써 사회 불평등을 영속화한다. 학교교육을 자본주의적 위계구조에 대응해서 노동자를 차별적으로 양산하는 계급재생산의 메커니즘이라고 본다.
3. 학교는 사회 구조적 모순을 해결, 사회평등화를 도모한다. 교육기회 균등화를 통하여 삶의 기회를 공평하게 해 줄 수 있다는 의미에서 교육이 사회적 불평등을 해소할 수 있다고 본다.	3. 교육이 이데올로기적 상부구조로서 경제적 토대의 대응체라는 유물론적 해석에 근거하고 있다. 학교에서 가르치는 내용은 지배계급의 문화와 이익에 밀접히 관련되어 있다고 본다.
4. 교육은 독립적이며 자율적이라는 자유주의적 이데올로기에 근거하고 있다. 학교에서 전수되는 교과내용은 사회구성원들의 합의에 의한 것이다.	4. 학교는 피지배계층에게 기존 불평등 위계구조에 순응하도록 강요하는 이데올로기적 기관이다.
5. 학교는 개인의 재능과 노력에 따라 공정한 평가를 하며, 아울러 정당한 사회적 보상이 주어 진다.	5. 학교는 인간을 강요하고, 억압함으로써 타율적이고, 수동적인 존재로 전락시키고 있다.
6. 학교는 지위의 사다리이며, 공정한 사회이동을 촉진한다.	6. 학교는 지적 기술보다 지배계층이 선호하는 가치관, 규범, 태도 등을 은밀히 강조한다.
7. 학교교육을 통하여 각종 사회문제를 해결할 수 있다.	7. 학교에서 행하는 능력주의 이데올로기는 외형상 공정해 보이나, 피지배계층의 아동을 효과적으로 탈락시키고, 지배질서의 정당성을 강조하기 위한 위장된 이념에 불과하다.

출처: 이종각(2004). 새로운 교육학 총론. 동문사, 김병희 외(2011). 재인용. p.101.

나. 교육사회학의 미시적 관점

교육사회학의 미시적 관점은 크게 1980년대 후반에 등장한 '해석학적 접근(이론)'과 1970년대 영국을 중심으로 등장한 '신교육사회학'으로 구분한다.

1) 신교육사회학

(1) 등장 배경

1970년대 미국을 중심으로 갈등주의 이론이 발전하는 동안 영국에서는 종합중등학교 개혁의 실패로 사회계층의 불평등이 지속되었다. 1960년대 후반부터 구조기능주의적 시각에 기초한 교육사회학을 비판하고, 현상학의 등장과 지식사회학의 영향으로 새로운 움직임이 나타났는데, 이를 구교육사회학과 대비시켜 신교육사회학이라고 불렀다. 신교육사회학은 미시적 관점에서 학교 내부의 문제에 초점(교사

와 학생의 상호작용, 교사의 평가기준, 교육과정)을 두었다. 반면에 구교육사회학은 거시적 관점에서 정치, 경제, 사회(계층, 구조)와 교육과의 관련성에 초점을 두었다.

(2) 기본 입장

신교육사회학은 해석학적 관점(영국)과 교육과정 사회학(미국)을 바탕으로 교육의 내적 과정에 대한 현상학적 접근과 교육과정에 대한 지식 사회학적 관점을 가지고 연구를 하였다. 까닭에 다음과 같은 세 가지 기본 입장을 지니고 있다.

첫째, 교육과정은 사회적 산물이다. 지식이 보편타당하고 객관적이 아니라 사회구조를 반영한 사회적 산물이며, 지식을 체계화한 교육과정 역시 사회의 구조를 반영한 사회적 산물이라는 것이다.

둘째, 교사와 학생 간의 관계도 사회적 산물이다. 교사와 학생 간의 상호작용도 중립적이 아니라 사회적인 영향을 받는다고 본다.

셋째, 교육과정과 교육 내적 과정의 비판적 분석이다. 기존의 교육과정과 학교 내의 과정을 주어진 대로 당연하게 받아들이지 않고 그 자체를 의심하고 분석하여 그것이 지니고 있는 사회적 의미를 해석하고자 한다(성낙돈 외, 2020).

(3) 관련 이론과 학자

영(M. F. D. Young)은 신교육사회학의 형성에 실질적으로 커다란 공헌을 하였으며, 신교육사회학을 갈등론적 관점에서 논의하기 시작하였다.

먼저, 보울스(Bowles)와 긴티스(Gintis)는 학교교육은 지배집단의 문화와 경제관계를 재생산한다고 보는 경제재생산이론을 들 수 있다.

다음은, 번스타인(B. Bernstein)과 부르디외(P. Boutdieu)는 학교교육이 지배계층의 문화를 학생들에게 내면화시킴으로써 자본주의 사회의 구조적 모순과 불평등을 정당화하고 재생산한다고 보는 문화재생산론을 주장하였다.

마지막으로, 애플(M. W. Apple) 등이 주장한 문화적 헤게모니론이다. 학교의 교육과정에는 지배계층의 헤게모니가 깊숙이 잠재되어 있으며, 학교는 지배계층의 이데올로기를 정당화하는 역할을 한다고 보았다.

(4) 비판

신교육사회학은 비경험적 내용 요소와 사변적 수준에 머무르는 것이 많다. 극단적 상대주의적 경향과 양자 간 시각의 차이점과 모순에만 과민하게 반응하는 문제점이 있다.

2) 해석학적 접근

(1) 기본 입장

해석학(Hermeneutics)이란 말은 'Hermes', 즉 고대 그리스 신화에서 헤르메스신의 뜻을 인간에게 해석해서 전달하는 신에서 유래한 것으로, 해석의 방법론적 원리들을 연구하는 학문이다. 즉, 해석하는 방법을 다루는 기술적 학문이다. 해석학의 목표는 이해에 관한 일반 이론을 수립하는 것이다. 하나는 역사적 방법으로 상황이나 맥락을 이해하는 것이고 다른 하나는 심리적 방법인 감정이입으로 이해하는 것이다(윤옥한, 2020).

해석학적 교육사회학 패러다임은 거시적 관점과 달리 사회구성원과 행위자의 행위 및 상호작용, 인간의 상호작용에 대한 이해 및 해석과 의미, 학교의 내적 상황 등에 초점을 두는 미시적 접근으로 설명보다는 설명에 대한 적합성을 따지는 것으로 해석의 상대적 가치를 중시한다. 해석학적 접근의 행위자는 서로의 행동을 의미 있는 것으로 수용하고 그것을 해석 또는 상황 정의를 하면서 상호작용을 한다.

(2) 관련 이론과 학자

먼저, 해석학적 관점의 대표적 이론은 쿨리(C. H. Cooley)와 미드(G. H. Mead)의 상징적 상호작용론이다. 인간은 상징을 통해 다른 사람들과 상호작용한다. 학교 및 교실에서 인간관계의 상호작용을 강조한 이론이다. 따라서 상징적 상호작용론은 학교에서 교사와 학생, 학생과 학생 상호 간의 상호작용을 잘 분석하는 것이 중요하며 교사가 학생들에게 어떻게 상징적으로 상호작용하는가에 대한 연구를 활발히 진행해야 한다. 여기에서 상징(象徵)은 어떤 사물이나 일의 성질 또는 사람들의 생각을 나타내는 구체적인 표시를 말하며, 상호작용은 언어와 문자, 몸짓, 기호 등 상징을 통한 의미 전달의 매개체이다. 상징적 상호작용의 관련 이론은 낙인(labeling) 이론과 자성충족예언(self-fulfillingprophecy)이 있다.

다음은 후설(Husserl)의 현상학적 접근이다. 현실은 주어진 세계가 아니라 주관적으로 구성된다는 입장으로, 현실에 의미를 부여하는 인간의 의식에 관심을 둔다. 인간의 상호주관적인 삶의 세계, 상황이나 맥락에 관한 반성적 성찰을 중시한다. 현상학이란 의식으로 경험한 현상을 인과적으로 설명하거나 어떤 전제를 가정하지 않고 직접 기술하고 연구하는 것이다. 현상을 이해하기 위해 본질을 알아야 한다. 본질을 알기 위해서 객관적 세계에 대한 재음미, 반성적 사고, 개개인의 인식(의식) 현상을 탐구해야 한다.

마지막으로, 민속방법론은 개인들이 일상적으로 만들어 내고, 활용하는 방법들을 탐구하고 설명하는 학문으로 현상학에 철학적 바탕을 두고 있다. 질적연구의 대표적인 방법이다. 심층면접, 현장조사를 통한 집중적 참여관찰과 상호작용 분석방법, 비실험적 접근방법으로 연구를 한다. 현지에 장기간 머물면서 그 구성원들의 관점에서 여러 상황을 파악하고 총체적 접근을 통한 통찰을 중요시한다(윤옥한, 2020).

(3) 비판

현상학적 접근만으로는 행위자 밖에 존재하는 구조적 힘이 어떻게 작용하는지를 알아낼 수 없다. 또한 현상학적 접근을 통한 교육의 현상을 파악하고자 할 때 유지되고 있는 현상에 직접적인 대면을 하지 않을 가능성도 있고, 상대주의에 빠질 수 있는 가능성이 크다는 한계점이 있다.

3 사회와 교육

인간은 성장하면서 사회의 구성원들과 상호작용을 통해 새로운 지식, 기술, 태도, 규범 그리고 가치 등을 학습함으로써 사회적, 문화적 존재로 성장, 발달해 나간다. 여기에서는 사회의 기능, 교육의 사회적 기능에 대하여 살펴보고자 한다.

가. 사회의 기능과 교육

사회가 하는 일은 참으로 다양하다. 사회는 사회구성원을 위해서 무엇을 하며, 사회 자체의 존속과 발전을 위해 무엇을 해야 하는가? 사회의 기능과 교육의 관계에 대하여 살펴보면 다음과 같다(이형행, 2010; 전상준 외, 2018; 조남미 외, 2021).

첫째, 사회는 사회구성원으로부터 하여금 환경에 대하여 적절한 관계를 맺을 수 있도록 만들어 준다. 환경에 대한 적응력을 위해서는 무엇보다도 학습이 필요하며 학습은 학교 교육과정에서 환경에 대한 이해와 관계를 통해 이루어진다.

둘째, 사회는 역할을 나누고 사회구성원에게 역할을 부여한다. 사회의 분업적 성격은 개인이나 집단의 역할 분업이 이루어질 수 있도록 한다. 개인이나 집단의 역할이 원활하게 수행될 때 사회는 유지, 발전할 수 있으며, 사회의 변화에 따라 다양한 역할이 요구된다.

셋째, 사회는 사회구성원을 위하여 의사소통의 수단을 마련해 준다. 사회생활에서 가장 필요한 것 중 하나가 개인과 개인, 개인과 사회의 관계를 유지할 수 있는 의사소통이다. 이에 교육에서 언어교육을 강조하는 것도 바로 여기에 있다.

넷째, 사회는 인지적 경험과 지향을 공유하도록 한다. 사회가 유지되고 발전하기 위해 구성원의 경험세계와 지향성이 비슷해야 한다. 이러한 측면에서 학교교육은 매우 중요하다.

다섯째, 사회는 사회구성원을 사회화한다. 사회화 노력 없이는 사회구성원이 될 수 없다. 사회화라는 것은 집단의 형성과정이나 구성원들이 관계하는 방식을 형성하는 과정이다. 뒤르켐(Durkheim)은 사회화란 비사회적 존재인 개인이 집단의식을 내면화함으로써 사회적 존재가 되도록 하는 과정이라고 하였다. 사회화는 전체적인 개념으로 사회적 상황과 환경에 어떻게 대처하는가를 배우는 것이다. 헌트(Hunt)는 개인이 자기가 소속해 있는 사회집단의 행동양식, 가치관, 규범과 같은 문화를 학습하여 내면화하고 자기 자신의 독특한 개성과 자아를 형성하는 과정으로 규정하였다. 이에 인간은 교육을 통해 사회적으로 가치있는 역할을 습득하고, 사회의 이상과 목적, 규범과 통제방법을 이해하여 사회적으로 가치있는 것과 바람직한 인간관계 기술을 습득하게 된다.

여섯째, 사회는 사회구성원에게 경제적으로 필요한 기본적인 조건을 마련해 주어야 한다. 사회의 경제적 기능은 모든 사회기능의 기초적 기능으로 교육을 통해 경제발전에 필요한 지식과 기술의 습득은 물론 합리적인 경제생활 습관을 형성해야 경제발전 및 건전한 경제생활 문화를 기대할 수 있다.

나. 교육의 사회적 기능

교육의 사회적 기능은 문화전승, 사회통합, 사회혁신, 사회적 선발과 충원, 사회이동의 기능을 들 수 있다(이형행, 2010; 전상준 외, 2018).

먼저, 교육은 문화전승의 기능을 수행한다. 모든 사회는 전통적으로 그 사회 자체만의 문화를 형성하고 전 세대의 문화를 후세대에 전수한다. 여기서 문화란 인류가 모든 시대를 통틀어 이룩한 정신적·문화적 일체의 성과를 말하며, 한 사회의 구성원이 가지고 있는 지식, 기술, 가치관, 규범, 태도, 신념 등으로 이루어진 총제라 한다. 따라서 그 사회의 문화유산을 습득하고 다음 세대에 전수함으로써 사회를 유지 발전시키는데, 이런 전수의 기능은 주로 교육이라는 사회적 행위를 통해 이루어진다.

둘째, 교육은 사회통합의 기능을 수행한다. 사회통합이란 사회구성원들 간의 이질적 요소들이 각각의 고유성은 유지하면서 전체적으로는 조화를 이루는 것을 말한다. 따라서 다양한 구성원들로 이루어진 사회를 잘 유지하기 위해서는 사회구성원의 대립이나 갈등을 해소할 수 있는 동질성을 확보하는 통합이나 통제가 필요하다.

각각의 구성원들에게 동질성을 부여하고 안정으로 갈 수 있는 사회적 합의를 이루 는 것이 교육의 사회적 기능이다. 학교교육을 통한 사회통합적 기능은 통합뿐만 아니라 사회통제의 기능을 담당하면서 학생들이 학교사회 내에서 학교생활은 물론 사회구성원으로 갖추어야 할 바람직한 공인으로 성장할 수 있게 통제와 제재를 함으로써 사회통합 기능을 수행한다.

셋째, 교육은 사회적 선발 및 충원의 기능을 수행한다. 학교교육은 개인의 발달과 사회적으로 필요한 각 분야의 인재를 양성하는 기능을 수행하므로 학교교육의 사회적 기능 중 가장 현실적인 기능이라 할 수 있다. 학교교육을 통해 사회가 유지되고 발전하기 위해 필요한 사회 각 분야의 인재를 선발하고 충원하는 중요한 역할을 담당한다.

넷째, 교육은 사회혁신의 기능을 수행한다. 교육은 사회 안정과 현상을 유지하는 기존 사회를 계승하거나 유지하려는 보수적인 기능도 있지만 더 나아가 현 사회를 혁신하여 새로운 사회로 발전시키는 변화와 개혁의 기능을 담당한다.

다섯째, 교육은 사회이동의 기능을 수행한다. 전문적 지식이나 기술은 주로 학교교육을 통해 이루어지고 학교교육의 성과는 사회가 요구하는 능력을 부여한다. 따라서 학교교육은 사회적 지위 향상을 위한 조건을 충족시켜 사회이동을 가능하게 해 준다.

4 문화와 교육

문화는 인간의 생활에 매우 중요한 영향을 미치고 성장하면서 다양한 교육경험을 통해 문화를 계승하고 살아간다. 여기에서는 문화의 개념, 기능, 내용 및 문화와 교육과의 관계를 살펴보고자 한다.

가. 문화의 개념

문화라는 용어는 대단히 광범위하게 사용된다. 우리는 일상생활에서 문화인, 문화생활, 전통문화, 다문화, 청소년문화 등 다양한 말을 사용한다. 문화에 대한 전통적이고 일반적인 정의는 문화(culture), 문명(civilization)이란 사회의 구성원으로서 인간이 습득한 지식, 믿음, 예술, 도덕, 관습, 법, 기타 모든 관행과 관습을 포함하는 복합적인 총체이다(이형행, 2010). 즉 문화는 인간의 사회적 유산으로, 사회적 존재를 전제로 하고 이 사회의 일을 하는 데 필요한 기술을 마련하는 것이다. 문화란 집단의 생활방식, 즉 삶을 위한 설계와 관련된다. 문화의 몇 가지 특징을 보면, 첫째, 문화는 사람들의 필요에 의해 만들어진 것이다. 둘째, 문화는 사회생활을 통해 공유되는 것이다. 셋째, 문화는 습득, 전승되는 것이다. 사람의 사고방식, 행동양식, 가치관, 언어, 믿음 등의 문화는 사회생활을 통하여 학습되어진 결과이며 이는 교육을 통하여 다음 세대로 전승된다. 넷째, 문화는 보편성과 특수성을 가지고 있다. 즉, 문화는 사회에 따라 내용과 형태가 다를 뿐 보편적으로 존재하는 것이다. 마지막으로 문화는 변화한다. 문화는 다음 세대로 전승되는 과정에서 인간의 개성이나 자연환경의 여러 조건이 작용하여 그 내용과 형식에 변화가 올 수 있다.

종합해 보면, 문화는 개인이 사회생활을 통해서 학습되어진 모든 것으로 형식적 · 비형식적 교육을 통해 얻어진 신앙, 관습, 규범, 기술, 생활방식이다.

나. 문화의 기능

문화의 기능은 개인에 대한 기능과 사회에 대한 기능으로 구분할 수 있다. 먼저 문화의 개인에 대한 기능은 다음의 몇 가지로 요약해 볼 수 있다(이형행, 2010).

첫째, 문화는 모든 개인이 어떤 사회적 상황에서 느끼고 생각하고, 행동하는 법칙을 제시하여 준다. 즉, 인간은 태어나면서부터 가정, 이웃, 학교, 사회 등에서 문화의 법칙에 따라 의식적, 혹은 무의식적으로 생활하게 된다. 더불어 문화는 개인의 생리적 욕구를 충족시키는 방법을 알려준다.

둘째, 문화는 개인에게 가치, 목표, 포부 등을 갖게 하고 개인이 갖는 윤리성, 도덕성, 심미성 등도 문화에서 도출된다. 따라서 사람마다 지향하는 목표, 희망이 다른 이유는 서로 다른 문화 배경에 의해 영향을 받기 때문이다.

셋째, 문화는 인성 형성에 영향을 준다. 개인의 인성은 그 사회의 문화를 내면화함으로써 형성되므로 개인이 어떤 문화환경 속에서 성장했느냐는 매우 중요한 요인이 된다. 이에 어릴 때의 양육방법과 사회적 환경이 중시된다. 더불어 문화는 인간의 양심을 결정해 주기도 한다.

넷째, 문화는 개인에게 소속감을 갖게 한다. 문화를 공유하는 사회 구성원들은 친밀감을 바탕으로 공동체 의식을 갖게 된다.

문화의 기능에 있어 사회에 대한 기능은 다음과 같은 특징을 가진다. 문화는 한 사회의 집단과 개인의 행동양식을 규정하고 이에 맞게 행동하도록 하여 사회 질서 유지와 함께 사회 통합, 존속에 영향을 미친다. 이러한 측면에서 사회에 대한 문화의 기능은 사회통제적 기능으로 볼 수 있다. 사회통제 기능은 주로 그 사회의 문화적 규범에 의해 수행된다. 사회적 규범은 비교적 강제성이 적은 민습과 보다 강제성이 큰 관행과 사회통제 수단인 법률 등의 여러 형태로 나타난다.

다. 문화와 교육의 관계

문화와 교육의 관계는 크게 문화기대와 교육, 문화변동과 교육으로 구분하여 살펴볼 수 있다(이형행, 2010).

1) 문화기대와 교육

문화기대란 문화가 그 속에서 태어난 개인에게 특정한 생활방식, 행동양식으로서 행동할 것을 기대하고 요구하는 것을 말한다. 이러한 문화기대는 사회질서를 유지하기 위한 사회통제의 수단이 되며 보이지 않는 구속력을 가지고 있다. 개인은 문화기대를 피할 수 없으며, 개인의 인간성도 문화기대에 의해 사회적 인간성으로 형성된다(이형행, 2010).

학교에서도 문화기대를 찾아볼 수 있는데, 학생은 학교의 문화기대에 따르도록 요구되고 이에 따를 때 평균인이 된다. 즉, 학교교육은 의도적으로 문화기대를 가지고 학생이 평균인이 되도록 노력하는 것으로 이 때 학생은 외적 기대를 내면화하게 된다. 중요한 것은 학교교육이 어떠한 문화기대를 가지는 것이다. 그 이유는 학교교육이 바른 교육기대를 가졌을 때 바른 가치관을 갖는 평균인을 길러낼 수 있기 때문이다.

2) 문화변동과 교육

문화변동은 대외·대내적인 어떤 원인으로 인하여 문화에 근본적인 변화가 일어나는 것이다. 대내적 원인은 사회의 산업 변화, 정치적 변화 등이 있으며 대외적 원인은 외래 문화의 도입이나 새로운 풍물의 전래 등이 있을 수 있다. 이러한 변화가 일어나는 과정에서 서로 다른 두 문화가 접변할 때 개인은 혼란, 불안정기를 경험하게 된다. 그리고 이러한 혼란기에는 주변인(marginal man)이 생기게 된다. 이처럼 서로 다른 문화 예를 들어 신구 문화가 공존하는 사회라면 인간은 새 것에 매력을 느끼면서도 낡은 것에 강한 애착을 느끼거나, 낡은 것을 내버리면서도 새 것에 완전히 익숙하지 못해 저항을 느끼게도 된다. 이런 경우 신구 문화의 경계선 상에 놓인 인간을 주변인이라고 한다(이형행, 2010). 학교에서도 가정문화와 학교문화의 경계선상에서 방황하는 학생들을 보게 될 때가 있다. 시간의 흐름에 따라 점점 문화의 변화에 따라 안정이 되면 익숙하게 그 문화 속에서 생활하게 될 것이다. 이에 학교교육을 담당하는 교사, 가정교육, 사회교육을 맡은 모든 사회의 구성원들이 이러한 문화변화에 학생들이 안정감을 가질 수 있도록 해야 할 것이다.

인간사회는 어느 곳이나 사람을 여러 기준에 의해 구분하고 어떤 기준에 의해서든 이에 따른 여러 개의 계층이 있다. 사회학자들에 따르면, 학교교육의 성취도와 방향에 영향을 미치는 요소로 사회계층을 들고 있다. 이에 사회계층의 개념 및 결정요인, 사회계층의 이동과 교육의 관계에 대하여 살펴보고자 한다.

가. 사회계층의 개념 및 결정요인

학자에 따른 사회계층의 개념을 살펴보면 메이어(Mayer)는 동일하거나 유사한 지위를 가진 사람들의 집단이라고 정의하였다. 바버(Barber)는 사회분화에 대한 사회적인 평가의 산물이라고 하였으며, 워너(Warner)는 지역사회의 사람들로부터 사회적 우열의 차이가 있는 위치를 유지하고 있는 것이라고 정의하였다. 종합해 보면, 사회계층은 사회의 회소가치가 있는 그 사회의 구성원들 사이에 불균등하게 분배되어 자리 잡히고 제도화된 체계라고 볼 수 있다. 또한 일정한 기준에 따라 구분된 사회 서열적인 구분으로 그 기준에는 연령, 성별, 직업, 능력이나 학력, 경제수준, 사회적 인정도, 권력 등이 있다.

사회계층은 4가지 정도로 분류할 수 있는데 첫째, 완전계층형으로 모든 성원이 일직선상에 위와 아래로 배열되어 있는 형태로 이념형이며 현실불가능한 수직적 계층 구조이다. 둘째, 부분계층형으로 상층에서 하층으로, 또는 하층에서 상층으로 갈수록 그 비율이 높아지는 피라미드형 구조이고 전통 신분제사회, 후진사회에서 많이 볼 수 있다. 셋째, 부분평등형은 상층과 하층에 비해 중간층이 비대한 다이아몬드 구조로 중간 계급의 사회형으로 불리며 산업사회 이후에 나타나는 현대 사회의 구조이다. 넷째, 완전평등형은 모든 성원이 횡적으로 비슷한 위치에 놓여 있는 수평계층구조로 가장 이상적 형태의 이념형으로 사회주의국가의 이상으로 현실형은 아니다.

이러한 사회계층의 결정요인은 다음과 같다. 첫째는 가정배경 또는 가문이며, 둘째는 재산의 정도와 종류이다. 셋째는 개인적 속성으로 성, 연령, 미모, 지성 등이 있고, 넷째는 교육의 정도와 직업 종류가 있으며, 마지막으로 그 사람의 권위와 위신 등이 작용해서 사회계층을 결정하게 된다. 사회주의 학자들은 사회계층의 결정요인으로 첫째, 마르크스는 계층을 인간이 제도적으로 만들어 놓은 불평등의 세계로 보고, 생산수단의 소유 여부와 생산관계의 지위, 역할 차이에 의해 구분된다고 보았다. 둘째, 베버는 마르크스의 기본 사상에 동의하면서 경제적 요인 외에도 권력 권위를 보충, 재산, 권력, 권위가 사회계층을 형성하는 요인이라고 하였다. 셋째, 칼은 명성, 직업, 소유물, 상호작용, 계급의식, 가치지향, 권력 등을 사회계층의 결정요인으로 보았다(전상준 외, 2018).

나. 사회계층 이동

사회계층을 보상의 불평등한 분배체계라고 본다면, 사회이동은 불평등한 보상체계의 변화라고 볼 수 있다. 사회이동은 어떤 개인이나 집단이 어떤 사회적 위치에서 다른 사회적 위치로 이동하는 것으로 사회계층의 이동 변인으로 개인적 특성과 직업, 수입 그리고 가정요인을 들 수 있다. 사회계층 이동은 수평적 이동, 수직적 이동, 후원적 이동, 경쟁적 이동으로 구분할 수 있으며 그 내용은 다음 〈표 4-2〉와 같다. 사회계층의 이동은 인간의 능력이나 사회구조의 분화 정도, 사회통제 방식이나 권력 분포에 의해 결정된다(김병성, 1995).

표 4-2 사회계층 이동의 구분

구분	내용	설명
수평적 이동	같은 계층내의 이동으로 사회적 지위의 변화가 없이 지역적으로 위치가 변화하거나 기능면에서의 변화	이농현상, 전근, 지역적 이동 등
수직적 이동	지위가 낮은 사람이 높은 지위로 이동 사회계층론에서 중요한 의미를 지니는 이동	계층적 지위가 상승 혹은 하강되는 경우
후원적 이동	능력 소유자를 준비, 교육시켜 지위를 상승시키는 이동	부모, 가문 등에 의해 조기에 사회적 지위 결정
경쟁적 이동	사회계층의 지위를 미리 결정하기 않고, 시기를 늦추어서 지위를 획득하도록 하고 결정	능력에 의한 치열한 경쟁 과정

출처: 전상준 외(2018). 교육학의 이해. 정민사. 재인용 p.154.

사회계층 이동의 결정요인은 첫째, 부모의 사회, 경제적 지위, 형제자매의 수, 가정의 지배형태, 결혼 시기 등의 가정배경이 영향을 준다. 둘째, 개인적 특성으로 지능지수, 학업성취, 사교성, 특기 등이 상승 이동에 영향을 주며 셋째, 직업은 사회적 상승 이동의 지표 및 통로가 될 수 있으며, 수입은 교육기회획득으로 상승 이동에 간접 영향을 준다(김병성, 1995).

다. 사회계층 이동과 교육의 관계

모든 교육문제는 사회문제가 되나 모든 사회문제가 교육문제는 될 수는 없다. 사회계층으로 인한 사회 및 교육문제를 정리해 보면 다음과 같다. 첫째, 사회계층과 학업 성적의 문제로 부모의 사회적 배경과 관련이 있다. 보편적으로 보다 높은 지능을 가진 부모가 상류계층에 소속되며 자녀는 유전적 지능소질을 어느정도는 물려받는다. 둘째, 사회계층과 언어발달의 문제로 하류계층 자녀는 불리한 계층적 배경으로 언어발달의 지연이 올 수가 있고 제한적인 어법에 의존하여 언어표현이 이루어질 수 있다. 이에 반하여 상류층은 학습에 유리한 세련된 기법을 하용하여 더 빠른 학업성취를 가져온다. 셋째, 사회계층과 교육기회의 문제로 높은 사회계층은 낮은 계층보다 교육을 더 많이 시키므로 사회계층의 상승기회가 많아질 수 있다. 더불어 과도한 교육비 부담은 개인의 학업능력과 상관없이 교육 기회의 박탈을 가져오기도 한다. 넷째, 사회계층과 교육에 대한 태도의 일반적으로 상류계층은 학교교육을 매우 중요한 사회화 수단으로 생각하나 낮은 사회계층은 학교교육에 대한 요구도가 비교적 낮다(전상준 외, 2018).

워너(Warner)와 마틴(Martin)은 학교교육과 사회계층과 관련하여 다음과 같은 문제를 제시하였다. 첫째, 사회 각 계층은 특유의 문화를 발전시켜 교육에 대한 태도가 다르며, 자녀 진학, 교육과정 선택 등에 이를 반영한다. 둘째, 학생의 인간성, 학교 내외의 사회적 행동 배후에는 사회계층적 배경이 존재한다. 셋째, 학교의 교육정책, 교사의 학생에 대한 태도에 있어 계층적 차별이 존재하며 학교는 사회계층에 있어 사회이동과도 관련성이 있다. 이처럼 사회계층과 학교교육은 관련성이 있으며 교육을 사회계층 유지와 사회계층 상승으로 이동하는 것으로 본다.

학교의 사회적 성격을 다루는 영역은 교실사회학이다. 교실에서 교사의 교육행위나 교사와 학생 간의 상호작용을 사회학적 관점에서 연구하여 교실을 하나의 사회로 보고 학급사회는 어떻게 조직되어야 하는지에 관심을 가지고 연구하였다. 여기에서는 학교조직의 특성, 학교조직과 인간관계, 학교교육의 사회적 문제 및 해결방안 등에 대하여 살펴보고자 한다.

가. 학교조직의 특성

학교사회는 하나의 조직으로 관료제적 특징을 가지고 있다. 학교는 과업이 방대하고 복잡하여 분업과 전문화가 반드시 요구된다. 이에 일정한 과업을 능률적으로 수행하기 위하여 교장, 교감, 교사, 담임교사, 교과 담당교사, 보건 및 상담 교사 등 영역별로 분화, 전문화되어 있다. 학교체제는 위계서열을 중시한다. 학교교육의 자율성이 많이 강화되었지만 여전히 조직의 능률적 운영을 위해 교장에서 학생에 이르기까지 권한과 힘의 배분이 불가피하다. 따라서 조직의 효율성을 보장하기 위해 관료적인 조직과 운영을 최소화해야 하며, 자율성이 침해되지 않는 범위 내에서 이루어져야 한다. 더불어 학교제체는 법규와 규정에 의해 업무와 권한이 규정되며 인사 정책에서 경력과 능력, 실적을 중요시한다.

나. 학교조직과 인간관계

학교조직은 인간관계가 매우 중요한 의미를 가진다. 학교조직의 인간관계를 구분하면 다음과 같이 제시할 수 있다(석태종, 1996; 전상준 외, 2018).

첫째, 학교경영자와 교사와의 인간관계이다. 교장은 교사에 대하여 위계서열상 상급자로서 지시, 감독, 장학의 권한을 가지고 교사는 이에 따를 의무가 있다. 교장과 교사는 상호소통의 기능을 중시하면서 쌍방향적인 의사소통으로 구조를 가져야 한다.

둘째, 교사와 교사 간의 인간관계로 공식적 관계와 비공식적 관계가 존재한다. 공식적 관계는 직위와 직급, 업무 분장과 교과목 등에 따라 이루어지며, 비공식적 관계는 관심사 및 협조 관계, 동아리 소속 등에 따라 이루어진다.

셋째, 교사와 학생 간의 인간관계이다. 이 관계는 학교조직에서 가장 기본적이며 중요한 관계이다.

넷째, 학생과 학생 간의 인간관계로 학교 규모, 농촌과 도시, 일반계와 특성화고, 남녀 공학 등 다양한 요인에 따라 차이가 난다. 대체적으로 학년에 의한 관계, 과외활동에 의한 관계, 학업 성적에 의한 관계, 관심사에 따라 다양한 관계가 존재한다.

다. 학교교육의 사회적 문제 및 해결방안

학교교육으로 나타나는 사회적 문제는 다양할 수 있는데, 가장 많이 야기하는 학교교육의 문제는 입시위주의 교육이라고 볼 수 있다. 현재 우리나라는 대학에 입학할 때까지의 모든 교육이 대학 입시의 준비단계에 지나지 않는 현실이다. 이에 대학입시가 교육에 대한 의미와 준거가 되는 문제점이 지속적으로 야기되고 있다. 이러한 입시 위주 교육은 학교 간, 학생 간 경쟁을 더욱 부추기어 학생 개별의 고유성과 특수성을 무시한 채 교육이 이루어지는 부작용이 발생하고 있다. 이에 학생들은 학업으로 인한 많은 스트레스를 호소하고 있으며 이를 적절하게 해소할 방안도 부족하여, 정신적 스트레스가 상당하다. 더불어 학생들은 많은 부분에 있어 학교에 대한 불만족과 불안감, 공포를 가지고 있으며 학교에서 이러한 학생들의 필요를 만족시켜주지 못하고 있다.

이러한 학교교육의 문제를 해결하기 위해 교육에 대한 관점의 변화와 다각적인 접근 노력이 요구된다. 첫째, 사회적 유용성과 함께 인간화 교육, 전인교육의 중시가 더욱 요구되며 교육이 도구화가 아닌 목적으로서 이루어져야 할 것이다. 둘째, 인성 및 창의성 함양의 교육과정이 지속적으로 이루어져야 한다. 학생의 바른 인성과 창의력, 그리고 주도성을 증진시킬 수 있는 방안을 모색하고 교육과정을 구성하고 새로운 교육과정을 추구해야 한다. 셋째, 학교교육의 다양화 정책이 필요하다. 학교에서 학생들이 행복하고 즐겁게 배울 수 있고 자신들의 배움을 적절히 활용할 수 있도록 해야 한다. 넷째, 학교조직 내부의 유연성과 자율성이 보장되어야 한다. 조직의 효율적인 운영을 위해 이전의 관료주의적 관점에서 벗어나 역할에 대한 전문화와 함께 자율성, 유연성을 보장되는 조직 운영이 요구된다.

연습 문제

1 20세기에 들어서 교육사회학은 이론적으로 체계를 갖추었다. 교육사회학의 개척자로 알려진 사람은 누구인지 쓰시오.

(   )

정답 뒤르켐(Durkheim)

2 거시적 관점에 해당하는 교육사회학의 대표적인 이론 또는 접근(관점) 두 가지를 쓰시오.

(   )

정답 기능주의(기능론), 갈등주의(갈등론)

3 미시적 관점에서 해석학적 접근의 대표적인 이론을 쓰시오.

(   )

정답 상징적 상호작용론(symbolic interaction)

4 다음 보기가 설명하고 있는 이론을 쓰시오.

> **▶ 보기 ◀**
>
> 교육의 양적 팽창을 정당화하는 이론적 배경이 된 이론으로 슐츠에 의해 주장되었으며, 교육을 통해 사회·경제적 발전에 필요한 인적 자원을 생산하는데 기여했으나, 과잉 학력, 학력 상승의 문제점을 가져왔다.

(   )

정답 인간자원론

5 다음 보기가 설명하고 있는 이론을 쓰시오.

> ▶ 보기 ◀
>
> 현실은 주어진 세계가 아니라 주관적으로 구성된 입장으로 현실에 의미를 부여
> 하는 인간의 의식에 관심을 둔 이론으로 후설에 의해 주장된 이론으로, 교사가
> 학생을 관찰하려고 할 때 선입견을 배제하고 있는 그대로 파악, 이해하려고 노
> 력해야 한다고 주장했다.

(   )

정답 현상학

 6 다음 보기가 설명하고 있는 이론을 쓰시오.

> ▶ 보기 ◀
>
> 학교는 지배 계층의 권력과 특권을 다음 세대에 전수하는 역할을 한다. 학교의
> 교육과정은 지배계층에 유리한 내용만 가르친다. 이 이론은 번스타인, 부르디외
> 가 주장했다.

(   )

정답 문화재생산론

 7 다음 중 교육사회학 이론의 거시적 관점에서 갈등론에 해당하는 이론과
거리가 먼 것은?

① 재생산 이론   ② 민속방법론   ③ 저항 이론   ④ 지위경쟁이론   ⑤ 종속 이론

정답 ②

8 교육사회학의 미시적 접근 해당하는 설명으로 옳지 <u>않은</u> 것은?

① 교육의 내적 과정을 중시한다.

② 현상학, 민속방법론, 낙인 이론, 교환 이론이 여기에 해당한다.

③ 구성원들 간의 상호작용을 중시한다.

④ 해석학적 접근을 통한 양적 연구를 중시한다.

⑤ 지식의 사회성에 초점을 둔다.

정답 ④

9 다음 중 교육의 사회적 기능이 <u>아닌</u> 것은?

① 문화전승 기능　　② 사회고정 기능　　③ 사회통합 기능

④ 사회이동 기능　　⑤ 사회선발 기능

정답 ②

10 다음 중 문화의 특징이 <u>아닌</u> 것은?

① 사람의 필요에 의해 만들어진다.

② 사회생활을 통해 공유된다.

③ 습득, 전승된다.

④ 보편성을 가지고 있다.

⑤ 고정불변성을 가지고 있다.

정답 ⑤

11 문화가 그 속에서 태어난 개인에게 특정한 생활방식, 행동양식으로서 행동할 것을 기대하고 요구하는 것은?

(　　　　　　　　　　　　　　　　　　　　　　　　　　　　　　)

정답 문화기대

12 다음 보기가 설명하고 있는 용어를 쓰시오.

> **▶ 보기 ◀**
>
> 사회의 구성원으로서 인간이 습득한 지식, 믿음, 예술, 도덕, 관습, 법, 기타 모든
> 관행과 관습을 포함하는 복합적인 총체이다.

(   )

정답 문화

13 다음 보기가 설명하고 있는 사회계층 이동을 쓰시오.

> **▶ 보기 ◀**
>
> 사회적 지위의 변화가 없이 지역적으로 위치가 변화하거나 기능면에서의 변화
> 하는 같은 계층 내의 이동

(   )

정답 수평적 이동

14 다음 중 사회계층의 결정요인으로 거리가 먼 것은?

① 가정배경   ② 재산의 정도와 종류   ③ 교육의 정도   ④ 신체조건   ⑤ 직업

정답 ④

15 다음 중 조직으로서 학교사회의 특징이 아닌 것은?

① 학교는 분업과 전문화가 불가피하다.
② 학교체제는 위계서열을 중시한다.
③ 학교체제는 법규와 규정에 의하여 업무와 권한이 규정된다.
④ 학교체제는 관료제적 성격이 거의 없다.
⑤ 학교체제는 인사 정책에서 경력과 능력, 실적을 중요시한다.

정답 ④

CHAPTER

05

교육행정학의 이해

1 교육행정의 개념원리와 발달과정
2 교육행정의 주요이론
3 교육행정의 실제

CHAPTER 05
교육행정학의 이해

 학습목표

가. 교육행정의 개념, 원리, 발달 과정, 핵심 이론들을 요약하여 설명할 수 있다.
나. 효과적인 학급경영 및 학교경영 실천을 위한 교육조직, 교육재정, 인사행정, 장
학행정의 주요 특징과 실천 사례들을 설명할 수 있다.

> "교육행정이란 사회적·공공적 활동으로서, 교육에 관하여 그 목표 달성을
> 위한 협동적·조직적 단체활동을 조성하는 작용이다." 즉 교육행정은 교육활동
> 의 목표를 달성하고 그 목표 달성에 필요한 인적·물적 조건을 정비·확립하고
> 목표 달성을 위하여 지도·감독하는 일련의 봉사활동(service activities)이다.
>
> 김종철 ☞

> "교육행정이란 교육과정의 기본 목표들을 보다 충분하고 효과 있게 실현하기
> 위한 조건을 정비해 주는 봉사활동이자 작용이다." 즉, 수업(교수)이 학교의
> 최고 목표이며, 조직과 행정은 그러한 교육활동을 수행하는 수단이다.
>
> 몰맨(A. B. Moehlman)

교육행정의 개념에 대한 이론들은 시대와 학자에 따라 조금씩 차이가 있다. 그
러나, 학교조직을 비롯한 다양한 교육행정 조직들의 효과적인 교육활동을 조장하
기 위해 인적, 재정적, 행정적 장학 활동을 펼친다는 점에서는 공통점이 있다. 이
장에서는 교육행정 조직과 학교 교육 조직의 인적, 재정적, 행정적 장학 활동의 최
종 수혜 장소인 학교 교육 현장의 실제 상황을 중심으로 살펴본다.

교육행정학은 교육활동이 잘 이루어지도록 교육기관을 '조직-지원-관리'하기 위한 행정학문이다. 교육행정의 개념에 대한 이론들은 시대와 학자에 따라 조금씩 차이가 있다. 공통된 주장은 학교조직을 비롯한 다양한 교육행정 조직들의 효과적인 교육활동을 조장하기 위해 인적, 재정적, 행정적 장학활동을 전개한다는 점이다. 이러한 장학활동의 수혜 장소는 바로 교사와 학생이 만나 배움과 가르침이 이루어지는 '물리적 교실 공간' 또는 인터넷이 제공하는 '사이버 교실 공간' 등이다.

　　교육행정은 공권설의 입장인 '법규 행정'의 개념과 원리가 있고 기능설 입장인 '지원·조장행정'의 개념과 원리가 양립되고 있다. 1930년 이전의 '과학적 관리론', '행정과정론', '관료제' 등은 '고전이론'에 속한다. '인간관계론', '행동과학론', '체제이론', '사회체제 이론', '체제이론', '동기이론','지도성 이론', '의사결정론 등은 '근현대 이론'으로의 발전 과정을 여기서 살펴보자.

가. 교육행정의 개념

　　교육행정(educational administration)은 교육과 행정의 복합어로 교육은 바람직한 인간 형성을, 행정은 '국민 삶의 질 향상'을 근본적 이념으로 한다. 교육행정의 개념을 규정짓는 두 가지 견해는 다음과 같다.

1) 법규 행정(공권설)

　　교육행정을 '교육에 관한 행정'이라는 입장이다. 교육행정은 교육정책을 실현하는 수단으로서 법규에 따라 교육 활동들을 지도·감독하는 것이라고 본다. 즉, "행정이 상위에 있고 교육은 그보다는 하위에 있다."라고 생각하는 수직적 입장이다.

2) 지원·조장행정(기능설)

　　교육의 독자성을 인정하여 교육행정을 학교의 교육목적 달성을 위해 교육활동을 지원하는 봉사적 활동'으로 '교육을 위한 행정'이라는 수평적 입장이다. 따라서 교육목표 달성을 위하여 필요한 인적·물적·재정적 조건을 마련해 주는 조장활동을 교육행정이라고 생각하는 입장이다.

나. 교육행정의 원리

교육행정의 기본원리에서의 법제면의 원리는 합법성의 원리, 기회균등의 원리, 자주성의 원리, 적도집권의 원리가 있다. 다음으로 운영면의 원리에는 타당성의 원리, 민주성의 원리, 효율성의 원리, 적응성의 원리, 안정성의 원리, 균형성의 원리가 있다.

1) 법제면의 원리

교육행정 기본원리의 전제인 교육이념과 목적, 교육제도와 정책, 교육기관의 기구, 조직과의 과업 등은 반드시 법률의 범위 안에서 이루어져야 한다는 원리이다.

가) 합법성의 원리

모든 교육행정 활동이 법을 어기지 않고 적법하게 이루어져야 함을 의미하며 국민의 교육 보장, 국가 예산의 효율적 집행, 공무원의 부당한 직무수행과 행정재량권의 남용 방지, 공무원의 신분 보장을 합리적으로 이루려는 원리이다.

나) 기회균등의 원리

민주주의의 기본원리로서 특히 교육행정에 있어서 가장 강력하게 요청되는 원리이다. 교육의 기회균등은 교육의 기회를 실질적으로 보장하려는 것으로 교육의 허용적 평등, 보장적 평등, 과정적 평등, 결과적 평등 등 네 가지 측면을 모두 포함하고 있다.

다) 자주성의 원리

교육의 자주성을 보장한다는 것은 우선 교육이 정치나 종교로부터 중립성을 지켜야 한다는 것을 의미한다. 교육의 독자성과 전문성을 살리기 위해서는 교육행정이 일반행정으로부터 분리되어 운영해야 한다는 것이다. 우리나라는 교육행정을 일반행정에서 독립시켜 독자성과 전문성을 살리기 위하여 교육자치제를 실시하고 있다.

라) 적도 집권의 원리

교육에 관한 권한과 책임을 집권주의와 분권주의 사이에 균형을 유지하려는 것이다. 이는 교육자치제의 한 원리로서 주민의 의사와 지역의 특수성에 부합하는 수요자 중심의 교육행정을 펴려는데 그 취지가 있다. 하지만 광역적 국가사업의 추진이 어렵고 행정의 통일성과 능률성을 확보하기 어렵다는 단점이 있다.

2) 운영면의 원리

교육활동이 원활히 수행될 수 있도록 지원하고 보조하는 역할을 다하기 위해서 교육행정 활동에 합리성을 부여하고 일관성을 유지해야 한다는 원리이다.

가) 타당성의 원리

교육행정 활동이 바람직한 교육계획을 세우고 그것을 운영해 나가는 데 있어서 목적과 수단 간의 괴리가 없어야 한다는 원리이다.

나) 민주성의 원리

교육정책 수립에 있어서 국민의 의사를 반영하여 행정의 공개성과 공익성, 행정과정의 민주화를 추구해야 한다는 원리이다.

다) 능률성의 원리

최소한의 노력과 경비를 투입하고 소비를 극소화하여 최대한 효과를 올리려는 원리이다. 능률성을 지나치게 강조하면 교육의 본질을 훼손할 수도 있다.

라) 적응성의 원리

새로이 발전하는 사회에 신축성 있게 대응해 나감으로써 조화적 관계와 능률적 성과를 계속 확보해 나가는 원리이다.

마) 안정성의 원리

국민적 합의 과정을 거쳐 수립·시행되는 교육정책이나 프로그램은 장기적인 안목에서 지속성과 안정성을 주기 위하여 전통을 계승하여 장점을 강화·발전시켜야 한다는 원리이다.

바) 균형성의 원리

정책의 수립과 그 집행의 과정에서 일의 본말과 경중을 따져서 선후 순위를 밝히고 노력과 경비의 공정한 분배를 기하여야 한다는 원리이다.

다. 교육행정의 발달과정

교육활동을 지원하기 위한 교육행정 활동은 오래전부터 이루어져 왔다. 그러나 학문적으로 체계화된 것은 20세기 중반쯤이다. 교육행정학의 고전적 이론으로는 노동자의 관리를 주로 다루는 '과학적 관리이론', 지도자 및 경영자를 주 대상으로 설명하는 '행정과정론', 조직의 효율성을 높이는 데 주안점을 두는 '관료제론' 등 세

가지 학설로 나누어 볼 수 있다. 과학적 관리론, 행정과정론, 관료제론 등이 1930
년대 초까지의 고전이론으로 조직구성원의 사회적·실리적·정서적 관계를 고려하
지 않고 조직의 생산성 제고에만 주안점을 두었다는 비판을 받았다.

　이러한 의미에서 하버드 대학의 메이요(Mayo)와 뢰슬리버거(Roethliberger)의
연구팀이 호손공장 관찰실험에서 얻은 결과는 매우 흥미롭다. 조직에서의 생산성
은 노동자의 능력이나 기술보다는 작업집단 내에 존재하는 '비공식 조직'의 '비공
식적 규범'에서 좌우됨을 알게 되었다. 즉 조직에서는 구성원들 간의 인간관계가
중요함을 인식하게 된 계기가 되었다.

　최근 교육행정에서 인간관계의 중요함을 새롭게 인식하면서 행동과학론, 체제
이론, 동기이론, 지도성 이론, 의사결정론 등 인간의 행동을 결정짓는 데 결정적인
도움을 줄 수 있는 다양한 이론들이 교육행정의 효율성을 제고하기 위해 도입되고
있다.

　결국 이러한 주요 이론들을 학교 행정에 적용함으로써 교육공동체의 개성 존
중, 사기 앙양, 학생과 교원의 상호신뢰감 형성 등 민주적, 인간적 교육행정을 통한
인간주의적 장학이 변화된 교육 현장에 필요함을 일깨워 준 것이다.

2　교육행정의 주요이론

가. 고전이론(1900~1930년대)

　19세기에 시작된 고전이론은 과학적론, 행정과정론, 관료제론의 세 가지 이론
으로 대표적인 학자와 이론들을 살펴보면 다음과 같다.

　첫째, 과학적 관리론은 테일러(Taylor)에 의해 주장된 이론으로서 기존의 주먹구
구식 경영방식에서 벗어나 기준과 절차에 따라 작업의 과정, 시간, 동작 등을 과학
적으로 연구·분석했다. 이를 통하여 노동의 효율성을 높임으로써 노동자와 고용주
의 상호이익을 극대화하고, 조직을 체계적으로 관리할 수 있는 기초를 마련했다. 그
러나 후일 생산과정에서 인간의 심리적·사회적·정서적 특성을 고려하지 않고 기계
와 같이 취급함으로써 노동자의 자발적인 생산성을 떨어뜨렸다는 비판을 받았다.

둘째, 행정과정론은 패욜(Fayol)의『산업과 일반행정론』이라는 그의 저서를 통하여 조직의 경영자 또는 지도자에게 조직을 관리하기 위해 수행해야 할 과업들을 기획(planning) → 조직(organizing) → 명령(commanding) → 조정(coordinating) → 통제(controlling)의 5단계로 정의하였다.

- 기획(planning) 미래를 예측하고 실천 계획을 수립하는 일
- 명령(commanding) 구성원이 주어진 일을 수행하도록 지시하는 일
- 통제(controlling) 규칙과 명령에 따라 수행되고 있는지를 확인하는 일
- 조정(coordinating) 부서별 업무를 조절하고 상호 조정하는 일
- 조직(organizing) 인적·물적 자원을 확보하고 체계화하는 일

한편 굴릭(Gulick)과 어윅(Urwick)은 패욜의 행정과정 5단계를 7단계로 확대하여 기획, 조직, 인사, 지시, 조정, 보고, 예산의 머리글자 POSDCoRB라는 약어로 표현되는 행정과정을 제시하였다. 끝으로 교육행정에 행정과정론을 도입한 시어스(Sers)는 기획, 조직, 지시, 조정, 통제의 5단계를 교육행정 과정으로 제시하였다.

여기서 주목할 점은 패욜, 굴릭과 어윅, 시어스 모두가 공통으로 강조하고 있는 중요 단계가 '조정 단계'이다. 이 단계는 교육행정에 있어 가장 중요하고도 매우 힘든 민주적 행정과정 단계임을 알 수 있다.

셋째, 관료제론은 베버(Webber)에 의해서 체계화된 관료제는 조직이 원활하게 운영되기 위해서는 지도자의 명령과 지시를 따르게 하는 힘의 원천인 권위(authority)가 필요하다. 이러한 권위에는 카리스마적 권위, 전통적 권위, 합리적 권위가 있다. 베버는 이 세 가지 권위 중에서도 현재 대다수 조직이 수용하고 있는'합법적 권위'가 관료제 지배의 이상적인 형태로 보았다.

한편 호이(Hoy)와 미스켈(Miskel)은 관료제가 분업과 전문화, 몰인정성, 권위와 위계, 규정과 규칙, 경력지향성 등을 지나치게 강조함으로써 다음과 같은 순기능과 역기능이 있음을 요약·정리하였다.

표 5-1 호이와 미스켈의 관료제의 순기능과 역기능

관료제의 특징	순기능	역기능
분업과 전문화	숙련과 전문성 향상	권태감
몰인정 지향성	합리성 증진	사기 저하
권위의 위계화	순응과 조정	의사소통 장애
규칙과 규정	계속성과 통일성	경직성과 목표 전도
경력 지향성	동기유발	능력과 경력의 갈등

출처: 전상준(2018). 교육학의 이해. 정민사. p.266.

교육행정에 비추어 보면 전통적인 교육행정과 학교행정은 권위적이었을 부인하기 어렵다. 권위와 위계, 규정과 규칙, 경력지향성, 실적 중심의 서열화 등을 지나치게 강조하였다. 결과적으로 조직 내 의사소통 결핍으로 인한 경직성과 목표의 전도 등 불합리한 도구적 교육행정의 폐해로 인하여 점차 인간중심 교육행정의 필요성이 강조되었다.

나. 인간관계론

과학적 관리론, 행정과정론, 관료제론 등이 1930년대 초까지의 고전이론으로 조직구성원의 사회적·실리적·정서적 관계를 고려 않고 조직의 생산성 제고에만 주안점을 두었다는 비판을 받았다.

이러한 의미에서 하버드 대학의 메이요(Mayo)와 뢰슬리버거(Roethliberger)의 연구팀이 호손공장 관찰실험에서 얻은 결과는 매우 흥미롭다. 조직에서의 생산성은 노동자의 능력이나 기술보다는 작업집단 내에 존재하는 '비공식 조직'의 '비공식적 규범'에서 좌우됨을 알게 되었다. 즉 조직에서는 구성원들 간의 인간관계가 중요함을 인식하게 된 계기가 되었다.

이를 교육행정에 적용하면 교육공동체 구성원의 개성 존중, 사기 앙양, 학생과 교원의 상호신뢰감 형성 등 민주적, 인간적 교육행정 및 인간주의적 장학이 변화된 교육 현장에 절실히 필요함을 일깨워 주었다.

다. 행동과학론

행동과학론은 고전이론과 인간관계론이 가지고 있는 단점을 극복하기 위한 이론으로 버나드(Barnard)와 사이먼(Simon) 등을 중심으로 주장되었다.

버나드는 『경영자의 기능』이라는 저서에서 "조직은 사회적 협동체로 의사소통, 협동, 공동의 목표로 구성되어 있다. 조직 내 공식적 조직과 비공식적 조직 간의 바람직한 상호작용에 따라 조직의 '효과성(effectiveness)'과 '능률성(efficiency)'이 강화된다. '효과성'은 조직의 목표달성도를 의미하며, '능률성'은 구성원 중심적이며 구성권의 만족과 사기를 높인다."라고 주장하고 '구성원의 만족과 사기'가 효과성을 높이는 데 중요한 요소라는 점을 처음으로 입증하였다.

교육행정에 있어 교육조직 또는 학교조직 안의 다양한 준거집단들 즉 비공식적 조직들이 있다. 이러한 비공식적 집단과 경영자의 바람직한 의사소통은 '구성원의 만족과 사기'를 높임으로써 조직의 효과성과 능률성을 증가시키는 동시에 조직의 예기치 못한 위기에 대한 협조적 대응으로 조직의 안전성을 높여준다.

라. 체제 이론

체제이론은 고전이론과 인간관계론이 조직과 개인의 관계에만 집중하는 한계를 극복하기 위하여 조직을 종합적이고 전체적인 관점에서 파악하기 시작했다. 체제는 일반적으로 환경으로부터 에너지와 정보가 투입(input)되고, 전환과정을 거쳐 산출(output)되고 다시 피드백(feedback)되는 과정을 거친다.

레빈(Lewin)은 집단역동이론을 전개하면서 인간의 행동은 인성과 환경의 상호작용 결과로 보고 사회체제 내에서의 인간의 행위를[1] $B=(P \cdot R)$의 공식으로 설명하였다.

예를 들면 군대, 경찰, 소방서와 같은 조직은 개인의 인성보다는 자신에게 부여된 역할이 결과에 더 많은 영향을 미친다. 반면에 예술가 조직에서는 조직에서의 역할보다는 개인의 인성이 산출에 더 많은 영향을 미치게 된다. 반면에 학교조직은 개인의 역할과 인성 양쪽 모두에서 영향을 받아 양쪽 요소의 조화로운 균형이 필요하다.

---

1   $B=(P \cdot R)$ B-Behavior 행위, P=Personality, 인성, R=Role 역할

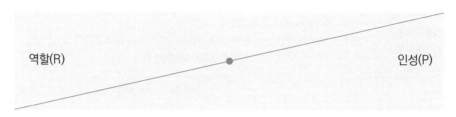

그림 5-1 스킬백의 학교 중심 모형

역할(R)   인성(P)

출처: 전상준 외(2018). 교육학의 이해. 정민사. p.271.

마. 동기 이론

첫째 매슬로우(Maslow)는 인간행동의 동기가 되는 욕구의 5단계 계층이론을 전개하였다. 인간의 욕구는 생리적 욕구, 안전 욕구, 사회적 욕구, 존경의 욕구, 자아실현의 욕구 순으로 욕구의 단계가 점차 높아진다고 주장하였다. 성과-만족 이론을 주장한 포터(L.W. Porter)는 욕구 만족 질문지에서 매슬로우의 생리적 욕구를 빼고 자율욕구를 존경욕구와 자아실현 욕구 사이에 놓았다. 앨더프(Alderfer)는 Maslow의 욕구의 5단계 계층이론의 문제점을 보완하기 위해 생존(Existence)-관계(Relatedness)-성장(Growth)의 3단계의 ERG 욕구 이론(ERG Theory)을 수정·제안했다.

둘째 세르지오바니(Thomas J. Sergiovanni)와 카버(Fred D. Carver)의 연구에 의하면 실패회피자의 경우는 하위체제 욕구에 보다 관심을 가진다. 낮은 자아개념을 가지며, 자기보호와 자기방어에 집중하는 경향이 있다. 반면 성공추구자는 상위체제 욕구에 관심을 가지며 자율과 자아실현, 자기 능력을 발휘하는 욕구에 집중한다.

독일의 허즈버그(Herzberg)는 '동기-위생이론'에서 직무만족에 기여하는 '동기요인'과 직무 불만족과 관련된 '위생요인'이 별개로 존재하며, 동기요인의 충족은 직무만족에 기여하지만, 위생요인의 충족은 업무의 환경에서 불만족이 없는 상태로 만들어 줄 뿐이라고 주장하였다.

표 5-2 동기요인과 위생요인의 비교

동기요인 (만족요인)	• 업무 자체의 성격에서 비롯된다. • 성취감, 직무에 대한 인정, 직무 자체, 책임감, 개인의 발전 등과 연관이 있다. • 동기요인이 주어지면 자기 능력을 100% 발휘하게 된다.
위생요인 (불만족요인)	• 업무의 환경에서 생기는 외적-물리적인 것이다. • 급여, 인간관계, 지위, 근무조건, 직업적 안정, 정책과 행정, 감독 등이 이에 해당된다. • 위생요인이 충족되면 90%까지 능력을 발휘하지만 만일 충족이 되지 않으면 최대 60% 정도만 발휘하게 된다.
교육행정 시사점	• 내적 보상의 중요성을 강조한다. → 직무 성격 안내 및 자율적 선택 존중 • 개인에 따라 오히려 위생요인에 의해 동기가 부여된다. → 직업적 안정성(정규직) 보장 및 근무 여건 개선

바. 지도성 이론

첫째, 특성론은 1920~1950년대까지 위대한 지도자들에 관한 인간 이론으로서, 위대한 지도자의 특성과 자질을 연구하였다. 1980년대 이후 잠시 변혁적 리더십이 강세를 보이다 특성이론의 관심도가 점차 감소해 왔다. 하지만 몇 년 전부터 다시 '비전 리더십', '카리스마적 리더십' 등이 등장하면서 특성론적 리더십에 관한 관심도도 되살아났다. 특히 '카리스마적 리더십'은 버락 오바마 미국 대통령이 선출되면서 오바마 대통령의 강력한 카리스마적 특성이 성공하는 리더의 조건으로 주목받았다. '리더십 특성이론'들은 1900년대 초중반에 주목받던 리더십 이론으로 현재까지도 여전히 설득력 있는 리더십 이론이라고 말할 수 있다.

'리더십 특성이론'의 단점으로는 특별한 리더들의 공통적 리더십의 특성을 발견하기 어려우며, 유능한 리더가 상황에 따라 무능해지는 이유를 설명하기 어렵다. 다음으로 리더십 훈련이나 개발을 위해서 유용하게 적용되기가 어려운 단점이 있다. 인적자원 전문가에 따르면 유능한 리더의 개인적 특성들은 비교적 고정된 심리적 구조로서 후천적 교육이나 훈련을 통해서 쉽게 변화되지 않는 어려움이 있다. 따라서 교육행정 리더들의 교육 훈련에 가감 없이 적용하기 어렵다.

둘째, 1950~1970년까지 행위론에서 지도성을 이해하는 또 다른 방법은 성공적인 지도자가 어떻게 행동하는가를 알기 위하여 효과적인 지도자와 비효과적인 지도자의 행위를 비교하는 것이다. 리더의 특성에 초점을 두고 리더로서의 역할 수행과 지위 확보에 관련되는 리더의 특성을 분석하려는 접근으로, 리더만이 관심의 대상이 되고 그 구성원에 대한 관심이 없다는 한계점이 있다. 아이오와 대학의 레빈, 립피트(Lippitt), 화이트(White) 등에 의해 처음으로 장난감 놀이를 통한 실험연구가 이루졌다. 지도자의 행동을 권위적 지도자, 민주적 지도자, 자유방임적 지도자로 구분하였다. 3가지 타입의 지도자 중 민주적 지도자를 가장 선호하는 지도자 유형으로 보고되었다.

다음으로 오하이오 주립대학 연구에서는 지도성을 구조주도성 차원과 배려성 차원으로 분류하였다. '구조주도성 지도자'는 지도자가 조직목표 수행을 중시하여, 과업을 조직하고 설정·할당하며, 과업 집단의 성취를 높게 평가하는 차원으로 '구조주도성 지도자'는 구성원 각자에게 기대되는 역할을 분명히 하고, 임무를 배정하고, 사전에 계획을 세우고, 일처리 방법과 절차의 확립 등 과학적관리론의 구조성을 중요시 하였다. 반면에 '배려성 지도자'는 지도자가 신뢰, 존경, 온화, 지원, 집단 구성원에 대한 관심을 나타내는 것을 중요하는 차원으로 인간관계론을 특히 중시하는 '배려성 지도자'는 구성원의 아이디어를 청취하고, 친절하고, 사람들과 만나는 것을 즐기며, 모든 직원에 관심을 가지고, 부하들의 아이디어에 귀를 기울이는 등의 행동을 중시하였다. 결과적으로 '배려성 지도자'를 '구조주도성 지도자' 보다 선호하는 지도자 유형으로 나타났다.

셋째, 상황적 지도성론은 행위론을 비판하면서 등장하였다. 지도성의 효과는 하나의 단일 요인에 의해서가 아니라 지도자의 성격 특성, 행위, 과업구조, 직위권력, 부하의 기능 및 태도 등과 같은 상황 변인들 사이의 적합성 정도에 의하여 결정된다고 보았다. 이러한 상황이론을 주장하는 학자들은 피들러, 하우스, 허시-블랜차드, 브룸-예턴-자고, VDL모델(vertical-dyad linkage model) 등으로 다양하게 나타나고 있다.

▶ 피들러의 '상황이론'은 특성이론과 상황이론의 결합이라고 할 수 있다. 1974년 피들러에 의해 개발되었다. 이 모형은 효과적인 집단 업적은 부하들과 상호작용하는 리더의 유형과 리더에게 영향을 미치고 통제를 가하는 상황과의 적당한 연결에 달려있다고 보았다. 피들러는 'LPC질문서(the least-preferred co-worker questionnaire)'를 개발하였다. 'LPC질문서'를 통해 개인의 기본적 리더십유형이 결

정되면 리더와 상황과의 연결이 필요하게 된다. 피들러는 다음 세 가지 상황요인을 제시하였다. ① 리더와 구성원과의 관계: 구성원들이 리더에 대해 갖고 있는 신뢰, 믿음, 존경의 정도, ② 과업구조(과업의 구조화): 할당된 여러 과업이 얼마나 명확하게 정해져 있는가 하는 정도, ③ 지위권력(리더의 직위력): 리더가 고용, 해고, 훈련, 승진, 임금인상 등과 같은 권력변수에 어느 정도 영향을 미치는가의 정도를 평가하였다.

▶ 하우스의 '경로-목표이론(통로-목표이론)'은 미시간 대학의 '사회조사연구소'에서 존스, 마호니 등이 리더의 성과에 대한 영향을 분석하기 위해 '통로-목표'의 개념과 용어를 함께 사용하기 시작했다. '통로-목표이론'의 대표적인 이론가로는 에반스와 하우스 등을 대표로 들 수 있다. 에반스는 60년대 말부터 하우스는 70년대 초반에 '통로-목표이론'을 제시하였다. 이 이론은 피들러의 것과 어느 정도는 유사하다. 그러나 피들러의 것이 '리더의 동기부여(욕구)'에 초점을 두고 있는 데 반하여, 통로-목표이론은 '부하의 동기부여'에 보다 초점을 두고 있다.

부하의 동기부여, 직무만족, 업적에 영향을 미치는 리더의 행동은 리더십 상황에 의존한다. 리더가 할 일은 상황을 분석하는 것으로 상황의 본성에 따라 4가지 리더십 유형이 있을 수 있다. 지시적, 지원적, 참여적, 성취지향적 리더십 유형으로 네 가지 유형 가운데 특정 상황에 따라 특정 리더십을 사용하게 된다.

▶ 허시-블랜차드의 '수명주기이론'은 관리자들이 기존의 이론들이 생산라인, 사무실 등에서 도움을 줄 수 없다고 불평했고, 그들이 직접 이용하고 적용할 수 있는 무엇인가를 요청했다. 그러한 가운데 허시와 블랜차드의 이론은 많은 관리자의 관심을 끌었고, 그 가치를 증명했다. 오늘날 기업과 군대에서 훈련프로그램으로 널리 쓰이고 있는 이론이다. 허시와 블랜차드의 상황적응론 초점은 리더십의 효과가 부하들에게 달려있다는 것이다. 부하의 성숙도(준비성) 수준을 가장 낮은 단계인 M1에서부터 가장 높은 단계인 M4로 나누고 상황에 따라 성숙도를 4가지로 나누어 거기에 맞는 리더십 유형을 제시하고 있다.

▶ 브룸-예턴-자고의 '리더십의 의사결정모형'은 탄넨바움과 슈미트는 리더가 어느 하나의 의사결정 절차를 선택하여 사용할 경우, 거기에는 리더의 힘과 부하의 힘, 그리고 상황의 힘이 반영되어야 한다고 함으로써 상황적 변수의 중요성을 인정하였다. 이 모형은 1973년 브룸과 예턴에 의해 제안되고, 1988년 브룸과 자고에

의해 수정·보완되었다. 어떤 한 가지 의사결정 방법이 항상 옳다고 주장하는 것이 아니라, 상황에 따라 결정방법을 달리하고 있다는 점에서 상황이론의 범주에 속한다. 이 이론에서 중요한 점은 5가지의 '의사결정 유형(참여의 정도)'과 '7가지의 속성들'이 있다. 몇 년 후 브룸-자고에 의해 개발된 수정모형에서는 앞의 7가지 상황변수에 5개를 더하여 12가지 상황변수를 제시하고 있다. 수정모형에서 연속된 8개 질문사항을 추가 했다. 이 질문들을 통해 상황을 진단하고 적절한 전략을 선택하는 과정을 '브룸-예턴-자고'는 '의사결정수'의 형태로 제시하고 있다.

VDL모델(vertical-dyad linkage model)은 1970년대 오하이오 주립 대학의 연구원들에 의해 '리더-구성원 교환이론(LMX: leader-member exchange theory)'으로 발전했다. 지금까지는 종업원의 개인차에도 불구하고 부하들을 단순한 동질성을 가진 하나의 집단으로 간주했다. 그러나 개개의 종업원과 리더에 의해 만들어진 교환관계의 관점에서 설명되는 것이 '리더-구성원 교환이론'이다. 이 모델의 요점은 리더가 그들의 부하들과 갖는 특정한 관계에 기반하여 지속적인 관계를 교환한다는 것이다.

관계를 교환한다는 것은 부하들이 노력과 충성으로 답례하는 동안에 리더는 부하들에게 충고, 부양, 의사결정 참여 등을 제공하는 것을 의미한다. 리더와 구성원의 교환관계가 강할수록 구성원들은 개인과 조직을 결속시키는 심리적 계약에 더 몰입했으며, 구성원들이 관리자를 더 신뢰하고 조직변화에 적은 저항을 가졌다(Muchinsky, 2012). 그러나 LMX 이론은 잠재적으로 편애를 조장하고 조직 내에서 불평등을 야기한다는 비판을 받아왔다. 리더가 모든 추종자들과 양질의 관계를 수립·유지하기가 실제로는 적용하기 어려울 수도 있다는 단점도 있다.

사. 의사결정론

의사결정이란 개인, 조직이 문제해결이나 목표 달성을 위하여 여러가지 대안이나 행동방안 가운데 결정자가 의도하는 미래 상황을 가져오기 위해 최선의 대안이나 방안을 선택하는 과정이다. 이러한 의사결정의 과정에는 ① 문제인지 및 규명 → ② 당면문제 분석 → ③ 문제해결을 위한 준거 설정 → ④ 가능한 대안의 구체화 → ⑤ 결과예측·심의·행동 계획이나 전략 수립 → ⑥ 행동계획의 실천이 있다.

다음으로 의사결정 모형에는 여러 가지 모형이 있다(정일환외 1997).

▶ 합리적 모형을 인간의 이성과 합리성에 입각하여 정책을 결정하는 것으로 순수합리성 모형, 포괄적·종합적인 모형, 최선의 대안 선택 모형이 있다. 이 모형은 의사결정자가 문제를 완전히 이해하고, 해결을 위한 모든 대안을 파악하며, 대안 선택의 기준이 명확히 존재한다고 가정한다. 자원이 충분하며, 합리적으로 최선의 대안을 선택할 것을 전제로 한다. 실제 적용에는 제약이 있어 다소 이상적이며 소모적인 면이 있다.

▶ 점증주의 모형: 의사결정을 할 때 현실을 긍정하고 다소 향상된 대안을 찾는 의사결정 모형이다. 현실적, 보수적, 소극적, 근시안적, 반혁신적이라는 비판이 있지만, 기존의 정책을 반영하고 더 나은 개선책을 찾을 수 있다는 강점도 있다.

▶ 혼합 모형: 합리모형과 점증주의모형의 장점만을 모아 결합한 모형이다. 기본적 방향 설정은 합리적모형을 따르지만, 기본방향이 설정된 후 특정 문제의 결정은 점증적 모형을 따른다. 두 개의 대립되는 극단 모형을 절충 혼합한 것에 지나지 않고, 비현실적이라는 점에서 비판받는다.

▶ 만족화 모형: 인간이 갖고 있는 사실 판단상의 약점을 인식하고 인간의 심리적 측면을 고려, 의사 결정시 최적의 대안보다 만족할 만한 대안을 선택하는 모형이다.

▶ 최적모형: 의사결정 과정을 하나의 체제 이론적 관점에서 파악하고, 의사결정 체제의 성과를 최적화를 꾀하는 모형이다.

▶ 쓰레기통 모형: 조직화된 무정부상태에서 '의사결정 문제-해결책-선택기회-참여자'의 네 요소가 각자 독자적으로 움직이다가 어떤 사건을 계기로 교차하여 만나게 될 때 결정이 이루어지는 모형이다.

▶ 회사모형: 개인적 의사결정보다는 조직의 집단적 의사결정 측면에서 발전시킨 모형. 조직의 의사결정시 절차나 규칙을 개발·발전시킨 표준운영 절차에 따라 의사를 결정하는 모형이다.

▶ 앨리슨(Allison) 모형: 집단 의사결정 유형을 조직구성원의 응집력 강도에 따라 세 가지로 구분하고 있다.

표 5-3 앨리슨(Allison) 모형의 주요 특징

모형의 종류	주요 특징
합리적 행위자 모형	구조화된 조직이 있고 그 조직의 최고책임자가 합리적인 의사결정자로 그의 결정이 조직 전체에 적용됨
조직과정 모형	반독립적인 하위조직이 가지고 있는 표준운영절차나 업무목록으로 의사결정을 하며, 주로 교육행정기관의 하위계층이나 학교조직에서 적용됨
관료정치 모형	참여자들 개개인이 의사결정의 주체가 되며 조직의 상위계층에 적용될 가능성이 높음

3 교육행정의 실제

가. 교육조직의 이해

첫째, 공식조직과 비공식조직이 있다. 공식조직은 일정한 목적을 달성하기 위해 인위적으로 구성한 조직이며 공식적인 조직표에 나타나는 조직을 말한다. 공식조직의 특징은 권위의 계층화, 명확한 책임분담, 표준화된 업무수행, 비정의적 인간관계 등이다. 비공식 조직은 공식조직 속에서 현실의 인간관계를 중심으로 형성되는 자연발생적 조직으로 학연, 혈연, 지연, 동호회 등으로 이루어진 조직이다. 비공식 조직의 순기능은 직무집단 안정화, 의사전달 원활화, 공식조직의 경직성 완화, 직무의 능률적 수행에 기여한다. 반면에 역기능으로는 파벌 우려, 적대 감정 유발 우려, 비공식적 의사전달의 역기능으로 왜곡된 정보 및 가십, 소문의 문제가 발생하는 경우가 있다.

학교 내 공식조직으로 교무(실)조직, 행정(실)조직, 학생(회)조직, 학교운영위원회조직이 있다. 교무조직의 대표는 교감 또는 교무부장교사이다. 교무조직은 주로 교무업무 분장과 교내인사위원회를 관장한다. 매년 학교교육과정 계획서를 작성하여 교육과정을 운영한다. 행정조직은 교육 시설 및 교지의 유지관리 및 학교 재정의 출납을 담당한다. 학생회조직은 학생들의 대표로 구성된 자치 조직이다. 끝으로 학교운영위원회 조직은 학교장을 포함한 교원위원, 학부모 위원, 지역사회 위원으로 구성된다. 학교운영위원회는 학교운영의 중요한 사항에 대해서 학교 구성원들

이 참여하여 민주적인 절차에 따라 자율적으로 결정하는 단위학교 차원의 교육자치기구이다.

둘째, 교육조직은 사회적 기능을 기준으로 분류한 파슨스(Parsons)의 분류에 의하면 가정이나 종교 조직과 비슷한 유형 유지조직에 속한다. 다음으로 권력의 유형과 참여 유형을 기준으로 분류한 에치오니(Etzioni)의 분류에 의하면 종교단체, 자원단체, 종합병원과 유사한 규범조직에 속한다. 민츠버그(Mintzberg)의 조직이론에서 조직의 기본적 요소를 조정하는 방법에 따라 조직의 구성요소를 구분하면 최고 관리층인 교장, 보좌관리층인 교감과 행정실장, 중간관리층인 부장교사, 핵심운영층인 교사, 기술구조층인 학교교육과정 및 수업 장학 전문교사, 지원부서층으로는 교사와 교지 유지관리 담당자, 시설 재정, 급식, 보안 업무 담당자 등이 있다.

셋째, 교육조직의 특성은 '전문적 관료제', '이완조직', '이중조직', '학습조직', '전문적 학습공동체'로 다음의 5가지로 설명할 수 있다.

표 5-4 **교육조직의 5가지 특성**

전문적 관료제 (민츠버그)	관료적 특성	• 분업과 전문화로 숙련된 기술과 전문성이 향상되나 피로, 권태 감 누적 • 권위의 계층화로 원활한 순응과 조정이 이루어지나 종종 의사소 통 장애가 발생함 • 경력 지향성으로 동기 유발, 유인가가 높으나 업적(실적)과 연공제 간 갈등이 발생함 • 규칙과 규정의 계속성, 통일성, 안정성 확보가 용이하나 목표전도 현상, 조직의 경직성이 발생함 • 몰인정성으로 의사결정의 합리성은 증대되나 구성원의 사기 저하가 우려됨
	전문적 특성	• 교사의 수업 자유재량권 부여 • 직무수행의 통일된 표준과 엄격한 감독 없음 • 의사결정의 참여 보장
이완조직 (와익)	이완 결합성	• 부서 간 상호 관련성은 있지만 구조적으로 느슨하게 결합되어 있어, 각각 독립성을 유지하고 있는 조직 • 학교조직이 갖는 이완결합성은 모든 참여 주체들 간에 상호 신뢰가 이루어짐을 전제로 함

	자유
	재량권 허용
		• 많은 자유재량권과 자기결정권의 부여
		• 각 부서 학년 조직의 국지적 적응을 허용하며, 한 부분의
		  성공이나 실패가 다른 부분의 성공과 실패로 직접 연결되지
		  않음
		• 이질적인 요소들 공존 허용으로 고1은 수학여행 가고 고3은
		  시험을 봄

이중조직 (메이어)	교수학습 조직	• 교수활동의 측면에서는 느슨한 결합구조(수평적 참모조직)
	행정관리 조직	• 행정관리 측면에서는 엄격한 결합구조(계층적 관료제 구조)
학습조직 (피터 센게)	학습을 위한 조직	• 교사들이 학교 내외의 지식과 정보를 공유하는 조직 • 협력적인 학습활동을 전개하는 조직 • 지속적으로 새로운 지식을 창출하는 조직 • 학교의 새로운 환경변화에 적응해 나가는 조직
	학습조직의 원리	• 개인적 숙련과 정신적 모델화 • 공유 비전과 팀 학습 • 시스템 사고와 학습방법 개선
전문적 학습공동체 (하르그리브즈)	교육전문가	• 교사는 전문성 신장과 학생의 학습 증진을 위해 협력적으로 배우고 탐구하며 실천하는 핵심 교육전문가 집단
	공동체 조직의 필요성	• 학생의 학업성취도 향상 • 교사의 전문성 신장 • 학교 조직문화 개선
	공동체 특징	• 가치와 비전의 공유 • 협력적 학습 및 적용 • 개인적 경험의 공유 및 반성적 대화

나. 교육재정의 이해(https://eduinfo.go.kr/portal/main.do)

1) 교육재정의 특징

교육재정은 교육 활동을 위해 필요한 수입·지출 활동과 자산과 부채를 관리·처분하는 모든 재정활동을 말한다. 따라서 '지방교육재정'이란, 교육활동을 지원하기 위한 시·도교육청의 재정활동을 의미하며, 대상은 지방자치단체가 설치하고 운영하는 공·사립 유치원, 초·중·고등학교, 특수학교가 대상이다.

지방교육재정은 시·도교육청의 교육감이 관장하며, '교육비특별회계'라는 이름으로 지방자치단체의 일반회계로부터 분리되어 운영되고 있다. 특별회계라는 말은 회계적인 특성상 일반회계와 구분되어 특별한 설치목적을 가지고 수입과 지출이 일반회계와는 별도로 이루어지는 회계를 의미한다. 즉, 교육비특별회계는 교육이라는 특별한 목적으로 이루어지는 회계라고 볼 수 있다.

2) 학교회계제도의 도입

학교는 「초·중등교육법」 제3조에 의해 설립 주체를 기준으로 국립·공립·사립학교로 구분되며, 「교육기본법」 제16조에는 학교의 설립자·경영자가 법령이 정하는 바에 따라 교육을 위한 시설·설비·재정 및 교원 등을 확보하고 운용·관리하도록 되어 있다.

2000년 1월 28일에 개정된 「초·중등교육법」 제30조의2(학교회계의 설치)에 의해 학교회계제도가 2001년 3월부터 도입되었다. 학교회계제도가 도입되기 이전에는 교직원 인건비와 교육부나 교육청이 지원하는 보조금은 일상경비로, 일반운영비는 도급경비로 배부되어 각각 별도로 관리되었고, 자체적으로 징수한 학교운영지원비도 별도로 관리·운영되었으며, 각 경비에 적용되는 법규가 서로 달라 학교현장에서 학교재정을 효과적으로 운영하는 데 어려움이 많았다. 또한 단위학교에 예산편성권이 주어지지 않고 교육청에서 배분하는 예산을 항목별로 집행하는 형식적이고 수동적인 회계의 특성을 가지고 있었다. 이러한 단위학교 재정 운영체제를 근본적으로 변화시킨 것이 바로 학교회계 제도이다.

학교회계제도는 교육목적을 달성하기 위한 학교의 제반 활동을 재정적인 측면에서 효과적으로 지원하는 데 목적을 두고 설치되었다. 이 제도는 일상경비, 도급경비, 학교운영지원비 등 세입 재원을 구분하여 각 자금별로 지정된 목적에 따라 제한적으로 편성·집행해오던 학교예산을 회계연도 개시 전에 총액으로 배분하고, 학교운영지원비, 학교발전기금으로부터의 전입금 등 다른 자금을 하나의 회계로 통합·운영하며, 교사의 참여와 학교운영위원회의 심의를 거쳐 하나로 통합된 세입재원을 학교에서 필요한 우선 순위에 따라 자율적으로 세출예산을 편성·집행하는 제도이다.

학교회계제도가 도입되면서 교직원이 중심이 되어 자체적으로 예산을 편성하고 집행하며 결산을 할 수 있게 되었으며, 예산 편성 과정에 교직원이 참여하기 때문에 투명성과 효율성이 증대되었다. 아울러 학생의 특징을 잘 알고 있는 학교에게 학내·외 다양한 교육자원을 활용할 수 있는 자율성을 주어 개별 학교의 여건에 따라 교직원이 예산을 다양하게 운영할 수 있게 되었다.

지방교육재정이 국가와 지방자치단체에서 지원되는 지방교육재정교부금으로 예산을 편성하여 지방의회의 의결을 거쳐 의결·집행하는 반면, 학교회계는 시·도 교육청의 전입금과 학부모 부담수입을 주요 재원으로 하여 세입·세출 예산을 편 성하고 학교운영위원회의 심의·자문을 거쳐 예산을 집행한다. 현재 학교회계는 각 시·도교육청별 학교회계 교육규칙에 근거하여 운영되고 있으며, 매년 1월 1일에 시작하여 12월 31일에 끝나는 교육비특별회계와 달리 학교가 시작하는 매년 3월 1일에 시작하여 다음 해 2월 말일에 종료된다.

다. 교육인사행정의 이해

교육행정은 학습자(학생)의 학습이 올바른 방향으로, 보다 효과적으로 이루어지 도록 지원, 지도, 관리 조장, 촉진하는 활동이다. 따라서 교육인사행정은 교육조직 에서 학생들의 학습이 올바른 방향으로, 보다 효과적으로 이루어지도록 지도·관 리·조장·촉진 할 수 있는 유능한 교직원을 확보하고, 그들이 지속적으로 교육력을 개발하며, 최선을 다하여 학생의 학습을 효과적으로 지도·관리·조장·촉진하는 교 육력을 발휘하도록 제 여건들을 조성하는 교육분야 인력의 관리 및 촉진 활동이라 고 정의할 수 있다.

교육인사행정의 기본 목적은 첫째 교원과 교직원이 학생의 학습을 최대한 효과 적으로 지원할 수 있도록 하기 위함이다. 둘째 교원과 교직원을 임용하여 적재적소 에 배치하는 일이다. 셋째 교원과 교직원의 만족스러운 직업생활을 보장하는 것이 다. 넷째 교원과 교직원의 능력개발과 발전을 조장하고 촉진하는 일이다.

다음의 〈표 5-5〉에서 〈표 5-7〉까지는 교육인사행정의 단계, 핵심 원리, 관련 법령, 관련 법령 및 기구 등을 설명한 것이다.

표 5-5 교육인사행정의 단계별 업무

단계	업무 내용
임용 직전 단계 신규 임용 인사행정 영역	교원수급계획, 교원 양성, 자격, 모집, 시험, 임용
현직 단계 교육력 신장 영역	현직연수, 근무평정과 승진, 전보·전직, 휴직, 퇴직, 교원능력개발평가
현직 단계 교원의 근무여건 조성 및 사기 앙양 영역	교원의 권리와 의무, 보수와 근무조건, 교직단체의 발전과 단체교 섭, 교원 신분보장과 징계, 교원성과급

표 5-6 교육인사행정의 핵심 원리

핵심 원리	세부 내용
학습자의 학습 우선의 원리	• 교육직원과 학습자를 모두 중시, 학습자의 효과적인 학습을 의미
교육력 신장의 원리	• 학습자의 자기주도 학력과 창의력 신장
실적주의와 연공서열주의의 조화 배합 원리	• 교육조직: 실적주의(직무수행능력)와 연공서열주의(교육경력)가 조화롭게 반영
공정성 확보 원리	• 승진, 전보 등 인사기준 공개 및 인사위원회 구성, 근무성적의 다면평가 및 이의신청 시스템 구축
적재적소 배치의 원리	• 개인의 자격, 능력, 적성, 흥미, 희망 등을 고려하여 적절하게 배치
교원 적정수급의 원리	• 학교급별 학생 수 변동 고려하여 교원의 수요와 공급을 적정하게 조정
합법성의 원리	• 교육인사행정은 법령에 의하여 이루어짐 ex) 국가공무원법, 교육공무원법 등
청렴성의 원리	• 교육인사행정에서의 부패와 부정은 학생의 학습 저해, 학부모 불만 불신 조장

표 5-7 교육인사행정 관련 법령

법령	내용
교육공무원법	• 교육인사행정에서 가장 기본이 되는 법령으로 이 법률에 위배되는 자의적인 인사행정은 금지, 효력 없음
교육기본법(제14조)	• '학교교육에서 교원의 전문성은 존중되며, 교원의 경제적 사회적 지위는 우대되고 그 신분은 보장된다.'고 규정
초·중등교육법 (제3장 제2절)	• 교직원의 구분, 전문상담교사의 배치, 교직원의 임무, 교원의 자격, 산학겸임교사 등을 규정
사립학교법	• 사립학교 교원에 대한 자격, 임명, 복무, 신분보장, 징계에 대하여 규정
교원지위 향상을 위한 특별법	• '교원에 대한 예우와 처우를 개선하고 신분보장을 강화, 교원의 지위를 향상시키고 교육 발전을 도모하는 것을 목적으로' 제정
교원의 노동조합 설립 및 운영 등에 관한 법률	• '교원의 노동조합 설립에 관한 사항을 정하고 교원에 적용할 「노동조합 및 노동관계조정법」에 대한 특례를 규정함을 목적으로' 제정

라. 장학 행정의 이해

1) 장학의 정의

장학이라는 말은 영어의 supervision을 번역한 것으로, 어원적으로는 우수한 사람이 위에서 감시한다는 의미이다. 과거에는 '감독(監督)' 또는 '시학(視學)'이라는 의미로 사용되기도 했다. 그러나 최근에는 장학이 교육의 통제보다는 '조성'과 '지원'을 통해 교수-학습 성과를 극대화한다는 봉사적인 의미로 확장되어 사용되고 있다.

2) 장학의 발달

장학의 발달은 전통적인 비민주적 장학으로부터 인간주의적 협동 장학, 교사의 수업기술 향상을 지향하는 수업 장학, 교사의 성숙과 직무만족도를 높여주는 발달 장학의 단계를 점차 발달하였다. 현재는 민주적 발달 장학의 한 형태인 컨설팅 장학이 대세를 이루고 있다.

표 5-8 시대별 장학발달 흐름도

구분	내용	비고
관리 장학 시대 (1750-1930)	• 20세기 초반부터는 당시 풍미하던 과학적 관리론의 영향으로 능률과 생산성을 강화하는 방향의 과학적 장학 강조 • 관료적 장학은 관료제 특성을 활성화함으로써 장학활동의 능률을 높이려는 것으로 분업과 기술적 전문화, 조직규율 강조	전통적 비민주적 관리중심 장학
협동 장학 시대 (1930-1955)	• 1930년대부터 본격적으로 과학적 관리론이 퇴조하고 인간관계론이 부상하면서 장학의 개념도 강제적이고 통제적인 장학으로부터 인간적이고 민주적인 장학으로 변화 • 인간관계론에 근거한 참여적·협동적 장학에서는 장학 담당자들은 종래처럼 교사들의 감독관이나 조사자가 아니라 가르치는 일에서 교사가 발전할 수 있도록 도와주는 협력자, 조력자 역할 수행	인간주의적 협동 장학
수업 장학 시대 (1955-1970)	• 1957년 스푸트니크 충격은 미국 교육의 형식과 내용을 크게 변화시키고 소위 학문중심 교육이라는 새로운 방향으로 선회케 하는 계기 마련 • 교육행정 활동의 중심이 새로운 교육계획과 프로그램 설계로 수렴되었고, 장학담당자는 교육과정 개발자가 되었다. 수업 활동에 초점을 맞춰 장학담당자와 교사가 협동하는 '임상 장학'과 '마이크로티칭 기법' 등 활성화됨	교사의 수업기술 향상을 위한 장학

발달 장학 시대 (1970-현재)	• 과학적 관리론의 조직 생산성 강조와 인간관계론의 직무만 족이라는 장점을 절충하려는 방향을 가지고 등장한 것이 수정주의 장학과 인간자원장학임 • 수정주의 장학은 교사의 능력개발, 직무수행분석, 비용-효과 분석 등이 강조되며 학교경영 전반에도 큰 관심을 보임 • 인간자원장학은 참여를 통해 학교효과성을 증대시키고 그 결과로서 교사 직무만족을 목표로 한다는 특징을 가짐	교사의 교직성장 과 직무 만족 향 상을 지원하는 장학

3) 컨설팅 장학

가) 컨설팅 장학의 개념

컨설팅 장학은 발달 장학의 한 형태로 학교의 요청에 따라 학교 교육의 질(質)을 개선을 위하여 학교 경영상의 문제나 학교 교육 현안을 진단하고 대안을 마련하여, 문제해결 과정을 지원하는 최근에 유행하고 있는 민주적 장학의 대표적 유형이다.

나) 컨설팅 장학의 절차

단위학교에서의 컨설팅 장학은 1단계 : 계획 수업 → 2단계: 컨설팅 장학 안내 → 3단계: 컨설팅 장학 요청(컨설팅 장학 신청서 제출) → 4단계: 장학담당 기관 컨설 팅 장학 세부 추진계획 수립 및 알림 → 5단계: 컨설팅 장학 시행 → 6단계: 컨설팅 장학활동 결과 평가 → 7단계: 환류(feedback)로 구성된 총 7단계 과정이다.

마. 학교, 학급경영의 이해

1) 학교경영

가) 행정과 경영의 차이

'행정'은 지시와 통제의 개념이 강하다. 반면에, '경영'은 보다 동태적이고 능동 적인 조직행위가 전제된다.

나) '경영' 개념 도입의 이유

최근 교육행정학의 변화는 학교도 하나의 사회체제이면서 동시에 외부 사회체 제와의 끊임없는 상호작용을 통하여 학교 교육목표가 효과적으로 달성된다는 점 에 주목하고 있다. 정부는 '단위학교 책임경영제'를 통하여 단위학교 교육목표를 효율적으로 달성하기 위하여 학교경영의 개념을 도입하였다. 이러한 의미에서 학교는 점점 '행정'의 측면보다는 '경영'의 측면에 더욱더 비중을 두게 되었다.

다) 학교경영 – '학교경영계획'과 '단위학교 책임경영제'

학교경영에서 최근 강조되고 있는 '단위학교 책임경영제'에서는 학교경영이란 단위학교가 학교장을 중심으로 주체적이고 자율적으로 학생들의 미래 사회에 필요한 핵심역량을 기르기 위한 단위학교의 '학교경영계획'을 수립한다. 교직원, 학부모, 지역사회 인사, 교육행정기관의 장학담당자는 단위학교가 수립한 '학교경영계획'의 교육목표 달성을 위한 인적·물적·재정적 자원을 발굴·지원함으로써 단위학교가 교육목표를 효과적으로 달성하도록 지원·조장하고 평가를 거쳐 환류(feedback)하는 시스템이다.

표 5-9 '단위학교 책임경영제'의 의미 및 목적, 정착 과정

구분	내용
의미	학교의 운영권을 단위학교에 대폭 위임하여 학교공동체가 학교를 자율적으로 운영할 수 있도록 하는 것
목적	• 교육자치의 실현으로 지역 실정에 맞는 교육을 실천 • 학교장을 중심으로 교육당사자인 교육공동체가 학교운영에 적극 참케 함으로써 교육의 효율성 증대 및 학교 교육 내실화 도모
정착	• '학교운영위원회'를 설치·운영 → 학교자치와 책임경영 확대 • '초빙교장제'의 도입 → '학교운영위원회'의 심의를 거쳐 교장을 초빙 하여 학교 실정에 맞는 교육 운영권 보장 • '도급경비제'를 실시 → 학교의 필요에 따라 용도를 변경할 수 있는 예산을 총액으로 지급하여 단위학교의 예산활용 재량권 확대 • '학교회계제도'를 도입 - 종래의 교육비 특별회계로부터의 전입금, 학교운영지원비, 국가 또는 지방자치단체의 보조금, 지원금을 하나로 통합한 '학교회계 제도'를 도입하여 단위학교 예산의 자율적, 효율적인 운영 보장(2000년 개정 사항).

2) 학급경영
가) 학급경영의 영역 및 내용

담임교사는 효율적인 학급경영을 위하여 아래 담임교사 업무요약표를 참고한다. 각 영역의 업무들을 학교교육계획과 상호 연계하여 연간, 월간, 주간, 일간 추진계획을 사전에 수립한다. 담임으로서 또는 직원으로서 구체적으로 분장 된 해당

업무처리에 대한 책무성을 인지하고 자율적으로 세부계획을 수립·실천한다.

표 5-10 담임교사 학급경영 업무요약표

영역	내용
학급운영	가정환경 파악 및 가정 연계 지도, 교실 환경 정비, 교실 비품 및 교재교구 관리, 청소 및 정리정돈, 학생 및 학부모 오리엔테이션,
교육과정 편성 및 평가	학급 교육과정 편성·운영, 교육 프로그램 개발 및 적용, 교육 활동 계획안 작성 및 교구·자료 준비
일과 운영	일일 계획 실천
교수 활동	교수·학습과정안 작성, 수업자료 준비, 환경구성, 수업 활동 평가
학급 행정 업무	• 학습 환경구성, 학급 시설물 관리, 각종 사무 관리 • 출석부·생활기록부·학생평가자료·학급경영부·수업연구안·연수물·학생기록물 관리 • 기타 학생 관련 각종 기록부 관리
안전관리	안전사고 예방 교육, 학생의 안전사고 처리
학교와 지역사회 연계	• 직원 간 인화 단결 및 업무협조 • 지역사회, 교육 관련 기관과의 유대 형성 • 바람직한 학부모와의 관계 형성 및 교사의 품위유지

출처: 전상준(2018). 교육학의 이해. 정민사. p.286-287.

나) 학급경영의 원리

매 학년 초에 학급의 실태를 파악하고 학급경영 계획을 수립할 때 반드시 다음과 같은 원리들을 심사숙고해 보아야 할 것이다.

표 5-11 학급경영의 원리

원리	세부내용	유의점
교육목표달성 집중의 원리	모든 교육 활동은 교육목표의 달성을 위한 실행에 집중되어야 함	학교 전체의 교육목표 또는 경영 목표의 반영 및 조화
학생이해 선행의 원리	학급경영계획을 수립할 때 학생의 이해가 선행되어야 함	학생 실태조사 및 분석 자료 결과 반영

학생발달단계 고려의 원리	학생의 발달단계를 고려한 학급경영계획이 수립되어야 함	학생의 발달단계와 특성 및 수준 고려
담임교사 교육철학 반영의 원리	담임교사의 교육철학이 학급 교육 활동에 잘 반영되어야 함	급훈 등 담임교사의 바람직한 교육적 신념 반영
독창성과 창의성 있는 경영계획 수립의 원리	독창적이고 창의적인 학급경영계획을 수립·실천하여야 함	담임교사의 독창적이고 창의적인 경영계획 수립

다) 학급경영의 실제

바람직한 학급경영은 담임교사의 학급경영 철학과 학교경영 목표가 잘 조화되었을 때 빛이 난다. 따라서 담임교사는 자신에게 맡겨진 학급 학생들의 발달단계, 특성 및 수준을 잘 분석하여 창의적인 방법으로 학급을 경영해 나가야 한다. 다음을 1991년 전국교직원노동조합이 엮은 학급운영(1학기, 2학기)에 나오는 바람직한 '연간 학급운영 목표 및 실천 계획' 사례이다.

표 5-12 1991년 연간 학급운영 목표 및 실천 계획

월별	월별 목표	주별 활동 목표
3	마을을 열고 함께 만들 어갈 우리의 생활	1주 얼굴을 트고 서로에 대해 알기 2주 우리 반을 이렇게 만들자 3주 우리의 대표자는 우리의 손으로 4주 우리 반을 밝고 활기차게 꾸미자
4	즐겁고 민주적인 생활	1주 학급에서 꼭 필요한 '나' 찾기 2주 나를 내세우기 전에 남의 생각을 먼저 듣자 3주 서로 다른 것을 올바로 모아서 모두의 생각으로 4주 학급 활동 중간평가, 우리가 해보자
5	다 함께 실천하는 삶	1주 사랑과 이해로 맺어진 인간관계 2주 어려운 친구에게 우리의 관심을 3주 참교육이 이루어지는 우리의 학교 4주 올바른 청소년 문화를 찾아서 5주 지역사회 문제에 관심 갖기

- 중략 -

출처: (1991). 학급운영 1학기. 돌베개. p.9-10.

교육행정의 원리는 법제면과 운영면으로 구분된다. 다음 중 법제면의 원리
들로 바르게 짝지어진 것은?

가) 기회균등의 원리

나) 자주성의 원리

다) 적도 집권의 원리

라) 합법성의 원리

마) 타당성의 원리

① 가-나-다-마   ② 가-나-다-라   ③ 가-나-라-마

④ 나-다-라-마   ⑤ 가-다-라-마

정답 ②

 교육행정 이론은 1930년대를 기준으로 고전 이론과 근현대 이론으로 구분
된다. 다음 중 고전이론에 속한 것은?

① 과학적 관리론   ② 인간관계론   ③ 행동과학론

④ 체제이론   ⑤ 사회체제 이론

정답 ①

3 아래 표에 제시된 의사결정론의 특징은 어느 모형의 특징을 설명한 것인가?

모형의 종류	주요 특징
합리적 행위자 모형	• 구조화된 조직이 있고 그 조직의 최고책임자가 합리적인 의사결정자로 그의 결정이 조직전체에 적용됨
조직과정 모형	• 반독립적인 하위조직이 가지고 있는 표준운영절차나 업무목록으로 의사 결정을 하며, 주로 교육행정기관의 하위계층이나 학교조직에서 적용됨
관료정치 모형	• 참여자들 개개인이 의사결정의 주체가 되며 조직의 상위계층에 적용될 가능성이 높음

① 최적모형   ② 쓰레기통 모형   ③ 회사모형
④ 앨리슨(Allison) 모형   ⑤ 만족화 모형

정답 ④

4 다음 보기에 제시된 교육조직의 특성은 교육조직의 어떤 특성은?

▶ 보기 ◀

가. 교수활동의 측면에서는 느슨한 결합구조(수평적 참모조직)
나. 행정관리 측면에서는 엄격한 결합구조(계층적 관료제 구조)

① 전문적 관료제   ② 이완조직   ③ 이중조직
④ 학습조직   ⑤ 전문적 학습공동체

정답 ③

5 다음 장학기법 중에서 수요자인 학교의 요청에 따라 이루지는 최근에 유행하고 있는 장학의 유형은?

① 관리 장학   ② 협동 장학   ③ 수업 장학
④ 인간자원 장학   ⑤ 컨설팅 장학

정답 ⑤

다음 중 '단위학교 책임경영제'의 정착과 관련이 깊은 것들로 바르게 짝지어진 것은?

> 가. '학교운영위원회'의 설치·운영
> 나. '초빙교장제'의 도입
> 다. '도급경비제'의 실시
> 라. '학교회계제도'의 도입
> 마. '순환인사제'의 실시

① 가, 나, 다, 라   ② 나, 다, 라, 마   ③ 가, 다, 라, 마
④ 가, 나, 다, 마   ⑤ 가, 나, 라, 마

정답 ①

 올바른 학급 경영원리들로 바르게 짝지어진 것은?

> 가. 모든 교육 활동의 교육목표 달성을 위한 계획과 실천 집중
> 나. 학급경영계획을 수립할 때 학생의 이해 선행
> 다. 학생의 발달단계를 고려한 학급경영계획 수립
> 라. 담임교사 개인의 교육철학 반영 배제
> 마. 독창적이고 창의적인 학급경영계획 수립

① 가, 나, 다, 라   ② 나, 다, 라, 마   ③ 가, 다, 라, 마
④ 가, 나, 다, 마   ⑤ 가, 나, 라, 마

정답 ⑤

※ (8~10) 다음 패욜(Fayol)의 행정과정의 5요소의 진행 절차를 설명한 것이다. 다음 내용을 읽고 물음에 옳은 답을 쓰시오.

> 행정과정론은 패욜(Fayol)의 『산업과 일반행정론』이라는 그의 저서를 통하여 조직의 경영자에게 조직을 관리하기 위해 수행해야 할 과업들을 작업순서대로 제시하였다. 그는 이러한 절차를 행정과정이라고 하고 다음과 같은 행정과정의 5요소를 제시하였다.
>
> 　　가. 기획(planning) 미래를 예측하고 실천 계획을 수립하는 일
> 　　나. 명령(commanding) 구성원이 주어진 일을 수행하도록 지시하는 일
> 　　다. 통제(controlling) 규칙과 명령에 따라 수행되고 있는지를 확인하는 일
> 　　라. 조정(coordinating) 부서별 업무를 조절하고 상호 조정하는 일
> 　　마. 조직(organizing) 인적·물적 자원을 확보하고 체계화하는 일

8 패욜(Fayol)의 행정과정 5요소 진행 절차를 순서에 따라 기호로 쓰시오.

(　　　　　　　　　　　　　　　　　　　　　　　　)

정답　가-마-나-라-다

9 패욜(Fayol)의 행정과정 5요소 가운데 가장 어렵고 힘든 요소로서 행정수행의 성패가 좌우되는 가장 중요한 단계를 쓰시오.

(　　　　　　　　　　　　　　　　　　　　　　　　)

정답　라. 조정(coordinating)

10 위 2번 문항에서 답한 단계가 왜 가장 어렵고 힘든 요소라고 생각하는지 현장 사례 2가지를 찾아 설명하시오.

1. _____

2. _____

정답 부서별 업무 책임 떠넘기기 현상, 힘든 업무 담당 기피 현상 등

Introduction to Education

CHAPTER

06

교육과정과 교육평가의 이해

CHAPTER 06-1
교육과정의 이해

교육활동이 전개되고 있는 여러 교육 장면에서 가장 본질적인 과제는 학생이나 교육 대상에게 무엇을 어떻게 가르칠 것인가를 결정하고 가르치고 있는 과정과 결과를 확인하는 일이다. 이와 관련된 여러 문제를 탐구하는 영역이 바로 교육과정이다. 교육과정이 어떻게 설계되느냐에 따라 교육의 방향성이 결정되고, 그에 따른 결과도 달라진다.

이 장에서는 교육과정의 개념, 결정 수준, 법적 근거, 개발 모형, 종류, 유형, 구성, 우리나라의 교육과정 변천을 중심으로 살펴보고자 한다.

1 교육과정의 개념

교육과정의 개념은 보는 시각과 관점에 따라 다양하게 해석되고 있다. 교육과정을 어디에 중점을 두느냐에 따라서도 그 개념이 달라질 수 있다. 또 누가 어느 수준에서 어떠한 준거와 방법으로 내용을 결정하느냐에 따라서도 달라질 수 있다.

교육과정이라는 용어는 커리큘럼(curriculum, 教育課程)에서 그 어원을 찾을 수 있다. 영어의 'curriculum'은 라틴어의 'currere(달리다)'에서 비롯되었으며 이는 경마장에서 말이 뛰는 길(The course of race)을 뜻한다. 그 어원적 의미 속에는 '경주로(race course)'와 '경주 행위 그 자체(race itself)'라는 두 가지 뜻이 포함되어 있다.(최호성, 2008). 따라서 교육과정은 교육목적을 위해 사전에 계획한 학습의 코스를 의미한다.

교육과정이라는 용어는 1918년 최초로 교육과정을 전문분야로 취급한 책은 보빗(Bobbitt)의 『교육과정』에 의해서이다. 교육과정의 개념은 학자에 따라, 분류하는 방식에 따라 다양성을 나타낸다. 타일러(Tyler, 1957)는 교육과정이란 학교가 교육목표를 달성하기 위하여 계획하고 지도한 일체의 학습 경험이라고 정의하였다. 또한, 앤더슨(Anderson, 1956)은 경험을 강조하면서 교육과정을 환경과의 상호작용의 총체로 정의했다(최호성, 2008, 재인용). 듀이(Dewey, 1916)는 교육과정이란 교수자의 지도 아래 학습자들이 갖게 되는 모든 경험으로 구성되는 것으로 볼 수 있으며, 스미스 외(Smith et al., 1957)는 교육과정이란 학습자를 가르치기 위한 경험적 모음으로 볼 수 있다(조승제, 2007).

위에서 여러 학자들의 정의를 살펴보았다. 2009 개정 교육과정에서는 전국의 초·중등학교에서 어떤 내용과 방법으로 교육을 해야 할 것인지를 제시한 설계도이며 기본적인 틀이라고 하였다(교육과학기술부, 2009). 그러나 가장 일반적인 정의는 교육과정이란 교육의 과정에서 그 목표를 달성하기 위하여 무엇을 내용으로 선정해서 어떻게 조직하여 가르칠 것인가를 종합적으로 묶은 교육의 전체 계획이다. 다시 말하면, 교육과정이란 무엇을, 어떻게, 왜 가르칠 것인가에 대한 교육의 전반적인 과정에 대한 의도된 사전 계획이 담긴 공식적인 문서라고 정의할 수 있다. 따라서 문서로서의 교육과정은 의도된 교육과정이다. 또한 학교에서 실제로 실천되고 있는 교육과정은 전개된 교육과정이라고 할 수 있다.

2 교육과정의 결정 수준

교육과정 개발·운영과 관련하여 그것을 결정하고 통제하는 주체가 누구이며, 그 결정 과정이 중앙집권적인가 분권적인가 하는 문제는 교육과정 실제에 중요한 영향을 미친다. 대개 중앙 정부가 주도하는 방식, 지역(시·도 교육청)이 주도하는 방식, 학교와 교사들이 주도하는 방식 등으로 구분된다. 우리나라도 제6차 교육과정 이후 초·중등 교육의 다양화·지역화·자율화를 위해 분권화를 시도하고 있다(교육부, 2018).

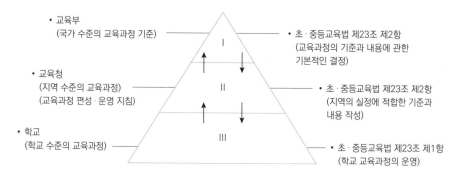

그림 6-1-1 교육과정의 수준

- 교육부
  (국가 수준의 교육과정 기준)

- 교육청
  (지역 수준의 교육과정)
  (교육과정 편성·운영 지침)

- 학교
  (학교 수준의 교육과정)

- 초·중등교육법 제23조 제2항
  (교육과정의 기준과 내용에 관한
  기본적인 결정)

- 초·중등교육법 제23조 제2항
  (지역의 실정에 적합한 기준과
  내용 작성)

- 초·중등교육법 제23조 제1항
  (학교 교육과정의 운영)

출처: 교육부(2018). 2015 개정 교육과정 총론 해설 -중학교-. p.5 재인용.

가. 국가 수준의 교육과정

교육에 대한 국가의 의도를 담은 문서내용이다. 우리나라의 국가 수준 과정이란 초·중등학교의 교육 목적과 목표달성을 위해 초·중등교육법 제23조 제2항에 근거하여 교육부 장관이 결정, 고시하는 교육 내용에 관한 전국 공통의 일반적 기준을 의미한다. 이 기준에는 초·중등학교에서 편성·운영해야 할 학교 교육과정의 교육 목표와 내용, 방법과 운영, 평가 등에 관한 국가 수준의 기준 및 지침이 제시되어 있다.

초·중등교육법에 근거하여 고시되는 국가 수준 교육과정은 의도적인 제도 교육의 목표와 내용, 방법, 평가의 기준이 된다. 뿐만 아니라 교육의 지원과 관계되는 교육행정 및 재정, 교원의 양성·수급·연수, 교과서 등의 교재 개발, 입시 제도 및 교육 시설·설비 등에 대한 정책 수립과 집행의 근거가 되는 '교육의 기본 설계도'로서 기능하게 되며, 학교 교육과정의 기준으로서 법적 구속력을 갖게 된다. 국가 수준 교육과정 기준은 2015 개정 교육과정의 성격에도 그 의미가 명확하게 제시되어 있다. 국가 수준 교육과정 기준에는 법적 구속력이 있지만 동시에 이 기준은 교육의 목적 달성에 필요한 교육적 기준이므로 국가 교육과정 기준을 지역 및 학교의 실정에 알맞게 운영하는 것 또한 중요한 의미를 갖는다(교육부, 2018).

국가수준 교육과정의 장점으로는 공교육의 객관적인 질 관리와 교육목표와 내용의 학교급별 일관성과 체계성을 유지할 수 있다. 뿐만 아니라 지역수준 교육과정의 개발을 위한 비용과 시간을 절감할 수 있다. 단점은 지역이나 학교의 특성을 반영하기 어려울 뿐만 아니라 자율성을 침해할 수 있다. 또한 교사의 전문성을 기대하기 어렵다.

나. 지역 수준의 교육과정

지역수준의 교육과정은 교육에 대한 지역의 의도를 담은 문서내용이다. 국가 수준 교육과정은 전국의 모든 학교에서 편성·운영해야 할 교육 내용의 공통적, 일반적인 기준이므로 각 지역의 특수성과 각 학교의 다양한 요구와 필요를 국가 수준의 교육과정에 모두 반영한다는 것은 매우 어려운 일이다. 따라서 시·도 교육청 수준에서는 국가 수준 교육과정에서 획일적으로 제시하기 어렵거나 세밀하게 규제하는 것이 바람직하지 않은 사항은 그 지역의 특수성과 학교의 실정, 학생의 실태, 학부모 및 지역 사회의 요구, 그리고 해당 지역과 학교의 교육 여건 등에 알맞게 정해야 한다. 또한, 그 지역의 교육 중점 등을 설정하여 관내의 각급 학교에서 학교 교육과정을 편성·운영할 때 준거로 각 시·도 교육청에서는 각급 학교의 교육과정 편성·운영을 위한 지침을 작성하여 학교에 제시할 필요가 있다. 지역 수준의 교육과정 편성·운영 지침은 국가 기준과 학교 교육과정을 자연스럽게 이어 주는 교량적 역할을 하게 되며, 장학 자료, 교수·학습 자료 및 지역 교재 개발의 기본 지침이 될 수 있다(교육부, 2018).

지역 수준의 교육과정을 설정하는 법적 근거는 초·중등교육법 제23조 제2항 등에 제시되어 있다. 우리나라는 제6차 교육과정에서부터 지역수준 교육과정이 반영되었다. 또한, 2015 개정 교육과정에서는 교육청 수준 지원 사항으로 그 근거를 제시하고 있다.

지역 수준 교육과정의 장점으로는 지역의 특수성, 교육의 실태, 학생·교원·주민의 요구와 필요 등을 반영하여 교육 중점을 설정하고 교육과정 편성·운영 지침을 작성할 수 있다. 또한 지역교육청의 교육문제 해결능력의 신장과 교육 관련 전문성을 키울 수 있다. 단점으로는 시간, 인력, 비용 등의 부족으로 인한 문제와 지역 간 교육격차의 심화를 가져 올 수 있다.

다. 학교 수준의 교육과정

학교 수준의 교육과정은 교육에 대한 학교의 의도를 담은 문서내용이다. 국가 수준에서 학교 교육과정의 모든 것을 결정하는 중앙집권적 교육과정 체제에서의 교사의 역할은 위로부터 부여받은 교육과정을 단순히 실행하는 것으로 한정되었다. 학교와 교사의 역할은 국가가 제시한 교육과정을 받아 학생들에게 어떻게 하면 잘 가르칠 것인가에 국한된 것이다. 교육과정 결정의 분권화와 교육과정에 대한 학교의 자율성이 지속적으로 확대되어 오면서 교사의 역할이 교육과정 실행자 및 사용자, 교수자에만 한정되지 않고 교육과정에 대한 의사 결정자이며 최종 결정자이고, 개발자로 자리매김 하게 된 것이다. 이에 필요한 전문성 신장이 지속적으로 요구된다.

따라서 학교 현장에서 교사가 교육 내용과 방법을 어떻게 결정하고 실천하고 평가하느냐 하는 것은 대단히 중요하다. 각급 학교에서 교육 실천 계획을 수립하고 중점 교육 내용과 방법을 선택하고자 할 때 그 근거가 되는 것은 국가 교육과정 기준과 시·도 교육청 지침이다. 때문에 교사들은 이 기준과 지침을 자세히 분석하는 동시에 학교의 학생·교원 실태, 교육 시설·설비·자료 등의 교육 여건 등을 잘 파악해야 한다. 학교의 여건과 실태에 기초하여 학생들에게 실천 가능한 교육 설계도를 마련하고, 그러한 설계도에 담긴 특색을 구현할 수 있는 운영 계획 및 세부 실천 계획을 수립하는 것이 중요하다(교육부, 2018).

학교 수준 교육과정의 장점으로는 교육과정 결정에 있어서 학교구성원인 교사, 학생, 학부모, 지역공동체가 참여할 수 있어 학교의 자율성이 증대된다. 그러나 교육과정 개발 과정에서 교사의 직접적인 참여의 의지가 없다면 전문가로서의 교사의 역할을 기대하기 어렵다.

라. 교육과정의 세 가지 결정 요소

그림 6-1-2 교육과정의 결정요소

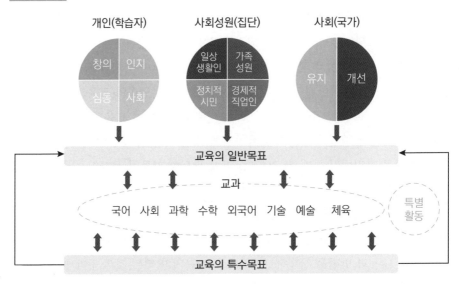

출처: 성태제(2018). 최신교육학개론. 학지사.

3 교육과정의 법적 근거

    교육과정과 관련되는 법령은 크게 헌법, 교육기본법, 초·중등교육법, 그리고 그 외의 기타 법령으로 나누어 살펴볼 수 있다. 헌법 제31조에는 모든 국민이 능력에 따라 균등하게 교육을 받을 권리와 교육의 자주성·전문성·정치적 중립성 등이 보장된다는 점이 명시되어 있다. 교육기본법 제2조에는 홍익인간의 이념 아래 모든 국민으로 하여금 인격을 도야하고 … 명시되어 있다. 초·중등교육법 제41조에서도 관련 법적 근거가 제시되어 있다. 학교 교육과정 편성 및 운영의 주요 사항에 대한 법적 근거는 [표 6-1-2] 학교 교육과정 편성 및 운영의 주요 사항에 대한 법적 근거와 같이 요약할 수 있다(교육부, 2018).

표 6-1-1 학교 교육과정 편성 및 운영의 주요 사항에 대한 법적 근거

구분	주요 사항	교육과정의 법적 근거
1	국가 수준 교육과정 기준 설정	헌법 제31조 제1항, 제4항 초·중등교육법 제23조 제2항
2	국가 교육과정 기준 지역 수준의 교육과정 학교 교육과정 편성·운영의 지침, 법적 기준	교육기본법 제3조 ~ 제6조 초·중등교육법 제23조 제2항
3	중학교의 교육 목적 규정	초·중등교육법 제41조
4	학교 교육과정 편성·운영의 법적 근거	초·중등교육법 제23조 제1항, 제2항
5	교과	초·중등교육법 제23조 제3항 초·중등교육법시행령 제43조
6	학사일정 운영	초·중등교육법 제24조 초·중등교육법시행령 제44조, 제45조
7	학급 편성	초·중등교육법시행령 제46조
8	학교의 휴업일	초·중등교육법시행령 제47조
9	수업 운영 방법	초·중등교육법시행령 제48조
10	중학교의 자유학기 운영	초·중등교육법시행령 제44조, 제48조
11	교류학습, 체험학습의 수업일수 인정의 법적근거	초·중등교육법시행령 제48조 제5항 초·중등교육법시행령 제49조
12	진급과 졸업	초·중등교육법 제26조 초·중등교육법시행령 제50조
13	중학교 수업연한 규정	초·중등교육법 제42조
14	조기 진급 및 조기 졸업	초·중등교육법 제27조 초·중등교육법시행령 제53조
15	학습 부진아 등에 대한 교육	초·중등교육법 제28조 초·중등교육법시행령 제54조
16	교과용 도서	초·중등교육법 제29조 초·중등교육법시행령 제55조
17	학교운영위원회 구성·운영	초·중등교육법 제31조, 제32조
18	장학 지도	초·중등교육법 제7조 초·중등교육법시행령 제8조

19	학생 자치 활동	초·중등교육법 제7조
20	학교 규칙 제정	초·중등교육법 제8조 초·중등교육법시행령 제조
21	평가 및 평가 결과 기록	초·중등교육법 제9조, 25조 초·중등교육법시행령 제12조
비고		

4 교육과정의 개발 모형

가. 타일러(Tlyer)의 교육과정 모형

타일러의 모형은 국가 수준의 교육과정에서부터 학교 수준의 교육과정 개발에 이르기까지 폭넓게 적용될 수 있다. 타일러는 교육과정개발자들이 따라야 할 절차를 제시한다는 점에서 처방적 모형이라고도 한다. 개발 절차는 교육목표의 설정 → 학습경험의 선정 → 학습경험의 조직 → 평가로 진행한다. 타일러 모형은 목표중심 모형, 합리적 모형, 가치중립적 모형, 처방적 모형, 연역적 모형의 특징을 지닌다.

타일러 모형의 장점은 교육과정 개발이 제한된 자원 속에서 가장 효과적인 실천 성과를 거두기 위한 실용적 접근에 관심을 두고 있음을 밝히며, 이를 위하여 단계적 절차에 따른 개발을 강조하였다. 또, 특정 가치를 주장하기보다는 올바른 가치판단을 위한 기준을 제시하는 데 노력하였다. 단점은 탈정치적이라는 비판을 면하기 어렵다. 교육과정 개발은 시발자, 시행자, 관계자들의 합의보다는 갈등, 협상, 타협 등 권력이 작용하는 정치적 과정 속에서 이루어지는 경우가 많은데 교육과정 개발의 주요 의제로 다루지 않았기 때문이다. 기술적 합리성에 치우쳐 있어서 교육과정이 개발되는 정치적 현실을 제대로 반영하지 못할 뿐만 아니라, 계급, 인종, 성별 등의 사회적 불평등 문제의 해소와는 거리가 있다고 하였다.

나. 워커(Walker)의 숙의 모형: 자연주의적 교육과정 개발 모형

숙고와 숙의에서 숙은 '익다' 또는 '삶아서 익히다'라는 뜻이다. 숙의는 '푹 익을 정도로 의논하다'는 뜻을 지닌다. 워커의 교육과정 개발 모형은 전문가, 자금, 인력이 부족한 학교에서는 적용되기 어렵다는 지적을 받고 있다.

워커의 개발 모형은 다음과 같은 문제점이 있다. 숙의 모형의 화살표가 한쪽 방향만을 가르키는 것은 오해의 여지를 제공한다. 화살표는 상호 순환 내지 점진적 발달을 나타내는 나선형 방향으로 수정되어야 한다.

또, 숙의의 결과가 교육과정 설계로 묘사되어 있지만, 숙의자의 출발점이 변화하고 숙의 과정에서 교육과정 결정의 성격과 과정을 이해하게 되는 것도 산물이 된다. 즉, 교육과정의 설계가 이 모형의 유일한 산물인 것처럼 묘사되는 것은 잘못이다.

그림 6-1-3 **워커의 숙의 모형**

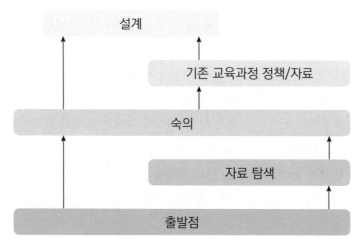

출처: 김대현 외(2020). 교육과정 및 교육평가. 학지사.

다. 타바(Taba)의 교사 중심 모형

타바의 교육과정은 교사에 의해 개발되어야 함을 강조하면서 교육과정 개발이 교수-학습 단원을 만드는 것부터 시작되어야 한다고 주장했다. 개발절차는 시험 **단원 개발**(요구의 진단, 목표의 설정, 내용의 선정, 내용의 조직, 학습 경험의 선정, 학습 경험의 조직, 평가내용, 방법, 수단 결정, 규형성과 계열성 검증), **시험 단원 검증, 수정 및 보완, 단원 구조화, 새 단원 정착 및 보급**으로 진행된다. 특징은 교사 중심 모형으로 외부 전문가에 의해 하향식 개발이 아니라 교사에 의한 현장 지향적이다. 다음으로 타바의 모형은 귀납적 모형이다. 단원 개발에서 출발하여 교과 형성으로 진행된다. 또 처방적 모형으로, 교육과정 개발자들이 따라야 할 절차를 상세히 제시했으며, 요구 진단을 통한 상호작용을 강조한 역동적 모형이다.

라. 스킬백(M. Skilbeck)의 학교 중심 모형

스킬백의 학교 중심 모형은 전통적인 교육과정 개발모형의 경직성과 비현실성을 비판하면서 학교 현장의 교사들이 융통성 있게 교육과정 개발에 참여할 수 있도록 허용하는 학교 중심 교육과정 개발 모형이다.

학교 중심 개발 모형의 개발절차는 먼저, 상황을 분석한다. 내적요인은 학생의 적성, 능력, 교육적 요구, 교사의 가치관, 태도, 지식, 학교의 환경, 시설 등과 외적요인은 학부모의 기대감, 지역사회의 가치, 교육체제의 요구, 변화하는 교과의 성격 등을 분석한다. 둘째, 목표를 설정한다. 상황 분석에 기초하여 예상되는 학습 결과를 바탕으로 한다. 셋째, 프로그램을 구성한다. 내용, 구조, 방법, 범위 계열성 등 교수-학습활동을 설계한다. 넷째, 변화된 교육과정에 따라 야기되는 문제점을 예측, 판단을 바탕으로 해석과 실행을 한다. 마지막 단계는 모니터링, 피드백, 평가체제를 설계하고 연속적인 과정으로 재구성한다.

학교 중심 개발 모형의 특징은 학교 현실을 반영한 교육과정 개발모형이다. 또 학교 특성을 고려한 교육과정 개발모형이며, 역동적이고 상호작용적 모형이다.

그림 6-1-4 스킬백의 학교 중심 모형

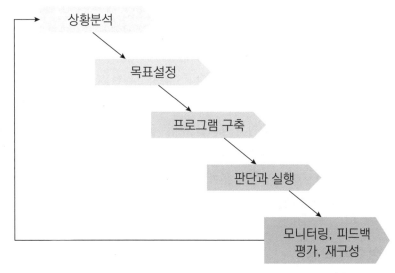

상황분석

목표설정

프로그램 구축

판단과 실행

모니터링, 피드백
평가, 재구성

출처: 김대현 외(2020). 교육과정 및 교육평가. 학지사.

마. 위긴스(Wiggins)와 맥타이(McTighe)의 백워드(Backward) 설계 모형

백워드 설계 모형은 학생의 이해력 신장을 강조하는 교육과정 설계 모형이다. 그 개발절차는 첫째, 바라는 결과를 확인(목표설정)한다. 목표는 국가 수준의 성취기준을 분석하여 중요한 개념을 확인한 후 설정한다. 다음은 영속적 이해이다. 중요한 개념이 학생들에게 어떤 영속적 이해를 요구하는지 살핀다. 이해의 6가지 측면은 설명, 해석, 적용, 관점, 공감, 자기지식이다. 둘째, 수용 가능한 증거의 결정(평가계획)이다. 수행과제와 평가의 준거를 결정한다. 셋째, 학습 경험과 수업의 계획(수업활동 계획)이다. 이해의 여부를 확인할 수 있는 증거를 가지고 학습 경험과 수업을 계획하는 단계이다.

백워드 설계 모형의 특징은 교과 내용의 성취기준이 목표 설정 과정에 반영되며, 이 목표를 바탕으로 평가와 수업활동이 계획된다. 또, 기본 개념이나 원리에 대한 높은 수준의 이해와 수행을 요구한다. 아울러, 학습 내용 선정에 앞서 매우 구체적인 평가계획안이 미리 마련할 것을 강조한다.

마지막으로 백워드 설계 모형의 장단점은 다음과 같다.

장점은 국가 교육과정의 성취기준이 목표 설정과 평가 계획, 수업 활동 계획에 반영되므로 국가 교육과정과 현장 수업이 일치된다. 교과서에서 교육과정 중심의 수업으로 전환되며, 성취평가제에 대비한 수업 운영이 가능하다. 목표, 내용, 평가가 일치한다. 교과에 대한 학습자의 심오한 이해나 고등사고능력을 신장시킬 수 있다.

단점은 목표를 우위에 두고 교육과정을 설계하므로 교육내용을 목표달성의 수단으로 이해할 가능성이 있으며, 평가 계획을 수업 계획에 앞서 수립하도록 함으로써 평가 의존적인 수업활동이 전개될 가능성이 있다. 또, 학문적 지식에 기반한 내용의 이해를 목표로 하므로 학생들의 흥미와 관심사를 고려해야 하는 문제가 있으며, 목표 자체의 정당성 문제도 제기된다.

바. 구성주의 모형

구성주의 모형은 절충식에 가깝다. 우리나라의 교육과정의 기본은 타일러와 워커의 모형이 혼합된 형태이다. 학습자의 인지와 이해가 중요하며, 자기주도 학습, 상황, 맥락을 중시한다. 구성주의에서 지식은 개인의 경험을 기반으로 하는 탐구활동을 통하여 발견되는 것으로 본다. 학습자는 이미 알고 있는 사전 지식을 활용하여 의미 구성 과정에 능동적으로 참여하는 존재이다. 교육과정은 미리 정해진 내용의 목록이 아니라 특정 학습 결과를 촉진하는 학습활동 및 상호작용의 집합으로서 연구와 탐구를 위한 내용으로 본다. 학습은 교사 또는 동료의 도움을 받아 학습자 스스로 자신의 경험적 세계를 조직하는 과정으로 본다.

구성주의 모형의 장단점은 다음과 같다. 먼저 장점으로 실용적이라는 것이다. 어떤 수준이나 교과에서도 활용 및 적용할 수 있는 폭넓은 유용성이 있다. 다음은 용이성이다. 논리적이고 합리적인 일련의 절차를 제시하고 있어 교육과정 개발자나 수업 계획자가 이 모형을 적용하기 쉽다. 또, 종합성을 들 수 있다. 교육과정과 수업을 구분하지 않고 전부를 포괄하는 광범위한 종합성을 띠고 있다. 마지막으로 평가에 광범위한 지침을 제공한다. 교육목표를 명세화하고 학생의 행동과 학습 경험을 강조함으로써 평가에 매우 광범위한 지침을 제공해 준다.

다음으로 단점은 먼저, 목표를 내용보다 우위에 두고 있으므로 내용을 목표 달성의 수단으로 간주한다. 또 무엇을 가르쳐야 할 것인가에 대한 실질적 내용을 제시하지 않는다. 그리고 수업 진행 과정에서 새롭게 생겨나는 부수적, 확산적 목표의 중요성을 간과한다. 마지막으로 외적 행동의 변화만 지나치게 강조하여 내면의 인지구조의 변화, 가치와 태도 및 감정의 변화의 중요성을 간과한다.

5 교육과정의 종류

교육과정의 종류를 기본성격에 의해 표면적 교육과정과 잠재적 교육과정 그리고 영 교육과정으로 구분할 수 있다. 또한 학교교육의 전반적인 과정에 영향을 미치는 요인으로서 의도된(intended) 교육과정, 전개된(implemented) 교육과정, 실현된(attained) 교육과정으로 구분할 수 있다. 의사결정자 수준에 따라 국가에서 교육과정을 개발하고 평가하는 중앙집권적 교육과정 체제와 지역이나 학교를 중심으로 교육과정을 개발하는 지방분권적 교육과정 체제로 구분할 수 있다(김진규, 2015). 여기에서는 표면적 교육과정, 잠재적 교육과정, 영 교육과정으로만 나누어 살펴보기로 한다.

가. 표면적 교육과정

표면적 교육과정이란 공식적 교육과정과 비교하여 의미를 명확히 구분할 필요성이 있다고 생각한다. 표면적 교육과정은 학교에서 계획하고 의도적으로 학생에게 제공되는 교육내용 및 경험의 전체로, 교과목, 즉 국어, 사회, 수학 등과 같이 자료화·문서화된 공식과정을 의미하며, 가시적·표출적이며 인지적 영역을 주로 다룬다. 공식적 교육과정(official curriculum)은 형식적 교육과정(formal curriculum), 계획된 교육과정(planned curriculum), 외현적 교육과정(overt curriculum), 조직된 교육과정(organized curriculum), 기대된 교육과정(expected curriculum)이라고도 한다. 1970년경부터 잠재적 교육과정의 개념이 나타남에 따라서 이것과 구분 짓기 위하여 종래의 교육과정 개념을 앞에서 제시한 여러 가지 이름으로 부르게 되었다.

나. 잠재적 교육과정

잠재적 교육과정은 학교교육이 기능교육, 단편적 지식에 치중하여 가치관, 윤리의식을 확립하지 못해 인간교육에 실패하고 있다는 각성과 더불어 교육제도 자체 속에 인간교육을 해치는 요소를 분석하여 이를 바로 잡으려는 시도에서 시작되었다.

잠재적 교육과정(hidden-curriculum)이라는 개념은 잭슨(Jackson, 1968)이 『교실에서의 생활』이라는 저서를 통해 처음으로 사용하였다. 공식적으로 의도하지 않은 교육과정으로서 표면적이지 않고(implicit), 숨겨져서(hidden) 잠재되어 있는 (latent) 교육과정이다. 즉, 학교가 공식적 교육과정에서 의도하거나 계획하지 않은 것으로서, 교육과정이 작동되거나 운영되면서 학생들이 은연중에 배우게 되는 가치·태도·행동양식과 같은 경험된 교육과정이다(박철홍 외, 2013).

다시 말하면, 잠재적 교육과정은 학교에서 계획적으로 이끌지 아니 했는데 학습의 결과가 나타나는 교육과정으로, 문서화되지 않은, 연구되지 않은, 의도하지 않았으나 학생들에게 나타나는 학습결과나 경험, 계획되지 않은, 비형식적인, 보이지 않는, 비공식적인 것들이 여기에 속한다. 예를 들어 학교에서 매일 받아쓰기 시험을 보고 틀린 낱말을 30번씩 쓰게 했더니, 학생들이 나중에 국어 공부를 싫어하게 되는 결과를 가져왔는데 이 경우도 여기에 해당된다.

표 6-1-2 표면적 교육과정과 잠재적 교육과정의 비교

구분	표면적 교육과정	잠재적 교육과정
교육과정 형태	공식적 교육과정 문서화된 형태	비공식적 교육과정 문서화되지 않은 형태
학습영역	지적(知的)인 것 인지적 영역	비지적(非知的)인 것 정의적 영역: 흥미, 태도, 가치관 등
학습방법	학교에 의해 의도적으로 조직되고 가르쳐짐	학교에서 의도하지 않았지만 학습자가 은연중에 배우게 됨
교육내용	교과와 관련된 이론적 지식	생존기술 및 학교의 문화 풍토
학습시간	일시적, 단기적으로 배움	장기적, 반복적으로 배움

학습내용	바람직한 것이 주된 내용	바람직한 것뿐만 아니라 바람직하지 않은 내용도 포함
교사의 역할	교사로부터 지적, 기능적 영향	교사의 인격적 감화

출처: 강기수 외(2013). 교육학개론. 동문사. p.184.

다. 영 교육과정

영 교육과정(null curriculum)은 교육과정에 심미적 접근을 지향하는 아이즈너 (Eisner)가 『교육적 상상(The educational imagination)』이라는 저서에서 처음 소개한 개념이다. 영 교육과정이란 학교에서 소홀히 하거나 공식적으로 가르쳐지지 않는 교과나 지식 및 사고양식으로, 학교 교육과정에서 '의도적으로 배제된 교육과정'을 말한다(김병희 외, 2008).

아이즈너는 만일 이것들을 공식적인 교육과정에 포함하지 않는다면 학교의 교육적인 영향력은 그만큼 위축되거나 왜곡될 수 있다고 경고하였다. 예를 들어, 공식적인 교육과정이 문자나 숫자 위주의 표현양식만을 강조하고 시각, 청각, 운동 등 다양한 표상형식의 개발을 경시한다면, 이는 인간의 다양한 능력 중에서 일부만을 개발하게 되어 결국 교육적으로 막대한 손실을 끼치게 된다는 것이다(김대현 외, 2008).

먼저, 영 교육과정의 개념을 교수자의 입장에서 살펴보면, '가르치지 않는(not to teach)' 교육과정으로서 공적인 문서 속에는 포함되어 있지 않지만 학생들이 도달해야 할 교육목표나 배워야 할 가치를 지니는 교육내용을 가리킨다. 이러한 측면에서 교육과정이 선택과 배제, 포함과 제외의 산물이기 때문에 영 교육과정은 공식적 교육과정의 필연적 산물이며, 교육과정이라는 동전의 앞뒤 면이라고 볼 수 있다(박철홍 외, 2013).

다음으로는 영 교육과정의 또 다른 의미는 학습자의 측면에서 살펴 볼 수 있다. 이러한 관점에서 영의 의미는 '학습할 기회가 없는(zero에 가까운)'이라는 뜻이다. 어떤 내용이 공식적 교육과정에 포함되어 있다 하더라도 학습할 기회가 없었다면 영 교육과정에 속한다. 영 교육과정은 공식적 교육과정에 포함되어 있는가 하는 것과 관계없이 교육적으로 가치 있는 내용 중에서 학생들이 학습할 기회를 갖지 못한 내용을 가리킨다(김대현 외, 2008). 예를 들어, 산업혁명 직후 산업노동력이 필요로 할 때 학교에서는 읽기와 쓰기는 가르쳤으나 셈하기는 가르치지 않았다. 셈하기를 배우면 육체노동보다는 경리사원이 되려고 하므로 셈하기는 한 때 영 교육과정이었다. 또, 과거 비민주적인 정권 시절에 비판적인 사고능력의 계발은 정부 비판 능력의 신장을 의미한다고 생각하여 학교에서 의도적으로 제외한 것도 영 교육과정의 사례로 볼 수 있다(김진규, 2015). 결국, 영 교육과정은 공식적 교육과정에 의도적·비의도적으로 채택되지 아니 하였지만(제외되어 있지만) 선정될 가능성이 있는 교육과정을 의미한다.

6 교육과정의 유형

교육과정의 유형을 교과중심 교육과정, 경험중심 교육과정, 학문중심 교육과정, 인간중심 교육과정으로 나누어 개념과 특징, 유형 및 장단점을 살펴보면 다음과 같다.

가. 교과중심 교육과정

1) 개념

교과중심 교육과정(subject-centered curriculum)은 역사적으로 가장 오랜 전통을 가지고 있을 뿐만 아니라 오늘날에도 계속 사용하고 있는 교육과정의 한 형태이다. 교과중심 교육과정은 교육의 주 기능을 문화유산을 후손에게 전달하는 것으로 믿고, 전달한 문화유산 중 가장 가치 있고, 가장 심오한 내용들을 정선하여 논리적인 학문적 지식의 체계로 정리해 놓은 것이다(류동훈, 2003).

따라서 교육과정을 구성함에 있어서 교과가 중심이 되어야 한다는 입장이다. 결국, 교과중심 교육과정에서 교육과정이란 지식의 체계를 존중하는 것으로, 학교에서 학생이 배우는 모든 교과와 교재를 가리킨다.

2) 특징

교과중심 교육과정의 일반적 특징을 몇 가지 살펴보면 다음과 같다(류동훈, 2003).
첫째, 교과중심 교육과정은 교육을 문화유산의 전달로 본다. 그래서 교육내용은 문화유산을 체계적으로 정선해 놓은 것이다. 그러므로 교과중심 교육과정을 문화유산중심 교육과정이라고도 할 수 있다.

둘째, 교과중심 교육과정은 교사중심의 교육과정이다. 수업을 교사가 주도하고 지식과 기능의 신장에 중점을 둔다. 따라서 교사는 학습자보다 월등한 지식과 기능을 지니고 있어야 한다.

셋째, 설명 위주의 교수법이 주로 이용된다. 교과의 내용에 대한 자세한 설명이 요구되는 경우가 많을 수밖에 없기 때문에 교과의 지식을 잘 설명할 수 있는 교사의 능력이 요구된다.

넷째, 한정된 교과영역에서만 교수-학습활동이 이루어진다. 교과중심의 교육과정은 교과 간의 경계를 중시한다. 따라서 학생들에게 일률적으로 교과가 제공되고 교수-학습활동 범위도 교과서 내에서 이루어진다.

3) 유형

교과중심 교육과정에서 교육과정을 조직하는 유형은 네 가지로 구분해 볼 수 있다.

첫째, 분과교육과정(separated curriculum)은 한 과목을 다른 과목과 완전히 독립시켜 조직하는 것이다. 각 교과의 조직은 다른 교과와 내용이 다르고, 교과 간의 구분이 엄격하다. 이 교육과정에서 교사는 인접교과에 대해 전문적 지식이 요구된다. 예를 들어, 국사, 동양사, 세계사 등과 같이 교과를 각각 따로 가르치는 경우를 들 수 있다.

둘째, 상관교육과정(correlated curriculum)으로, 유사 과목이 각각 분절되어 조직되는 분과교육과정의 폐단을 시정하기 위하여 유사과목을 서로 관련시켜 구성한 것이다. 이 교육과정에서 교사는 인접교과에 대해 상당한 정도의 지식이 요구된다. 예를 들어, 역사와 지리, 과학과 수학, 동물학에서의 호흡과 식물학에서의 호흡을 서로 관련시켜 조직하는 것이다.

셋째, 융합교육과정(fused curriculum)으로 두 과목의 내용에서 다수의 공통요인을 추출하여 하나의 과목으로 조직한 것이다. 예를 들어, 동물학과 식물학에서 '호흡'뿐만 아니라 여타의 내용들을 추출하여 '생물'이라는 한 과목으로 조직하는 것이다.

넷째, 광역교육과정(broad-fields curriculum)으로 교과목 간의 구분을 해소하고 동일한 교과영역에 속하는 과목들을 하나의 대영역으로 포괄시킨다. 이 교육과정에서 교사는 해당영역의 넓은 지식이 요구된다. 예를 들어, 생물, 물리, 화학, 지구과학이라는 과목을 하나로 묶어서 '과학'이라는 교과로, 한국사, 동양사, 서양사라는 과목을 '역사'라는 교과로 조직하는 것이다.

4) 장단점

교과중심 교육과정의 장단점은 〈표 6-1-3〉과 같다.

표 6-1-3 교과중심 교육과정의 장단점

장점	단점
• 문화유산의 전달에 가장 알맞다. • 지식을 체계적으로 조직하는 데 효과적인 방법이다. • 체계적이고 조직적인 지식전달에 좋다. • 수업은 교사가 주도하고 지식과 기능의 신장에 중점을 둔다. • 중앙집권적 통제가 쉽다. • 학습결과의 평가가 용이하다.	• 학생들의 흥미, 능력, 필요가 무시당할 염려가 있다. • 단편적인 지식의 주입이 되기 쉽다. • 경쟁심을 조장하고 비실용적인 지식을 획득할 우려가 있다. • 수동적인 학습태도를 형성하기 쉽다. • 고등정신기능(비판력, 창의력, 사고력 등) 함양이 어렵다. • 현대의 사회문제와 유리된다. • 학습내용이나 교육내용의 조직배열이 비능률적이다.

출처: 신봉호 외(2014). 교육학개론. 동문사. p.155.

나. 경험중심 교육과정

1) 개념

경험중심 교육과정(experience-centered curriculum)은 교과중심 교육과정으로는 학생들을 급변하는 사회에 적응시키기 어렵고, 또한 현실생활과 너무 동떨어져 있다는 비판에서 대두하였다. 경험중심 교육과정이 미국에서 대두한 것은 1930년대 전후인데, 당시 미국에서는 실용성 있는 지식과 아동의 흥미와 욕구를 중시하는 듀이(Dewey)의 진보주의 사조가 유행하면서, 기존의 교육과정에 대한 개정작업이 활발히 진행되었는데 이때 나타난 것이 경험중심 교육과정이다(김병희 외, 2012).

경험중심 교육과정은 학습이란 것은 학습자에게 흥미가 있고 필요와 목적에 맞는 내용일 때 가장 효과적이고, 실제 생활에 밀접하게 관련될 때 의미 있게 조직된다. 따라서 경험중심 교육과정은 학생들의 직접적인 흥미·필요·목적에 기반을 두고 교육과정을 구성하며, 학습자의 자발적인 활동을 통하여 전인적 발달을 기하는 데 목적이 있다(손영환 외, 2009).

경험중심 교육과정은 학습자를 중심에 두고 가르칠 내용과 방법을 결정한다. 또, 전인교육을 강조하기 때문에 아동의 지적·정서적·신체적인 측면의 조화로운 발달을 중시한다.

2) 특징

경험중심 교육과정의 일반적 특징을 몇 가지 살펴보면 다음과 같다(허혜경 외, 2012).

첫째, 아동중심 교육을 강조하기 위하여 아동의 흥미와 필요를 중심으로 교육과정을 구성한다.

둘째, 교과목의 엄격한 구분보다 통합을 지향한다.

셋째, 교재를 학습의 장에서 결정하고, 여기에 학습자의 협력과 참여기회를 부여한다. 다시 말해 교과서나 그 밖에 미리 준비된 수업자료보다는 지역사회를 교수-학습의 자원으로 더 많이 활용한다.

넷째, 대집단으로 편성된 경쟁적인 학습 분위기보다는 소집단별로 협동적인 학습 분위기를 강조하는 학생 중심의 수업을 요구한다.

다섯째, 현실 생활에 직면하는 문제들을 해결할 수 있는 능력을 기를 것을 강조한다.

여섯째, 과제를 완성하는 데 비교적 긴 시간이 소요되는 프로젝트 등을 중심으로 조직되어 있다.

일곱째, 교사들이 통제·관리자가 아닌 학습촉진자(facilitator) 또는 자원(resources)으로 활동해 주길 기대한다.

여덟째, 평가의 경우에도 사실적 정보나 개념의 회상을 요구하기보다는 실제 과제를 처리할 수 있는 평가방법을 선호한다.

3) 유형

경험중심 교육과정에서 교육과정을 조직하는 방법은 세 가지로 구분해 볼 수 있다(김병희 외, 2012).

첫째, 활동형 교육과정(activity curriculum)으로 아동의 흥미나 욕구에 따른 다양한 활동으로 교육과정을 조직한다. 활동형 교육과정에서 학습이란 학습자에게 유목적적이고 흥미가 있을 때 가장 효과적이라고 전제된다. 따라서 교육과정은 아동 스스로 학습을 계획하고, 실천·평가하는 프로젝트법(project method)과 같은 형태를 중시한다.

둘째, 중핵형 교육과정(core curriculum)으로 이 교육과정은 중핵과정과 주변과정이 동심원적으로 조직된다. 사회의 가치, 학생의 필요·흥미를 중심으로 이에 주변과정을 가미하여 통합하는 형태이다.

중핵형 교육과정에서는 중핵의 요소를 무엇으로 하는가에 따라 몇 가지 형태로 나타난다. 즉, 중핵의 요소를 교과의 범주에서 찾는 교과중심의 중핵형 교육과정, 중핵 요소를 학습자 개인의 욕구와 흥미에서 찾는 개인중심의 중핵형 교육과정, 그리고 중핵 요소를 사회적인 문제에서 찾는 사회중심의 중핵형 교육과정으로 구분된다.

셋째, 생성형 교육과정(emerging curriculum)으로 사전에 계획하지 않고 학습해 가는 과정에서 교육과정이 생성되는 것을 말한다. 이 교육과정 조직은 사전에 계획하지 않기 때문에 교사와 학생들에게 자유의 폭과 융통성이 크다. 생성형 교육과정의 대표적인 예로는 현장학습, 답사 등이 있다.

4) 장단점

경험중심 교육과정의 장단점은 〈표 6-1-4〉와 같다.

표 6-1-4 경험중심 교육과정의 장단점

장점	단점
• 학습자의 욕구, 흥미와 관련되므로 자발적인 참여가 가능하다. • 생활인, 실천인을 육성할 수 있다. • 학습자의 개인차를 고려한다. • 능동적인 학습태도를 함양할 수 있다. • 다양한 경험을 중심으로 문제해결력을 기를 수 있다. • 탐구력, 비판력, 창의력과 같은 고등정신 능력을 함양할 수 있다.	• 교육과정의 학문적 구조화가 어렵다. • 기초학력의 저하를 초래한다. • 기본적인 지식과 문화적 전통의 학습에 어려움이 있다. • 교육과정의 계획, 운영, 평가의 체계적 관리가 어렵다. • 교육에 있어서 시간과 경비를 무시한다. • 학습내용의 조직상 논리적 체계가 부족하다.

출처: 신봉호 외(2014). 교육학개론. 동문사. p.158.

다. 학문중심 교육과정

1) 개념

학문중심 교육과정(discipline-centered curriculum)은 1957년 10월 4일 구소련의 인공위성 스푸트닉(sputnik)호 발사에 따른 충격으로, 미국에서 경험중심 교육과정에 대한 비판을 통해 대두되었다. 즉, 경험중심 교육과정이 아동의 흥미나 욕구를 지나치게 중시함으로써 교육에서 학문의 체계가 경시되었고, 나아가 국가적인 위기까지 초래되었다는 것이다(김병희 외, 2012).

학문중심 교육과정에서는 지식과 기술의 폭발적인 증가에 대처해 나가기 위해 학문에 내재해 있는 전이가 높은 지식, 즉 '지식의 구조'를 강조한다. 지식의 구조란 각 교과의 핵심적인 아이디어, 기본적 개념, 원리, 법칙 등을 말한다. 여기서 지식의 구조를 가르친다는 말은 해당 학문의 성격을 충실히 가르친다는 것을 의미한다(박영진 외, 2011).

학문중심 교육과정은 교육의 방법으로 탐구의 과정을 중시한다. 탐구의 과정이란 각 교과에 내재해 있는 핵심적인 아이디어나 개념, 원리, 법칙을 교사가 찾아내어 학생에게 전달해주는 것이 아니라, 학생으로 하여금 해당분야의 원리나 개념을 탐구하고 발견하도록 해야 한다. 따라서 학문중심 교육과정에서는 초등학생도 대학생들이 하는 것과 동일한 성격의 지적 탐구활동을 할 수 있다고 본다.

2) 특징

학문중심 교육과정의 일반적 특징을 몇 가지 살펴보면 다음과 같다.

첫째, 교육내용은 지식의 구조를 강조한다. 즉, 핵심적인 아이디어 또는 기본적인 아이디어 또는 기본적인 원리 및 개념을 중요시하고 있다.

둘째, 교육과정은 나선형으로 조직되어야 한다. 브루너는 어떤 교과목이든지 그것을 정직한 형태로 제시하면 어떤 발달 단계에 있는 누구에게도 가르칠 수 있다고 했다. 나선형 교육과정은 그 교과에 담겨져 있는 핵심개념, 기본원리를 아동 및 학생들의 사고방식에 맞게 가르쳐, 이를 점차 심화, 확대해 가는 교육과정이다.

셋째, 탐구과정을 중시한다. 학문중심 교육과정에서는 교과를 가르칠 때 그 교과에 내재해 있는 기본 원리, 핵심 개념을 교사가 찾아내어 이것을 학생들에게 제시해야 하며, 주입해서는 안 된다고 하였다(박영진 외, 2011).

3) 유형

학문중심 교육과정에서 교육과정을 조직하는 방법은 크게 두 가지로 볼 수 있다.

첫째, 나선형 교육과정(spiral curriculum) 조직이다. 나선(螺旋)이 소라 껍데기의 모양을 말하는 것처럼, 나선형 교육과정 조직이란 각 교과의 핵심적인 아이디어나 기본개념, 원리, 법칙을 소라 껍데기의 모양처럼 점차 확대·심화시켜 조직하는 것을 말한다. 예를 들어, '방정식의 개념 → 1차 방정식 → 2차 방정식'처럼 학년이 높아짐에 따라 학습내용을 심화시켜 조직하는 것이다. 이때 학년이 높아지더라도 '방정식'이라는 내용은 동일한 것인데, 다만 그 내용의 깊이를 심화시키고 폭을 넓혀 조직한다는 것이 특징이다.

둘째, 간학문적 교육과정(interdisciplinary curriculum) 조직이다. 간학문이란 학문과 학문 간의 관계를 말한다. 따라서 간학문적 교육과정이란 두 개 이상의 교과가 갖고 있는 개념이나 원리 또는 방법이나 절차가 서로 관련을 맺음으로써 통합적으로 조직되는 교육과정이다. 즉, 특정 교과 영역에서 해결할 문제가 있을 경우 다른 교과에서 개념이나 방법, 가치를 빌려와서 내용을 조직하는 방법이다. 예를 들어, 초등학교에서의 '미터법'이라는 단원을 조직하려고 할 때 수학에서의 미터법과, 사회과에서 미터법의 사용에 대한 정부의 역할이나 국가 간 협력을 관련시켜 조직하는 것을 말한다.

4) 장단점

학문중심 교육과정의 장단점은 〈표 6-1-5〉와 같다.

표 6-1-5 학문중심 교육과정의 장단점

장점	단점
• 체계화된 지식을 교육하므로 질 높은 교육이 가능하다. • 기본개념 학습으로 새로운 지식을 생산할 수 있다. • 학문의 탐구방법 체득으로 높은 전이력을 유지할 수 있다. • 내적 동기유발에 의한 학습효과 상승이 가능하다.	• 정의적 교육에 소홀하기 쉽다. • 지식의 구조만으로는 복잡한 사회적응이 곤란하다. • 학문에 내재된 '지식의 구조'는 이해가 어렵다. • 개인의 요구와 흥미 및 사회의 요구가 무시되기 쉽다. • 교과간의 통합성이 상실되기 쉽다. • 교육내용의 선택문제와 학습 가능성의 기준 설정이 미비하다.

출처: 신봉호 외(2014). 교육학개론. 동문사. p.161.

라. 인간중심 교육과정

1) 개념

과학기술의 발달은 사회 전반의 비인간화 현상을 초래하였다. 현대사회의 학교는 학생의 자발성·자율성을 키우기보다 학습된 무력감을 길러주는 비인간적인 교육의 장으로 변하게 되었다. 이러한 현상은 학습자가 하나의 전인으로 성장하는데 필요한 경험을 균형 있게 제공해야 한다는 주장이 등장하기 시작했다. 이처럼 인간중심 교육과정은 사회전반의 비인간화 현상과 지적 교육만을 최우선의 목표로 삼는 학문중심 교육과정에 대한 비판으로 등장하게 되었다. 이로 인해 그 동안 교육과정의 주류를 형성해왔던 교과나 학문중심 교육과정이 개개인의 필요나 심리적 요구를 충족시키지 못한다는 비판이 일어나게 된다. 인간 중심 교육과정의 궁극적인 교육 목적은 자아의 실현을 위한 잠재적 능력을 최대한으로 발휘할 수 있도록 하는 것이다. 이런 흐름에 발맞추어서 우리나라에서도 1981년 제5차 교육과정개정에서는 개인의 자아실현을 추구하며 전인교육을 목적으로 하는 인간중심 교육과정을 반영하였다(김병희 외, 2012).

2) 특징

인간 중심 교육과정의 특징을 살펴보면 다음과 같다.

첫째, 전인교육을 강조한다. 인간중심 교육과정은 실존주의 철학에 그 기본을 두고 있다. 특정한 지식·기능에 치중하지 않고 인지적, 정의적, 사회적 성장 및 신체적 성장을 추구하여 균형 잡힌 전일체(全一體)로서의 인간을 강조한다.

둘째, 잠재적 교육과정을 중시한다. 학교의 의도, 계획 없이 이루어진 교육이 오히려 표면적 교육보다 사회적 발달이나 정의적 발달에 영향을 더 미칠 수 있음을 강조한다. 학교가 계획한 표면적 교육과정은 주로 지식, 기능의 신장에 영향을 미치지만 의도되지 않은 잠재적 교육과정은 학생들의 정의적 발달, 사회적 발달에 영향을 미치기 때문이다.

셋째, 학생의 자아실현을 목표로 한다. 인간중심 교육과정은 인간관과 분리하여 교육목적을 설정하는 것이 아니라, 그 목적 자체가 인간중심적이어야 함을 강조한다. 인간의 잠재능력을 강조한 인본주의 심리학에 기초한다. 따라서 인간중심 교육과정의 목표는 지식이나 기능의 발달이 아니라 자아실현이라 할 수 있다.

넷째, 학교환경의 인간화를 위해 노력한다. 인간중심 교육과정은 학교환경 전체를 인간 중심적으로 조성해야 학생들이 인간적 경험을 할 수 있다고 생각한다. 학교 환경이 인간중심적으로 조성되어야 인간적인 경험을 할 수 있기 때문에 교육환경의 인간화에 초점을 두고 있다.

다섯째, 인간주의적인 교사를 요구한다. 인간주의적 교사는 진실한 교사, 아동에 대한 존중, 공감적 이해와 애정을 가진 교사이다. 진실한 교사는 하나의 인간이며, 진실한 개인이기 때문에 솔직해야 한다고 주장한다(이용남 외, 2012). 피터슨(Peterson)은 인간주의적 교사의 특성으로 ① 진실 된 교사, ② 한 개인으로서 아동에 대한 존중, ③ 공감적 이해, ④ 애정을 들고 있다.

여섯째, 자기지향평가를 권장한다. 인간주의 교육에서는 학습의 과정뿐만 아니라 결과에 대해서도 학생이 자율적으로 평가하는 것을 지향한다. 여기서 점수나 학점은 아무런 의미가 없다. 그리고 다른 학생과 비교하는 상대적인 평가도 지양한다. 인간중심 교육과정에서 중시하는 것은 자신의 발달이기 때문에 비교 대상은 상대방이 아닌 과거의 자신이 된다.

3) 유형

인간중심 교육과정은 인간의 잠재가능성을 계발하여 지·덕·체의 균형 잡힌 전인을 형성하는 균형형, 학습자 개개인에게 최다(최선)의 선택 가능성을 부여하는 개인형, 교육과정의 내용과 학습자의 심리적 특성 및 생활을 서로 관련시키는 관련형으로 나누어진다.

4) 장단점

인간중심 교육과정의 장단점은 〈표 6-1-6〉과 같다.

표 6-1-6 인간중심 교육과정의 장단점

장점	단점
• 학습자를 조화로운 인간으로 성장시킬 수 있다 • 학습자가 개별적인 자기성장을 할 수 있도록 도와준다. • 긍정적 자아개념 형성을 돕는다.	• 학습자의 전인적 발달을 위한 교사의 세심한 배려와 노력이 있어야 한다. • 교사 자신이 인간적인 존재여야 한다. • 교과 통합, 교과 시간의 융통성 있는 운영이 쉽지 않다.

출처: 신봉호 외(2014). 교육학개론. 동문사. p.165.

마. 교육과정 유형의 비교

교육과정의 발달은 다양한 유형으로 전개되어 왔다. 여기에서는 교과중심 교육과정, 경험중심 교육과정, 학문중심 교육과정, 인간중심 교육과정으로 크게 나누어 살펴보고자 하며, 그 유형별 비교는 〈표 6-1-7〉과 같다.

표 6-1-7 교육과정의 유형 비교

구분	교과중심	경험중심	학문중심	인간중심
시기	1920년대 부터	1930~1950년대	1960~1970년대	1980년대~
목적	이성의 계발 (과거지향적)	생활인의 육성 (현재 지향)	탐구심 배양 (미래 지향)	전인적 인간형성 (현재, 미래지향적)
내용	문화유산	생활경험	구조화된 지식	포괄적 내용 (지·덕·체)
조직	분과형 (논리적 배열)	통합형 (심리적 배열)	나선형 (절충적 배열)	균형성, 다면 충족성
정의	교수요목	지도된 경험	지식탐구과정의 조직	경험의 총체

방법	주입식	흥미	발견학습	·
특징	- 교사중심의 문화 유 산 전달 - 설명위주의 강의	- 교과 외 활동 중시 - 생활인의 육성 - 아동중심의 생활 경험	- 지식의 구조 - 나선형 교육과정 - 탐구과정	- 잠재적 교육과정의 중시 - 전인적 성장 - 인간적 교사

7 교육과정의 구성

　교육과정을 구성하기 위해선 교육목표의 수립, 교육내용의 선정과 조직, 교수-학습활동의 과정, 교육내용의 평가의 단계를 통해 이루어져야 한다. 타일러(Tyler, 1949)는 『교육과정과 수업의 기본원리』라는 저서에서 교육과정을 개발이나 수업설계에 포함되어야 할 요소로 교육목표의 설정, 학습경험의 선정, 학습경험의 조직, 평가의 네 가지를 들고 있다. 여기에서는 타일러(Tyler)의 원리를 바탕으로 살펴보고자 한다.

가. 교육목표의 설정

　교육과정을 구성하는 데 있어서 가장 먼저 생각해야 할 것은 교육을 통해서 기르려고 하는 인간상을 명확히 결정하는 일이다. 학교의 모든 교육활동은 결국 교육목표를 달성하기 위한 노력이요, 수단인 것이다. 따라서 교육과정 구성에 있어서 명확한 교육목표를 설정하는 일이 가장 중요하고 우선되어야 할 과제이다(권건일, 2005).

　교육목표를 설정하기 위해서는 학습자에 대한 연구, 현대 사회의 요구, 교과 전문가의 견해의 세 가지 자원(source)을 고려하여 잠정적인 교육목표를 설정한다. 이렇게 세 가지 자원을 고려하여 설정한 잠정적인 교육목표는 먼저 학습심리학을 통해 잠정적으로 설정한 목표가 학습자가 달성 가능한지 따져본다. 다음으로 교육철학을 통해 잠정적으로 설정한 목표가 교육적 가치를 지니고 있는지를 따져보고 최종적인 교육목표로 설정한다.

나. 교육내용의 선정

교육목표가 설정되었으면 다음 단계는 설정된 교육목표를 달성하기 위한 교육내용(학습경험)을 선정하는 것이다. 이때 어떤 유형의 교육내용을 얼마만큼의 범위(scope)로 선정할 것인가는 교육목표의 유형이나 그 목표의 중요성 정도에 따라 결정되어야 한다. 여기에서는 교육내용을 선정하는 데 있어서 일반적으로 고려하여야 할 원리를 제시하면 다음과 같다.

첫째, 교육목표와 관련성의 원리이다. 교육목표를 달성하기 위한 교육내용은 설정된 교육목표에 부합하는 그 경험이어야 한다. 예를 들어, 교육목표가 읽기 능력의 향상에 있다면, 교육내용은 학습자들이 다양한 자료를 읽어볼 수 있는 경험들로 선정되어야 한다. 교육목표가 비판적 사고력을 기르는 데 있다면, 학생들이 여러 가지 사례를 통해 비판해 볼 수 있는 경험이 곧 교육내용이 되어야 한다.

둘째, 학습 가능성의 원리이다. 선정되는 교육내용은 학습자들이 학습 가능한 수준의 경험이어야 한다. 아무리 가치 있는 경험이라 하더라도 학습자의 발달정도나 현재의 학업성취 정도와 어울리지 않는다면 교육적 경험으로써 쓸모가 없다. 예를 들어, 구구단도 외우지 못하는 학습자들에게 두 자리 수의 곱셈을 교육내용으로 선정하여 제시하는 것은 교육적으로 아무런 의미가 없다.

셋째, 동(同) 경험 다(多) 성과의 원리이다. 하나의 경험으로 여러 가지의 성과를 가져올 수 있는 경험을 선정해야 한다는 것이다. 우리 속담에 '도랑 치고 가재 잡고'라는 말이 있다. 도랑을 치는 하나의 경험으로 물이 잘 흘러가게도 하고 가재도 잡는다는 두 가지의 성과를 가져온다는 것이다. 이렇듯 하나의 경험으로 여러 가지의 결과를 가져오는 경험이 선정될 수 있어야 한다.

넷째, 동(同) 목표 다(多) 경험의 원리이다. 이 원리는 동일한 목표를 달성하는 데에도 다양한 교육내용이 제공되어야 한다는 것이다. 예를 들어, 창의성을 기르려는 교육목표가 있다면, 학습자들에게 자기의 생각대로 그림그리기, 자기 나름의 방식으로 문제를 풀어보기, 유추해보기, 거꾸로 생각하기 등과 같은 창의성을 기를 수 있는 다양한 경험이 제공될 수 있도록 교육내용을 선정해야 한다는 것이다.

다섯째, 만족의 원리이다. 만족의 원리란 교육내용을 선정할 때 학습자들이 교육목표가 지향하는 학습활동을 통해서 만족감을 느낄 수 있도록 한다는 것이다. 예를 들어, 역사적 사실에 대한 문제해결력을 기르려고 하는 교육목표에서, 학습자는 실제로 유적지를 답사해 볼 수 있는 기회를 가져야 할 뿐만 아니라, 유적지의 답사가 학습자에게 만족을 줄 수 있어야 한다는 것이다. 만약 유적지 답사의 경험이 불만족스럽고 불유쾌하게 구성되어 있다면 기대했던 교육목표를 달성하기 어려울 것이다. 이런 경우에는 오히려 기대한 교육목표와 역행되는 결과가 나타날 가능성이 더 많다.

다. 교육내용의 조직

스코프(scope)가 다루려고 하는 교육내용의 범위라면, 시퀀스(sequence)는 교육내용의 순서나 계열을 뜻한다. 즉, 교육내용의 조직이란 선정된 교육내용을 그 자체의 논리성이나 또는 학습자의 심리적 특성에 맞도록 배열하는 것을 말한다.

타일러(Tyler)는 교육내용을 조직할 때 두 가지의 관계를 고려해야 한다고 보았다. 하나는 '수직적 관계'로 학년이 올라감에 따른 학습내용의 관계를 고려해야 한다는 것이다. 즉, 4학년에서 배우는 수학내용과 5학년에서 배우는 수학내용이 잘 연관되어 있으면 '수학'의 개념이나 원리 등의 학습이 깊이와 넓이를 더해갈 수 있다는 것이다. 다른 하나는 '수평적 관계'로 동일한 학년 내에서 다른 과목과의 관계를 고려하여 조직해야 한다는 것이다. 예를 들어, 5학년에서 '식물의 생장'에 관한 과학의 내용과 다른 교과의 내용이 서로 관련되어 조직된다면, 학습자의 안목이 넓어져 더 나은 교육의 성과를 이룰 수 있을 것이다. 이렇듯 교육내용을 조직할 때는 학년 간의 관계뿐만 아니라, 동일 학년 내에서 다른 과목과의 관계를 고려하는 것이 바람직할 것이다. 교육내용의 조직에 관한 주요 원리를 살펴보면 다음과 같다.

첫째, 계속성 또는 반복성(continuity)의 원리이다. 이 원리는 교육내용의 조직에서 '수직적 관계'를 고려하는 것이다. 즉, 학년이 올라감에 따라 동일한 내용이 '그대로 반복'되어야 한다는 것이다. 학교에서 배우는 많은 개념이나 원리들은 한두 번의 교육내용만으로는 의미 있는 성과를 거두기 어렵기 때문에 계속적으로 반복되어야 한다. 예를 들어, 에너지의 개념에 대한 학습에서 초등학교 6학년에서 에너지의 개념을 학습하고, 중학교 1학년에서도 그대로 반복하여 다루는 것을 말한다.

둘째, 계열성의 원리이다. 이 원리도 교육내용의 조직에서 '수직적 관계'를 고려하는 것이다. 그런데 계속성이 동일한 개념이 단순 반복되어 조직되는 것이라면, 계열성은 동일한 경험이 심화되고 범위가 확대되어 조직되는 것을 말한다. 예를 들어, 에너지 개념에 대한 학습에서 초등학교 6학년에서는 '에너지의 개념 그 자체만'을 다루고, 중학교 1학년에서는 '1차 에너지, 2차 에너지'로 심화시켜 학습하도록 조직하는 것을 말한다.

계열성에 의한 조직의 다양한 예를 살펴보면 다음과 같다(Posner & Strike). 현상의 크기, 연령, 경험적인 복잡성에 비추어 조직하는 것으로 '양서류를 가르치고, 상어를 가르치고, 그 다음에 고양이'를 가르친다. '속도'의 의미를 가르치고 속도의 변화가 '가속도'임을 가르치는 것, 사회과의 단원을 '학교생활 → 지역생활 → 국가생활'로 친숙한 내용에서 낯선 내용으로 조직하는 것도 계열성을 반영한 조직의 형태이다.

셋째, 통합성의 원리이다. 이 원리는 교육내용의 조직에서 '수평적 관계'를 고려하는 것이다. 즉, 학습자로 하여금 사물을 종합적으로 이해할 수 있도록, 동일 학년 내에서 다른 과목과의 관계를 고려하여 내용을 조직하는 것이다. 예를 들어, 고등학교 2학년에서 국사에서 '고려사'를 학습할 때 국어에서는 '고려가요'를 학습할 수 있도록 조직하는 것도 통합성의 원리와 관련된다.

라. 교육내용의 평가

교육과정의 활동 가치를 평가하는 단계로 교육과정의 질 또는 효과의 평가를 말한다. 교육과정평가는 교육과정 자체가 의도한 바를 제대로 달성하고 있는가, 투입하여 적용하고 있는 교육과정이 제대로 시행되고 있는가를 파악하기 위한 목적으로 지속적으로 실시되어야 한다.

교육과정평가는 어떤 입장(주체)에서, 어떤 목적으로 활용하고자 하는가에 따라 각기 다른 관점과 대상(내용) 및 초점을 가지고 다양하게 접근할 수 있다는 특징을 지니고 있다. 따라서 다양한 평가모형이나 평가 전략과 방법을 적용할 수 있다.

특히, 교육과정을 개발한 입장, 교육과정을 운영하는 입장, 교육과정에 참여하는 학습자 입장, 교육과정 시행을 확인·점검하는 행정가 입장 등에서 평가결과를 어떤 목적으로 어떻게 활용하려고 하는가에 따라 평가의 초점이나 내용(준거)과 방법이 달라질 수 있다. 또한, 교육과정에 대한 인식이나 정의방식에 따라 평가대상 및 준거나 평가방법이 달라질 수 있다는 점에도 유의할 필요가 있다. 일반적으로 국가, 지방 교육청, 단위학교에서는 학교교육의 방향(목표)과 내용 및 방법을 규정하고 있는 교육과정을 지속적으로 평가하는 체제를 갖출 필요가 있다.

8 우리나라의 교육과정 변천

우리나라의 교육과정은 광복 이후 교수요목기를 시작으로 2015 개정 교육과정에 이르기까지 10차례의 개정을 해오면서 변화했다. 그 변천과정의 주요 특징과 중심 교육과정을 중심으로 살펴보고자 한다. 우리나라의 초·중등 교육과정 변천과정별 특징을 개괄적으로 살펴보았다. 그 주요내용은 〈표 6-1-8〉과 같다.

표 6-1-8 우리나라의 초·중등 교육과정 변천과정별 특징

구분	중심 교육과정	특징
교수요목시기 (1946~1954)	미 군정하의 교육	- 교육과정의 기초시기 - 각 교과·교수내용의 주제 또는 제목의 열거
제1차 교육과정 (1954~1963)	교과중심 교육과정	- 각 학교의 교과목, 기타 교육활동의 편제 - 지적 체제를 중시, 생활중심 교육과정 개념의 도입 - 도의 교육과정, 교과활동+특별활동
제2차 교육과정 (1963~1973)	경험중심 교과과정	- 학교의 지도하에 학생들이 가지는 경험의 총체 - 학습활동의 경험성, 자주성, 생산성, 유용성 강조 - 교과활동 + 반공·도덕생활 + 특별활동 - 한문(1972)과 교련 신설(1969)
제3차 교육과정 (1973~1981)	학문중심 교육과정	- 지식의 구조, 기본개념과 원리 중시 - 국민교육헌장 이념 구현 - 교과활동 + 특별활동 - 도덕, 국사, 일본어 신설(1973)
제4차 교육과정 (1981~1987)	인간중심 교육과정	- 교과·경험·학문을 인간중심으로 조화 - 국민정신교육, 전인교육, 과학기술교육 강조 - 학습량·수준 축소 조정 - 교과활동 + 특별활동 - 교과의 통합 운영: 초등학교 1·2학년

제5차 교육과정 (1987~1992)	통합 교육과정	- 교과·경험·학문을 인간중심으로 조화 - 초등학교 1·2학년의 통합교육과정의 탄생 - 기초교육, 미래사회의 대비교육 - 과학고, 예술고 제정 - 컴퓨터 교육(초등학교 4학년 실과교육), 경제교육 등 다양한 교육자료 개발 및 보급 - 교과활동 + 특별활동
제6차 교육과정 (1992~1997)	통합 교육과정	- 21세기 대비교육 - 초등학교: 영어 신설 - 중학교: 컴퓨터, 환경 신설, 도덕성·창의성 강조 - 고등학교: 러시아어, 진로·직업 신설, 역할체제 분담, 필수과목 축소, 선택과목 확대, 외국어 전문교과 신설 - 교육과정 편성 운영 체제 개선
제7차 교육과정 (1998~2008)	학습자 중심 교육 과정 수준별 교육과정	- 21세기의 세계화·정보화 시대를 주도할 자율적이고 창의적인 한국인 육성 - 국민공통기본 교육과정 - 수준별 이동 수업 시행 - 고등학교 선택중심 교육과정 - 재량활동 신설 및 확대 - 지역학교의 자율권 확대
2007 개정 교육과정 (2009~2013)		- 수시개정 체제 도입 - 역사, 과학 교육 강화 - 다양한 선택교과 신설
2009 개정 교육과정 (2011~2016)		- 집중이수제 도입 - 공통 교육기간과 선택교육기간의 재설정 - 창의적 체험활동 도입 - 학교 교육과정 편성의 자율권 확대

2015 개정 교육과정
- 초등학교 1, 2학년:
2017부터
- 초등학교 3, 4학년,
중·고등 학교 1학년:
2018 부터
		- 인문·사회·과학기술에 관한 기초 소양 함양을 위한
		  교육과정: 인문학적, 과학기술 소양 교육
		- 학생의 꿈과 끼를 키우는 교육과정
		  : 단위 학교 교육과정 편성·운영의 자율성 확대
		  : 중학교 자유학기제 정착을 위한 교육과정 편성·운영
		    지침 마련
		  : 고등학생의 진로와 적성을 고려한 다양한 선택 과목
		    개설
		- 학습 경험의 질 개선을 위한 교과 교육과정의 학습량
		  적정화

- 초등학교 5, 6학년, 중·고등 학교 2학년: 2019 부터 - 중·고등학교 3학년: 2020 부터		- 단위 학교 교육과정 편성·운영의 자율성 확대 - 미래 사회가 요구하는 역량 함양이 가능한 교육과정: 핵심역량(자기관리, 의사소통, 심미적 감성, 창의적 사고, 지식정보처리, 공동체 역량 - 초등학교: 안전한 생활 - 중학교: 정보를 필수로 지정 - 고등학교: 공통과목(통합사회, 통합과학)의 도입, 선택과목(일반 선택, 진로 선택)의 다양화, 국어, 수학, 영어 비중 적정화, 특성화 고교 교육과정의 국가직무능력표준 (NCS)과의 연계
2022 개정 교육과정 2024: 초1·2 2025: 초3·4, 중1, 고1 2026: 초5·6, 중2, 고2 2027: 중3, 고3		- 미래 변화에 대응하는 교육과정 혁신 : 생태전환교육, 공동체 가치 교육 강화 : 모든 교과에 디지털 소양 강화 : 노동인권 및 안전의 중요성 강화 - 과목신설: 노동인권과 산업안전보건, 인간과 경제활동 - 현장의 자율적인 혁신을 지원·촉진하는 교육 강화 : 즐거운 생활 교과의 재구조화(초등 1~2학년), 실외 놀이 및 신체활동 내용 강화 : 학교스포츠클럽 활동의 의무 편성 시간의 적정화 : 창의적 체험활동 영역의 재구조화, 자치활동의 강화 - 교육과정 혁신을 통한 학습자 맞춤형 교육 강화 : 진로연계학기 도입 : 고교학점제 기반 고등학교 맞춤형 교육과정 구현 : 직업계 고등학교의 전문교과의 재구조화 - 교육환경 변화에 적합한 교과 교육과정 개발 및 지원 : 국가교육과정 각론조정위원회 구성·운영 : 디지털 기반 교수·학습 혁신 및 교육과정 지원 체계 구축 - 특수교육 교육과정 개선 방안 : 기본교육과정의 성격 확립 및 내용 체계, 성취기준 적정화 : 학생별 장애 특성 및 정도를 반영한 교육 활동 신설 : 특수교육 대상 학생 맞춤형 교육 지원 근거 총론 제시

출처: 1. 2015 개정 교육과정 교과별 선도교원 연수 자료집. 교육부. p. 7~20.

2. 조화섭(2004). 조화섭교육학(上). 교육마을. p. 520~521.

다음 글이 설명하고 있는 교육과정의 종류는?

> 교육과정에 심미적 접근을 지향하는 아이즈너(Eisner)가 『교육적 상상(The
> educational imagination)』이라는 저서에서 소개한 개념으로, 학교에서 소홀
> 히 하거나 공식적으로 가르쳐지지 않는 교과나 지식 및 사고양식으로, 학교 교
> 육과정에서 '의도적으로 배제된 교육과정'을 말한다.

① 교과중심 교육과정 ② 경험중심 교육과정 ③ 학문중심 교육과정
④ 잠재적 교육과정 ⑤ 영교육과정

정답 ⑤

 다음 글이 설명하고 있는 교육과정의 종류는?

> 학교가 공식적 교육과정에서 의도하거나 계획하지 않은 것으로서, 교육과정이
> 작동되거나 운영되면서 학생들이 은연중에 배우게 되는 가치·태도·행동양식과
> 같은 경험된 교육과정이다.
> 학교에서 계획적으로 이끌지 아니했는데 학습의 결과가 나타나는 상태의 교육
> 과정으로, 문서화되지 않은, 연구되지 않은, 의도하지 않았으나 학생들에게 나
> 타나는 학습결과나 경험, 계획되지 않은, 비형식적인, 보이지 않는, 비공식적인
> 것들이 여기에 속한다.

① 교과중심 교육과정 ② 경험중심 교육과정 ③ 학문중심 교육과정
④ 잠재적 교육과정 ⑤ 영교육과정

정답 ④

다음 글이 설명하고 있는 교육과정의 특징에 해당하지 않는 것은?

> 1957년 10월 4일 구소련의 인공위성 스푸트닉(sputnik)호 발사에 따른 충격으로, 미국에서 경험중심 교육과정에 대한 비판을 통해 대두되었다. 즉, 경험중심 교육과정이 아동의 흥미나 욕구를 지나치게 중시함으로써 교육에서 학문의 체계가 경시되었고, 나아가 국가적인 위기까지 초래되었다는 것이다.
>
> 이 교육과정은 지식과 기술의 폭발적인 증가에 대처해 나가기 위해 학문에 내재해 있는 전이가 높은 지식, 즉 '지식의 구조'를 강조한다. 지식의 구조란 각 교과의 핵심적인 아이디어, 기본적 개념, 원리, 법칙 등을 말한다. 여기서 지식의 구조를 가르친다는 말은 해당 학문의 성격을 충실히 가르친다는 것을 의미한다.

① 현실 생활에 직면하는 문제들을 해결할 수 있는 능력을 기를 것을 강조한다.

② 핵심적인 아이디어 또는 기본적인 아이디어 또는 기본적인 원리 및 개념을 중요시하고 있다.

③ 교육과정은 나선형으로 조직되어야 한다.

④ 교과를 가르칠 때 그 교과에 내재해 있는 기본 원리, 핵심 개념을 교사가 찾아내어 학생들에게 제시하지만 주입해서는 안 된다.

⑤ 나선형 교육과정(spiral curriculum) 조직이다.

정답 ①

 다음 설명과 관련 있는 개정 교육과정을 쓰시오.

> • 미래 변화에 대응하는 교육과정 혁신
> • 현장의 자율적인 혁신을 지원·촉진하는 교육 강화
> • 교육과정 혁신을 통한 학습자 맞춤형 교육 강화
> • 교육환경 변화에 적합한 교과 교육과정 개발 및 지원

(   )

정답 2022 개정 교육과정

다음 설명과 관련 있는 교육과정의 수준을 쓰시오.

> • 장점으로는 공교육의 객관적인 질 관리와 교육목표와 내용의 학교급별 일관성
> 과 체계성을 유지할 수 있음
> • 단점은 지역이나 학교의 특성을 반영하기 어렵고, 자율성을 침해할 수 있음

(   )

정답 국가 수준의 교육과정

 다음이 설명하고 있는 교육과정의 설계 모형을 쓰시오.

> 이 모형은 학생의 이해력 신장을 강조하는 교육과정 설계 모형이다. 그 개발절차
> 는 첫째, 바라는 결과의 확인(목표설정), 다음은 영속적 이해이다. 이해의 6가지
> 측면은 설명, 해석, 적용, 관점, 공감, 자기지식이다. 셋째로, 수용 가능한 증거의
> 결정(평가 계획)이다. 넷째는 학습 경험과 수업의 계획(수업활동 계획)이다.

(   )

정답 위긴스와 맥타이의 백워드 설계 모형

 다음 글이 설명하고 있는 것은 무엇에 대한 설명인지 무엇인지 쓰시오.

> 각 교과의 핵심적인 아이디어, 기본적 개념, 원리, 법칙 등 이것을 가르친다는
> 말은 해당 학문의 성격을 충실히 가르친다는 것이다.

(   )

정답 지식의 구조

다음 글이 설명하고 있는 무엇에 대한 설명인지 무엇인지 쓰시오.

> 브루너는 어떤 교과목이든지 그것을 지적으로 정직한 형태로 제시하면, 어떤 발
> 달 단계에 있는 누구에게도 가르칠 수 있다. 브루너의 말은 교육과정이 어떻게
> 조직되어야 한다고 했는가? 이러한 교육과정의 형태는 무엇인가?

(   )

정답 나선형 교육과정

 다음 설명에 해당하는 교육내용의 선정원리를 쓰시오.

> 우리 속담에 '도랑 치고 가재 잡고'라는 말이 있다. 도랑을 치는 하나의 경험으로
> 여러 가지의 결과를 가져오는 경험이 선정될 수 있어야 한다

(   )

정답 동(同) 경험 다(多) 성과의 원리

 다음 설명에 해당하는 교육내용의 조직원리를 쓰시오.

> 예시1) 두 자리 수의 덧셈에서 세 자리, 네 자리 수의 덧셈으로 나아감과 동시
>   에, 분수나 소수의 덧셈으로 조직하는 원리
>
> 예시2) 에너지 개념에 대한 학습을 할 때, 초등학교 6학년에서는 에너지의 개념
>   그 자체만 학습하고 중학교 1학년에 가서는 1차 에너지, 2차 에너지로
>   심화학습하는 원리

(   )

정답 계열성의 원리

CHAPTER 06-2
교육평가의 이해

 학습목표

가. 교육평가의 개념과 목적을 설명할 수 있다.
나. 교육평가의 기능과 관점을 설명할 수 있다.
다. 교육평가의 모형 및 유형에 대해 비교·설명할 수 있다.
라. 교육평가의 조건들에 관해 설명할 수 있다.

> 평가는 단순히 결과를 측정하는 것이 아니라, 그 결과를 바탕으로 교육과정
> 을 개선하는 데 목적이 있다.
>
> 벤자민 블룸(Benjamin Bloom)

> 평가란 한 교육프로그램의 가치를 판단하는 것이다.
>
> 로버트 스타이크(Robert Stake)

> 평가는 단순히 결과를 측정하는 것이 아니라, 그 결과를바탕으로 교육과정을
> 개선하는 데 목적이 있다.
>
> 랠프 타일러(Ralph Tyler)

교육평가는 교육전, 교육과정, 그리고 교육 후 모든 과정에 대한 종합적인 평가
활동이다. 따라서 교육평가 과정에서는 교육과 관련된 모든 것의 양, 정도, 질, 가
치, 장점 등을 체계적으로 측정하여 판단하는 주관적 행위로서 교육목적에 대한 가

치를 판단하는 행위라고 할 수 있다(성태제, 2019). 결과적으로 교육평가는 교육과정에 대한 종합적 평가를 통해 교육과정에 대한 반성과 새로운 교육과정을 계획할 때 중요한 자료로서 그 역할을 할 수 있다.

이 장에서는 교육평가와 관련된 교육과정의 개념, 목적, 기능, 관점, 모형, 유형, 그리고 교육평가의 조건들에 대해 살펴보고자 한다.

1 교육평가의 개념

교육평가(educational evaluation)는 교육계획을 수립하고 또한 교육과정과 과정 이후에 교육의 목적에 부합하였는가를 검토하는 과정이라고 할 수 있다. 그러므로 교육평가를 통하여 교육목적 달성도를 평가할 뿐만 아니라, 교사가 학습 과정에서 활용하였던 학습지도와 학습 방법 등이 올바르고 효과적이었는가를 평가한다. 결과적으로 교육평가는 교육과정에 전반에 대한 평가를 통해 교육의 효과성과 사회적으로 얼마나 공헌하였는가를 평가하는 것이라고 할 수 있겠다. 이를 통해 교육과정 전반에 대해 문제점을 개선하고 보완함으로 더욱 효율적인 교육과정을 세우는 데 중요한 자료가 될 수 있다. 따라서 교육평가에는 다음과 같은 의미가 있다(김창걸·이규영, 2006).

첫째, 설정된 교육목적을 얼마나 달성되었는가를 확인하고 또한 반성하는 교육목적 달성도 측정을 의미한다. 모든 활동의 목적은 결과적으로 어떤 변화와 효과를 가져와야 한다. 교육활동 역시 마찬가지이다. 교육과정을 통해 어떤 변화를 가져왔는지를 환류할 필요가 있다.

둘째, 교육은 학생에게 하여금 바람직한 행동의 변화를 수반한다. 즉, 교육평가는 학생이 바람직한 방향으로 얼마나 행동이 변화하였는지를 포함하고 있다. 교육계획에 수립되었던 영역들이 학생들의 행동 변화에 올바르게 작용하였는지를 검토해야 한다.

셋째, 교육평가는 평가라는 지표가 필요하다. 즉, 교육은 변화를 동반하게 되는데, 이 행동 변화에 필요한 과학적 자료를 수집하고 해석하는 방법들이 포함되는 활동이다.

넷째, 교육평가는 학생의 과거부터 현재까지를 바로 이해하고 진단함으로 더욱 효율적인 교육과정을 하기 위한 한 과정이라고 할 수 있다.

다섯째, 교육평가를 통해 개인 간의 차이를 밝혀 더욱 효과적인 교육을 수행하는 과정이라고 할 수 있다. 물론 교육은 모든 학생을 대상으로 한다. 그런데도 모든 대상으로 이루어지는 교육과정이라도 각 개개인에게도 그 영향력을 끼쳐야 한다. 즉, 모든 학생으로 하는 교육과정이라도 각 개개인에 대한 차이를 검토하여 더 개개인에게도 효과적인 교육과정을 수립할 필요가 있다.

여섯째, 교육은 교사와 학생과 교육 내용 간의 상호작용 때문에 이루어진다. 그러므로 교육평가는 학생, 교사, 교육 내용 등의 종합적인 평가라고 할 수 있다. 이를 통해 목표로 세웠던 교육목표가 얼마나 달성되었는가를 평가한다. 결국 교육평가를 통해 교육과정에 필요한 학생에 관한 정보를 제공할 뿐만 아니라, 교육과정의 각 구성요소 간에 효율성과 적합성을 검증하는 과정이라고 할 수 있다.

2 교육평가의 목적

교육평가를 실시하는 목적은 다음과 같다.

첫째, 교육평가의 목적은 교육전 수립한 교육목적이 효과적으로 달성되었는지를 확인하는 것이다. 모든 계획에는 분명한 목적이 있다. 교육에도 마찬가지이다. 특히 교육은 학생의 변화가 무엇보다도 중요하다. 즉, 수립하였던 교육의 목적대로 학생들이 바람직한 방향으로 행동 변화가 일어났는지를 확인하는 것이다. 따라 교육평가를 통해 학생 스스로가 얼마나 행동 변화가 일어났는지 확인할 기회가 되어야 한다.

둘째, 교사의 교육활동이 얼마나 효과적이었는가를 평가하는 데 또한 목적이 있다. 교육과정을 통해 분명하게 교육의 효과가 나타나야 한다. 그렇지 않으면 교사의 교육활동에 문제가 있을 수밖에 없다. 즉, 교사가 설정한 교육목표, 채택했던 교육과정, 사용했던 교재, 보조교재, 교수 방법 등등이 바람직하게 작용하여 교육의 효과를 나타냈는지를 검토하여야 한다. 이를 통해 문제가 된 영역에 대한 수정과 보완을 통해 더욱 효과적인 교육과정이 될 수 있도록 해야 한다.

셋째, 교육과정은 지속해서 변화를 수반해야 하고 또한 더욱 효과적인 교육과정을 위해서는 다양한 자료가 필요하게 되는데, 교육평가는 교육 전반에 대한 자료를 수집하는 데에도 그 목적이 있다. 따라서 교육평가는 교육을 더욱 효과적으로 달성할 수 있게 하려면 교사의 자질, 사용하는 교구, 학교의 시설, 학교 제도, 교육행정 등등의 전반에 대한 관리 측면에서 얼마나 그 역할을 다하였는지를 점검할 필요가 있다. 이런 전반적인 자료의 검토를 통해 교육 전반에 대한 수정과 보완을 진행해야 한다.

넷째, 교육이 미치는 가장 큰 영향력은 학생 미래에 대한 영역이다. 따라서 교육평가의 한 목적은 교육평가를 통해 학생의 미래 진로를 선택하는 데 필요한 자료를 제공하는 데 있다. 과거부터 현재까지 한 학생의 교육평가를 통해 학생이 어떻게 미래를 계획하고 나아갈 것인가에 대한 자료를 제공해야 한다.

다섯째, 교육평가는 교육 전반에 대한 종합적 점검이고 더욱 효과적인 교육활동에 대한 기회를 찾는 데 있다. 교육평가는 모든 영역이 포함된다. 따라서 교육 전반에 대한 종합적 평가를 통해 문제점을 찾아내고 해결할 뿐만 아니라, 더 효과적인 것들을 개발하여 교육활동이 지속해서 발전하고 성장할 수 있도록 해야 한다.

3 교육평가의 기능

교육평가는 교육과정에서 학생의 학습 성과를 측정하고, 교육의 질을 향상하기 위해 중요한 역할을 한다. 교육평가의 기능은 관점에 따라 여러 가지로 설명할 수 있지만 주요 기능은 다음과 같다(서동기 외, 2019).

첫째, 학습자의 교육목표 달성도 파악이다. 교육평가의 주된 기능은 일정한 교육목표를 설정해 놓고 여러 가지 교육적 방법을 동원하고, 활동을 전개해서 얻어진 교육적 성과를 평가해 내는 데 있다. 다시 말하면 교육평가는 교육목표의 달성도에 관한 증거와 정보를 수집하는 데에 관심이 있다는 것이다.

둘째, 학습 곤란 점 진단과 치료이다. 교육평가를 통해서 교육활동 내용과 관련한 출발점 행동 점검과 교육활동이 전개되는 과정에서 드러나거나 잠재된 제반 문제점들을 발견하여 그에 따른 조치를 함으로써 불필요한 시간과 노력, 경비 과다 지출 등을 사전 예방하는 기능을 수행한다(정미경 외, 2023).

셋째, 학생의 진로지도를 위한 자료 수집이다. 교육평가의 기능은 학생의 장래 진로지도를 위한 자료를 얻기 위해서도 필요하다. 학습자가 지닌 능력, 소질, 성격 등을 파악하여 그들이 지닌 능력이나 조건에 맞는 학습지도를 함으로써 학습자의 올바른 교육적 배치를 위한 자료를 제공하는 기능을 수행한다.

넷째, 학습 촉진의 기능이다. 교육평가는 학습 동기를 유발하는 기능을 가지고 있다. 왜냐하면 평가받음으로써 자신의 학습 능력을 확인하고, 이를 통해서 자신의 결점을 보완하여 학습 능력을 올리려는 동기가 유발되기 때문이다.

다섯째, 교수-학습 과정의 평가이다. 교육평가의 가장 궁극적인 목적은 교수 및 학습 과정을 개선하는 데 필요한 정보를 수집하는 것이다. 따라서 교육평가는 교수-학습이 진행되는 각 단계에서 그 과정이 효율적으로 이루어지고 있는지를 점검하고, 만약 비효율적으로 판단이 내려졌을 경우, 즉시 교수-학습 방법의 개선을 위하여 어떤 조치를 가해야 할 것인가를 결정짓는 가치 선택의 체제이다.

여섯째, 교육프로그램의 효과 파악이다. 교육적 가치 창출을 위해 실시되는 각종 교육프로그램과 관련하여 그와 같은 활동의 결과가 본래 의도하였던 효과를 거두었는지에 관한 판단의 준거를 얻기 위해 교육평가를 실시하기도 한다(구병두 외, 2015 재인용).

일곱째, 교육의 여러 문제를 이해하고 건전한 교육정책 및 일반정책을 수립하는 데 도움을 줄 수 있도록 전체 학생 집단의 교육 진도를 사정하는 역할을 한다. 전국적 평가 연구에서나 학력의 국제 비교와 같은 연구에서 시사되고 있는 바와 같이 전체 학생 또는 전체 국민이 꼭 습득하고 있어야 할 기본적 능력을 어느 정도 소유하고 있는지를 확인함으로써, 교육정책의 방향과 대책 방침을 수립하는 데 도움을 줄 수 있다(박도순 외, 2012).

4 교육평가의 입장

교육관은 교육에 대한 기대라고 할 수 있으며 개인에 따라 서로 다르다. 이러한 교육관은 크게 선발적 교육관과 발달적 교육관으로 구분된다.

가. 발달적 교육관

모든 학습자에게 적절한 교수·학습의 방법만 제시된다면, 누구든지 주어진 교육 목표에 도달할 수 있다고 보는 교육관이다. 교육을 통한 인간의 행동 변화의 가능성에 긍정적 견해를 보이는 교육관으로, 학생은 현실성보다 가능성이 크고 주어진 조건보다 계발될 수 있는 잠재 가능성이 무한하다고 본다.

모든 학생이 의도한 바의 수업 목표를 달성할 수 있도록 모든 학습자에게 적절한 학습 방법을 제시하기 위한 평가로 주어진 수업 목표 달성도 평가에 중점을 두며, 교육평가는 계속적이고 종합적이어야 함을 강조한다. 학업 실패의 책임은 교사에게 있으며, 모든 학습자는 교육받을 능력이 있는데 그러한 능력이 발휘되지 못한 것은 적절한 교수 방법을 사용하지 못한 교사의 책무이다. 평가관의 입장이며, 학업성취도는 절대평가에 의한 부적 편포를 이룬다.

나. 선발적 교육관

선발적 교육관이란 모든 사람이 원한다고 다 교육의 혜택을 누릴 수 없어서 소수의 선택된 사람들만이 교육받아야 한다는 생각이다. 일정한 교육 수준이나 교육목표에 달성 가능성이 있는 소수의 우수자를 사전에 선발하기 위한 평가에 초점을 맞춘 교육관이다. 인간의 지적 능력은 타고나며, 교육을 통한 인간 행동 변화에 부정적이다. 특히 상급 학교 진학에 대한 강한 욕구는 이러한 교육관에서 출발하고 있다고 할 수 있다. 우수자 선발이 평가의 목적이며, 개인차 변별에 중점을 둔다. 이는 각 학습자가 갖고 있는 특성을 명확히 파악하는 것이 선발적 교육관 실현의 전제가 되기 때문이다. 규준지향 평가를 하며, 이 교육관에서는 학업성취의 실패 책임은 학생에게 있다고 보며, 측정관의 견해를 밝힌다. 학업성취도는 상대평가에 의한 정상분포를 이룬다.

교육평가의 모형에 따라 그 평가의 목적과 기준이 달라진다. 교육평가에 대한 분명한 목적을 이루기 위해서는 교육평가의 모형이 필요하다. 교육 평가자는 다양한 교육평가의 모형 중에 평가의 목적에 가장 적절한 교육평가 모형을 통해 평가를 진행해야 한다. 교육평가 모형은 학자에 따라 분류하는 방식에 차이가 있다. 여기에서는 교육평가의 모형인 목표지향평가 모형, 가치 판단평가 모형, 의사결정 모형에 대해 살펴보기로 한다.

가. 목표지향평가 모형

목표지향평가는 미리 설정하여 놓은 목표를 평가의 기준으로 삼아 그 목표가 실현된 정도를 판단하는 데 초점을 두는 견해이다. 즉, 교육평가를 교육프로그램의 목표가 어느 정도 달성되었느냐를 결정하는 것으로 보는 견해이다. 목표의 달성이 교육프로그램의 성공을 의미하지만, 목표의 미달은 교육프로그램의 부적합을 의미한다. 따라서 학생들의 학업성취도나 행동 발달 상황을 평가할 때, 교사의 수업이나 학급경영을 평가할 때, 교육행정 재정을 평가할 때 미리 설정된 목표를 평가 기준으로 한다면, 그것은 목표지향평가 모형을 적용한 것이라 할 수 있다. 목표지향평가는 학교 현장의 평가 체제에서 가장 많이 알려지고 널리 활용되는 고전적인 평가 모형이라 할 수 있다(김대현·김석우, 2014).

1) 타일러의 목표 달성 모형

타일러(1949)의 목표 달성 모형은 교육 혹은 수업 목표를 평가 기준으로 하여 어떤 프로그램이나 수업이 종료된 후 교육목표가 달성된 정도를 확인하는 것이다. 이는 명시적으로 진술된 행동 목표를 기준으로 교육성과를 평가한다고 해서 흔히 행동 목표 모형(behavioral objective model)이라고도 한다. 타일러는 평가를 설정된 행동적 목표와 학생의 실제 성취 수준을 비교하는 활동으로 보고, 이를 위해 목표의 세분화가 필요하다고 보았다. 목표를 세분화하는 방법으로는 '목표의 이원 분류'를 제안하였는데 이것이 학생들의 실제적인 성취 자료가 된다. 이는 교육과정의 장단점에 관한 정보를 의사 결정자에게 제공해 줌으로써 합리적 의사결정에 도움을 준다. 타일러는 교육평가를 교육의 전체 과정과 관련된다고 보았다(이종철, 2019).

2) 프로버스(Provus)의 격차 모형(불일치 모형)

프로버스(1971)의 격차 모형은 교육 또는 경영 및 관리를 통해 달성해야 할 표준이나 준거와 실제 수행 성과의 차이, 괴리, 상위 또는 불일치점을 분석하는 데 주안을 두므로 불일치 모형이라고도 한다. 또한 이 모형을 제안한 프로버스가 피츠버그 공립학교 연구소(Research for the Pittsburgh public schols)의 소장이었기 때문에 피츠버그 평가 모형이라고도 한다. 이 모형은 ① 프로그램의 표준, 즉 목표를 설정하고, ② 프로그램의 표준과 실제 수행 사이에 불일치가 있는지를 확인하며, ③ 프로그램의 전체 또는 일부의 개선, 존속, 종결의 결정을 내리기 위해 불일치 정보를 활용하는 과정에 따라 프로그램이 실제 수행을 표준에 비추어 비교하는 평가 방법을 제시한다(이종철, 고현 외, 2010).

3) 하몬드(Hammond)의 교육혁신 평가 모형

하몬드(1973)는 타일러의 모형에 영향을 받아 학교 수준에 적합한 새로운 평가모형을 개념화하였다. 이 평가 모형은 목표를 명시적으로 진술하고, 이를 기준으로 프로그램의 효율성을 확인, 개선점을 찾는다는 점에서 목표 달성 모형에 속한다. 교육목표의 달성 여부를 결정하는 것뿐만 아니라 교육활동의 성패에 영향을 주는 요소를 평가자가 비교적 쉽게 파악할 수 있도록 하였다. 이를 위해 교육의 평가과정을 체계적으로 구조화하여 교육활동이 공정하고 정확하게 평가되도록 하였다. 하몬드는 교육프로그램을 기술하고 평가 변인들을 조직하기 위한 목적으로 3차원 입방체(수업, 기관, 행동)를 고안하여 개념화하였다(서동기 외, 2019).

나. 가치 판단평가 모형

가치 판단 모형(Judgemental model)은 평가 그 자체가 얼마나 유리한가 혹은 좋으냐는 전문가의 판단에 주된 관심이 있어서 무엇보다도 중요한 것은 평가자의 전문적인 능력을 통하여 교수·학습 방법의 가치를 판단하는 과정이 매우 중요하다. 왜냐하면 평가자로서 전문적인 능력을 갖추고 있지 않다면 그 평가는 주관적인 자기 관점에서 이루어지는 평가이기 때문에 타당성과 신뢰성을 보장받기는 어렵기 때문이다. 까닭에 평가할 수 있는 전문적인 능력을 갖춘 평가자가 교수·학습의 가치를 판단하는 것이 가치 판단 모형이다.

가치 판단평가 모형은 스크리븐(Scriven)의 탈 목표 모형과 스테이크(Stake)의 종합상실 모형, 그리고 아이즈너(Eisner)의 예술적 비평 모형이 있다(서동기 외, 2019).

다. 의사결정 모형

의사결정 모형은 최선의 의사결정을 위해 체제적 관점인 환경-투입-과정-산출 요인을 총체적으로 고려하여 적용할 수 있는 평가 모형이다. 평가에 대한 의사결정 모형은 기본적으로 투입 대비 산출의 효율성이 어떠한가에 초점을 두고, 제반 환경(context)과 과정(process)을 동시에 고려하는 접근 방식이다(황정규 외, 2011).

의사결정 모형(decision facilitation model)에서는 교육평가를 교육과 관련된 의사결정자에게 유용한 정보를 제공함으로써 의사결정을 촉진하는 활동으로 규정한다. 그래서 평가자가 목표 달성 여부도 결정하고 판단도 하지만, 무엇보다 중요한 역할은 의사결정자의 의사결정을 돕는 데 있다. 따라서 이 모형은 판단 모형이나 목표 달성 모형 등과 중복되는 측면이 있는 것도 사실이다. 그러나 이 관점의 평가자는 교육 현상의 가치에 대해 개인적인 평가를 하지 않는다. 평가자는 가치 결정자에게 필요로 하는 필요한 정보를 수집하여 제시해 주려는 입장이다. 즉, 가치를 결정하는 사람은 의사결정자이지 평가자가 아니라는 견해에서 다른 모형들과 차이가 있다. 의사결정 모형에는 스터플빈(Stufflebeam) 등이 제안한 CIPP 모형과 알킨(Alkin)의 CSE 모형이 가장 대표적이다(김대현·김석우, 2014).

6 교육평가의 유형

교육평가의 유형은 평가 준거, 평가 시점, 평가 대상에 따라 분류할 수 있다. 평가 준거에 따라 준거지향평가와 규준지향평가로 구분할 수 있으며, 평가 시점에 어떤 목적으로 시행하느냐에 따라 진단평가, 형성평가, 총합 평가로 구분된다. 또한 평가 대상에 따라 능력 참조 평가와 성장 참조 평가로 구분하고 있다.

가. 평가 기준에 따른 유형

1) 준거지향평가

준거지향평가(criterion-referenced evaluation) 혹은 절대 비교평가는 학습자들의 현재 성취 수준이나 교육목표의 도달 정도를 알아보기 위한 평가 방법이다. 즉, 다른 학습자와 상대적인 비교를 하는 것이 아니라 교육 또는 교육목표에 비추어 평가하는 것이다. 이런 면에서 준거지향평가를 목표지향평가(goal oriented evaluation)라고도 하는데, 이는 교육목표 또는 학습 목표를 설정해 놓고 그 목표에 비추어 학습자 개개인의 학업성취 정도를 따지려는 입장이다. 다시 말해 준거지향평가란 학습자가 무엇을 얼마만큼 알고 있는지, 학습자가 정해진 준거나 목표에 도달하였는지를 판단하는 평가이다. 여기서 무엇이란 학습자가 성취해야 할 과제나 행위의 영역이나 분야를 의미한다.

준거지향평가는 발달적 교육관에 바탕을 두고 있다. 이는 학습자의 선발이나 개인차에 관심을 가지는 것이 아니라 가능한 한 모든 학습자가 의도하는 대로 수업 목표를 달성할 수 있도록 적절한 학습 방법을 제공하고 배치를 위해 평가하는 것이다. 그리고 학습 후 학습 결과에 대한 평가에서도 학습자 간의 개인차보다는 수업 목표를 어느 정도 달성하였는지에 관심이 집중된다(김대현, 김석우, 2014).

준거지향평가에서는 계급의식보다는 지적 성취 그 자체를 강조하고, 경쟁보다는 협동학습을 중시하고, 학습이론에 맞는 평가 방법인 동시에 교육목표 달성도에 따른 평가로서 진정한 의미의 교육효과를 얻을 수 있다(이종철, 2019).

표 6-2-1 준거지향평가의 장점 및 단점

장점	단점
• 교수·학습이론에 적합함 • 교육목표, 교육과정, 교수 방법 등의 개선에 쉬움 • 이해, 비교 분석, 종합 등의 고등정신을 배양할 수 있음	• 개인차 변별이 쉽지 않음 • 준거의 설정 기준이 문제가 될 수 있음·검사 점수의 통계적 활용 불가능함

출처: 서동기 외(2019). 교육평가. p. 99.

2) 규준지향평가

규준지향평가(norm-referenced evaluation) 혹은 상대 비교평가에서는 한 학생이 받은 점수가 다른 학생들이 받은 점수에 의해 상대적으로 결정되는 평가 방식이다. 즉, 학습자의 평가 결과를 그가 속한 집단에 비추어 상대적인 위치를 밝혀 보는 평가 방법이다. 어떤 학습자의 성취 수준의 규준을 이용하여 그가 속한 집단(학급, 학교 등)에서 상대적인 위치에 비추어 해석한다. 이러한 평가관은 선발적 교육관에 바탕을 두고 있으며, 소수의 우수자, 즉 목표나 수준에 도달한 학생을 가려내거나 학습 후에 학생집단 내에서의 학업성취 수준의 차이를 밝히려는 견해를 밝힌다. 따라서 학습자가 무엇을 얼마만큼 알고 있느냐에 대한 관심보다는 개인의 성취 수준을 비교 집단의 규준에 비추어 상대적 서열을 판단하는 것에 관심을 둔다. 여기서 규준(norm)이란 원점수의 상대적 위치를 설명하기 위하여 쓰이는 척도로 모집단을 대표하기 위하여 추출된 표본에서 산출한 평균과 표준편차로 만들어진다.

표 6-2-2 규준지향평가의 장점 및 한계점

장점	단점
• 개인차 변별이 가능함 • 객관적 검사의 제작 기술을 통해 성적을 표시하므로 교사 편견을 배제할 수 있음 • 학습자들의 경쟁을 통하여 동기 유발에 유리함	• 교수·학습이론에 부적절함 • 참다운 의미의 학력평가가 불가능함 • 학습자의 인성교육 방해 우려 및 정서적 부작용을 줄 수 있음

출처: 서동기 외(2019). 교육평가, p. 99.

표 6-2-3 준거지향평가와 규준지향평가의 비교

내용 \ 구분	준거지향평가	규준지향평가
교육적 신념	기대했던 목표에 누구나 다 도달할 수 있음	성공하는 학생과 실패하는 학생은 존재함
인간관	발달적 교육관	선발적 교육관
이론적 근거	부적으로 치우친 편포곡선을 가정	정상분포 곡선을 가정
개인차에 대한 견해	교육의 누적적 실패에서 오는 결과	필요 불가결한 현상
성적의 결정 과정	주어진 교육목표 달성도에 의하여 그 학생의 성적을 결정	평가 기준을 한 집단 내부에서 결정

평가 준거	개인의 학습 목표 달성도	집단의 학업성취 평균값에 의한 상대적 서열
평가도구의 의미	타당도	신뢰도

출처: 서동기 외(2019). 교육평가, p. 99.

나. 평가 기능에 따른 유형

1) 진단평가

진단평가는 교수·학습이 시작되기 전 교수 학습을 준비하는 또는 교수·학습을 처방하기 위하여 사전에 정보를 수집, 분석, 기술하고 가치화하며 거기에 따른 적절한 의사결정을 수립하게 되는 평가이다(이성호, 2013).

학교 현장에서는 종종 과거 학습의 정도, 준비도, 흥미, 동기 상태 등 학습자의 특성이 교수의 효율화와 학습의 능률을 향상하는 데 중요한 역할을 하므로 학습자의 특성을 수업 전에 진단하는 일은 중요하다. 진단평가(diagnostic evaluation)는 교수활동이 시작되기 전에 학습자의 특성을 체계적으로 측정하는 행위로, 학습자들의 능력과 특성을 사전에 파악하여 교육목표 및 계획을 수립하는 데 목적을 둔다.

진단평가의 예로는 수업 시간 전에 실시하는 쪽지 검사나 퀴즈, 수업을 시행하기 전에 복습 여부를 묻는 질문 등을 들 수 있다. 특히 진단평가에서는 준비도 검사, 적성검사, 자기보고서, 관찰법 등의 다양한 평가도구를 사용할 수 있다(김대현·김석우, 2014).

진단평가의 목적은 첫째, 수업의 출발점에서 학생을 알맞은 자리에 적절히 정치(수업 집단의 편성)하기 위한 자료를 수집하는 데 있다. 둘째, 수업에 앞서서 학생들의 출발점 행동을 진단하고 평가하는 데 목적이 있다. 셋째, 수업의 전개 과정에서 학생들의 학습 실패의 근본적 원인을 발견하는 데 목적이 있다(강봉규·이규영, 2014).

2) 형성평가

형성평가(formative evaluation)는 수업이 진행되는 상태에서 교육행위가 계획한 대로 진행되고 있는지를 확인하는 행위이다. 즉, 교수·학습 중에 가르치고 배우는 내용을 학습자들이 얼마나 잘 이해하고 있는지를 수시로 점검하고, 학습자들의 수업 능력, 태도, 학습 방법 등을 확인함으로써 교육과정을 개선하고 교재의 적절성을 확인할 수 있다. 따라서 형성평가는 학습 및 교수가 진행되고 있는 도중에 학습의 진전 상황에 관한 정보를 수집·분석하여 그 수업 및 학습을 개선하기 위해 실시하는 활동이다. 따라서 형성평가는 수업 중이나 단원을 학습하는 중에 수시로 실시할 수 있다.

형성평가는 교수 목표에 기초한 평가이므로 철저하게 목표지향적 평가이다. 진단평가가 일반화된 기능을 측정하게 되어 있는 데 비해 형성평가는 특정 학습 단위를 위해서 구체적으로 계획된 검사이다(서동기 외, 2019).

일반적으로 형성평가 방법이라고 하면 쪽지 시험이나 간단한 퀴즈를 연상하기도 하지만, 수업의 질 개선을 위한 비언어적 관찰법, 질문지법, 구두의 질문법 등의 다양한 평가 기법이 활용되고 있다(이종철, 2019).

3) 총합 평가

총합 평가(summative evaluation)란 교수·학습이 끝난 다음 교수 목표의 달성, 성취 여부를 종합적으로 판정하는 평가 형태로 총괄평가라고도 한다. 즉, 총합 평가는 한 과목과 학기 그리고 교육프로그램이 끝나는 시점에서 실시하는 평가로 성취혹은 숙달 정도와 교육목표 달성 여부를 결정하는 활동으로 정의할 수 있다. 따라서 총합 평가는 학습자가 도달하도록 설정된 교육목표를 어느 정도 성취하였는지에 주된 관심이 있다. 총합 평가를 위한 평가도구는 교육목표의 성격에 의해 결정되며, 교사 자작 검사, 표준화 검사, 작품평가 방법 등이 사용된다(김대현·김석우, 2014).

총합 평가의 결과는 다음 교육을 위한 진단평가의 정보로 이용할 수 있다. 총합평가는 목적에 따라 평가의 유형이 결정된다. 서열에 의한 판단을 지닌 평가를 중요시한다면 준거참조평가를 지향하여야 한다(성태제, 2019).

표 6-2-4 진단평가, 형성평가, 총합 평가의 비교

구분 내용	진단평가	형성평가	총합 평가
시기	교수·학습 시작 전	교수·학습 진행 도중	교수·학습 완료 후
목적	적정한 교수 투입	교수·학습 진행의 적절성 교수법 개선	교육목표 달성 교육 프로그램 선택 결정 책무성

		수시 평가	
평가 방법	비형식적 평가 형식적 평가	비형식적 평가 형식적 평가	형식적 평가
평가 주체	교사 교육 내용 전문가	교사 학생(학습자)	교육 내용 전문가, 교육 평가전문가
평가 기준	준거 참조	준거 참조	규준 참조 혹은 준거 참조
평가 문항	준거에 부합하는 문항	준거에 부합하는 문항	규준 참조: 다양한 난이도 준거 참조: 준거에 부합하는 문항

출처: 성태제(2019). 교육평가의 기초. p. 80.

다. 평가 대상에 따른 유형

1) 능력 참조 평가

능력 참조 평가(ability-referenced evaluation)는 학생이 지닌 능력에 비추어 얼마나 최선을 다하였느냐에 초점을 두는 방법으로 능력지향평가라고도 한다. 이는 개인을 위주로 하는 평가 방법으로 각 학생의 능력과 노력으로 평가된다. 다시 말해 학습자의 능력에 비하여 과분한 노력을 할 때는 이를 고려하여 높은 평가를 하나, 능력이 탁월한데도 큰 노력을 하지 않는 경우 낮게 평가한다(이종철, 2019). 예를 들어, 우수한 능력을 지녔음에도 불구하고 최선을 다하지 않은 학생과 능력이 낮더라도 최선을 다한 학생이 있을 때 후자의 성취 수준이 낮더라도 더 좋은 평가 결과를 얻을 수 있다. 이처럼 능력 참조 평가는 각 학생의 능력과 노력으로 평가되는 특징을 지닌다(성태제, 2019).

능력 참조 평가의 장점으로는 첫째, 학습 능력이 비교적 낮은 중하위권 학생들에게 학습 동기를 불러일으킬 수 있다. 둘째, 학생 개개인에게 집중해 개인에게 더 의미 있는 개별화된 평가가 가능하다는 것이다. 그러나 몇 가지 단점도 가지고 있는데 첫째, 학생 개개인의 능력을 정확히 파악해야 본 평가를 진행할 수 있어서, 능력을 객관적으로 일일이 파악하기가 교사에게 굉장히 힘들다. 둘째, 상위권 학생들이 상대적으로 박탈감을 느낄 수 있다. 셋째, 특정 기능과 관련된 능력의 정확한 측정치에 의존하게 되므로 해당 능력에 국한되어 학습자의 능력을 해석하는 한계가 있다. 넷째, 학습자의 능력은 변화하지 않는 가정에서 능력 참조 평가는 출발하고 있으나 이 가정은 오류가 있다(성태제, 2019; 이종철, 2019).

2) 성장 참조 평가

성장 참조 평가(growth-referenced evaluation)는 교육과정을 통하여 얼마나 성장하였느냐에 관심을 두는 평가다. 최종 성취 수준에 관한 관심보다는 초기 능력 수준에 비추어 얼마만큼 능력의 향상을 보였느냐를 강조한다. 즉, 사전 능력 수준과 관찰된 시점의 측정된 능력 수준 간의 차이에 관심을 둔다. 그러므로 성장 참조 평가는 학생들에게 학업 증진의 기회 부여와 개인화를 강조하는 특징을 가지고 있다. 황정규(1998)도 개인 수준의 성장을 변화로 표현하고, 변화의 내용과 변화의 정도를 측정·평가하는 방법을 가지고 있었다면 교육은 혁신적인 변모를 겪었을 것이라고 하였다(성태제, 2019).

표 6-2-5 능력 참조 평가와 성장 참조 평가 비교

구분 내용	능력 참조 평가	성장 참조 평가
강조점	최대 능력 발휘	능력의 변화
교육 신념	개별학습	개별학습
비교 대상	수행 정도와 소유 능력	성장, 변화의 정도
개인차	극대화하지 않음	극대화하지 않음
이용도	최대 능력 발휘 교수로서 기능 강조	학습 향상 교수로서 기능 강조

출처: 성태제(2019). 교육평가의 기초.

7 평가도구의 조건

좋은 평가도구가 갖추어야 할 조건에는 타당도, 신뢰도, 객관도, 실용성을 들 수 있다. 어떠한 평가이든 측정용 도구가 신뢰가 가고 정확해야 한다. 마치 길이를 측정하기 위해서는 자가 표준이어야 하며 자에 표시된 값을 제대로 해석해야 한다.

가. 타당도

1) 타당도의 개념

타당도(validity)란 어떤 검사가 본래 측정하려고 하는 바를 어느 정도 충실하게 측정하고 있느냐 하는 정도를 나타내는 것이다. 즉, 어떤 검사가 "무엇을 재고 있느냐?"로 표현되며, 평가도구가 측정하고자 하는 구체적인 목표나 내용을 제대로 측정하고 있는가의 정도를 말하는 것이다. 타당도는 어디에 초점을 맞추는가에 따라 내용타당도, 준거 타당도, 구인타당도가 있다. 타당도를 다르게 분류하는 사람들도 있으나, 결국 내용·준거·구인(개념)에 대한 타당성이다.

2) 타당도의 종류

첫째, 내용타당도(content validity)는 평가도구가 평가하려고 하는 내용(교육목표)을 어느 정도 충실히 측정하고 있는지를 분석·측정하려는 것이다. 검사에서 측정하고자 하는 내용을 얼마나 충실히 측정하고 있는지 논리적으로 분석하여 주관적으로 판단하는 것이다. 즉, 해당 검사의 내용 전문가에 의하여 검사가 본래 측정하고자 의도한 바를 제대로 측정할 수 있는가를 전문적 지식에 의하여 판단하도록 하여 알아보는 것이다. 예를 들어, 학업성취도 검사를 제작할 때 내용타당도를 중시한다. 학업성취도 검사의 목적은 학생들이 학교에서 배운 교육 내용을 얼마나 잘 학습했는지를 평가하는 데 있다.

둘째, 준거 타당도(criteria validity)는 어떤 준거와 관련지어서 측정용 도구의 타당성을 평가하는 방법이다. 따라서 준거 타당도를 알아보려면 반드시 어떤 준거가 있어야 한다. 왜냐하면 준거가 있어야 그 준거에 비추어 타당하다 또는 타당하지 못하다고 하는 판단을 내릴 수 있기 때문이다(이종승, 2012).

평가도구의 타당도를 어떤 준거에 비추어 결정하는 방법은 그 준거의 성격에 따라 예언타당도(predictive validity)와 공인타당도(concurrent validity)로 나눈다.

예언타당도는 경험 타당도라고도 하며, 한 검사가 미래에 있을 어떤 기준을 얼마나 잘 예언해 주고 있는가를 따지는 과정으로, 특히 인사 선발이나 배치에 유용하다. 예를 들어, 대학수학능력시험의 타당도를 검증하기 위해 대학수학능력시험 점수와 대학 입학 후의 학업성적 간의 상관계수를 측정하는 것이다. 결국 예언타당도는 검사 점수가 미래의 행동 특성을 얼마나 잘 예측하느냐의 정도를 말하는 것이다(전상준 외, 2018).

공인타당도는 새로운 검사를 제작하였을 때, 기존 검사와의 결과 사이에 어느 정도 상관이 있는가를 살펴보는 것이다. 준거의 성질이 예측에 있는 것이 아니라 공인을 살펴보는 것이 특징이다. 예를 들어, 새로 개발한 지능검사의 타당도를 검증하기 위해 이미 타당성을 인정받고 있는 표준화된 지능검사와의 상관계수를 따져 보는 것이다(한민석, 2016).

셋째, 구인타당도(construct validity)는 조작적으로 정의되지 않은 인간의 심리적 특성이나 성질을 과학적 개념으로 분석하고 의미를 부여하는 방법이다. 한 검사가 의도하는 특성의 구성 요인을 얼마나 잘 측정하고 있는지를 따지는 과정이다. 예를 들어, 불안 수준 검사의 타당도를 검증하기 위해서 불안 수준을 구성하는 3개 하위 요인(자신감, 도전성, 개방성) 간의 상관계수를 추정하는 것이다. 이처럼 구인타당도를 측정하는 방법에는 상관계수 방법, 실험 설계 방법, 요인분석 방법과 같은 통계적 방법이 많이 쓰인다.

나. 신뢰도

1) 신뢰도의 개념

신뢰도(reliability)란 그 검사가 측정하려는 대상을 얼마나 정확하게 안정적으로 일관성 있게 측정하고 있는가의 정도를 말하는 것으로 어떻게 재고 있느냐 하는 문제이다. 신뢰도는 측정의 오차가 얼마나 적으냐의 정도이며, 그 측정 결과가 믿을만한 것이라면 측정 대상의 변화가 없는 한, 몇 번이고 되풀이하여 측정하여도, 또 누가 측정하던 그 결과는 항상 같게 나와야 한다. 그러므로 신뢰도는 측정의 일관성과 안전성을 보장하는 것이다. 결국 신뢰도는 얼마나 정확하게, 얼마나 오차 없이 측정하고 있느냐 하는 일관성과 안전성을 의미하는 개념이다(전상준 외, 2018).

측정 방법에 따라 신뢰도는 재검사 신뢰도, 동형 검사 신뢰도, 반분 검사 신뢰도, 문항 내적 일관성 신뢰도로 구분할 수 있다.

2) 신뢰도의 종류

첫째, 재검사 신뢰도는(test-retest reliability) 한 개의 검사 도구를 같은 집단에 일정한 시간 간격으로 두 번 실시하여 그 전후의 결과에서 얻은 점수로 상관관계를 산출하는 방법이다. 이것은 두 번의 실시 결과에서 얻은 점수 사이에 어느 정도 안정성이 있느냐를 보는 관점으로 안정성 계수(coefficient of stability)라고도 한다.

둘째, 동형 검사 신뢰도(equivalent-form reliability)는 미리 두 개의 동형 검사를 제작하여 그것을 동일 대상에게 동시에 실시하여 상관계수를 산출하는 방법이다. 측정하려는 내용과 난이도는 같지만, 형태가 서로 다른 두 개의 검사를 같은 피험자에게 실시하여 신뢰도를 얻는 방법이다. 동형 검사 신뢰도의 장점은 기억, 연습효과라는 최소한으로 감소시킬 수 있지만, 문항 내용과 문항 난이도가 같은 동형 검사 도구를 제작하는 것이 쉽지 않다는 단점이 있다.

셋째, 반분 검사 신뢰도(split-half reliability)는 하나의 검사 도구를 둘로 나누고, 나누어진 두 부분검사 점수 간의 상관계수를 구하고, 부분검사로부터 구해진 상관계수를 전체 검사의 값으로 확대한 수치이다. 재검사 신뢰도의 결과가 적당하지 못하거나, 동형 검사 도구를 만들기 어려울 때 쉽게 사용할 수 있는 방법이다.

한 개의 검사를 양분하는 방법에는 한 개의 검사를 꼭 반이 되게 나누는 양분법과 기우반분법(홀·짝수 법), 난 수표법, 문항의 난이도 및 내용에 따라 비슷한 것끼리 짝지어 반분하는 내용 곤란 도법 등이 있다.

한 번의 검사실시로 신뢰도를 추정할 수 있는 장점이 있으나 검사를 양분하는 방법에 따라 신뢰도계수가 변하는 단점이 있다(한민석, 2016).

넷째, 문항 내적 합치도(inter-item consistency)는 문항 하나하나를 독립된 한 개의 검사 단위로 보고, 각 문항이 일관되게 같은 능력을 측정하고 있는 정도를 표시하는 합치도, 동질성, 일치성을 중시하는 방법이다. 한 검사 내의 각 문항에 대하여 피검사자가 얼마나 일관성 있게 반응하느냐 하는 것은 검사 도구의 문항이 어느 정도 동질적이냐에 의해 결정되기 때문에 문항 내 적 합치도를 검사의 동질성 계수라고도 한다.

다섯째, 크롬바흐 알파(Cronbach alpha)계수는 한 검사 속의 문항들 사이의 신뢰도계수를 나타내는 것으로, 최근에 많은 관심을 받는 신뢰도 추정 방식이다. 다른 신뢰도들은 추정 방식이 상관계수에 근거하고 있다.

다. 객관도

1) 객관도의 개념

객관도(objectivity)란 검사자의 신뢰도라 할 수 있는데 검사의 채점자가 얼마나 객관적인 입장에서 어느 정도 일관되고 공정하게 채점하느냐 하는 문제와 관련된 것이다. 즉, 평가자 혹은 채점자의 채점에 대한 일관성 정도이며, '검사자 간의 신뢰도', '평가자 간의 신뢰도'를 말한다. 예를 들어, 같은 피험자의 답안지를 가지고 A라는 교사는 90점, B라는 교사는 70점, C라는 교사는 50점을 부여했을 경우, 객관도는 신뢰하지 못한다. 이 같은 경우는 보통 두 가지 이유를 들 수 있는데, 하나는 채점자 자신의 소양 문제이고, 다른 하나는 측정용 도구 자체의 불완전성의 결과로 볼 수 있다. 객관화를 확보하기 위해서는 여러 사람으로부터 인정받을 수 있도록 문항을 제작해야 좋은 문항이다.

2) 객관도를 향상하는 방법

한민석(2016)은 객관도를 향상하는 방법을 다음과 같이 제시하고 있다.
① 도구를 객관화한다. 측정용 도구, 평가도구 자체를 객관화시켜야 한다.
② 평가자의 소양이다. 평가자 자신의 소양을 향상하는 일이 필요하다.
③ 기준이 구체화하여야 한다. 명확한 평가 기준이 있어야 한다.
④ 다인 수 평가여야 한다. 가능하면 비 객관적 평가도구는 여러 사람이 공동으로 평가해서 그 결과를 종합하는 것이 객관성을 높일 수 있다.
⑤ 오류를 제거해야 한다. 평가자의 인상, 편견, 추측, 착오 등을 최소화 해야 한다.
⑥ 주관식 문항을 채점할 때는 학생별 채점보다는 문항별로 채점해야 하고, 가능한 한 많은 채점자가 독립적으로 채점하여 그 결과를 종합하는 것이 합리적이다.

라. 실용도

1) 실용도의 개념

실용도(usability)란 평가 방법이나 도구의 제작 과정뿐만 아니라 시행 방법이나 절차 그리고 평가 결과를 채점하거나 분석하기 위해 소요되는 인적·물적 자원의 양과 질이 주어진 여건에 비추어 실용적인가를 나타내는 정도이다.

평가 방법이나 도구의 실용성과 관련하여 고려해야 할 사항은 실시 방법이 쉬워야 하며, 실시하는 데 걸리는 시간이 적절해야 하고, 채점하기가 쉽고, 결과를 해석하거나 활용하기가 쉬워야 한다. 또 평가 시행 비용이 적절해야 한다.

2) 실용도를 향상하는 방법

한민석(2016)은 실용도를 향상하는 방법을 다음과 같이 제시하고 있다.

① 실시와 채점이 용이하도록 한다.

② 결과의 해석과 활용이 용이하도록 한다.

③ 낮은 검사 비용, 시간, 노력으로 해결해야 한다.

연습 문제

1 다음 보기에서 설명하고 있는 단어를 쓰시오.

▶ 보기 ◀

(   )은(는) 교육활동 전반에서 설정된 교육목표가 얼마나 달성되었는지
를 평가하는 과정이다. 이를 통해 교사가 학습 과정에서 사용한 학습지도와 방
법이 효과적이었는지를 검토하고, 교육과정의 전반적인 문제점을 개선하고 보
완하는 데 기여한다.

정답 교육평가

2 다음 중 교육평가의 의미와 거리가 <u>먼</u> 것은?
① 설정된 교육목표의 달성도를 확인하는 과정
② 학생의 행동 변화를 측정하는 과정
③ 학생의 미래 성취도를 예측하는 과정
④ 교사와 학생, 교육 내용 간의 상호작용을 평가하는 과정

정답 ③

3 교육평가에서 학생의 행동 변화가 중요한 이유는?
① 평가의 결과가 학생의 성적을 결정하기 때문에
② 교육평가는 학생의 바람직한 행동 변화를 측정하는 과정이기 때문에
③ 학생들이 미래에 어떤 직업을 가질지 예측하기 위해
④ 교육과정이 학생들의 의견에 따라 수정되기 때문에

정답 ②

교육평가의 주요 목적에 가장 적절한 것은?

① 교육과정을 수립하는 데 필요한 자료 수집
② 학생들의 행동 변화를 확인하고 교사의 교육활동을 평가하는 것
③ 학생들의 과거 성적만을 평가하는 것
④ 교육시설과 교재의 활용도를 평가하는 것

정답 ②

 교육평가를 통해 교사의 교육활동이 바람직하지 않을 때 취해야하는 조치에 해당되는 것은?

① 교사의 교육 스타일을 변경한다.
② 학생의 성적을 재평가한다.
③ 교육목표와 방법, 교재 등을 수정하고 보완한다.
④ 교사의 평가 기준을 완화한다.

정답 ③

 교육평가에서 교육 전반에 대하여 수집된 자료가 사용되는 목적에 해당되는 것은?

① 교육과정의 효율성을 높이고 교사의 자질을 향상하기 위해
② 학교 시설을 개선하기 위해
③ 학생들의 참여도를 높이기 위해
④ 교육과정과 관계없이 학교의 관리 효율성을 점검하기 위해

정답 ①

 교육평가에 있어서 종합적 점검을 통해 문제점을 발견하고 모색하는 종합적 교육평가가 중요한 이유는?

① 학교의 명성을 높이기 위해
② 학생들의 성적 향상을 위해

③ 교사의 교육 방식을 획일화하기 위해

④ 교육의 모든 영역에서 문제점을 파악하고 교육활동을 발전시키기 위해

정답 ④

8 다음 중 교육평가의 주요 기능에 해당되지 <u>않는</u> 것은 무엇인가?

① 학습자의 교육목표 달성도를 파악한다.

② 학습의 곤란 점과 그에 대한 치료를 제공한다.

③ 교육평가는 학생들의 과거 성적만을 기반으로 평가한다.

④ 교수-학습 과정의 개선을 위한 정보를 수집한다.

정답 ③

9 교육평가가 학습 촉진의 기능을 가지고 있는 이유에 해당되는 것은?

① 학습 평가 결과에 따라 학생들의 학습을 단순히 기록하기 때문에

② 평가를 통해 학습자의 학습 능력을 확인하고 이를 개선하려는 동기가 유발되기 때문에

③ 교육평가는 학습 결과만을 확인하기 때문에

④ 평가 과정이 학습과는 별개의 과정이기 때문에

정답 ②

10 교육평가가 학생의 진로지도에 도움을 줄 수 있는 이유는

① 학습자의 성적만을 기준으로 진로를 결정하기 때문에

② 교육평가는 학습자의 능력, 소질, 성격 등을 파악하여 그에 맞는 학습지도를 제공하고, 진로지도를 위한 자료를 수집하기 때문에

③ 학생의 장래 직업에 대한 교육적 영향을 미치지 않기 때문에

④ 교육평가는 학생의 현재 성적만을 고려하기 때문에

정답 ②

11 교육평가가 교육프로그램의 효과를 파악하는 데 중요한 역할을 하는 이유는?

① 학생의 성취도만을 기준으로 평가하기 때문이다.

② 교육과정 외부의 요인을 고려하지 않기 때문이다.

③ 교육프로그램과 평가의 상관관계를 고려하지 않기 때문이다.

④ 교육프로그램이 본래 의도했던 효과를 거두었는지를 판단하기 위해 기준을 제공하기 때문이다.

정답 ④

12 발달적 교육관과 선발적 교육관에 대한 설명으로 옳지 <u>않은</u> 것은 무엇인가?

① 발달적 교육관은 모든 학습자가 적절한 교수 방법을 제시받으면 교육목표에 도달할 수 있다고 본다.

② 선발적 교육관은 모든 학생이 교육받을 수 있도록 교육 기회를 동등하게 제공하는 것을 목표로 한다.

③ 발달적 교육관에서는 학업 실패의 책임이 교사에게 있다고 본다.

④ 선발적 교육관에서는 우수자를 선발하는 데 평가의 초점을 맞춘다.

정답 ②

13 발달적 교육관의 특징으로 옳은 것은?

① 모든 학생이 주어진 교육목표에 도달할 수 있다고 본다.

② 교육평가는 학습자의 개인차 변별에 중점을 둔다.

③ 학업성취도는 상대평가에 의해 정상분포를 이룬다.

④ 교육평가는 일회적이며 제한적이어야 한다.

정답 ①

14 선발적 교육관에서는 주로 사용되는 평가방식과 그 목적에 해당되는 것은?

① 절대평가를 사용하여 모든 학생의 목표 달성 여부를 확인한다.

② 성취평가를 사용하여 학생의 개인 성취도를 측정한다.

③ 규준지향 평가를 사용하여 개인차를 변별하고 우수자를 선발한다.

④ 형성평가를 사용하여 교수학습 과정을 지속해서 평가한다.

정답 ③

 선발적 교육관에서 상급학교 진학과 관련이 있는 것은?

① 모든 학생이 상급 학교에 진학할 수 있도록 동등한 기회를 제공한다.
② 상급 학교 진학은 불필요하다고 본다.
③ 상급 학교 진학에 대한 강한 욕구를 반영하며, 소수의 우수자를 선발하기 위해 평가가 이루어진다.
④ 선발적 교육관에서는 상급 학교 진학이 교육과정의 핵심 목표가 아니다.

정답 ③

 다음 중 목표지향평가 모형에 대한 설명으로 옳은 것은?

① 평가의 기준은 목표 달성 여부와 관계없이 설정된다.
② 목표지향평가는 프로그램의 종료 시점에서만 평가가 이루어진다.
③ 목표지향평가는 학생의 개인적 특성보다는 학급 전체의 성과에 중점을 둔다.
④ 목표지향평가는 교육프로그램의 성공 여부를 미리 설정된 목표에 따라 판단한다.

정답 ④

 프로버스의 격차 모형(불일치 모형)에서 평가의 주요 초점은?

① 목표와 실제 수행 간의 일치 여부
② 학생의 행동 변화 여부
③ 평가자의 주관적 판단
④ 학생의 학습 스타일 분석

정답 ①

 가치 판단 모형의 핵심 요소는?

① 평가자가 개인적인 평가를 바탕으로 가치를 결정한다.
② 교육평가는 목표 달성 여부에만 중점을 둔다.

③ 평가자의 전문적 능력을 통해 교수-학습의 가치를 판단하는 데 중점을 둔다.
④ 평가자는 학습자 개개인의 성취도를 변별하는 데 중점을 둔다.

정답 ③

 하몬드의 교육혁신 평가 모형에 대한 설명으로 옳은 것은?

① 하몬드 모형은 학생들의 성취도와 무관하게 교육의 질을 평가한다.
② 목표를 명시적으로 진술하고 이를 기준으로 프로그램의 효율성을 평가하는 것이 특징이다.
③ 하몬드 모형은 교수-학습 과정의 단순한 기록을 중시한다.
④ 하몬드 모형은 평가가 한 번의 종합적 평가로 끝나는 것을 목표로 한다.

정답 ②

다음 보기에서 설명하고 있는 교육혁신 모형을 개발한 사람은?

▶ 보기 ◀

( ) 은(는) 학교 수준에 적합한 새로운 평가 모형을 개념화하였다. 이 교육 혁신평가 모형은 목표를 명세적으로 진술하고, 이를 기준으로 프로그램의 효율성을 확인, 개선점을 찾는다는 점에서 목표 달성 모형에 속한다. 교육목표의 달성 여부를 결정하는 것뿐만 아니라 교육활동의 성패에 영향을 주는 요소를 평가자가 비교적 쉽게 파악할 수 있도록 하였다. 이를 위해 교육의 평가 과정을 체계적으로 구조화하여 교육활동이 공정하고 정확하게 평가되도록 하였다. ( )는 교육프로그램을 기술하고 평가 변인들을 조직하기 위한 목적으로 3차원 입방체(수업, 기관, 행동)를 고안하여 개념화하였다.

① 알킨(Alkin) ② 하몬드(Hammond) ③ 프로버스(Provus)
④ 타일러(Tyler) ⑤ 스터플빈(Stufflebeam)

정답 ②

다음 (보기)가 설명하고 있는 평가의 유형을 쓰시오.

> ▶ 보기 ◀
>
> 학습자들의 현재 성취 수준이나 교육목표의 도달 정도를 알아보기 위한 평가 방법이다. 즉, 다른 학습자와 상대적인 비교를 하는 것이 아니라 교육 또는 교육 목표에 비추어 평가하는 것이다. 교육목표 또는 학습 목표를 설정해 놓고 그 목표에 비추어 학습자 개개인의 학업성취 정도를 따지려는 입장이다. 학습자가 무엇을 얼마만큼 알고 있는지, 학습자가 정해진 준거나 목표에 도달하였는지를 판단하는 평가이다.

(   )

정답 준거지향평가

 진단, 형성, 총합 평가를 비교하여 각각 50자 이내로 설명하시오.

1. 진단평가 ＿＿＿＿＿＿＿＿＿＿＿＿＿＿＿＿＿＿＿＿＿＿＿＿＿＿＿＿＿

＿＿＿＿＿＿＿＿＿＿＿＿＿＿＿＿＿＿＿＿＿＿＿＿＿＿＿＿＿＿＿＿＿＿

2. 형성평가 ＿＿＿＿＿＿＿＿＿＿＿＿＿＿＿＿＿＿＿＿＿＿＿＿＿＿＿＿＿

＿＿＿＿＿＿＿＿＿＿＿＿＿＿＿＿＿＿＿＿＿＿＿＿＿＿＿＿＿＿＿＿＿＿

3. 총합평가 ＿＿＿＿＿＿＿＿＿＿＿＿＿＿＿＿＿＿＿＿＿＿＿＿＿＿＿＿＿

＿＿＿＿＿＿＿＿＿＿＿＿＿＿＿＿＿＿＿＿＿＿＿＿＿＿＿＿＿＿＿＿＿＿

정답 진단, 형성, 총합 평가는 교육의 전체 과정에서 진행 순서에 의하여 실시되는 평가이며, 비형식적이거나 형식적 형태로 이루어진다. 진단평가와 형성평가는 비형식적으로 이루어지는 경우도 적지 않으며, 총합 평가는 일반적으로 형식적 평가로 이루어진다. 형성평가는 교과를 담당하는 교사들이나 교육담당자들에 의하여 이루어지나 총합 평가는 교육 내용 전문가와 교육평가 전문가에 의하여 실시된다. 일반적으로 형성평가는 준거참조평가를 실시한다.

23 타당도는 평가도구가 측정하려는 대상을 얼마나 정확하게 측정하고 있는지를 나타내는 중요한 기준입니다. 다음 중 타당도의 종류로 옳은 것은?

① 내용 타당도, 준거 타당도, 구인 타당도

② 예언 타당도, 절대 타당도, 주관 타당도

③ 상대 타당도, 실용 타당도, 명확 타당도

④ 내적 타당도, 외적 타당도, 수용 타당도

정답 ①

24 신뢰도는 같은 평가도구를 여러 번 사용했을 때, 그 결과가 얼마나 일관되고 안정적인지를 측정합니다. 다음 중 신뢰도를 높이는 방법으로 옳지 <u>않은</u> 것은?

① 같은 집단에 같은 평가도구를 여러 번 실시하여 결과를 비교한다.

② 피험자에게 같은 난이도의 두 개의 동형 검사를 하고 상관계수를 구한다.

③ 같은 평가 문항을 양분하여 두 부분 간의 상관관계를 구해 신뢰도를 추정한다.

④ 평가자의 주관적인 판단을 바탕으로 평가 결과를 해석한다.

정답 ④

25 객관도를 높이기 위해 평가자가 주의해야 할 방법으로 옳지 <u>않은</u> 것은?

① 채점 시 평가자의 인상과 편견을 최소화해야 한다.

② 평가 기준을 구체적으로 명확히 해야 한다.

③ 주관식 문항을 채점할 때 학생별로 채점하는 것이 좋다.

④ 여러 명의 평가자가 독립적으로 채점한 후 그 결과를 종합해야 한다.

정답 ③

26 실용도는 평가도구의 사용이 현실적으로 얼마나 적합한지를 평가합니다. 실용도를 향상시키기 위한 방법으로 가장 적절한 것은?

① 평가도구의 비용이 많이 들더라도 높은 타당도를 유지하는 것이 중요하다.

② 결과를 해석하고 활용하기 어렵더라도 정확한 평가 도구를 사용하는 것이 중요하다.

③ 평가 방법이 쉽고, 소요되는 시간과 비용이 적절해야 한다.

④ 평가 도구의 복잡성이 높을수록 실용도가 증가한다.

정답 ③

CHAPTER

07

상담의 이해

CHAPTER 07
상담의 이해

 학습목표

가. 상담의 개념을 설명할 수 있다.

나. 상담의 과정과 기법을 예를 들어 설명할 수 있다.

다. 상담 이론의 주요 특징을 열거할 수 있다.

> 나는 사람들이 문제를 스스로 해결할 수 있는 능력이 있다는 것을 믿는다.
> 내 역할은 그들이 자신의 자원을 발견하고, 자신을 신뢰하며, 자신을 있는
> 그대로 받아들이도록 돕는 것이다. 진정한 변화는 바로 그곳에서 시작된다.
>
> 로저스(C. Rogers)

> 우리는 종종 외부 환경이 우리를 좌우한다고 생각하지만, 실은 우리가 어떻게
> 생각하고 그 생각을 바탕으로 행동하는가가 우리의 삶을 결정한다. 당신이 자
> 신의 문제를 해결할 수 있다는 믿음이야말로 진정한 변화의 시작이다.
>
> 엘리스(A. Ellis)

교육학에서 상담의 중요성은 학생들의 전인적 성장을 돕는 데 필수적이며, 교육의 목표를 더욱 효과적으로 달성하는 데 있다. 학생들은 학습뿐만 아니라 다양한 심리적, 정서적 문제와 새로운 도전에 직면하는 상황을 경험하기도 한다. 상담의 이해는 이러한 문제를 깊이 파악하고, 학생들에게 적절한 지원을 제공하여 효과적인 학습 환경을 조성하는 데 도움을 준다. 이 장에서는 상담의 개념, 상담의 과정과

기법, 주요 상담 이론 등을 중심으로 살펴보고자 한다.

1 상담의 개념

상담(counseling)이라는 용어는 라틴어 'consulere'에서 비롯되며, 이는 함께 생각하다와 상담하다 라는 의미를 가진다. 미국 심리학회(APA)에서 상담은 개인이나 집단이 문제를 이해하고, 그 문제를 해결하기 위해 심리학적 기법과 원리를 사용하는 전문적인 과정으로 정의하고 있다. 로저스(Rogers, 1942)는 상담을 내담자가 자기 이해와 자기 수용을 통해 자기 실현을 추구하도록 돕는 과정이라 하였고, 프로이트(1949)는 무의식을 탐구하고 억압된 감정과 경험을 의식화하는 과정으로 보았다. 코리(Corey, 2005)는 상담자와 내담자 두 사람간의 관계를 중시하며 상담은 치료적 모험을 통해 변화를 가져오게 하는 상담자와 내담자 간의 계약과정으로 보았다. 국내학자로서 이장호(2005)는 도움이 필요한 사람이 전문적인 훈련을 받은 사람과의 관계에서 자기의 생활 과정상의 문제를 해결하고 생각과 감정, 행동측면의 인간적 성장을 위해 노력하는 학습과정으로 정의하였고, 조혜영(2023)은 전문적인 교육과 수련을 받은 상담자와 내담자가 상담관계를 맺고, 내담자의 내면의 힘을 통해 문제를 해결할 수 있도록 조력하는 협력과정으로 상담을 정의하였다. 학자들의 다양한 이러한 정의를 통해 상담은 단순한 문제 해결을 넘어 내담자가 자신의 삶에서 의미를 발견하고 인간의 성장과 치유를 목표로 하고 있음을 알 수 있다.

2 상담자의 자질

상담자의 자질은 인성적, 전문적, 윤리적 측면에서 다각적으로 분석될 수 있으며, 각 자질은 상담의 효과성을 높이는 데 중요한 역할을 한다.

1) 인성적 자질

상담자는 내담자의 감정을 이해하고 존중하는 능력이 필요하다. 특히 공감은 내담자가 자신을 안전하게 표현할 수 있도록 돕고, 상담 관계의 신뢰를 구축하는 데 중요한 역할을 한다. 또한 상담자는 내담자의 경험이나 감정을 판단하지 않고 수용하는 태도를 가져야 하며 내담자가 자신의 문제를 자유롭게 이야기할 수 있는 환경을 제공하여야 한다. 특히 내담자를 대하는 상담자의 진실한 태도와 공감적 이해, 무조건적 긍정적 수용은 상담자의 기본적인 태도이다.

2) 전문적 자질

상담자의 전문적 자질은 내담자를 이해하고 문제해결을 도와 상담을 효과적으로 진행하기 위해서 필요한 상담자로서의 전문적 지식과 기술을 의미한다. 상담자는 다양한 심리학적 이론과 기법에 대한 충분한 지식을 갖추고 내담자의 문제를 효과적으로 이해하고 해결하여야 한다. 또한 내담자의 필요와 요구에 맞춰 여러 상담 기법을 유연하게 사용할 수 있어야 한다.

3) 윤리적 자질

상담자는 문화적 민감성을 가지고 다양한 문화적 배경을 가진 내담자와의 상담에서 문화적 요소를 이해하고 존중해야 한다. 또한 상담 과정에서 발생할 수 있는 윤리적 문제를 인식하고, 이를 적절히 처리할 수 있도록 상담자 자신의 윤리적 기준을 지속적으로 점검하고, 최신의 윤리적 기준에 대한 교육을 받아야 한다. 상담 장면에서 상담자는 내담자가 제공하는 모든 정보를 비밀로 유지해야 하며, 이는 상담 관계의 신뢰성을 높이는 데 필수적인 요소이다. 또한 비밀유지에 영향을 미칠 수 있는 상황과 조건에 관한 예외사항에 대해서도 충분히 설명해야 한다. 단, 위협적인 상황이나 법적 요구가 있을 때는 비밀보장 원칙에 예외를 두고 그에 따라 행동해야 한다.

3 상담의 과정

상담자는 상담을 통해 내담자를 효과적으로 잘 조력하기 위한 최선의 상담과정과 방법을 찾기 위해 노력한다. 상담의 과정은 일반적으로 첫 회 상담, 초기 단계, 중기 단계, 종결 단계 네 단계로 나눌 수 있다. 각 단계별 주요 내용과 특징은 다음과 같다.

가. 첫 회 상담

상담자와 내담자와의 만남으로 상담관계가 형성되고, 상담자는 내담자가 표현하는 언어뿐만 아니라 비언어적 행동을 관찰하는 것에서부터 상담을 시작한다. 처음 상담을 받으러 오는 내담자에게 첫 면접이 상담의 전체 기간 중에서 가장 불안하고 두려운 순간이다. 내담자는 상담자의 전문성과 비밀유지, 상담 자체에 대한 의심과 불안을 느낄 수 있다. 이때 상담자는 내담자의 불안에 대해 먼저 언급하고, 이를 상담실에서 자유롭게 이야기할 수 있는 분위기를 조성해야 한다. 상담자는 심리적 불안과 두려움을 충분히 공감하고 수용하는 과정을 통해 내담자가 안정감을 느끼도록 돕고, 이를 바탕으로 상담자와의 신뢰를 구축하는 기초를 다진다.

나. 초기단계

상담의 초기단계는 내담자가 상담자를 처음 만난 후부터 상담목표를 세워 구체적으로 개입을 시작하기 전까지를 의미한다. 초기단계에서 해야 할 과제는 다음과 같다.

첫째, 내담자에 대한 이해가 필요하다. 내담자의 인적사항, 내방 경위, 주 호소 문제, 이전의 상담경험, 가족관계 및 친구관계 등 기본적인 내담자에 대한 정보를 수집한다. 둘째, 촉진적 상담관계의 형성이다. 내담자가 상담자를 신뢰하고 상담에 적극적으로 임할 수 있도록 상담자는 전문성을 가지고 신뢰로운 관계를 구축한다. 이때 상담자는 내담자의 이야기에 적극적으로 경청하고 수용과 공감의 자세로 내담자와의 관계를 형성한다. 셋째, 상담의 구조화이다. 상담자는 내담자에게 상담에 필요한 제한 규정과 상담의 한계를 설명하고, 상담 진행 방법, 상담 시간, 상담 회기, 상담 비용 등을 구체적으로 안내 한다. 또한 상담자와 내담자의 역할, 상담 윤리, 상담의 목표와 기대 사항을 명확히 하여 상담이 효과적으로 진행될 수 있도록 돕는다. 이와 같이, 초기 단계에서는 효과적인 상담 관계를 형성하고 내담자의 문제를 명확히 이해하며, 상담자와 내담자가 함께 상담 목표를 설정해야 한다.

다. 중기단계

상담의 중기단계는 초기단계에서 설정된 상담목표를 해결하기 위한 심층적인 탐색과 변화가 이루어지는 본격적인 문제해결 단계이다. 상담자는 적극적인 공감과 수용을 바탕으로 내담자가 자신을 더 깊이 이해하고 탐색할 수 있도록 돕는다. 내담자는 그동안 표현되지 않았던 감정과 행동의 동기를 자각한다. 이 과정에서 내담자가 경험한 주요 사건들의 의미를 찾고, 현재 문제와 관련된 부적응적 사고와 행동을 이해하는 통찰을 경험한다. 상담자는 내담자의 사고, 감정, 행동의 탐색과 변화를 긍정적으로 피드백하고, 새로운 모습과 변화의지를 격려하고 지지한다. 한편, 상담이 진행될수록 자신의 사고와 감정, 행동 등의 변화에 불안하고 두려워 하거나 상담진행을 방해하는 말과 행동 등의 저항이 일어나기도 하는데, 상담자는 내담자의 이러한 감정을 충분히 공감하고 더욱 적극적으로 개입하여 내담자의 변화 기회로 활용한다.

라. 종결단계

상담의 종결단계에서는 내담자가 현실생활에 적응할 수 있는 새로운 행동을 시험하고 평가하는 시기이다. 상담자는 내담자가 호소하는 문제가 줄어들었을 때 상담의 목표달성 여부를 점검하고 종결을 계획한다. 상담관계가 끝났을 때 내담자가 종결을 직접적인 거부로 느끼지 않도록 상담자는 상담종결 2~3회기 전에 내담자와 종결에 대한 생각, 감정 등을 나누고 장래계획을 이야기하며 더욱 내담자에게 주의를 기울여야 한다(임경희 외, 2013). 또한 문제가 발생하면 언제든지 다시 찾아올 수 있는 추수상담의 가능성도 함께 제시할 필요가 있다.

4 상담의 기법

1) 경청

경청이란 내담자의 말을 주의 깊게 들어주는 것으로 자신의 생각이나 감정을 자유롭게 표현할 수 있도록 북돋아 주는 역할을 한다. 상담자는 내담자가 표현하는 생각과 감정, 행동에 초점을 맞춰 온전히 귀 기울여 이해하려고 노력해야 하며 비언어적 신호(눈맞춤, 고개 끄덕임 등)와 언어적 반응(반영, 요약 등)을 통해 내담자에게 자신의 관심과 이해를 전달한다. 내담자는 자신의 이야기를 충분히 표현하여 삶에 대한 통찰을 경험하고 새로운 실천행동을 계획한다.

> 내담자 "저는 사람들을 만나면 스트레스를 받아요"
> 상담자 "당신이 사람들을 만날때 스트레스를 느끼고 있군요.
> 그게 어떤 상황에서 가장 심한가요?"

2) 수용

수용이란 상담자가 내담자를 평가하거나 판단하지 않고 내담자가 나타내는 감정이나 행동 특성들을 있는 그대로 받아들이고 존중하며 이야기에 주의집중하고 있다는 것을 표현하는 반응이다. 상담자는 내담자의 이야기에 긍정적인 언어표현(음, 네, 그랬군요, 계속 이야기해 보세요)과 함께 고개 끄덕임, 시선맞춤과 같은 비언어적인 표현도 포함한다.

3) 재진술

재진술은 상담자가 내담자의 진술 중에서 핵심내용을 상담자 자신의 표현양식으로 바꾸어 말해 주는 기법이다. 상담자가 내담자를 이해하고 있음을 전달하고, 좀 더 간결한 방식으로 대화 내용을 요약하여 내담자의 말을 상담자가 올바로 이해하고 있는지 확인하기 위한 것으로 사용되기도 하며, 대화의 내용은 주로 인지적 측면을 강조한다(신봉호 외, 2018).

> 내담자 "어제 친구랑 다투었는데 선생님이 저만 혼냈어요. 전 억울해요"
> 상담자 "선생님이 너만 혼을 내서 억울하다는 거구나!"

4) 반영

반영은 내담자가 표현한 감정이나 태도, 생각 등을 상담자의 말로 반응해주는 시도로서 내담자 감정의 의미를 명료화 해준다. 상담자는 내담자의 언어적인 표현뿐만 아니라 비언어적인 행동에서 나타나는 감정까지도 반영해 줄 필요가 있다. 내담자의 말을 거울에 비추듯이 그대로 되돌려주려고 노력해야하며, "당신은… 이렇게 느끼고 있군요."와 같이 표현할 수 있다.

> 내담자 "부모님이 의대에 진학하라고 강요하세요. 저는 그림을 계속 그
> 리고 싶은데"
> 상담자 "너의 꿈을 이루기 위해서는 미대에 진학하고 싶은데, 부모님의
> 기대와 너가 되고 싶은 진로가 달라서 혼란스럽구나."

5) 명료화

명료화는 내담자의 말 중에서 모호한 점이나 모순된 점이 발견되었을 때 그 의미를 명확하게 확인하기 위한 질문형태의 기술이다. 명료화를 위해 질문할 때는 상담자가 내담자에게 도움을 주기 위해 질문하고 있다는 느낌을 주어야 하며 "예를 들어서 이야기해 주시겠어요?", "잘 이해하기 어렵네요. 좀 더 분명하게 표현해주시겠어요.", "조금 더 구체적으로 이야기해 주시겠어요?" 등과 같은 표현을 사용할 수 있다.

> 내담자 "이제 힘들어서 다 포기하고 싶어요"
> 상담자 "다 포기하고 싶다는 말이 어떤 의미인지 자세히 이야기해 주겠니?"

6) 요약

요약은 여러 생각과 감정을 간략하게 묶어 정리하는 것으로, 상담 진행 중에는 문제 상황에 더욱 초점을 맞추는 역할을 하기도 하며, 탐색에 머물지 않고 다음 단계로 나아가는 데 요약을 활용하기도 한다(신봉호, 2020). 매회 상담이 끝날 때에도 요약은 상담 장면에서 탐색한 주요 내용, 진행정도, 다음 상담에 대한 계획을 파악하는데 도움이 되며 자연스럽게 종결을 유도할 수도 있다. 요약은 상담자가 하거나 "지금까지 우리가 나눈 이야기를 요약해보시겠어요?", "오늘 상담에서 경험한 것과 그 느낌을 간단히 정리해 보시겠어요?" 등과 같이 내담자에게 요약을 제안할 수도 있다.

7) 해석

해석은 내담자가 자기의 문제를 새로운 각도에서 바라보고 이해하도록 하며, 경험과 행동의 원인을 추론하고 그 의미에 대한 가설을 제시한다. 상담자는 내담자와 충분한 신뢰관계를 형성한 후에 해석을 실시하여야 하며, 내담자 스스로 해석하

도록 돕고 변화를 위한 내담자의 통찰을 촉진한다.

> 내담자 "여자친구가 나 때문에 힘들어하는 모습을 보이면 항상 헤어지
> 자고 먼저 이야기 했어요"
> 상담자 "어린시절 어머니가 떠난것처럼 여자친구도 나를 언젠가는 떠
> 날지 모른다는 불안과 두려움에 항상 먼저 헤어지자고 말하는
> 것은 아닐까요"

8) 직면

직면은 내담자가 깨닫지 못하거나 인정하기를 거부하는 언어적 진술과 비언어적 행동 사이의 불일치나 모순을 직접적으로 지적하는 기법으로 내담자가 외부에 비춰진 자기의 모습을 되돌아보고 통찰을 경험하도록 한다. 내담자는 직면하게 되었을때 매우 강한 감정적 반응을 보일 수 있으므로 상담자는 내담자가 충분히 받아들일 준비가 되었을 때 따뜻하고 부드러운 어조로 표현하여야 한다. "~라고 말했는데 ~하게 행동하는 군요.", "~라고 말했는데, ~하게 들리는군요." 등과 같이 표현할 수 있다.

> 내담자 "이제는 괜찮습니다. 전혀 불안하지 않습니다"
> 상담자 "당신은 불안하지 않다고 말씀하시면서도 지금 계속 손톱을 뜯
> 고 계시네요 "

9) 자기개방

자기개방은 상담자가 내담자의 문제와 관련하여 치료적 목적으로 도움이 될 만한 비슷한 상담자의 자기경험을 내담자에게 말하는 것으로, 상담자의 인간적인 모습을 보여줌으로서 내담자는 상담자를 더욱 신뢰하고 상담장면에서의 자기개방을 촉진하기도 한다. 다만 상담자의 자기개방은 어떤 경우든 철저히 내담자의 성장에 초점을 맞추어야 한다.

> 내담자 "저는 공부가 너무 하기 싫어요. 선생님은 사범대학까지 졸업하
> 셨는데 어떻게 힘든 공부를 계속하셨어요?"
> 상담자 "공부가 하기 싫을때가 정말 많았어, 특히 부모님이 하라고 할
> 때는 더 하기기 싫었지. 그런데 학교에서 좋아하는 선생님과

진로상담을 한 후에 교사가 되기로 마음먹고 그때부터 공부를
시작하게 되었어"

10) 침묵

침묵은 상담 도중 내담자의 저항이나 탐색, 사고의 중단 등 다양한 원인에서 비롯되므로 상담자는 내담자 침묵의 유형을 잘 파악하고 그에 따른 적절한 반응을 보이는 것이 좋다. 내담자가 어떤 말을 해야 할지 준비하는 과정으로 침묵을 사용할 수 있고, 상담이나 상담자에 대한 저항으로 침묵이 일어날 수도 있다. 이때 상담자는 특별히 다른 반응을 하지 않고 침묵을 지키며 내담자의 이야기 속으로 몰입해 들어가는 것에 가장 좋다. 다만, 침묵이 효과가 있다고 해서 상담자가 침묵 반응으로 일관하기 보다는 필요시 내담자의 침묵 속에 숨어있는 감정과 의미를 상담 장면에서 언급하고 다루어 줄 필요도 있다.

5 상담 이론

가. 정신분석 상담

[사진 7-1] 프로이트

[출처: 위키백과]

정신분석(psychoanalysis)상담에서 프로이트(Freud)는 인간을 생물학적 존재로 보고 인간의 모든 행동과 사고, 감정은 무의식적인 성적본능과 공격적 본능인 '리비도'에 의해 결정된다고 보았다. 그는 내담자의 과거 경험, 특히 어린 시절의 경험이 현재의 행동과 감정에 미치는 영향을 탐구하였다. 프로이트는 인간을 결정론적 존재로 보았으며 생후 6년 동안 인생 초기경험에 의해 형성된 성격구조는 성인이 되어서도 변하지 않는다고 보았다. 건강한 성격은 자아(Ego)가 초자아(Super)와 원초아(Id)의 기능을 조정하여 적절한 심리적 균형을 유지한다.

1) 상담의 목표

상담의 목표는 무의식에 있는 문제의 원인을 분석하고 통찰하여 의식의 세계로

노출시킴으로 자아의 기능을 강화시키고, 현실에 맞는 행동을 가능하게 하는 것이다. 상담자는 내담자와 치료동맹을 형성하고 내담자가 자신의 생각과 느낌을 자유롭게 표현하도록 하고, 상담자는 이를 분석하고 해석한다. 상담과정 중에 내담자의 저항이나 갈등이 드러나면 자유연상 등을 통해 더욱 자유롭게 표현하도록 하고 상담자는 내담자가 스스로의 문제를 깊이 통찰하고 변화할 수 있도록 돕는다.

2) 방어기제

정신분석 상담 장면에서 내담자가 사용하는 대표적인 방어기제 유형은 〈표 7-1〉과 같다.

표 7-1 방어기제 유형

유형	내용	사례
억압 (repression)	의식하기 힘든 충동과 경험을 무의식적으로 거부하는 것	어린시절 학대경험을 잊어버림
투사 (projection)	자신이 받아들이기 힘든 생각과 감정을 다른 사람 탓으로 돌림	폭력을 저지른 가해 자가 상대가 자신을 때릴 것 같아서라고 말함
동일시 (identification)	주변의 중요한 인물의 태도와 행동을 닮는 것으로 만족을 얻음, 적대적동일시는 불안을 없애기 위해 불안의 원인이었던 대상을 닮으려함	연예인의 모습을 따라 함, 부모의 싫었던 모습을 그대로 따라 행동함
부정 (Denial)	고통스러운 현실을 받아들이지 않고 거절하는 것	임종을 앞둔 환자가 자신의 병이 의사의 오진이라고 주장
퇴행 (regression)	심각한 스트레스 상황이나 갈등상황에 직면하면 불안을 덜 느꼈거나 책임감이 적었던 이전의 발달단계의 행동을 하는 것	동생이 생기자 스트레스로 이불에 소변을 싸는 행동
합리화 (rationalization)	욕망이 실현되기 어려운 상황에서 그럴듯한 이유를 만들어서 현재 상황을 정당화시킴	여우가 높이 메달린 포도가 손에 닿지 않자 포도가 매우 신 맛일 거라 이야기 함
승화 (sublimation)	사회적으로 용납할 수 없는 성적·공격적 충동을 사회적으로 용납되는 다른 형태와 방법으로 표출함	성적충동을 예술가의 예술작품으로 표현
반동형성 (reaction formation)	용납되기 어려운 충동과 부정감정을 의식적으로 억압하여 반대로 표출하는 것	미운 자식 떡하나 더 준다, 미움을 지나친 사랑으로 표현

3) 상담의 과정

상담의 과정을 초기단계, 전이단계, 통찰단계, 훈습단계로 구분하여 살펴보면 다음과 같다. 초기단계에서는 상담자와 내담자가 신뢰관계를 구축하고 상담관계를 맺는다. 전이단계에서는 내담자가 자신의 무의식 갈등문제가 표출되면서 갈등관계의 대상이 상담자로 향하는 전이(Transference)과정이 나타나고 상담자는 중립적인 태도로 내담자를 이해하고 전이를 분석한다. 통찰단계에서 상담자는 내담자의 전이문제를 분석하고 통찰하며 내담자는 자신의 억압된 감정과 갈등을 이해하고 효과적으로 대응하는 방법을 배운다. 훈습단계에서는 전이가 해결되고 내담자가 통찰하고 배운 것을 실제 일상에서도 활용할 수 있도록 하며 더 이상 상담이 필요하지 않게 되었을 때 종결을 준비한다.

4) 상담의 기법

주요 상담의 기법은 다음과 같다.

첫째, 자유연상(Free association)은 마음속에서 떠오르는 모든 것을 억압하지 않고 자유롭게 이야기하도록 하여 수집된 자료를 분석하고 해석하여 내담자의 통찰을 돕는다.

둘째, 꿈의 분석(Dream analysis)은 억압된 욕망과 갈등이 용납될 수 있는 형태로 변형되어 꿈으로 나타나는 과정을 탐구하며, 꿈의 상징적 내용을 분석하고 해석하는 기법이다.

셋째, 해석(Interpretation)은 상담자는 내담자가 표현한 생각과 감정의 이면을 이해하고 탐색하여 내담자에게 그 의미를 설명한다.

넷째, 전이(Transference)는 내담자가 과거 중요한 사람에게 느꼈던 감정을 현재 상담자에게 투사하는 것으로, 억압되었던 욕구와 감정을 분석하여 과거의 경험과 갈등을 통찰한다.

다섯째, 저항(Resistance)은 억압된 욕구나 충동, 감정이 상담 장면에서 떠오르면 불안이 올라오고 그 불안으로부터 자아를 방어하려할 때 나타나므로 이러한 저항을 해석하고 분석한다.

여섯째, 통찰(Insight)은 내담자가 자신의 심리적 갈등이나 행동의 동기를 인식하도록 도와 무의식적 갈등을 의식화시키는 과정으로, 문제의 근본 원인을 이해하게 함으로써 내담자의 더 깊은 변화와 성장을 유도한다.

일곱째, 훈습(Working through)은 상담과정에서 경험하고 느낀 통찰을 현실에 적응하고 실행해 나갈 수 있도록 한다.

나. 개인심리학 상담

[사진 7-2] 아들러

[출처: 위키백과]

아들러(Adler)의 개인심리학에서 인간은 성적동기보다 사회적 충동에 의해 동기화되는 사회적인 존재이다. 부적응행동은 개인의 '열등감'에서 비롯되므로 내담자의 인생목표, 성격, 자아개념 문제 대처방식 등의 '생활양식'과 사회적 상황을 이해하도록 돕고 사회적 관심과 용기를 북돋아 바람직한 삶을 살아가도록 도와야 한다. 특히, 출생순위로 인해 형제 간에 다르게 경험하는 열등의 경험도 생활양식을 형성하는데 영향을 미친다고 보았다. 첫째 아이는 부모의 모든 사랑과 관심을 받지만 둘째가 태어나면서 폐위된 왕처럼 되어 열등감이 심화되기도 한다. 책임감과 타인을 배려하고 규칙을 중시하는 성향이 나타날 수 있고 부정적 요소로는 문제아나 부적응자가 될 소지도 높다. 둘째 아이는 태어나면서부터 첫째와의 경쟁, 동생이 태어나면 동생과의 경쟁 등 항상 경쟁적인 관계에 놓이게 된다. 부정적 요소로서 질투가 심하고 반항적이며 과도한 경쟁심이 있을 수 있지만, 공동체 지향적이며 적응력도 뛰어나다. 막내 아이는 과잉보호될 가능성이 크며 과도하게 의존적이 될 수 있다. 많은 자극과 경쟁 속에서 낮은 독립심과 높은 열등감이 있을 수 있다. 외동아이는 부모의 지나친 애정을 받는 경우가 많고 경쟁의 대상이 없다. 자부심이 강하고 독립적으로 일을 추진하려는 성향이 높으나, 남들과 경쟁을 피하려는 성향과 의존적인 성향이 높을 수 있다.

1) 상담의 목표

내담자의 열등감과 생활양식의 발달과정을 이해한다. 현재 삶속에서 어떻게 영향을 미치는지 탐색하고 생활목표와 생활양식을 재구성하도록 돕고 궁극적으로 사회적 관심을 유도한다.

2) 상담의 기법

초기 아동기의 회상, 가족구조, 또래관계 등을 조사하여 어린 시절 생활양식을 형성하는데 어떤 영향을 받았는지 탐색한다. 이때 ① 즉시성: 상담자와 내담자와의 관계에서 즉각적인 감정을 내담자에게 피드백하여 표현하는 의사소통을 활용하고, ② 역설적 의도: 내담자가 불안하거나 두려워하는 생각이나 행동을 의도적으로 과장되게 하도록 하는 기법을 사용한다(노안영, 2006). 그 밖에 마치 ~인 것처럼 행동하기, 버튼누르기, 충고하기, 수렁피하기, 시범보이기, 역할놀이 등의 기법을 활용한다.

다. 인간중심 상담

[사진 7-3] 로저스

[출처: 상담학사전]

로저스(Rogers)의 인간중심상담에서 인간은 선천적으로 자기실현을 위해 끊임없이 노력하는 성장지향적 성향과 스스로 자기 문제를 해결하고 자기가 원하는 방향으로 성장하려는 '자아실현 경향성'을 타고났다고 보았다. 이는 인간행동의 가장 기본적인 동기라고 보았으며 상담 과정에서 문제해결에 대한 내담자의 책임과 주체성을 강조하고 상담의 일차적 책임을 내담자에게 두고 있다.

로저스는 개인의 주관적인 경험과 세계인 '현상학적 장'이 존재한다고 보고 모든 인간행동은 개인이 세계를 지각하고 해석한 결과로 보았다. 현재 있는 그대로의 자기모습인 실제자아와 자기가 되고 싶은 모습인 이상적 자아의 불일치가 부적응으로 나타난다고 보았다.

1) 상담의 목표

상담의 과정에서 개인의 방어적인 행동을 하게하는 내담자의 자기개념과 유기체적 경험 간의 불일치를 제거하고 방어기제를 내려놓게 함으로서 충분히 기능하는 사람이 되도록 돕는다. '충분히 기능하는 사람(fully functioning person)'은 현재 자신의 자아를 완전히 지각하는 사람으로 무조건적인 긍정적 관심과 존중을 받을 때 스스로를 가치 있는 존재로 인식하며, 자신의 욕구와 자아실현 경향에 따라 행동한다.

2) 상담자의 역할

상담자의 역할은 다음과 같다. ① 진솔성: 상담자는 내담자와의 상담관계에서 경험하는 감정이나 태도를 있는 그대로 솔직하게 인정하고 표현하는 태도를 갖고, ② 무조건적인 긍정적 관심과 수용: 내담자를 하나의 인격체로서 있는 그대로의 모습을 인정하고 존중한다. 마지막으로 ③ 공감적 이해: 상담자는 내담자의 감정을 자신의 감정인 것처럼 느끼는 공감적 이해를 해야 하며 이때 내담자와 자신을 동일시하여 내담자의 감정에 빠져들지 않도록 유의하여야 한다.

라. 행동주의 상담

[사진 7-4] 파블로프

[출처: 위키백과]

행동주의 상담에서는 모든 인간행동은 환경적 사건 속에서 학습된다는 전제하에 바람직한 행동과 잘못된 행동 모두 학습에 의한 결과로 본다. 행동주의 상담에서 기초가 되는 중요한 학습이론으로 파블로프(pavlov)의 고전적 조건형성((classi-cal conditioning)과 스키너(Skinner)의 조작적 조건형성(operant conditioning)이 있다. 고전

[그림 7-5] 스키너

[출처: 위키백과]

적 조건형성은 특정 자극과 반응을 연합시켜 내담자의 부적응적 반응을 제거하거나 새로운 반응을 학습시키며, 조작적 조건형성은 강화(보상)와 벌을 통해 행동을 증가시키거나 감소시킨다. 행동주의 상담은 실질적이고 구체적인 행동 변화를 목표로 하며, 단기적이고 측정 가능한 결과를 중요시한다.

1) 상담의 목표

상담을 통해 사회활동을 저해하는 비현실적인 공포나 불안을 제거하고, 바람직하지 못한 행동을 진단하여 효과적이고 바람직한 새로운 행동을 학습하도록 돕는다.

2) 상담의 과정

상담의 과정은 상담관계 형성 단계, 문제행동규명 단계, 내담자의 현재 상태 파악단계, 상담목표의 설정단계, 상담기술의 적용단계, 상담결과의 평가단계, 상담의

종결단계로 구분하여 살펴보면 다음과 같다.

첫째, 상담관계형성 단계는 상담자가 내담자의 말을 공감, 수용하고 이해하려는 노력과 함께 온정적인 상담관계를 형성한다.

둘째, 문제행동규명 단계에서는 상담자가 내담자 스스로 자신의 문제를 구체적인 행동으로 나타낼 수 있도록 도와 내담자의 문제행동을 확실히 규명한다.

셋째, 내담자의 현재 상태 파악 단계에서는 내담자의 문제행동과 관련한 현재 상태를 분석하고 내담자의 내외적 정보와 자원을 탐색하여 적절한 상담기술을 모색한다.

넷째, 상담목표의 설정단계에서는 상담을 통한 학습의 방향을 제시하여 구체적이고 개별적인 상담목표를 설정한다.

다섯째, 상담기술의 적용 단계에서는 특정 상황에서 내담자가 수정하고 싶어하는 바람직한 행동을 하도록 돕고, 내담자 스스로 통제할 수 있는 상담기술을 구성하고 적용한다.

여섯째, 상담결과 평가 단계에서는 상담의 진행과 기술이 얼마나 효과가 있었는지 평가하고 평가결과에 따라 상담기술을 수정할 수 있다.

일곱째, 상담의 종결 단계는 최종 목표행동에 대한 최종 평가 후에 이루어지며, 추가적인 상담의 필요 여부에 대한 탐색과, 내담자의 행동변화가 상담목표를 달성하고 다른 긍정적인 행동의 변화로 이어지는 것에 대해서도 초점을 맞춘다.

3) 상담의 기법

대표적인 상담의 기법은 다음과 같다.

첫째, '강화'는 보상을 제공하여 행동에 대한 반응을 높인다. '정적강화'는 반응을 높이기 위해 자극을 제공하는 것으로 성적이 오르면 용돈을 올려주는 것과 같다. '부적강화'는 바람직한 행동이 나타나면 위협적인 것을 면제해주는 것으로 수업태도가 좋으면 과제를 면제해주는 것과 같다.

둘째, '처벌'은 행동 뒤에 따르는 결과로 그 행동을 다시 실행할 가능성을 감소시킨다. '정적처벌'은 바람직하지 않은 행동을 감소시키기 위해 체벌과 같은 유해한 자극을 가하는 것으로 수업시간에 장난치는 학생에게 화장실 청소를 시키는 것과 같다. '부적처벌'은 특정행동에 대해 긍정의 자극을 철회시키는 것으로 성적이

떨어지면 휴대폰을 못 보게 하는 것과 같다.

셋째, '소거'는 바람직하지 못한 행동에 강화를 주지 않음으로서 반응의 강도와 빈도를 감소시킨다. 아이가 울면 간식을 주던 행동을 아이가 울어도 더 이상 간식을 주지 않으므로 아이의 우는 행동을 감소시킨다.

넷째, '체계적 둔감법'은 고전적 조건형성의 기법으로 특성상황이나 상담에 의한 공포와 불안자극에 대한 위계목록을 작성하여, 낮은 수준의 자극에서 점차 높은 수준의 자극으로 상상을 유도하여 공포나 불안에서 극복하도록 유도한다.

다섯째, '토큰기법'은 조작적 조건형성 기법으로 바람직한 행동에 대한 목록을 정해놓고 강화물로서 칭찬스티커와 같은 보상(토큰)을 주어 행동변화를 유도한다.

그 밖에 모델링, 이완훈련, 홍수법, 타임아웃, 혐오치료, 자기표현훈련 등이 있다.

마. 인지행동적 상담

인지행동적 상담은 내담자의 사고, 감정, 행동이 상호작용하며 개인의 문제를 형성하고 유지한다는 이론에 기반한 상담 접근법이다. 특히 엘리스의 합리·정서행동 상담(REBT)과 벡의 인지행동 상담(CBT)으로 대표된다.

1) 합리·정서행동(REBT)상담

[사진 7-6] 엘리스

[출처: 버트엘리스연구소]

합리·정서행동상담(REBT)은 엘리스(Ellis)가 주장한 이론으로 감정과 행동 문제의 원인이 비합리적인 사고에서 비롯된다고 보고, 내담자가 이러한 비합리적 사고를 인식하고 합리적인 사고로 대체할 수 있도록 돕는 것을 목표로 한다. 상담기법으로 ABCDEF모형은 비합리적 신념에 대한 왜곡된 지각을 상담자가 반박을 통해 합리적 신념으로 전환시키기 위한 상담기법이다. A는 선행사건(Activating event), B는 선행사건에 따른 비합리적인 신념(Belief), C는 자기 해석에서 나오는 정서적 행동적 결과(Consequence), D는 비합리적 신념에 대한 상담자의 논박(Dispute), E는 논박의 효과(Effect), F는 새로운 감정(Feeling)으로 구성되어 있다.

표 7-2 ABCDEF 상담모형 사례

A 선행사건: 입학시험에 떨어졌다.
B 비합리적인 신념: 시험에 떨어진 나는 인생 폐배자다.
C 결과: 우울과 불안, 원망과 비판, 죄책감과 자괴감 등 부정감정
D 논박: 나 혼자만 떨어진 것은 아니다. 시험에 떨어졌다고 인생 폐배자라고 생각하는 것이 앞으로의 삶에
　　　도움이 되는가?
E 효과: 시험에 떨어졌다고 해서 인생 패배자는 아니다. 시험에 떨어져서 힘들고 실망스러운 것은
　　　사실이지만, 그렇다고 나의 삶을 무너질 만큼 심하게 우울하고 불안한 것은 아니다.
F 새로운 감정: 기대했던 시험에 떨어져서 아쉽고 속상한 것은 사실이지만, 이번경험을 계기로 다시
　　　시험을 준비할 수 있는 자극을 받았다. 할 수 있다는 자신감을 갖겠다.

2) 인지행동(CBT)상담

[사진 7-7] 벡

[출처: 위키백과]

벡(Beck)은 사람들이 느끼고 행동하는 방식이 경험을 지각하고 상황을 구조화하는 방식에 의해 결정된다고 보고, 개인이 가진 정보 처리 과정의 '인지적 왜곡'에 초점을 두는 상담이론이다. '역기능적 인지도식'을 가진 경우, 사건이 발생했을 때 부정적 내용의 '자동적 사고'를 떠올리게 되고 그 결과 심리적인 문제를 유발하므로 상담목표는 내담자가 자동적사고와 인지적 오류를 유발하는 인지도식을 인식하고 도식을 재구성하도록 격려하여 정서·행동의 변화를 유발하는 것이다.

상담자는 교사적인 입장에서 소크라테스적인 질문법을 사용하여 내담자의 문제를 논박하여 인지적 왜곡이나 오류가 있음을 밝히고, 질문을 통해 사건이나 행동의 의미를 재발견 할 수 있도록 한다. 그 밖에도 문제축약기법, 칸 기법, 근육이완 훈련, 점진적 노출, 모델링 등의 기법을 사용한다.

바. 형태주의 상담

[사진 7-8] 펄스

[출처: 상담학사전]

형태주의 상담은 펄스(Fritz Perls)에 의해 창안된 이론으로, 게슈탈트 상담으로 표현되고 있다. 인간의 행동을 육체와 정신, 환경 속에서 각 요소들이 역동적으로 상호 관련된 '하나의 전체'로서 행동을 이해한다.

1) 상담목표

게슈탈트 상담에서는 내담자가 자신의 욕구와 감정을 알아차리고 수용하며, 환경과의 접촉을 통해 문제를 해소하도록 돕는다. '지금-여기(Here&Now)'의 현실에서 자신이 무엇을 어떻게 보고 느끼는지, 무엇이 지금의 경험을 방해하는지 각성(Awareness)하여 현재의 순간을 경험하고 음미할 것을 강조한다.

2) 상담의 기법

주요 상담의 기법은 다음과 같다.

첫째, 욕구와 감정의 자각이다. 이는 지금-여기에서 내담자가 자신의 욕구와 감정을 자각하도록 돕는 과정으로, 상담자는 내담자가 신체감각, 환경과의 접촉, 그리고 자신의 내면 감정을 인식하고 표현할 수 있도록 지원한다. 이를 통해 내담자는 자신의 감정을 명확히 이해하고 책임감을 느끼며 자신의 행동에 주도적으로 참여하게 된다.

둘째, 신체 자각이다. 상담자는 내담자가 신체적 감각과 접촉하여 현재 자신의 상태를 이해하도록 돕는다. 이를 통해 내담자는 자신의 욕구와 감정을 더욱 구체적으로 파악하고, 신체적 반응과 정서를 통합하여 보다 건강한 행동 변화를 추구할 수 있다.

셋째, 환경자각이다. 주위환경에서 체험되는 자연경관, 풀냄새와 새소리 등을 자각하는 훈련을 통해 내담자의 감정과 욕구의 자각을 돕는다.

넷째, 언어자각이다. 내담자가 사용하는 언어에서 행동의 책임소재가 명확하지 않을 때 자신의 감정과 행동을 책임지는 문장으로 말하도록 하여 자신의 욕구나 감정에 대한 책임을 높인다. '그것, 우리' 대신에 '나는'으로, '무엇을 해야 한다' 대신에 '나는 무엇을 하고 싶다'로 변경하여 표현한다.

다섯째, 과장하기는 감정을 체험하지만 감정의 정도와 깊이가 약한 경우 내담자의 특정 행동이나 언어를 과장되게 표현하도록 함으로 감정자각을 높인다.

여섯째, 머물러 있기는 내담자가 자신의 미해결 감정을 회피하지 않고 직면하여 견뎌내도록 하여 감정을 민감하게 자각하도록 한다.

일곱째, 빈 의자기법은 내담자가 현재 함께 없는 사람과의 상호작용이 필요할 때 그 대상자가 맞은편 빈 의자에 앉아 있다고 상상하여 직접대화를 나눈다. 내담자는 그 사람과의 관계를 직접 탐색해볼 수 있고 상대방의 감정을 이해하고 자신에게 억압되어 있고 외부로 투사된 자기 자신의 감정도 자각할 수 있다.

여덟째, 꿈 작업은 내담자가 꿈의 각 장면을 연기하게 하여 내담자의 욕구나 충동, 억압된 감정과 만난다.

이와 같은 기법들은 내담자가 현재의 상황과 자신의 내면을 깊이 이해하도록 돕는 데 초점을 맞추며, 이를 통해 자신의 욕구와 감정을 명확히 자각하고 통합하여 더 적응적이고 건강한 변화를 실현하도록 지원한다.

사. 현실주의 상담

[사진 7-9] 글래서

[출처: 상담학사전]

현실주의 상담은 글래서(William Glasser)가 창안된 이론으로, 현실치료 상담으로 표현되고 있다. 인간은 기본적으로 자신의 목표를 스스로 선택하며, 그 행동에 책임을 질 수 있는 존재로서 자신의 욕구를 충족하기 위해 행동한다. 인간은 사랑과 소속의 욕구, 힘과 성취 욕구, 자유에 대한 욕구, 즐거움에 대한 욕구, 생존에 대한 욕구가 있으며, 선택이론은 인간의 모든 행동을 이 다섯 가지 기본욕구를 충족시키기 위한 선택으로 인간의 동기와 행동을 설명한다.

또한 인간은 전체행동(Total Behavior)을 통해 자신이 원하는 것을 얻고자 노력하는데, 이러한 행동체계는 활동하기, 생각하기, 느끼기, 신체반응 4가지로 서로 유기적으로 관련되어 인간의 기본욕구를 충족시킨다. 행동선택을 자동차로 비유하면 기본적 욕구는 엔진, 바람은 핸들, 활동하기와 생각하기는 앞바퀴, 느끼기와 신체반응은 뒷바퀴가 된다.

1) 상담의 목표

상담의 목표는 내담자가 기본욕구를 바탕으로 원하는 것이 무엇인지 파악하고, 만족스러운 방법으로 욕구를 충족시킬 수 있도록 돕는 것이다.

2) 상담의 과정

상담의 과정은 R-WDEP 기법으로 진행한다.

① 1단계 관계(Relationship): 상담자와 내담자와 상담관계 형성하기

② 2단계 바람(Want): 자신이 진정으로 원하는 바람이 무엇인지 내담자의 욕구 탐색하기

③ 3단계 행동(Doing): 현재 자신의 행동에 초점을 두고 관찰하기

④ 4단계 평가(Evaluation): 현재 행동이 자신에게 도움이나 해가 되는지 평가하기

⑤ 5단계 계획(Planning): 원하는 것을 얻을 수 있도록 새로운 행동계획 세우기

3) 상담기법

상담기법은 현재행동에 초점을 두고 상담자와 내담자와의 친근한 관계를 유지하며 자신의 문제에 새로운 시각을 가질 수 있도록 유머 사용하기, 내담자에게 모순된 요구나 지시를 통해 의도적으로 내담자를 딜레마에 빠뜨리는 역설적 기법 사용하기, 현실적인 책임을 직시할 수 있도록 하는 직면기법 사용하기 등이 있다.

연습 문제

 1 상담이론에 대한 설명으로 옳은 것을 〈보기〉에서 고른 것은? (2010. 중등기출)

▶ 보기 ◀

ㄱ. 합리적 정서적 행동치료(REBT)에서는 정서적 문제를 유발하는 원인이 사건
   자체가 아니라 그 사건에 대한 비합리적 신념 때문이라고 본다.
ㄴ. 인간중심 상담이론에서는 성장을 위한 적절함이 갖추어지면 누구나 자아실
   현을 이룰 수 있다고 본다.
ㄷ. 정신분석 상담이론에서는 지금-여기에 초점을 두며, 접촉을 통해 자기이해
   와 통합을 이루게 된다고 본다.
ㄹ. 게슈탈트 상담이론에서는 죽음과 비존재, 실존적 불안, 삶의 의미를 강조
   한다.

① ㄱ, ㄴ   ② ㄱ, ㄹ   ③ ㄴ, ㄷ   ④ ㄴ, ㄹ   ⑤ ㄷ, ㄹ

정답 ①

 2 상담자의 바람직한 자세 및 역할 중 내담자를 판단하지 않고 온전하게 받아
들이는 상담기술은?

① 무조건적 긍정적 존중   ② 공감적 이해   ③ 경청하기
④ 진실성   ⑤ 침묵하기

정답 ①

 3 상담의 과정 중에서 초기단계에 해야 할 일로 가장 적절한 것은?

① 내담자와 신뢰관계 형성하기
② 내담자의 감정을 명료화 하기

③ 내담자의 행동변화를 촉진하기
④ 현실생활에 적응할 수 있는 새로운 행동을 시도하기
⑤ 내담자의 과거를 분석하기

정답 ①

 시험불안 증세를 보이는 학생에게 적용할 수 있는 행동주의적 상담 기법은? (2006. 초등기출)

① 시험불안과 관련된 내담자의 방어기제를 해석한다.
② 불안 위계 목록을 작성하고 단계적으로 둔감화 시킨다.
③ 내담자가 말하는 내용 속에 다른 숨은 의도가 있는지 분석한다.
④ 내담자에 대한 상담자의 생각과 감정을 솔직하게 이야기해준다.
⑤ 어린시절 경험한 부정경험을 떠올린다.

정답 ②

 다음 보기와 관련 있는 상담기법이 무엇인지 쓰시오.

(사례: 자격증 시험을 준비하고 있으나 게임중독에 빠진 내담자)

A 내담자: 이번에는 꼭 자격증 시험에 통과하고 싶어요.

B 상담자: 자격증 시험에 통과하고 싶다고 말하면서, 대부분의 시간을 게임하 며 보내고 있네요.

(   )

정답 직면

6 다음 보기와 관련있는 정신분석 상담의 방어기제는 무엇인지 쓰시오.

> 자신이 받아들이기 힘든 생각과 감정을 다른 사람 탓으로 돌리는 것으로 폭력
> 을 저지른 가해자가 자신을 때린 것 같아서 폭력을 할 수 밖에 없었다고 이야
> 기 함.

(   )

정답 투사

CHAPTER

08

회복적 생활교육과
학교폭력의 이해

회복적 생활교육과
학교폭력의 이해

회복적 생활교육은 학생들이 상호 존중과 책임감을 바탕으로 건강한 학교생활을 할 수 있도록 돕는 중요한 교육 방법이다. 이 교육의 핵심은 학생들이 갈등을 건설적으로 해결하고 서로의 차이를 존중하며 공동체 의식을 기르는 데 있다. 회복적 생활교육은 다양한 프로그램을 통해 학생들이 긍정적인 상호작용을 경험하고, 자율적으로 문제를 해결하는 능력을 기를 수 있도록 지원한다.

또한, 학교폭력의 개념과 특징, 유형을 이해하는 것은 매우 중요하다. 학교폭력은 신체적, 정서적, 심리적 피해를 포함하며, 각 유형은 학생들에게 심각한 영향을 미친다. 효과적인 문제 해결을 위해서는 학교폭력 사안의 처리 과정에 관한 이해가 필요하다. 이러한 이해를 바탕으로, 회복적 생활교육과 학교폭력 문제를 효과적으로 다루는 방법을 제시한다. 특히, 예방적 접근으로서 갈등 해결 교육은 단순히 통제에 의존하기보다는 존중, 자발적인 책임, 공동체 참여와 협력을 강조한다. 이러한 접근은 학생들이 갈등을 긍정적으로 해결하고 상호 존중의 문화를 형성하는 데 도움을 주며, 학교 현장에서 적극적으로 활용될 수 있다.

학습목표

가. 회복적 생활교육의 개념 및 필요성을 이해할 수 있다.
나. 회복적 생활교육의 운영 방법과 프로그램 활용 방법을 설명할 수 있다.

> "회복적 정의는 약도가 아니라 나침반이다".
> 회복적 정의는 목표나 수단이 아니라, 행동의 방향과 원칙을 제시하는
> 지침으로 올바른 방향으로 나아가도록 안내한다.
>
> 하워드 제어(Howard Zehr)

회복적 생활교육은 갈등을 처벌하기보다는 관계를 회복하는 데 중점을 둔다. 이 절에서는 하워드 제어(Howard Zehr)의 회복적 정의를 이론적 기반으로 하여 학교 현장에서 효과적으로 활용될 수 있도록 하였다. 구체적으로, 회복적 생활교육의 개념, 이론적 배경, 필요성과 목적, 운영 방법 및 다양한 프로그램 내용을 포괄적으로 살펴보고자 한다.

가. 회복적 생활교육의 개념

회복적 생활교육의 개념은 단순한 처벌을 넘어, 학생들이 자신의 행동에 책임을 지고 공동체 내에서 관계를 회복하도록 돕는 교육적 접근이다. 이 접근법은 회복적 정의의 원칙에 기반하여, 갈등 상황에서 학생들이 자발적으로 참여하고 문제를 스스로 해결하며 성장할 수 있도록 지원한다. 회복적 생활교육의 주요 목표는 공동체의 회복과 관계 강화를 포함하며, 학생들이 갈등을 직접 다루고 서로의 입장을 이해하며 공동의 해결책을 찾는 과정을 통해 긍정적이고 협력적인 학교 환경을 조성하는 것이다. 이 과정에서 교사는 학생들에게 따뜻한 지원과 관심을 제공하면서도, 규칙과 기대를 명확히 하여 균형 잡힌 접근을 요구한다. 회복적 생활교육은

자율성과 책임감을 중시하며, 장기적으로 학생들이 스스로 문제를 해결하고 공동체의 일원으로서 책임을 인식하게 하는 것을 목표로 한다.

김민자(2019)는 회복적 생활교육은 회복적 정의의 원칙에 기반한 교육 방식으로, 단순히 처벌을 넘어서, 학생과 공동체의 성장과 변화를 목표로 한다. 이는 갈등을 평화적으로 해결하고 상호 존중과 자발적 책임의 문화를 조성한다. 따라서, 회복적 생활교육은 학교와 가정, 도시 및 마을 공동체까지 포함하여 공동체를 회복하는 과정을 강조한다.

박숙영(2013)은 회복적 생활교육을 회복적 정의의 교육적 접근으로 한다. 회복적 정의는 문제 해결 방법을 넘어 삶의 패러다임과 철학으로 받아들여지고 있으며, 회복적 생활교육은 이를 바탕으로 발전하고 있다. 이 교육은 존중과 자발적 책임을 바탕으로 공동체의 참여와 협력을 촉진하며, 잘못된 행동을 규칙의 훼손이 아니라 관계의 붕괴로 보고, 관계를 회복하여 공동체를 재통합하고 강화하는 과정을 중요하게 생각한다(박숙영, 2013. 이혜옥, 2019. 재인용).

박성용(2012)은 회복적 생활교육은 학생과 교사 간의 동등함과 상호 존중을 중심으로 하며, 학생들이 갈등 상황에서 스스로 문제를 해결하고 공동체의 일원으로서 책임을 지도록 유도한다. 이 접근법의 핵심 목표는 공동체 내의 관계를 회복하고 강화하는 것이다. 처벌을 넘어서 관계 회복과 협력을 중시하며, 학생들의 긍정적인 성장과 학습을 지원하는 새로운 교육적 패러다임을 제시한다. 응보적 생활교육은 전통적으로 처벌과 통제를 중심으로 하며, 규칙 위반 시 처벌을 통해 교정하려는 경향이 있다. 회복적 생활교육은 이러한 처벌 중심의 접근과 달리, 관계 회복과 공동체 협력에 중점을 둔다. 박성용은 회복적 생활교육이 학생들의 발전을 지원하고 공동체의 관계를 강화하는 데 초점을 맞춘다고 강조한다. 이를 구체적으로 〈표 8-1〉 응보적 생활교육과 회복적 생활교육의 패러다임 비교하여 정의하고 있다.

표 8-1 응보적 생활교육과 회복적 생활교육의 패러다임 비교

응보적 생활교육	비교항목	회복적 생활교육
처벌 중심	방법	관계 회복 중심
가해자 처벌	목표	피해 회복

강제적인 책임수행	방식	자발적 책임
판단중심(잘잘못)	의식	가치 및 구성원들의 욕구 중심
승패 경쟁, 지배구조, 리더 중심	관계	상호 호혜성, 힘의 공유 모두의 욕구 중심
규제를 주어 행동을 멈추게 해야 한다고 생각함	문제행동에 대한 자세	관계의 단절로 봄, 문제행동을 일으키는 내면의 욕구를 살펴봄
가해자가 합당한 벌을 받음	문제 해결 방법	가해자가 피해자와의 관계를 회복하는 것에 책임을 짐
처벌과 보상, 비난, 칭찬, 강요	행동 동기	자발성, 관계 회복에 기여하고자 하는 열망
수직적	조직문화	수평적
처벌로 고통을 주기	고통 다루기	공감으로 함께하기
다른 사람의 행동 및 사건	느낌의 근원	자신의 근원에 의해 야기
외부	권위의 출처	자신의 내면
처벌기관	주체	공동체 책임
피라미드 혹은 삼각형	상징	원형

출처: 박성용(2012):경기교육청(2014). 재인용.

위의 여러 학자의 정의를 종합하면, 회복적 생활교육은 다음과 같이 정리할 수 있다. 회복적 생활교육은 구성원들이 동등하며 상호 존중을 바탕으로 자발적인 책임과 공동체의 협력을 통해 평화로운 관계를 형성하고, 민주적인 공동체 회복을 중시하는 교육적 접근이다. 이 교육 방식은 갈등과 문제 상황에서 학생들이 스스로 문제를 해결하고 관계를 회복하도록 지원하며, 학생들의 개인적 성장과 공동체의 회복을 중심으로 한다.

나. 회복적 생활교육의 배경

회복적 생활교육의 배경은 최근 학교폭력과 소년사법 문제에 관한 관심이 높아짐에 따라, 회복적 정의(Restorative Justice) 개념이 주목받고 있다는 점에서 시작되었다. 회복적 정의는 기존의 응보적 정의와는 다른 접근 방식을 제공하며, 피해자와 가해자 간의 관계 회복과 공동체의 치유를 강조한다. 이러한 맥락에서 학교폭력

예방 및 대책에 있어 새로운 패러다임 전환이 필요하다는 인식이 확산되고 있다.

전통적인 응보적 정의는 잘못된 행동에 대해 처벌을 통해 정의를 실현하는 데 중점을 두었으나 이 방식은 가해자에게 응보적 차원에서의 징계나 처벌을 부과하여 정의를 구현하려 했다. 그러나 이러한 접근 방식은 피해자의 감정이나 공동체의 회복보다는 단순히 가해자를 처벌하는 데 초점을 맞추었기 때문에 한계가 있다.

회복적 생활교육은 이러한 회복적 정의의 패러다임을 교육적 맥락에 적용한 방식으로 전통적인 응보적 정의 기반의 교육은 잘못된 행동을 한 사람에게 고통과 처벌을 부여함으로써 정의를 실현한다고 여겼다. 반면, 회복적 생활교육은 피해가 발생했을 때 당사자와 공동체 구성원의 적극적인 참여를 통해 피해자의 피해를 복구하는 데 초점을 맞추고 있다. 즉, 정의는 피해가 복구되었을 때 비로소 실현된다고 보는 것이다. 회복적 생활교육은 학생들이 자신의 행동에 대한 책임을 인식하고, 피해자와 화해하며 공동체의 참여를 통해 문제를 해결하도록 돕는다. 학생들이 단순히 처벌을 받는 것이 아니라, 관계 회복과 공동체의 일원으로서 책임을 배우는 기회를 제공한다. 이를 통해 학생들은 긍정적이고 협력적인 학교 환경에서 성장할 수 있으며, 학교폭력 예방 및 대책에 있어 적극적이고 발전적인 개념을 제시하여 학교 환경의 긍정적 변화를 촉진할 수 있다(윤태현, 2017).

다. 회복적 생활교육의 필요성과 목적

전통적인 응보적 처벌은 학생의 문제행동을 일시적으로 억제할 수 있지만, 근본적인 문제의 원인을 해결하지 못한다. 처벌 자체가 학생에게 감정적 갈등을 유발하거나, 오히려 부적응 행동을 악화시킬 수 있다는 점에서 한계가 있다(Khon, 2005; 이경원 외, 2017). 최근 법률 개정에 따라 학교는 가벼운 사안을 자율적으로 해결할 수 있게 되었고, 중대한 학교폭력 사건에 대해서는 전문적인 심의가 필요하며, 교권 보호를 위한 법적 조치도 강화되었다(교육부, 2019). 이러한 변화는 단순히 처벌에 의존하기보다는 갈등을 효과적으로 관리할 수 있는 새로운 접근 방식이 필요함을 시사한다. 회복적 생활교육은 갈등 당사자 간의 신뢰를 구축하고, 진정한 사과와 화해를 통해 관계를 회복하는 데 중점을 둔다. 이 과정은 학생들이 서로의 입장을 이해하고, 감정적으로 상호 존중을 이루도록 돕는다. 상호 존중과 이해를 통해 갈등을 효과적으로 해결하고, 긍정적이고 안정적인 학교 환경을 만드는 데 이바지한다(Amstutz & Muller, 2005. 최고은, 2019).

1) 회복적 생활교육의 등장

회복적 정의는 한국 사법계에서 2006년에 처음 적용되었으며, 3년간의 한국 모델 개발 연구와 2007년 서울 경찰청에서의 피해자-가해자 대화 모임으로 시작되었다. 2010년 5월부터 서울가정법원에서는 화해 권고위원회를 통해 대화 모임이 진행되었으며, 특히 2000년 오스트리아 빈에서 열린 제10차 UN 범죄 예방 및 범죄자 처우 회의에서 회복적 정의 프로그램의 적극적 활용 발표가 한국에 큰 영향을 미쳤다.

이후 사법에서 시행된 회복적 실천은 교육 현장에도 도입되었고, 2011년에 좋은교사운동이 학교 폭력 해결의 대안으로 회복적 생활교육을 제안하였다. 당시 학교 폭력 문제는 심각했지만, 전통적인 응벌주의와 온정주의 접근 방식은 효과적이지 않았다. 이러한 상황에서 회복적 생활교육이 대안으로 부각되었다.

2012년에는 경기도 덕양중학교에서 실제로 회복적 생활교육 프로그램이 진행되었고, 2014년부터는 경기도교육청, 2015년에는 서울시 교육청과 대구 교육연수원에서도 차례로 교사연수로 진행하였고, 최근에는 교사 임용 시험에서도 회복적 생활교육의 중요성을 강조하기 시작했다.

최근에는 2017년에 강원도 교육청이 '관계 중심 생활교육' 정책을 추진하였으며, 전라도, 경상도, 제주 등의 교사 연수에서도 회복적 생활교육이 다뤄지고 있다.

회복적 생활교육의 빠른 확산은 응보적 정의에 기반한 훈육 방식의 한계와 교육 전반에 대한 혁신 필요성을 반영한 결과이다.

미래 사회의 복잡하고 불확실한 문제들에 대비하여 다양한 교육적 과제가 존재하지만, 학교는 여전히 압박과 전체주의적 교육 머무는 경우가 있다. 그러나 많은 학교가 기존의 교육 형태를 벗어나 새로운 역량을 키울 수 있는 교육혁신에 관심을 기울이고 있으며, 시대적 요구에 따라 학교들은 회복적 생활교육 구축에 관심을 높아지고 있다. 이에 따라 회복적 생활교육이 점차 확산하고 있다.

2) 회복적 생활교육의 방법과 목적

인간의 삶에 있어서 갈등은 필연적으로 발생할 수밖에 없다. 따라서 이러한 갈등은 평화롭게 해결되어야 한다.

갈등은 대인관계 속에서 사람이 세상을 살아가면서 필연적으로 겪게 되는 자연스러운 과정이다. 그러나 학령기에 갈등을 평화롭게 해결하는 방법을 학습하지 못하면 또래 관계 어려움, 학교 부적응, 심리적인 문제 등에 영향을 미쳐 폭력으로 갈등을 해결할 수 있다. 학생들은 학교라는 사회에서 크고 작은 갈등 해결 과정에서 때때로 부적절한 행동을 할 수 있다. 그러나 이것은 자연스러운 성장의 과정이므로, 잘못을 저지른 학생들을 문제아로 낙인찍기보다는 자신의 잘못을 바로잡는 과정을 통해 사회 구성원으로서 책임과 역할을 배울 수 있도록 도와야 한다. 하지만 현재 가정, 학교 그리고 사회에서 이루어지는 교육은 강압, 벌, 보상이라는 처벌과 통제중심으로 진행되고 있다. 일반적으로 처벌은 학생의 행동을 일시적으로 억제하는 데는 효과적이지만, 관계를 훼손하고 바람직한 행동으로 교정하지 못한다. 또한 잘못과 직접적인 연관이 없는 추상적인 처벌은 자신의 잘못을 직면하지 못하게 하고, 갈등으로 인한 피해를 회복하지 못하게 하여 공동체 구성원과의 갈등을 증폭시킨다. 갈등은 당사자들이 참여하여 자신의 필요를 발견하고, 이에 따라 실제적인 피해가 회복될 때 해결된다.

학교폭력 해결을 위한 예방적 접근으로서 갈등 해결 교육은 통제 중심이 아닌 존중과 자발적인 책임, 공동체 참여 및 협력을 바탕으로 한 회복적 생활교육을 통해 이루어져야 한다(김은아, 2017).

라. 회복적 생활교육의 운영방법

회복적 생활교육의 운영 방법은 학생들이 갈등을 스스로 해결하고 공동체의 일원으로서 책임을 지도록 돕는 데 중점을 두며, 이를 통해 학생들이 긍정적으로 성장하고, 공동체의 관계를 회복하며 강화하는 것을 목표로 한다. 다음은 회복적 생활교육을 효과적으로 운영하기 위한 구체적인 방법은 다음과 같다.

첫째, 회복적 생활교육의 운영은 상호 존중과 동등함을 기초 원칙 설정한다. 교사와 학생 간의 관계는 평등하고 존중하는 것이 핵심이며, 이를 통해 학생들이 갈등 해결 과정에 자신감을 가지고 적극적으로 참여할 수 있는 환경을 조성한다.

둘째, 갈등 해결 프로세스는 갈등 상황이 발생했을 때, 문제를 명확히 파악하고 모든 관련자가 자발적으로 참여하도록 유도하는 데 중점을 둔다. 이 과정에서 학생들이 스스로 문제를 해결하도록 장려하며, 갈등의 본질을 이해하고 각자의 입장을 파악하는 기회를 제공한다. 갈등이 발생하면, 학생들과 교사는 문제를 명확히 분석하여 갈등의 원인을 규명한다. 이후, 대화와 상호이해를 통해 문제를 깊이 탐구하며, 모든 당사자가 적극적으로 참여하여 각자의 관점을 표현한다. 이 과정에서 상대방의 처지를 이해하고 서로의 의견을 존중하는 것이 중요하다. 마지막으로, 대화와 협의를 통해 모든 당사자가 수용할 수 있는 공동의 해결책을 도출하여 갈등을 해결하고 관계를 회복한다.

셋째, 회복적 회의 및 상담은 갈등 해결을 위해 회복적 회의를 조직하여, 관련된 모든 구성원이 참여하여 문제를 논의하고 해결 방안을 모색한다. 또한, 개별 상담을 통해 학생들의 감정과 관점을 이해하고, 갈등 해결을 위한 개별적인 지원을 제공한다. 이 과정은 학생들이 자신의 행동을 반성하고 책임을 지는 데 도움을 준다.

넷째, 회복적 생활교육의 원칙과 절차를 이해하고 실천할 수 있도록 하는 교육 및 훈련은 학생들과 교사들에게 필수적이다. 이를 위해 효과적인 의사소통, 감정 조절, 문제 해결 능력 등을 개발하는 다양한 훈련이 제공된다. 이러한 훈련을 통해 참가자들은 갈등 상황에서 능동적이고 건설적인 태도로 대응할 수 있는 역량을 갖추게 된다. 결과적으로, 이들은 갈등 해결과 관계 회복을 위한 효과적인 도구와 기술을 습득하여 보다 건강한 학교 환경을 조성할 수 있다.

다섯째, 지속적인 피드백 및 평가는 회복적 생활교육의 효과를 극대화하는 데 중요한 역할을 한다. 이를 통해 학생들은 갈등 해결 과정에서 참여 방식에 대한 피드백을 받고, 자기 행동을 평가하며 개선점을 파악할 수 있다. 지속적인 피드백은 학생들이 자신의 강점과 약점을 이해하고, 갈등 해결 능력을 지속적으로 발전시킬 수 있도록 돕는다. 또한, 회복적 생활교육의 효과를 정기적으로 평가하여 프로그램의 질을 높이고 필요한 개선점을 반영하는 과정이 중요하다. 이러한 평가는 프로그램의 실효성을 검토하고, 변화하는 요구에 맞추어 교육 방안을 조정하는 데 도움을 준다. 이를 통해 교육의 질을 지속적으로 향상시키고, 학생들에게 더욱 효과적인 지원을 제공할 수 있다.

여섯째, 긍정적 행동 강화를 통해 학생들이 올바른 행동을 실천하고 갈등 상황을 잘 해결할 때 긍정적인 피드백과 보상을 제공하여, 긍정적인 행동을 촉진한다. 성공적인 갈등 해결 사례를 공유하여 모범적인 행동을 널리 알리고, 학생들이 자신의 행동에 자부심을 느끼도록 한다. 이러한 방법들을 통해 회복적 생활교육은 학생들이 스스로 문제를 해결하고, 공동체의 일원으로서 책임을 다하며, 긍정적이고 협력적인 학교 환경을 조성하는 데 기여한다. 이는 단순히 규율을 유지하는 것을 넘어서, 학생들의 성장과 공동체와의 관계 회복을 중시하는 교육적 접근이다.

마. 회복적 생활교육의 프로그램

회복적 생활교육을 실천하는 실천 방안에는 여러 가지가 있다. 지역사회마다 다른 문화와 전통에 따라 여러 가지 형태로 시행되고 있다. 실천 방안은 서클 활동(Circle Process), 조정 (Mediation), 대화모임(Conference)으로 분류할 수 있다(Mc-Cold, 1999). 이 외에도 한국에서 보편적으로 활용되는 회복적 질문을 기반으로 한 대화와 회복적 성찰문 등의 프로그램이 활용되고 있다.

1) 서클 활동(Circle Process)

서클은 둥글게 앉아서 서로 이야기하는 것으로 원래는 북미 원주민(인디언)들의 전통적인 대화방식에서 유래되었다. 서클은 스토리텔링의 과정이며, 질문이 스토리텔링을 이끄는 방식이다. 서클에서 사람들은 자신들에게 의미가 있는 이야기를 나누며 서로에게 영향을 미친다. 공동의 관심사에 대한 경험과 생각, 정보를 공유함으로써 사람들 간의 관계 형성을 목적으로 한다. 서클은 토론처럼 즉각적으로 과제를 처리하려는 것은 아니지만, 특정한 이슈에 대한 참여자의 이해를 넓히는 구체적인 목표가 있으며, 대화하는 참여자들 간의 의견 교환을 통해 상황에 대해 새롭고 종합적인 이해를 유도한다. 서클은 신뢰 관계를 형성하고 공동체를 세우는 데 유익한 실천 모델이다. 서클 형태는 신뢰 서클, 문제 해결 서클, 의사결정 서클 등이 있다.

Pranis(2005)는 서클의 핵심적인 다섯 가지의 요소를 제시한다. 그 요소는 의식, 규칙, 토킹 스틱(Talking Stick) 진행자, 합의가 있다. '의식'은 일상적인 질문을 나누며, 참여자들이 자신에게 집중하고 편하게 이야기를 할 수 있도록 존중의 분위기를 형성한다. '규칙'은 서클의 참가자들이 기본 규칙의 이해와 약속을 정하는 일이다. '토킹 스틱'은 이야기 도구로, 그것을 들고 있는 사람이 말할 기회를 얻는다. '서클 진행자'는 서클의 대화를 조절하는 역할을 한다. '합의'는 서클의 구성원들이 효과적인 의사결정을 촉진하고 민주적 결과를 만들어낼 가능성을 높이는 요소이다.

가) 신뢰 서클(Trust Circle)

신뢰 서클(Trust Circle)은 참여자들이 원형으로 앉아서 대화를 나누는 프로그램으로, 모든 참여자가 동등하게 발언 기회를 가지며, 서로의 의견을 공평하게 존중하는 환경으로 제공한다. 원형 배열은 권위의 차이를 없애고, 각자의 목소리가 균등하게 들릴 수 있도록 한다. 신뢰 서클은 공동체 내에서 신뢰를 구축하고 관계를 심화시키기 위해 설계된 서클 프로그램이다. 이 프로그램의 핵심은 상호 존중과 깊은 이해를 바탕으로 관계를 강화하는 데 있다. 신뢰 서클의 주요 목표는 참가자들은 서로에 대한 신뢰를 쌓고, 감정적 지지를 받으며, 상호이해를 증진 시키는 긍정적인 관계를 형성하는 것이다. 이를 통해 공동체 내에서 협력과 유대감을 강화하고, 감정적 지지를 느끼며, 더 나아가 공동체 내에서 긍정적인 관계를 구축할 수 있다. 이러한 과정은 개인과 공동체 모두에게 유익한 변화와 성장을 가져온다. 신뢰 서클은 이러한 방법을 통해 공동체의 결속력을 강화하고, 각 개인의 감정을 존중하며, 깊이 있는 관계를 형성하는 데 기여한다. 〈표 8-2〉 신뢰 서클의 진행 과정을 다음과 같이 설명한다.

표 8-2 신뢰 서클의 진행 과정

환영과 소개	자리 배치 후 참가자들을 환영하고 소개하는 시간이다.
여는 의식	서클의 의미를 담은 의식으로 서로의 마음을 모은다.
토킹스틱 소개	진행자가 준비한 토킹 스틱의 의미와 상징을 소개한다.
기본규칙 나누기	안전한 공간이 되기 위한 지침을 제시한다.
서클의 목적 나누기	서클의 주제와 목적을 설명한다.
이야기 나누기	진행자의 질문에 따라 참가자들이 이야기를 나누는 시간으로 여는 질문, 주제 질문, 실천 질문, 배움 질문으로 구성된다

감사하기	서클 모임이 갖는 의미들을 되새기며 서로에게 감사한다.
마무리하기	헤어지는 인사, 포옹, 축하로 신뢰 서클을 마무리한다.

출처: 정진, 2016, pp. 190-191.

'우리들의 약속'은 학생들 간의 존중하는 관계를 구축하기 위해 스스로 지켜야 할 행동과 언어 사용 규칙 등을 정하는 과정이다. 이 프로그램은 학급에서 학생들과 함께 존중과 신뢰를 위한 약속을 정하고, 이를 통해 학생들을 방관자가 아닌 협력자로 전환 시키는 목표를 가지고 있다. 학기 초에 학생들과 함께 '우리들의 약속'을 만들고, 이후에도 지속적으로 수정 및 보완해 나간다. 이 과정에서 학생들은 '나'를 중심으로 말을 하고, 규칙 위반 시에는 처벌이 아닌 '우리들의 약속'을 참조하여 원하는 행동을 지속적으로 실천할 수 있도록 유도한다. 긍정적인 관계를 유지하고, 상대방과의 관계를 어떻게 맺을지는 매우 중요하다. 교사가 상담이나 학생에 대한 감정적 배려를 돌볼 시간이 부족할 때, 학급 전체가 자율적인 방식으로 태도를 바꾸며 서로에 대한 신뢰를 배우는 기회를 제공한다.

체크인·체크아웃 서클은 어떤 활동을 시작하기 전(체크인) 또는 활동을 마친 후(체크아웃)에 참여자들이 둥글게 둘러앉아 서로의 의견을 나누는 모임이다. 이는 서클 운영의 가장 간단한 형태이면서도, 학급에서 존중하는 문화를 지속적으로 유지하기 위해 가장 보편적으로 사용된다. 이 활동에서는 토킹 피스를 돌리며 활동과 관련된 질문에 대해 자기 생각을 나누는 방식으로 진행된다.

예를 들어, 하루 시작의 조회 시간이나 종례 시간, 혹은 월요일 첫 시간과 금요일 마지막 수업 후에 각각 체크인이나 체크아웃 서클을 실시할 수 있다. 교사는 이 과정에서 학생들의 의미 있는 생각을 재확인하고 공감해주며 활동을 마무리한다.

나) 비폭력 대화

'비폭력 대화'는 폭력이 없는 자연스러운 본성인 연민(compassionate)을 바탕으로 한 대화 모델을 사용하여 교실의 언어문화를 개선하는 활동이다(경기도교육청, 2014b). 관찰, 느낌, 욕구, 부탁의 4단계를 포함하며, 우리의 마음을 단계적으로 짚어 가면서 진행된다.

첫 번째 단계인 관찰은 우리의 사고를 반영하며, 무슨 일이 있었는지, 무얼 보고 듣고 경험했는지를 떠올린다. 좋은 관찰이란 주관성을 내려놓고 있는 그대로 보고 묘사하는 것이다.

두 번째 단계인 느낌은 사고와는 전혀 다른 방식으로 작동한다. 느낌에 집중하기 위해서는 생각을 멈추어야 한다.

세 번째 단계인 욕구는 우리의 정체성을 드러낸다. 내가 무엇을 바라는지를 나타내며 실존의 문제이다. 욕구는 감정보다 더 고유한 특성을 가지며, 우리는 보통 느낌을 통해 욕구를 알아차린다.

네 번째 단계인 부탁은 바라는 것을 성숙하게 표현하는 행위이다. 우리는 욕구가 충족되길 원하며, 이를 솔직하게 표현하고 그것을 요청하되 결정은 상대방의 몫이다. 비폭력 대화는 기린과 자칼의 두 세계를 오가며 진행되지만, 기린의 언어에 익숙해지기 시작하면 우리의 삶이 더 풍요롭고 아름다워질 수 있다(김훈태, 2019).

오늘날 비폭력 대화는 인류의 번영과 생존을 위한 중요한 삶의 방식으로서 주목받고 있다. 비폭력적인 삶의 방식을 통해서 진리의 한 발짝 더 다가설 수 있으며, 사람들과 세계를 더 깊이 이해할 수 있게 된다. 비폭력 대화는 '공감'과 '솔직함'에 기초한 질적 유대관계를 통해 인간의 삶을 더욱 풍요롭고 조화롭게 만들며, 평화로운 세상을 만드는데 기여한다. 또한 비폭력 대화는 우리가 자기 자신과 타인과 내적으로 연결될 수 있도록 돕는다.

다) 회복적 서클(Restorative Trust Circle)

회복적 서클은 비폭력 대화에 기반을 둔 대화 모델로 도미니크바터(Dominic Bater)의 회복적 서클은 크게 3단계(사전모임, 본 모임, 사후 모임)로 이 서클 과정을 통해 1단계로 갈등의 원인과 핵심 요소 파악, 2단계로 대화를 통한 합의, 3단계 결과에 대한 평가를 체계적으로 접근한다. 특히 갈등과 폭력 상황에 대응하면서 외부의 자원보다 참가자 스스로 문제 해결의 주체가 되도록 하고, 그 과정이 공동체의 힘과 역동을 재발견하는 기회가 되도록 돕는 공동체 자기 돌봄 프로세스이다(이재영, 2020). 회복적 서클은 학급, 동아리 또는 학교와 지역사회 공동체 활용할 수 있는 대화 체계로 그 전체적인 과정과 그 의미를 살펴보면 〈표 8-3〉 다음과 같다.

표 8-3 회복적 서클 진행 순서

사전 대화 모임	진행자가 대화모임을 신청한 사람과 갈등을 다루는 데 필요한 다른 공동체 구성원들과 개별적(또는 필요에 따라 소그룹별로) 모임을 갖는다. 이 과정에서 갈등이 시작된 구체적 행동을 확인하고, 그 행동이 서클 신청자에게 갖는 의미를 공유한다. → 본 서클에 대한 안내를 하고, 최종 참여 동의를 받는다.
본 대화 모임	갈등으로 인해 발생한 행동으로 인해 본 대화 모임에 참여한 사람들은 서로의 상태를 말하고 듣는다. 이후, 갈등이 일어난 행동을 한 이유를 듣고, 서로를 이해하는 시간을 갖는다. → 앞으로 어떻게 행동할 것인지에 대해 구체적인 약속을 하고 사후 대화 모임 약속 시간을 정한다.
사후 대화 모임	본 대화 모임에서 약속한 내용이 잘 진행되었는지 점검하고, 그 약속이 공동체 구성원의 삶에 얼마나 긍정적인 영향을 미쳤는지에 대하여 이야기 한다. 만약 지켜지지 않은 부분이 있다면, 이를 조언하며 다른 행동을 모색한다.

출처: 경기도교육청(2015b).

라) 문제 해결 서클 (Problem-Solving Circl)

문제 해결 서클은 공동체적인 접근을 통해 문제를 해결하려는 모임으로, 신뢰 서클과 유사하게 토킹피스와 기본 규칙 등 구성요소가 포함된다. 회복적 질문을 활용하여 공동체의 지혜를 모아가는 방식으로 진행되며, 전체 과정은 준비단계, 사전 모임, 본 서클 모임, 후속 모임으로 나눈다. 이 서클은 개인의 문제에서부터 공동체 전체의 문제까지 다양한 범위에서 접근할 수 있으며, 학생들이 문제 해결 과정을 배우는 데 유용한 방법이다.

문제 해결 서클의 주요 특징 중 하나는 공동체가 직면한 문제를 근본적으로 해결할 수 있다는 점이다. 서클 활동을 통해 문제를 명확히 드러내고, 구성원들이 자발적으로 책임을 지며 적극적으로 참여할 기회를 제공한다. 이 과정에서는 상대방의 이야기를 적극적으로 경청하고, 안전한 공간에서 공정하게 진행하는 것이 중요하다.

표 8-4 문제 해결 서클의 과정

진행단계	고려사항
준비 단계	서클의 문제 해결 접근 방식으로 타당한가? 누가 서클에 참여해야 하는가?
사전 모임	핵심 당사자가 누구이며, 누구를 만나야 하는가? 당사자의 필요와 두려움은 무엇인가? 개인과 공동체와의 사건의 연관은 어떠한가?
본 서클 모임	누가 어떤 피해와 영향을 받았는가? 발생한 피해가 회복되기 위한 책임의 요소는 무엇인가? 근본적인 문제 해결을 위해 공동체가 해야 할 일은 무엇인가?
후속 모임	문제 해결 서클 이후 변화된 것은 무엇인가? 변화되지 않았다면 후속 조치로 어떤 것이 필요한가?

출처: 정진. 2016. pp. 404.

2) 서클 프로그램의 수업 사례

서클 프로세스를 교육에 적용하는 것은 실질적으로 학생들이 서클 모임을 경험하고 이를 통해 다양한 개념을 이해하도록 돕는 과정이다. 이미선(2017)의 연구에 따르면, 평화적인 교실 공동체를 형성하기 위해 서클 프로그램을 활용되었으며, 이 프로그램은 학생들이 서클의 개념을 이해하고 직접 경험할 수 있도록 구성하였다.

가) 신뢰 서클(1회기부터 6회기까지)

신뢰 서클은 신뢰를 바탕으로 관계를 형성하는 데 중점을 두고 있다. 이 활동은 일상적인 질문을 돌아가며 답하는 것으로 시작하며, 자신이 좋아하는 것, 감사했던 일 등을 나누는 방식으로 진행된다. 이러한 과정을 통해 학급 구성원 간의 관심을 증진하고 서로의 이야기를 존중하며 경청하는 태도를 기를 수 있다. 신뢰 서클에서는 존중의 약속을 정하고, 학생들이 겪고 있는 갈등과 폭력에 대해 생각해 볼 수 있는 기회를 제공한다.

나) 문제 해결 서클(7회기부터 10회기까지)

문제 해결 서클은 회복적 정의의 원칙을 강조하며, 갈등 상황에서 진정한 관계 회복의 경험을 제공한다. 이 과정에서는 갈등 상황에 회복적 관점으로 접근할 수 있는 질문을 연습하며, 공동체 내에서 회복을 위해 실천한다. 또한, 약속이행 여부를 확인하고, 필요에 따라 새로운 계획을 세우는 시간을 가질 수 있도록 하였다(이미선. 2017, pp. 46-47).

표 8-5 평화적 교실공동체를 형성하는 서클 프로그램

단계	회기	주제	활동 목표	활동 내용
신뢰서클	1	나를 소개하기	회복적 서클의 방법을 알고 말한다.	서클 활동 방법, 규칙 안내
	2	친구야 고마워	친구에게 고마웠던 경험 말해보고 감사 표현을 한다.	고마웠던 친구 말하기 친구에게 감사한 표현
	3	존중의 약속	학급에서 존중의 약속을 만들 수 있다.	중요한 가치 말하기 공통적 규칙 지키기
	4	존중의 약속 확인	존중 약속을 확인, 축하하고 새로운 계획 세운다.	관계 회복 확인하기 안 지켜진 일 새로운 계획 세우기
	5	어떻게 해야 할까?	갈등 상황에서 다양한 해결 방법을 알 수 있다.	갈등의 진정한 회복 경험 갈등 상황 내가 할 수 있는 일 말하기
문제서클	6	함께 살아가기	갈등 상황에서 다양한 해결 방법 알 수 있다.	친구 입장 되어보기 다른 차이에도 함께 살아가는 방법 이야기하기
	7	함께 살아가기	차이로 인한 갈등을 알고 함께 살아가기 방법 생각하기.	갈등에 대한 브레인스토밍 회복적 대화 요청하기
	8	대화가 필요해	갈등으로 깨어진 관계 대화로 회복 의지를 갖는다.	회복적 질문 연습 회복적 대화로 갈등 해결
	9	무슨 말을 해야 할까?	관계 회복을 위한 대화 방법 실천	회복적 질문 연습 회복적 대화로 갈등 해결
	10	잘 지내고 있나요?	회복을 위한 노력 확인하여 축하하고 새로운 계획 세울 수 있다.	관계회복 확인 지켜진 일 축하, 안 지켜진 일에 새로운 계획 세우기

출처: 이미선. 2017. pp 47-48.

3) 조정(Mediation)

조정은 중립적인 제3자가 피해자와 가해자와의 대화를 통해 사건이 그들에게 어떤 영향을 미쳤는지 이야기하고, 정보를 공유하며, 상호 만족할 만한 보상과 합

의를 문서화하고, 그것을 이행계획을 개발하도록 돕는 것이다(Palazzo & Hosea, 2004). 이 과정에서는 조정자가 피해자와 가해자가 범죄 사실에 대해 논의하고 피해를 회복하기 위한 방안을 합의하도록 돕는다. 조정의 참여자는 피해자, 가해자, 그리고 조정자로 구성되며, 청소년의 경우는 가족 등의 타인이 후원자의 자격으로 참관할 수 있지만, 이들의 역할은 관찰자에 한정된다. 이는 부모와 가족이 능동적으로 참여하는 대화모임과의 차별성을 나타낸다. 조정은 핵심적인 회복 과정을 촉진하는 도구로 사용되며, 지역사회의 훈련받은 자원들이 대화를 조정하는 역할을 한다. 조정과정에서 조정자에게는 듣기 기술, 시선 접촉유지, 대화 내용 요약, 합의 요점의 확인, 지속적인 토론을 촉진 등의 역량을 갖추어야 한다. 이러한 역할 모델은 학교의 전문 상담교사나 갈등 조정에 대해 훈련받은 교사들과 잘 부합된다(김지연·하혜숙, 2015).

4) 대화모임(Conference)

대화모임은 문제행동에 영향을 받은 개인들이 모여서 발생한 문제에 대해 해결 방안을 논의하는 과정이다. 이 대화모임은 피해자와 가해자가 포함된 상황에서 논쟁을 해결한다는 점에서 조정과 유사하다. 조정모델은 제3자인 조정자가 가해자와 피해자의 상호작용을 규제하는 과정이 크게 의존하는 데 반면, 대화모임은 당사자 간의 상호작용을 넘어서 집단절차의 규범적 효과를 활용한다. 이 과정에서 범죄로 영향을 받은 사회 공동체의 구성원들도 이해관계자로 포함되어, 피해자와 가해자 간의 힘의 불균형을 바로잡는 데 기여할 수 있다. 이는 대화모임이 조정보다 더 발전된 형태로 평가되는 이유이다(Marsh & Crow, 1998; Warner-Roberts & Masters, 1999; 김지연 외, 2015 재인용). 대화모임은 피해자와 가해자 외에도 추가적인 지원자들의 참여함으로써 피해자, 가해자, 부모님, 학교 선생님, 업무 담당자, 관련 학생 등 사건에 영향을 받은 모든 사람들이 모여 문제를 해결하는 데 기여한다(강인구, 2015). 이는 다양한 관점과 경험을 통합할 수 있는 기회를 제공하며, 갈등 해결의 폭을 넓히는 데 도움을 준다.

가) 회복적 대화 모임(Restorative Dialogue Circle)

회복적 질문은 기존의 질문형식을 새롭게 정의함으로써, 응보적 패러다임에서 회복적 패러다임의 전환을 가능하게 한다. 회복적 질문은 5가지의 기본 형태로 구성되어 문제가 발생했을 때 교사는 먼저 당사자 학생이 상황을 안정적으로 표현할 수 있도록 도와주는 맥락적 소통을 진행한다. 이 과정에서 당사자가 사건으로 인해 받은 영향을 인식하도록 도와주고, 피해 회복을 위한 자발적 책임의 역할을 강조하는 질문을 한다. 이후, 당사자가 관계 설정을 위한 노력과 재발 방지에 대해 논의하도록 지원하므로써, 문제 해결 과정에서 학생이 주체가 되도록 유도한다. 이러한 질문들은 학생에게 소통의 과정을 통해 배움과 도약의 기회를 제공한다. 회복적 질문은 상황이해, 영향 파악, 자발적 책임, 관계 설정, 성장의 기회를 포함하며, 이 다섯 가지 기본 틀은 구체적인 개입 질문으로 이어진다(정진, 2016). 구체적인 예시는 〈표 8-6〉 다음과 같다.

표 8-6 회복적 질문의 5가지 형태

구분	맥락	회복적 질문
상황 이해	피해자 맥락	• 무슨 일이 있었는가? • 본인 생각에는 이번 일이 왜 일어났다고 생각하나요?
	가해자 맥락	• 무슨 일이 일어났나요? • 그때 그렇게 하게 된 이유가 있었나요?
영향 파악	개인의 영향	• 이번 일로 본인에게 가장 힘든 점은 무엇인가요? • 이번 일이 어떻게 해결되어야 한다고 생각하나요?
	공동체 영향	• 이번 일로 누가 어떤 영향을 받았다고 생각하나요? • 학급 공동체가 겪고 있는 어려움은 무엇이라고 생각하나요
자발적 책임	직면과 공감	• 상대 친구가 어떤 어려움을 겪고 있다고 생각하나요? • 다른 사람의 이야기를 들으면서 무엇을 느꼈나요? • 이번 일의 결과를 보면서 무엇을 느꼈나요?
	책임 수행	• 이번 일이 해결되기 위해서는 어떤 과정이 필요하다고 생각하나요? • 피해를 바로잡기 위해 무엇을 해야 한다고 생각하나요?
관계 설정	재발 방지	• 이런 일이 다시 일어나지 않으려면 어떻게 해야 할까요? • 본인이 노력해야 할 부분은 무엇인가요? • 앞으로 이와 비슷한 일이 생긴다면 그때는 어떻게 대처할 건가요?
	회복 노력	• 선생님, 학교, 부모님이 어떻게 도와주면 좋을까요? • 앞으로 어떤 관계가 되기를 원하나요?

| 성장의 기회 | 배움 나눔 | • 오늘 모임에서 새롭게 배운 것은 무엇인가요? |
| | 느낌 나눔 | • 모임을 마치면서 드는 느낌이 어떤가요? |

출처: 정진. 2016. pp. 381-382.

나) 회복적 성찰문

회복적 성찰문은 학생에게 연루된 사건이 더 커지기 전에 학급 안에서 해결하도록 돕는 방법으로 학생이 스스로 갈등, 문제 혹은 잘못된 행동을 해결하기 위해 필요한 것을 생각해 보도록 한다. 회복적 성찰문은 학생이 잘못된 행위에 대한 진술, 혹은 대화를 위한 직면, 회복적 상담 과정을 위한 기초 자료 등으로 활용할 수 있다. 과거 반성문에서 벗어나 학생 당사자 자신의 맥락을 반영하여 이야기에 참여하고 회복의 과정을 스스로 만들어 갈 수 있도록 돕는 것이 핵심이다. 회복적 성찰문이 효과적인 경우는 명백한 갈등과 문제에 대한 감정 수위를 낮추고 갈등 완화를 해야 할 때, 잘못된 행위에 대한 회복적 상담 이후에도 변화가 없을 때, 사건에 대한 당사자 진술을 받아야 할 때, 학생들 간의 문제 해결 서클 이후에도 행위의 변화를 보이지 않을 때 사용하면 적정하다(정진, 2016).

표 8-7 회복적 성찰문

회복적 성찰문

담임교사	부모님	학년부장

1. 무슨 일이 있었나요? (말, 행동 등을 누가, 언제, 어디서, 무엇을, 어떻게, 왜)

2. 자신의 행동으로 가장 큰 영향을 받은 사람은 누구(들)라고 생각하나요?
   (개인, 학교, 가정 차원에서)

3. 자신의 행동으로 발생한 피해를 회복하기 위해 직접적으로 할 수 있는 일은 무엇인가요?

4. 선생님과 주변(학부모 등)에서 본인에게 해주었으면 좋겠다고 생각하는 것은 무엇인가요?

5. 이번 일을 통해 배운 점은 무엇인가요?

                          년   월   일

                                 이름 :

출처: 정진. 2016. pp. 464.

학습목표

가. 학교폭력 개념과 특징, 유형에 대해 설명할 수 있다.
나. 학교폭력 사안처리에 대해 예를 들어 설명할 수 있다.

> 학교폭력이란 학교 내외에서 학생을 대상으로 발생한 상해, 폭행, 감금, 협박,
> 약취·유인, 명예훼손·모욕, 공갈, 강요·강제적인 심부름 및 성폭력, 따돌림,
> 사이버 따돌림, 정보통신망을 이용한 음란·폭력 정보 등에 의하여 신체·정신
> 또는 재산상의 피해를 수반하는 행위
> 학교폭력예방법 제2조

이 절에서는 학교폭력의 개념과 특징, 유형을 살펴본 뒤, 학교폭력 사안처리 과정 단계로 초기대응, 사안조사, 조치 결정 및 이행, 조치에 대한 불복 절차 등에 대해 살펴보고자 한다. 그리고 학교폭력의 개념과 유형, 사안조사 등은 학교폭력 사안처리 가이드북의 주요 내용을 발췌해서 정리하고자 한다(교육부, 2023).

가. 학교폭력의 개념

학교폭력의 정의는 「학교폭력예방 및 대책에 관한 법률」 제2조'에 규정되어 있다. "학교폭력이란 학교 내외에서 학생을 대상으로 발생한 상해, 폭행, 감금, 협박, 약취·유인, 명예훼손·모욕, 공갈, 강요·강제적인 심부름 및 성폭력, 따돌림, 사이버 따돌림, 정보통신망을 이용한 음란·폭력 정보 등에 의하여 신체·정신 또는 재산상의 피해를 수반하는 행위"라고 규정하고 있다.

나. 학교폭력의 특징

학교폭력은 일반폭력과 다르다. 첫째, 일반폭력은 모르는 사람 사이에서 주로 발생하며, 특정한 장소가 정해져 있지 않으나, 학교폭력은 같은 학교·학급이라는

같은 공간 내에 있는 학생들 사이에 발생하므로 사건 발생 이후에도 일정 기간 가해자, 피해자가 마주치게 된다는 점에서 다르다. 둘째, 일반폭력은 폭력의 당사자 외에는 제3자가 알기 어려우나, 학교폭력은 당사자 외에도 같은 학교·학급에 있는 다른 친구들에게 쉽게 알려지게 되므로 추가적인 정신적 고통을 받는 경우가 많다. 셋째, 일반폭력은 연속성이 없으나, 학교폭력은 학교 내에서 끊임없이 특정 학생에 대해 행해지고, 문제의식 없이 학생들 사이에 학교 내 하나의 잘못된 문화처럼 형성될 수 있다(전상준 외, 2018).

다. 학교폭력의 유형

학교폭력의 유형은 〈표 8-8〉과 같이 신체폭력, 언어폭력, 금품갈취(공갈), 강요, 따돌림, 성폭력, 사이버폭력 등으로 분류될 수 있다.

첫째, 신체폭력은 학교 내외에서 다른 학생에 대하여 직접 또는 간접적인 힘을 이용하여 난폭한 행동을 행사하거나 다른 학생의 몸에 상처를 내어 해를 끼치는 행위를 말한다.

둘째, 언어폭력은 학교 내외에서 선후배나 동료들을 상대로 놀림이나 조롱, 심한 욕설, 비난 등의 행위로서 타인에게 욕설을 한다거나, 상대가 갖고 있는 신체상의 특징이나 약점을 확대, 과장, 선전하거나 행동성격상의 약점을 이용하여 별명을 부르거나 놀리고 조롱함으로써 피해학생의 자존심을 상하게 하여 정신적 피해를 주는 행위를 말한다.

셋째, 금품갈취는 학생에게 공갈 협박하여 돈이나 물품을 빼앗거나 불법한 이익을 취득하는 행동을 말한다.

넷째, 강요는 폭행 또는 협박으로 상대방의 권리행사를 방해하거나 해야 할 의무가 없는 일을 하게하는 행위이다.

다섯째, 따돌림은 학교 내외에서 2명 이상의 학생들이 특정인이나 특정 집단의 학생들을 대상으로 지속적이거나 반복적으로 신체적 또는 심리적 공격을 가하여 상대방이 고통을 느끼도록 하는 일체의 행위를 말한다.

여섯째, 성폭력은 상대방 의사에 반하여 가하는 성적 행위, 신체적, 언어적, 정신적 폭력을 포함하는 광범위한 개념(강간, 성추행, 성희롱 등), 언어적 희롱, 음란 전화, 성기노출 등을 말한다.

일곱째, 사이버폭력은 인터넷, 휴대전화 등 정보통신기기를 이용하여 학생들이 특정 학생들을 대상으로 지속적, 반복적으로 심리적 공격을 가하거나 특정 학생과 관련된 개인정보 또는 허위사실을 유포하여 상대방이 고통을 느끼도록 하는 일체의 행위를 말한다(이병환 외, 2023).

표 8-8 학교폭력의 유형

유형	예시 상황
신체 폭력	• 신체를 손, 발로 때리는 등 고통을 가하는 행위(상해, 폭행) • 일정한 장소에서 쉽게 나오지 못하도록 하는 행위(감금) • 강제(폭행, 협박)로 일정한 장소로 데리고 가는 행위(약취) • 상대방을 속이거나 유혹해서 일정한 장소로 데리고 가는 행위(유인) • 장난을 빙자한 꼬집기, 때리기, 힘껏 밀치기 등 상대학생이 폭력으로 인식하는 행위
언어 폭력	• 여러 사람 앞에서 상대방의 명예를 훼손하는 구체적인 말(성격, 능력, 배경 등)을 하거나 그런 내용의 글을 인터넷, SNS 등으로 퍼뜨리는 행위(명예훼손) ※ 내용이 진실이라고 하더라도 범죄이고, 허위인 경우에는 형법상 가중 처벌 대상이 됨 • 여러 사람 앞에서 모욕적인 용어(생김새에 대한 놀림, 병신, 바보 등 상대방을 비하하는 내용)를 지속적으로 말하거나 그런 내용의 글을 인터넷, SNS등으로 퍼뜨리는 행위(모욕) • 신체 등에 해를 끼칠 듯한 언행("죽을래" 등)과 문자메시지 등으로 겁을 주는 행위(협박)
금품 갈취 (공갈)	• 돌려 줄 생각이 없으면서 돈을 요구하는 행위 • 옷, 문구류 등을 빌린다며 되돌려주지 않는 행위 • 일부러 물품을 망가뜨리는 행위 • 돈을 걷어오라고 하는 행위 등
강요	• 속칭 빵 셔틀, 과제 대행, 게임 대행, 심부름 강요 등 의사에 반하는 행동을 강요하는 행위(강제적 심부름) • 폭행 또는 협박으로 상대방의 권리행사를 방해하거나 해야 할 의무가 없는 일을 하게 하는 행위(강요)
따돌림	• 집단적으로 상대방을 의도적이고 반복적으로 피하는 행위 • 싫어하는 말로 바보취급 등 놀리기, 빈정거림, 면박주기, 겁주는 행동, 골탕 먹이기, 비웃기 • 다른 학생들과 어울리지 못하도록 막는 행위
성폭력	• 폭행·협박을 하여 성행위를 강제하거나 유사 성행위, 성기에 이물질을 삽입 하는 등의 행위 • 상대방에게 폭행과 협박을 하면서 성적 모멸감을 느끼도록 신체적 접촉을 하는 행위 • 성적인 말과 행동을 함으로써 상대방이 성적 굴욕감, 수치감을 느끼도록 하는 행위

사이버 폭력	• 속칭 사이버모욕, 사이버명예훼손, 사이버성희롱, 사이버스토킹, 사이버음란물 유통, 대화 명 테러, 인증 놀이, 게임 부주 강요 등 정보통신기기를 이용하여 괴롭히는 행위 • 특정인에 대해 모욕적 언사나 욕설 등을 인터넷 게시판, 채팅, 카페 등에 올리는 행위. 특정인 에 대한 저격글이 그 한 형태임 • 특정인에 대한 허위 글이나 개인의 사생활에 관한 사실을 인터넷, SNS 등을 통해 불특정 다수에 공개하는 행위 • 성적 수치심을 주거나, 위협하는 내용, 조롱하는 글, 그림, 동영상 등을 정보 통신망을 통해 유포하는 행위 • 공포심이나 불안감을 유발하는 문자, 음향, 영상 등을 휴대폰 등 정보통신망을 통해 반복적 으로 보내는 행위

출처: 교육부(2023), 학교폭력 사안처리 가이드북 재인용, p.7.

라. 학교폭력의 사안처리

학교폭력은 무엇보다도 '초기 대응'이 중요하다. 시기를 놓치면 해결 시간도 늘어나고 해결 가능성도 어려워진다. 따라서 가장 좋은 방법은 다음 [그림 8-1] '학교폭력의 사안처리 매뉴얼(Manual)'에 따라 신속한 초기대응과 사안처리 절차를 진행하는 것이 가장 옳은 방법일 것이다. 여기서는 학교폭력의 사안처리 흐름도에 따라 초기대응, 사안조사, 조치 결정 및 이행, 조치에 대한 불복 절차 등 구체적인 내용들을 살펴보자.

학교폭력의 사안처리 흐름도는 다음 [그림 8-1]과 같다.

그림 8-1 학교폭력 사안처리 흐름도

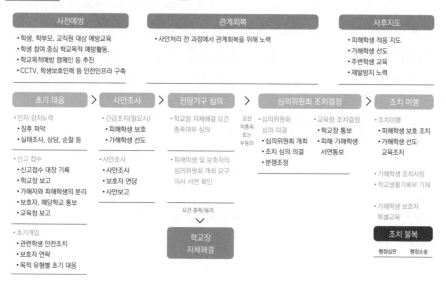

출처: 교육부(2023), 학교폭력 사안처리 가이드북 재인용, p. 8.

학교폭력 사안처리 시 유의사항은 다음과 같다. 첫째, 학교폭력 사안이 발생한 경우, 공정하고 객관적인 자세를 끝까지 견지하고, 적극적인 자세로 학교폭력 사안처리를 위해 노력한다. 둘째, 학생과 학부모의 상황과 심정에 대한 이해와 공감을 통해 신뢰를 형성하고, 불필요한 분쟁이 추가적으로 발생하지 않도록 한다. 셋째, 학교폭력 사안조사 시에는 관련 학생들을 분리하여 조사하고, 축소·은폐하거나 성급하게 화해를 종용하지 않도록 한다. 넷째, 학교폭력 사안조사는 가능한 수업시간 이외의 시간을 활용하고, 부득이하게 수업시간에 할 경우에는 별도의 학습기회를 제공하도록 한다. 다섯째, 학교폭력대책심의위원회 결정 전까지는 피해학생, 가해학생을 단정 짓지 말고, 관련학생이라는 용어를 사용한다. 여섯째, 전담기구의 조사 및 심의위원회 개최 시 관련학생 및 보호자에게 반드시 의견진술의 기회를 제공하여야 한다. 일곱째, 성범죄 관련 사안을 인지한 경우, 예외 없이 수사기관에 즉시 신고한다. 여덟째, 동일한 사안에 대하여 재심 성격의 학교폭력대책심의위원회는 개최하지 않는다(교육부, 2023).

학교폭력예방 및 대책에 있어 초기대응은 매우 중요하다. 교사는 학교에서 많은 시간을 학생들과 같이 보내므로, 주의를 기울이면 학교폭력 발생 전에 그 징후를 발견할 수 있는 가능성이 많다. 그러므로 교사는 학교폭력 상황을 감지·인지했을 때, 신속하고 적극적으로 개입해야 한다.

학교폭력이 감지·인지된 경우, 학교장에 보고하여야 하며(법률 제20조제4항), 학교장은 지체 없이 전담기구 또는 소속 교원으로 하여금 사실 여부를 확인하도록 해야 한다(법률 제14조제4항). 또한 학교는 학교폭력 예방을 위해 학교전담경찰관과 협력해야 한다. 학교폭력 감지·인지를 위한 학교 구성원의 역할 및 책임은 다음과 같다.

표 8-9 · 학교폭력 감지·인지를 위한 학교 구성원의 역할 및 책임

유형	내용
학교폭력 실태조사	• 학교폭력 실태조사 실시 • 학교·학급단위에서 자체적으로 설문조사 등 수시 실시

교내 학교폭력 신고	• 학교폭력 신고함, 학교홈페이지 비밀게시판, 담임교사의 문자·메일 등 다 양한 신고체계 마련 • 피해·목격학생들이 적극적으로 신고하도록 지도 • 학생, 학부모, 교사 대상 학교폭력 신고방법 안내(예방교육 시)
교사의 관찰 및 상담 실시	• 담임교사 등이 학교폭력 징후를 보이는 학생이 없는지 세심하게 관찰 • 담임교사, 전문상담(교)사 등의 상담
교내·외 순 회지도	• 점심시간, 쉬는시간, 방과후 시간 등 취약시간 순찰 • 학부모, 자원봉사자, 학생보호인력, 학교전담경찰관 등과 유기적 협력

출처: 교육부(2023), 학교폭력 사안처리 가이드북 재인용. p. 15.

학교폭력이 발생하거나 신고가 접수되면 해당 교육(지원)청 담당자에게 관련양식에 따라 우선 보고해야 한다. 학교폭력 신고 및 접수 절차는 다음과 같다.

그림 8-2 학교폭력 신고 및 접수 절차

출처: 교육부(2023), 학교폭력 사안처리 가이드북 재인용. p. 18.

학교폭력을 신고하는 방법은 크게 교내 신고와 교외 신고로 나눌 수 있다. 교내 신고방법은 피해학생, 목격학생, 보호자 등이 직접 교사하게 말하는 구두, 일정한 장소에 학교폭력을 신고할 수 있는 신고함, 설문조사, 이메일, 홈페이지, 휴대전화, 포스터 부착 등이 있다. 교외 신고 방법은 112 경찰청, 117 학교폭력 신고센터(전화 117, 문자 #0117, 인터넷 안전 Dream 신고, 117센터 방문)와 해당 학교의 담당 학교전담경찰관에게 문자 또는 전화로 신고할 수 있다.

학교폭력 현장을 목격하였거나, 117신고센터를 통해 통보되었거나, 신고 등으로 사건 발생을 인지한 교사, 교사, 학부모 등은 학교폭력전담기구(책임교사 등)에 신고한다. 담임교사는 학교폭력 사안의 양상에 따라 대응 수준을 결정하여 신속하게 조치해야 하며, 인지한 모든 학교폭력은 학교폭력전담기구에 반드시 신고하여야 한다.

학교폭력 전담기구는 신고된 사안을 신고 대장에 반드시 기록하고, 학교장, 담임교사에게 보고한 후 가·피해학생 학부모에게 통지한다.

학교폭력전담기구의 구성권자는 학교의 장이며, 전담기구 구성원은 교감, 전문상담교사, 보건교사 및 책임교사(학교폭력 문제를 담당하는 교사), 학부모 등으로 구성한다. 학교폭력 전담기구의 역할은 사안접수 및 보호자 통보, 교육(지원)청 보고, 학교폭력 사안조사, 사안조사 결과보고, 학교장 자체해결 여부 심의, 졸업 전 가해학생 조치사항 삭제 심의, 집중보호 또는 관찰대상 학생에 대한 생활지도, 학교폭력 실태조사 등이 있다.

전담기구의 역할 중 핵심은 사안조사이다. 사안조사를 어떻게 하는가에 따라 심의위원회 조치결정과 방향이 달라질 수 있기 때문이다. 사안조사의 절차는 사실확인(면담조사, 정보수집, 정황파악), 요구사항 확인, 면담일지 및 보고서 작성, 사안보고 순으로 이루어진다.

그림 8-3 사안조사 절차

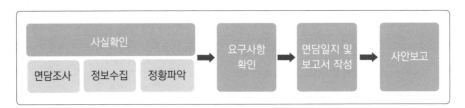

출처: 교육부(2023), 학교폭력 사안처리 가이드북 재인용. p. 33.

그리고 전담기구 사안조사 시 유의 사항은 다음과 같다.

| 그림 8-4 | 사안조사 시 유의사항 |

- 서면 조사, 해당학생 및 목격자의 면담 조사, 사안 발생 현장 조사 등을 통해 종합적인 방법으로 신속하게 증거자료를 확보한다.
- 면담 조사를 하는 경우에는 육하원칙에 근거하여 구체적으로 확인서를 받는다.
- 객관적이고 공정하게 사안조사를 실시한다.
- 신고 학생에게 증거 수집 책임을 전가하거나 신고를 위축시키는 언행 등을 삼간다.
- 관련학생 간의 주장이 다를 경우, 목격학생의 확인을 받거나 직·간접 증거자료 확보를 통해 적극적으로 사안조사에 임한다. 피해 및 가해학생이 일관된 진술을 하는지, 증거자료와 진술 내용이 일치하는지 등을 살펴야 한다.
- 전담기구 소속교사는 학생, 보호자, 목격자, 담임교사 등을 면담조사한 후에 확인된 사실을 바탕으로 학교폭력 사안조사 보고서를 작성한다.
- 장애학생에 대한 사안조사의 경우, 특수교육 전문가를 참여시켜 장애학생의 진술 기회를 확보할 수 있도록 지원할 수 있다.
- 한국어 의사소통능력이 부족하거나, 다양한 문화적 배경을 지닌 다문화학생(중도입국·외국인학생 등) 및 탈북학생의 사안조사 시, 통역의 활용 또는 관련 담당교사를 참여시키도록 한다.
- 성 사안의 경우 비밀유지 및 대상자 신변보호, 2차피해 방지 등에 특별히 유의한다.
- 관련학생의 소속 학교가 서로 다른 경우에는 학교 간 사안조사 내용 확인을 위해 긴밀하게 협조한다.

출처: 교육부(2023), 학교폭력 사안처리 가이드북 재인용. p. 33.

즉시 조치해야 할 경우, 학교장과 학교폭력전담기구 및 담임교사는 피해학생과 가해학생을 즉시 격리하고, 신고·고발한 학생도 피해학생의 수준에서 가해학생으로부터 보복행위를 당하지 않도록 조치한다. 피해학생의 경우, 피해학생의 신체적·정신적 피해를 치유하기 위한 조치를 실시한다. 또한 성폭력 경우, 「아동·청소년의 성보호에 관한 법률」에 따라 성폭행은 반드시 수사기관에 신고, 성폭력 전문 상담기관 및 병원을 지정하여 정신적·신체적 피해를 치유해야 한다.

가해학생의 경우, 학교장은 출석정지 사안에 대해서 출석정지를 하거나, 가해학생의 선도가 긴급한 경우는 「학교폭력 예방 및 대책에 관한 법률」 제17조 제4항에 따라 학교장은 가해학생에 대한 조치를 취한 후, 자치위원회에 즉시 보고하여 추인한다. 가해학생에 대한 "즉시 출석정지"를 해야 하는 사안에 대한 대응요령은 가해학생과 피해학생을 격리하고, 신고한 학생이 있는 경우 신변 보호 조치를 신속하게 실시하고, 가해학생, 피해학생, 신고한 학생의 보호자에게 학교폭력 발생 사실을 즉시 통보한다. 또한 학교폭력 전담기구에 우선 신고하고, 학교폭력전담기구 소속 교사와 함께 초기 사안조사를 실시한 후 학교장에게 신속하게 보고하여 "출석정지"를 하도록 해야 한다.

학교폭력전담기구에서 가·피해학생 면담, 주변 학생조사, 설문조사, 객관적인 입증자료 수집 등으로 구체적인 사안을 조사하고, 가·피해학생과 심층면담을 실시한다. 피해자 면담은 가해학생이나 다른 학생이 모르게 진행하고, 피해학생이 솔직하게 이야기할 수 있는 분위기를 만드는 것이 중요하다. 피해유형, 학교폭력 구체적인 사실, 가해학생 명단 등 구체적인 증거를 확보한다. 피해학생이 담임교사와 면담을 어려워하는 경우 전문상담교사의 지원을 받도록 한다. 가해학생 면담은 피해학생과의 면담과 구체적인 증거를 확보한 후에 진행한다. 집단폭행을 조사할 경우에는 관련 학생 모두를 한꺼번에 불러 다른 장소에서 일제히 조사하여 상황을 조작하지 못하도록 한다. 피해학생을 보복할 경우 더 무거운 징계를 받을 수 있음을 주지시켜야 한다. 이러한 조사 결과를 바탕으로 가해자와 피해자를 확정하며, 성폭력의 경우는 비밀유지에 각별히 유의해야 한다(조혜영 외, 2023).

학교폭력 사안에 대한 학교폭력대책심의위원회의 조치결정에 대한 내용은 학교폭력 사안처리 가이드북(교육부, 2023)에 잘 나타나 있다. 학교폭력대책심의위원회(심의위원회)는 학교폭력의 예방 및 대책에 관련된 사항을 심의하는 교육지원청 내의 법정위원회이다. 심의위원회 심의사항은 학교폭력의의 예방 및 대책, 피해학생의 보호, 가해학생에 대한 선도 및 징계, 피해 및 가해학생 간의 분쟁조정, 그 밖에 대통령으로 정하는 사항 등이 있다. 또한 심의위원회 권한으로는 해당 지역에서 발생한 학교폭력에 대한 조사, 자료 제출 및 의견 진술 요청권 등이 있다. 자료 제출 및 의견 진술 요청권은 학교장에게 심의에 필요한 자료 또는 정보의 제출 요구, 심의를 위해 필요한 경우 해당 학교의 관련 교원에게 의견 진술 요청, 심의를 위해 필요한 경우 전문가 등 참고인의 의견 진술 요청, 관할 경찰서장에게 관련 자료 요청 등이 있다.

심의위원회의 구성은 위원장 1인을 포함하여 10명 이상 50명 이내의 위원으로 구성하되, 법률에 따라 전체위원의 3분의 1이상을 해당 교육지원청 관할 구역 내 학교(고등학교 포함)에 소속된 학부모로 위촉하여야 한다.

심의위원회 운영은 심의위원회 회의의 개의와 의결, 심의위원회 회의록 작성 및 공개 범위, 심의위원회의 자료 요청, 심의위원회의 전문가 의견 청취 등을 할 수 있다. 심의방식은 대면 심의를 원칙으로 한다. 즉, 피해 및 가해학생 및 보호자가 심의위원회에 직접 출석하여 진술해야 한다. 다만, 피해 및 가해학생 측의 요구가 있거나 도서지역의 경우 등 특별한 여건을 고려할 필요가 있는 경우, 전화, 화상, 서면 등의 심의 방식을 활용할 수 있다. 이 경우, 심의의 공정성이 최대한 확보될 수 있도록 주의가 필요하다. 대면 심의를 위해 학생들이 심의위원회에 출석하는 경우, 다음과 같은 사항을 주의해야 한다. 심의위원회 출석으로 인해 피해 및 가해학생의 학습권 침해를 최소화하도록 하고 기타 부득이한 사유로 학교장의 허가를 받아 결석하는 경우로 보아 출석으로 인정할 수 있음을 학교에 안내해야 한다. 심의위원회 개최 장소에서 피해 및 가해학생의 불필요한 접촉을 방지하도록 피해 및 가해학생의 대기실을 분리 운영해야 한다. 학교폭력 사안 유형에 따라 관련 분야 전문가 및 관련 학교 교원을 출석시켜 의견을 들을 수 있다. 관련 분야 전문가 및 교원 출석에 대한 내용을 심의위원들에게 사전 공지하여 심의위원들이 이를 활용할 수 있도록 지원해야 한다. 심의위원회는 다문화학생과 장애학생이 학교폭력 관련학생인 경우, 관련 분야의 전문가를 참석시켜 의견을 들을 수 있으며, 성 사안과 사이버 폭력 사안의 경우에도 관련 분야의 전문가를 회의에 참석시켜 의견을 들을 수 있다. 또한 심의위원회는 필요하다고 판단하는 경우, 피해 및 가해학생이 재학 중인 학교의 교원(관리자, 책임교사, 담임교사 등)을 출석하게 하여 의견을 들을 수 있다.

심의기간은 학교의 요청이 있는 경우, 21일 이내에 개최하는 것을 원칙으로 하되 상황에 따라 7일 이내에서 연장 가능하다. 학교의 요청이 있는 경우라 함은 공문으로 심의위원회 개최 요청서가 접수된 시점을 기준으로 한다. 또한 시험 등 학사일정, 사안조사 과정에서 새로운 증거 발견, 관련학생 및 보호자 의견진술 기회 부여 등 뚜렷한 이유가 있는 경우에 한해 연기 가능하다. 사실관계 확인이 어려운 사안의 경우(경찰수사 진행중인 사건, 성폭력사건 등)에는 기한내에 심의위원회를 개최한 후, 심의위원회에서 조치결정을 유보하는 의결이 가능하다.

심의위원회 조치결정 이후의 절차는 피해 및 가해 측에게 조치결정을 통보하는 것이다. 교육장(조치권자)은 심의위원회 조치결정 후, 피해 및 가해 측에 서면으로 조치결정을 통보한다. 행정청이 처분을 할 때에는 다른 법령 등에 특별한 규정이 있는 경우를 제외하고는 문서로 하여야 하며, 전자문서로 하는 경우에는 당사자 등의 동의가 있어야 한다. 관련학생에게 내려진 조치뿐만 아니라, 조치가 내려진 근거와 이유를 제시해야 한다(행정절차법 제23조 제1항). 가해학생이 다수인 경우 가해학생별로 따로 조치결정을 기재하여 통보해야 한다.

조치결정이 유보된 경우, 사안이 복잡하거나 여러 학교가 관련되어 있어 심의가 어려운 경우, 심의위원회는 조치결정을 유보하고 추가 조사 등을 한 후 심의위원회를 다시 개최하여 의결할 수 있다. 이때, 조치결정이 유보된 사실과 유보된 사유를 피해 및 가해측에게 서면으로 통보한다. 학교장에 대한 조치결정 통보는 교육장 조치결정 후 학교에 공문으로 조치결정을 통보한다. 이때 학교장은 교육장의 조치결정에 따른 조치의 이행에 협조하여야 한다. 또한 학교장은 가해측이 조치결정을 통보받은 후 조치이행이 이루어질 수 있도록 한다.

조치를 이행한 후에는 교육(지원)청에 그 결과를 보고한다. 조치이행 여부에 대한 보고 방법 및 시기는 교육(지원)청 자체계획에 따른다. 조치를 받은 학생이 해당 조치(제1호 조치 제외)를 거부하거나 기피하는 경우, 심의위원회는 교육장에게 추가로 다른 조치를 할 것을 요청할 수 있다.

피해학생에 대한 보호조치는 제1호 학내외 전문가에 대한 심리상담 및 조언, 제2호 일시보호, 제3호 치료 및 치료를 위한 요양, 제4호 학급교체, 제5호 기존 전학권고 조치는 삭제, 제6호 그 밖에 피해학생의 보호를 위하여 필요한 조치를 할 수 있다.

가해학생에 대한 교육·선도 조치는 제1호 피해학생에 대한 서면사과, 제2호 피해학생 및 신고·고발 학생에 대한 접촉, 협박 및 보복행위의 금지, 제3호 학교에서의 봉사, 제4호 사회봉사, 제5호 학내외 전문가에 의한 특별교육이수 또는 심리치료, 제6호 출석정지, 제7호 학급교체, 제8호 전학, 제9호 퇴학 처분을 할 수 있다.

학교폭력 조치에 대한 불복절차는 행정심판과 행정소송을 할 수 있다.

행정심판이란 행정청의 위법·부당한 처분이나 부작위로 권리 또는 이익을 침해받은 국민이 이를 회복하기 위하여 행정기관에 제기하는 권리구제제도이다. 행정심판의 대상은 피해학생 또는 그 보호자(법률 제16조 제1항 각호 및 제17조 제1항 각호), 가해학생 또는 그 보호자(법률 제17조 제1항 각호)에 대하여 행정심판을 제기할 수 있다. 또한 행정청인 교육장의 처분에 대한 불복절차이므로 학교의 설립형태(국·공립 및 사립)에 관계없이 행정심판을 청구할 수 있다.

행정심판 청구기간은 교육장의 조치에 대하여는 처분이 있음을 알게 된 날부터 90일 이내, 처분이 있었던 날부터 180일 이내에 행정심판을 청구할 수 있다. 이 두 기간 중 어느 하나라도 초과하면 행정심판청구를 할 수 없다. '처분이 있음을 알게 된 날'이란 교육장의 조치가 있음을 '현실적으로 안 날'을 의미한다. '처분이 있었던 날'이란 교육장 명의의 조치결정 통보서가 '당사자에게 도달하여 해당 조치가 성립한 날'을 의미한다.

행정심판은 해당 교육청 행정심판위원회에 청구한다. 그리고 행정심판의 청구는 처분의 효력이나 그 집행 또는 절차의 속행에 영향을 주지 아니하므로, 처분의 효력, 처분의 집행 또는 절차의 속행을 정지하려면 행정심판위원회의 집행정지 결정이 있어야 한다(전라남도교육청, 2023). 행정심판의 절차는 다음과 같다.

그림 8-5 **행정심판의 절차**

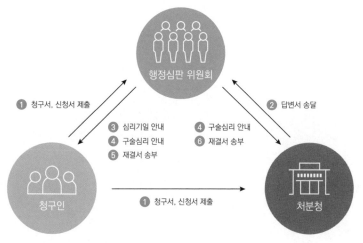

출처: 교육부(2023), 학교폭력 사안처리 가이드북 재인용. p. 87.

행정소송이란 행정청의 위법한 처분 그 밖에 공권력의 행사·불행사등으로 인한 국민의 권리 또는 이익의 침해를 구제하고, 공법상의 권리관계 또는 법적용에 관한 다툼을 적정하게 해결하기 위하여 법원이 행하는 재판절차이다. 교육장의 조치에 대하여 이의가 있는 당사자는 행정심판을 거치지 않고 바로 행정소송을 제기할 수 있다(행정소송법 제18조 제1항). 제소기간(행정소송법 제20조)은 취소소송 처분이 있음을 안 날부터 90일 이내에 제기하여야 하며, 처분이 있은 날로부터 1년을 경과하면 제기할 수 없다. 또한 행정심판을 거쳐 행정소송을 제기한 경우에는 '행정심판 재결서의 정본을 송달받은 날'부터 기간을 계산한다.

당사자는 처분의 취소 또는 무효를 구하는 학생이 원고가 되고(미성년자인 경우에는 법정대리인이 대리하여야 함) 교육장이 피고가 된다. 집행정지 결정은 취소소송 제기는 처분 등의 효력이나 그 집행 또는 절차의 속행에 영향을 주지 아니하므로 처분의 절차 또는 효력을 정지하기 위해서는 집행정지 결정이 있어야 한다(행정소송법 제23조).

연습 문제

1 회복적 생활교육의 개념을 150자 이내로 서술하시오.

_____

_____

_____

_____

_____

정답 회복적 생활교육은 학생들이 자신의 행동에 책임을 지고 공동체 내에서 관계를 회복하는 교육적 접근이다. 회복적 정의의 원칙을 바탕으로, 갈등 상황에서 학생들이 자발적으로 문제를 해결하고 성장할 수 있도록 지원한다. 회복적 생활교육은 단순히 처벌을 넘어서, 공동체의 회복과 관계 강화를 중시하며, 학생들이 서로의 입장을 이해하고 협력하여 문제를 해결하도록 유도한다. 이를 통해 학생들은 자기 훈육과 자율성을 기르고, 긍정적인 학교 환경을 조성하는 데 기여하게 된다.

2 다음 글의 (   )안에 들어갈 적절한 말을 쓰시오.

> (   )이란 학급이나 동아리 또는 학교와 지역사회 공동체 안에서 크고 작은 갈등이 발생했을 때 활용할 수 있는 대화 체계이다. 갈등 당사자와 관련된 사람들이 둥글게 모여 앉아 이야기를 나눔으로써 서로의 마음이 연결되어 관계 회복으로 나아가도록 돕는 구조화된 대화 모임이다.

정답 회복적 대화모임

회복적 대화 모임에서 회복적 질문은 5가지 기본 형태를 가지고 있다. 회복적 질문을 구분하여 쓰시오.

_____

_____

_____

_____

_____

정답 1. 상황이해- 무슨 일이 있었는가?

　　　 2. 영향파악- 본인이게 가장 힘든 점은 무엇인가요?

　　　 3. 자발적 책임- 다른 사람의 이야기를 들으면서 무엇을 느꼈나요?

　　　 4. 관계 설정- 앞으로 어떤 관계가 되기를 원하나요?

　　　 5. 성장의 기회- 오늘 모임에서 새롭게 배운 것은 무엇인가요?

 학교폭력 유형 중 다른 하나는?

① 상해　　　② 감금　　　③ 약취　　　④ 유인　　　⑤ 공갈

정답 ⑤

학교폭력 교내 신고방법이 <u>아닌</u> 것은?

① 구두

② 신고함

③ 117 학교폭력 신고센터

④ 설문조사

⑤ 이메일

정답 ③

6 학교폭력의 개념을 150자 이내로 요약하여 쓰시오.

_____

_____

_____

_____

_____

정답 학교 내외에서 학생을 대상으로 발생한 상해, 폭행, 감금, 협박, 약취·유인, 명예훼
손·모욕, 공갈, 강요·강제적인 심부름 및 성폭력, 따돌림, 사이버 따돌림, 정보통신망을
이용한 음란·폭력 정보 등에 의하여 신체·정신 또는 재산상의 피해를 수반하는 행위

7 학교폭력 전담기구가 하는 일의 종류를 7가지 이상 쓰시오.

1. _____

2. _____

3. _____

4. _____

5. _____

6. _____

7. _____

정답 사안접수 및 보호자 통보, 교육(지원)청 보고, 학교폭력 사안조사, 사안조사 결과보고,
학교장 자체해결 부의 여부 심의, 졸업 전 가해학생 조치사항 삭제 심의, 집중보호 또는
관찰대상 학생에 대한 생활지도, 학교폭력 실태조사 등

CHAPTER

09

대안교육과 평생교육의 이해

1 대안교육의 이해
2 평생교육의 이해

CHAPTER 09
대안교육과 평생교육의 이해

학습목표

가. 대안교육의 개념과 필요성을 설명할 수 있다.

나. 대안교육의 유형과 방향성을 이해할 수 있다.

다. 평생교육의 개념과 필요성을 설명할 수 있다.

라. 평생교육의 유형과 관련 기관을 열거할 수 있다.

마. 평생교육의 전망과 과제가 무엇인지 설명할 수 있다.

제1항 "모든 국민은 능력에 따라 균등하게 교육을 받을 권리를 가진다."

제2항 "모든 국민은 그 보호하는 자녀에게 적어도 초등교육과 법률이 정하는
교육을 받게 할 의무를 진다."

대한민국 헌법 제31조

평생교육(lifelong education)은 "개인이 출생에서부터 죽을 때까지 전 생애
에 걸친 교육과 개인 및 사회 전체 교육의 통합"이다.

랭그랑(P. Lengrand, 1970)

평생교육은 개인적·사회적 삶의 질을 지속적으로 향상시키기 위하여 평생
동안에 걸쳐 이루어지는 모든 형태의 형식적·비형식적 학습활동이다.

다베(R.H. Dave, 1976)

1 대안교육의 이해

대안교육은 이러한 변화에 발맞추어 학생 개개인의 학습 스타일과 흥미에 적합한 교육 기회를 제공한다. 이 장에서는 이러한 대안교육의 이해를 돕기 위해 대안교육의 개념과 필요성, 대안교육의 유형과 사례 그리고 나아갈 방향성 등을 중심으로 살펴보고자 한다.

가. 대안교육의 개념

1) 대안교육의 개념

「초·중등교육법」 제60조의3(대안학교)에서 '대안학교'는 학업을 중단하거나 개인적 특성에 맞는 교육을 받으려는 학생을 대상으로 현장 실습 등 체험 위주의 교육, 인성 위주의 교육 또는 개인의 소질·적성 개발 위주의 교육 등 다양한 교육을 하는 학교로 정의하고 있어, 대안학교의 개념을 간접적으로 제시하고 있지만 대안교육이라는 용어의 개념을 명확히 정의하고 있지 않았다.

2021년 1월 12일 대안교육 기관에 관한 법률이 제정되면서 「대안교육기관법」 제2조(정의)에서는 법령상 최초로 대안교육을 다음과 같이 정의하였다. '대안교육'이란 개인적 특성과 필요에 맞는 다양한 교육내용 및 교육방법을 통하여 개개인의 소질과 적성 개발을 목적으로 하는 학습자 중심의 교육을 말한다.

'대안학교'란 일반학교에서 적응이 어렵거나 일반학교에서 요구되는 능력이 아닌 다른 능력을 소유한 아이들을 둔 학부모가 선택할 수 있는 학교로 점차 자리매김을 해 가고 있다. 공교육이 해내지 못하는 인성교육을 시키는 학교, 공교육이 해내지 못하는 과학영재를 발굴하는 학교, 공교육이 해 내지 못하는 특정 종교교육 혹은 기능교육을 제공하는 학교 등이 대표적인 대안학교의 유형이다. 이처럼 공교육의 대안으로 등장하는 대안학교의 종류는 대안을 인식하는 다양한 방식으로 운영되고 있다(김문숙, 2015).

2) 대안교육의 특성

국가 주도하의 공교육이 약화되면서 생태주의 세계관과 신인문주의 교육관, 탈근대적 교육의 가능성을 제시하며 새로운 교육시도로서 등장한 대안교육은 몇 가지 공통적인 특성을 포함한다(이종태, 2005).

첫째, 대안교육은 아동을 주체적이고 자율적인 존재, 스스로 사물을 판단하고 결정을 할 수 있는 존재, 교사나 부모에게 종속된 것이 아니라 독립된 인격을 지닌 개체로 본다.

둘째, 대안교육은 아이들 개개인의 인격과 개성을 존중함과 동시에 공동체 가치를 중시한다. 경쟁보다는 협력과 존중, 평등을 강조한다.

셋째, 이러한 아이들에 대한 절대적인 신뢰에 바탕을 두기 때문에 주어진 교육내용이나 교육방법을 인정하지 않고 그 내용을 결정하는 데 아이들이 스스로 참여하거나 주도할 수 있도록 한다.

넷째, 대안교육은 궁극적으로 생명에 대한 가치 존중을 바탕으로 하기 때문에 자연과 인간의 공존과 인간 간의 평화를 중시한다.

다섯째, 대안교육은 노동이 의식주에 필요한 것들을 스스로 해결할 수 있게 한다는 것은 문명의 이기에 익숙해진 나머지 갈수록 퇴화되고 있는 인간의 본원적인 생존력을 복원한다는 의미에서 노동을 중시한다.

여섯째, 대안교육은 구성원 간의 친밀한 인간관계를 위하여 작은 학교를 지향한다. 이는 공동체 지향이라는 목표의 전제가 된다.

일곱째, 대안교육은 지역사회가 학습의 풍부한 자원이고 학교는 지역사회의 문화적 구심체여야 한다는 점에서 지역사회와의 긴밀한 관계를 추구한다.

나. 대안교육의 필요성

입시경쟁위주의 치열함과 주입식교육, 획일화된 공교육의 제도 속에서 학생들의 위기와 학교교육에 대한 문제 제기가 더해져 새로운 교육적 시도라는 대안교육의 필요성이 꾸준히 제기되어 왔다. 우리나라의 대안교육은 1990년대 학업 부적응 학생들의 재교육을 위한 공교육 보충교육으로 시작되어 당시 교육인적자원부는 특성화학교라는 학교 유형을 신설하고 대안학교를 제도권으로 편입시키는 계기를 만들었다.

1998년 2월, 「초·중등교육법」 시행령 제91조에 따라 특성화 고등학교는 소질과 적성 및 능력이 유사한 학생들을 대상으로 특정 분야의 인재 양성을 목표로 하여, 교육 또는 자연현장실습 등 체험 위주의 교육을 전문적으로 실시하는 학교로 규정되었다. 이후 2005년 3월, 「초·중등교육법」 제60조의3 대안학교의 설립과 운영에 관한 규정을 제정하며 대안학교를 각종 학교로 인정하기 시작하였다. 이는 모두에게 균등한 교육 기회를 제공하고 대안교육을 법적 테두리 안으로 편입시키기 위한 노력의 일환이었다.

또한 2013년부터는 「학업중단숙려제」가 법적으로 의무화되면서 일반학교에서도 정규 교육과정의 일부 또는 전부를 대체하는 대안적 교육 프로그램을 운영할 수 있는 별도의 학급인 '학교 내 대안교실'이 운영되기 시작하였다. 2014년에는 「학교 밖 청소년 지원에 관한 법률」이 제정되면서 의무교육단계 미취학·학업중단 학생의 학교 밖 학습을 지원하고 이들의 학력을 인정하였다. 이는 학교교육에서 소외된 학습자의 학교 밖 학습권을 보장한다는 점에서 큰 의미가 있다.

최근 2021년, 「대안교육기관에 관한 법률(대안교육기관법)」이 제정되면서 대안교육기관의 법률적 근거가 확립되었다. 이 법은 대안교육기관에 재학하는 학생들의 학습권과 안전을 보장하고, 나아가 모든 국민이 능력과 적성에 따라 평등하게 교육받을 권리를 보장하는 데 초점을 맞추고 있다. 대안교육기관 등록제가 시행됨에 따라 기존에 법적 테두리 밖에 있던 대안교육 시설들도 합법적인 지위를 획득하게 되었으며, 이를 통해 교육청에 등록된 대안교육기관 재학 학생들에게 의무교육 대상자로서의 학력 인정과 유의미한 교육 기회가 제공될 수 있는 기반이 마련되었다(박성남, 2022).

이와 같은 변화는 대안교육기관의 설립·운영 등에 관한 법적 근거를 명확히 하여 학생을 보호하고, 모든 국민이 능력과 적성에 따라 평등하게 교육받을 수 있는 권리를 보장할 수 있도록 하는 토대를 마련한 중요한 성과이다.

다. 대안교육의 유형

대안교육의 유형은 대안교육 실시 주체 및 대상에 따라 학교 내 대안교실(학업 중단 숙려제), 각종학교로서의 대안학교 및 대안교육 특성화 학교, 대안학교 위탁교육기관, 의무교육단계 미취학·학업중단 학생 학습지원사업, 대안교육기관으로 구분할 수 있다.

첫째, '학력 인정 여부'에 따라서는 공교육 체계 내에서 학력 인정이 이루어지는 기관인 학교 내 대안교실(학업중단 숙려제), 각종학교로서 대안학교 및 대안교육 특성화학교, 대안교육 위탁교육기관, 의무교육단계 미취학·학업중단 학생 학습지원사업이 있으며, 학력에 대한 인정이 이루어지지 않는 대안교육기관으로 구분할 수 있다.

둘째, '대안교육 실시 주체'에 따라서는 공교육 기관인 학교(학교 내 대안교실), 각종학교로서 대안학교 및 대안교육 특성화 학교가 있으며, 공교육 기관에 포함되지 않는 교육기관으로 대안교육 위탁교육기관, 의무교육단계 미취학·학업중단 학생 학습지원사업, 대안교육기관으로 구분할 수 있다.

셋째, '대안교육 실시 대상'에 따라서는 재적학생(학교 내 대안교실, 각종학교로서 대안학교 및 대안교육 특성화학교, 대안교육 위탁교육기관)과 학교 밖 청소년(의무교육단계 미취학·학업중단 학생 학습지원사업, 대안교육기관)으로 구분할 수 있다(하태욱, 2022).

표 9-1 대안교육 실시 주체 유형별 특성

구분	학교 내 대안교실 (학업중단 숙려제)	대안학교 및 대안교육 특성화학교	대안교육 위탁교육기관	의무교육단계 미취학·학업중단 학생 학습지원사업	대안교육기관
주체	(일반)학교		교육기관		
대상	재적 학생		학교 밖 청소년		
학력인정	학력인정(공교육)			학력 미인정	

표 9-2 대안교육 실시 대상 유형별 특성

구분	기관명	성격	비고
인가	대안학교	「초·중등교육법」 제60조의3(대안학교)에 따른 각종학교	학력 인정
	대안교육 특성화학교	「초·중등교육법시행령」 제76조(특성화중학교), 제91조(특성화고등학교)에 따른 학교	
	대안교육 위탁교육기관	「경기도 대안교육기관의 지정 및 학생위탁 등에 관한 규칙」 제2조에 따라 교육감이 지정한 교육기관	

등록	교육감등록 대안학교	개인 및 단체가 임의로 운영하는 기관 중 「대안교육기관에 관한 법률」 제5조에 따라 교육감에게 등록한 대안교육기관	학력 미인정
미인가	미등록 대안교육기관	교육감에게 등록하지 않은 개인 및 단체가 임의로 운영하는 시설	임의 시설

라. 대안교육 운영 사례

1) 우리나라 간디학교

1997년 3월 비인가 학교로 출발, 현재 제도권 속에서 인가된 학교이다. 교육목표는 지·정·의가 조화로운 전인교육으로 사랑과 자발성의 교육으로 '행복한 사람'을 기르기 위함이다. 공동체 교육을 통해 역사와 사회 속에서 책임성 있는 힘을 배양하고 생태교육을 통해 자연과 더불어 살아갈 수 있는 태도를 함양시킨다. 간디학교는 교사와 학생 사이에 사랑과 신뢰의 관계를 바탕으로 배움과 가르침이 순수한 자발성 위에서 이루어질 때에 비로소 참교육이 가능하다고 본다.

기존의 대형화되어 있는 학교를 탈피하여 작은 학교를 지향하며, 스승과 제자가 가족적인 사랑과 신뢰를 회복하는 학교를 지향 한다. 교육과정의 기본방향은 지성과 감성, 인격을 골고루 발달시킬 수 있는 교과와 교과내용을 운영하며 학생들의 삶에 가장 기초적인 의식주 문제를 스스로 해결할 수 있도록 교과를 편성한다. 교과 특성에 따라 학년, 연령 구분 없이 학습능력에 따라 단계별 수업을 진행하는 무학년(학년통합) 수업방식으로 학생들에게 수업의 자율권을 주고 학생의 능력을 고려하여 그 수준에 맞는 여러 단계의 학습을 지도한다.

학생회 활동은 학생들의 자발적인 참여의식을 기를 수 있도록 지원하고 클럽활동은 동아리 방식으로 운영하며, 기숙사 생활을 필수로 한다. 또한 '식구총회'를 열어 학교생활 내에서 일어날 수 있는 갈등과 문제점을 대화와 토론으로 해결하는 방식을 배우도록 하여 학생들에게 자율성과 책임감을 경험하도록 한다.

간디학교의 이러한 교육은 학생들이 학습의 주체가 되어 자신의 삶을 스스로 설계하고, 자립적이고 책임 있는 성인이 되도록 돕는 것을 목표로 한다.

2) 독일 발도르프 학교

1919년 독일에서 루돌프 슈타이너(Rudolf Steiner)에 의해 설립된 대안교육 기관인 발도르프 학교는, 학생의 전인적 발달과 자율적이고 창의적인 인성을 키우는 것을 목표로 한다. 발도르프 학교의 대안교육 특징은 학생들이 자신의 흥미와 자유를 찾아 가기 위한 교육과정을 중심으로 한다. 남녀공학, 에포크수업, 내면의 소리를 몸으로 표현하고자 하는 동작예술 교육인 오이리트미 수업, 손가락의 움직임을 강조하는 수공예나 목공예 같은 노작교육 등이 포함되며, 학생들이 스스로의 감각을 깨우고 스스로의 과제를 자발적으로 해결할 수 있도록 지원한다. 이를 통해 아동 스스로의 배움과 자율성을 확립하고자 한다. 또한 이 학교에는 전 교육과정에 걸쳐 교과서가 없고 한 학기가 끝날 때 비로소 스스로가 작업해온 완성된 교과서를 갖게 된다. 슈타이너는 교육이란 영혼적·정신적인 발달과 신체발달과정이 맞물려 있다고 보고 인지적 영역에 치우친 교육에 반대하고 신체와 정신적 성장에 맞춘 인지·감각·사고의 조화로운 발달을 추구한다.

발도르프 학교는 1학년 입학 후 8년까지 같은 교사가 담임을 맡아 주요 교과목을 가르치는데 8년의 기간 동안 한 교사가 학생들의 성장과 발달을 면밀하게 살펴보므로 연속성이 보장되고, 학생은 교사와 안정적이고 지속적인 유대 관계를 형성한다. 교장이 없고 교사들의 자치 행정에 의해 학교가 운영된다. 교육행정적 측면에서 발도르프 학교는 강한 유대감을 바탕으로 운영되는 민주적, 자치적인 학교 형태라 할 수 있다.

3) 영국 서머힐

1921년, 영국의 교육학자 닐(Neill)이 5명의 학생으로 설립한 최초의 대안학교이며, 만 5세부터 16세까지의 학생을 대상으로 하는 기숙사제 사립학교이다. 서머힐 학교는 민주·평등·자유를 세 원칙으로 삼아 강요가 아닌 자유를 통한 배움을 강조한다. 학생 개개인이 자신의 속도에 맞춰서 배워야한다는 믿음에 입각하여 학생들은 각 과목마다 각자의 능력과 진도에 따라 수업을 받으며, 학생들에게 수업참여는 선택사항이며 시간을 어떻게 보낼지는 학생들이 스스로 결정한다.

서머힐 학교는 다음의 네 가지 목표를 가진다. 첫째, 아동들이 감정에 있어서 자유롭게 자라날 수 있게 한다. 둘째, 아동들이 자신의 인생을 결정할 수 있는 권한을 준다. 셋째, 아동들이 자연스럽게 발달할 수 있는 시간적 여유를 준다. 넷째, 어른들에게서 받는 두려움과 강압을 제거하여, 좀 더 행복한 아동기를 보낼 수 있게 한다.

학교 운영에는 학생 모두가 참여 가능한 민주주의를 채택해 교사와 학생을 포함한 모두가 동일한 한 표를 행사하며 학생들과 구성원이 참여하는 정기 미팅을 통해 구성원들은 학칙의 개정, 취침시간 결정, 도둑질에 대한 벌금 결정 등의 여러 가지 사안의 의사결정에 참여한다.

마. 대안교육의 전망과 과제

대안교육은 기득권층과 소외계층을 특정하지 않고 모든 국민에게 교육받을 권리를 보장하며 나아가 배움을 통한 성장과 행복추구를 돕는다. 우리나라 대안교육이 나아갈 전망과 과제는 다음과 같다.

첫째, 대안교육 기관의 안정적인 운영과 지원을 위한 재정지원이 필요하다. 시·군·구에서는 필요예산을 안정적으로 확보하여 대안교육 기관의 원활한 운영을 지원하여야 한다.

둘째, 대안교육 운영을 위한 교육활동 질 제고를 위한 지원체계 마련이 필요하다. 교사 역량강화 및 다양한 대안교육 프로그램 개발과 평가 등 양질의 교육 제공을 위해 노력하여야 한다.

셋째, 대안교육기관법 및 대안교육에 대한 적극적인 안내 및 홍보를 통해 사회적 인식 개선 및 학습자의 능력과 요구에 맞는 적절한 교육을 선택하여 받을 수 있는 기회를 제공하여야 한다.

마지막으로 대안교육이 기존의 공교육의 한계를 비판하고 그에 따른 교육위기를 해결하기 위해 등장한 새로운 교육운동이지만 앞으로의 제도교육(공교육)의 새로운 변화를 이끄는 대안이 되는 교육으로서의 역할을 하여야 한다.

2 평생교육의 이해

평생교육(평생교육, 교육학용어사전)에 대한 정의는 학자마다 조금씩 다르지만 학교 교육과 사회교육을 모두 포함하는 개념으로 유아에서부터 노년까지 평생에 걸친 교육을 뜻한다.

평생교육의 개념은 제2차 세계대전 이후 유네스코 성인교육 회의에서 제창한 교육론에서 출발하였는데 우리나라에는 1973년 8월 유네스코 한국위원회에서 평생교육에 대한 건의서가 채택되었다. 현행 헌법에서도 평생교육을 받아들여 헌법 제31조 제5항 '국가는 평생교육을 진흥하여야 한다'로 개정하였고 관련 사항들을 법률로써 규정하고 있다. 근현대에는 지식과 기술의 빠른 발전과 변화로 학교 교육만으로는 생활의 변화, 사회의 변화를 따라가기 힘들어지면서 평생교육의 중요성이 커지고 있다.

현대사회에서는 개인의 역량이 국가 전체의 역량과 일맥상통하기에 우리나라도 국가 차원에서 평생교육을 장려하고 있다. 국가의 평생교육 정책 방향은 시대별 사회경제문화의 변화에 따라 다르게 추진되고 있다.

가. 평생교육의 개념

평생교육이란 가르치는 제도로부터 배우도록 만드는 제도로의 패러다임의 전환이다. 말 그대로 평생에 걸쳐서 행하여지는 교육을 의미하는 것으로 연령과 사회의 한계를 벗어난 일생을 통해 배우는 것을 의미한다. 평생교육의 용어는 불어의 영구교육(Education Permanate)에서 시작되어 영어로는 평생교육(Lifelong Education)으로 일본에서는 생애교육이라 하며 성인교육, 사회교육, 학습사회, 학습도시, 인적자원개발 등으로 다양하게 불리고 있다.

평생교육의 개념에 대한 여러 학자들의 정의를 살펴보면 다음과 같다.

평생교육의 창시자라고 불리는 랭그랑(P. Lengrand, 1970)은 평생교육(lifelong education)은 "개인이 출생에서부터 죽을 때까지 전 생애에 걸친 교육과 개인 및 사회 전체 교육의 통합"으로 보았다. 또한 그는 유네스코(UNESCO)회의에서 "교육의 모든 과정을 활성화하는 원리로서 인간의 통합적 성장에 초점을 두고 각 단계에서 학습을 통해 잘 조화되게 하여 인간의 갈등을 해소하도록 도와주는 노력이다.” 라고 하였다.

우리나라 평생교육은 1973년 8월 유네스코 한국위원회가 ‘평생교육 발전 세미나’를 개최하여 평생교육의 방향과 전략에 대하여 협의한 것이 출발점이다(한방교, 2004). 평생교육의 1세대라고 할 수 있는 김종서는 평생교육을 삶의 질 향상의 이념 실현을 위하여 태아에서 무덤에 이르기까지의 교육의 수직적 통합과 가정교육, 사회교육, 학교교육의 수평적 통합을 통한 학습사회를 건설함으로써 최대한의 자아실현과 사회발전 능력의 함양을 목적으로 하는 것이라고 말하고 있다(김종서 외, 2000). Dave(1976)는 평생교육을 개인적·사회적 삶의 질을 지속적으로 향상시키기 위하여 평생 동안에 걸쳐 이루어지는 모든 형태의 형식적·비형식적 학습활동이라고 하였다.

유네스코(UNESCO)는 평생교육이란 평생을 통해 이루어지는 계속적인 교육을 의미하며, 일정한 나이에 해당하는 사람들을 대상으로 하는 학교교육과 학교교육 이외의 모든 교육자원을 효율적으로 활용하여 교육능력을 극대화 시키고자 하는 종합적인 노력이라고 하였다(김한별, 2010).

평생교육은 자신의 자아실현과 만족을 위한 자기주도적 학습인 ‘평생학습’과 유사한 개념으로 쓰이기도 하지만 정확한 의미는 이런 평생학습이 이루어질 수 있도록 학습의 과정과 환경 등을 체계적으로 수립한 일반 교육과정 및 체계라 할 수 있다. 즉, 평생교육의 목적은 삶의 과정에서 이루어지는 ‘평생학습’을 가능하게 하는 것이라고 볼 수 있다.

인간의 삶의 질을 개선하기 위해 교육권을 실질적으로 보장해주기 위한 교육이념으로 유아교육·청소년교육·성인교육·노인교육 등 발달단계에 따른 교육활동의 수직적 통합과 가정교육·학교교육·사회교육 등으로 각기 다르게 전개되는 형식·비형식·무형식적인 교육활동의 수평적 통합을 통해 ‘삶이 곧 교육’인 ‘학습사회’를 건설하고자 하는 모든 형태의 교육활동이다.

또한 평생교육은 크게 협의적 측면과 광의적 측면에서 정의할 수 있다. 협의적 측면에서 평생교육이라 함은 교육 대상을 분류 준거로 하여 성인만을 대상으로 하는 모든 형태의 교육활동을 말한다. 그리고 광의적 측면에서 평생교육이란 학교교육을 포함하여 모든 이를 위한 그리고 교육기회의 균등화를 위해 그들이 일생동안

학습활동을 전개해 나가도록 돕는 행위를 의미한다. 즉 언제, 어디서나, 누구나, 원하는 학습활동에 참여하여 지식을 축적하고 능력을 신장시켜 개인적 성장·발달과 사회적 능력을 새롭게 변화시켜 나가는 총체적 교육활동으로 정의할 수 있다.

이와 같이 평생교육이란 사람들이 태어나서 죽을 때까지 끊임없이 배우고 익히는 학습활동이며 가정, 학교, 직장, 사회 등 사람이 속해 있는 모든 영역에서 학습활동이 이루어지는 통합적인 교육으로서 모든 교육과 학습활동을 포괄하는 광의적 개념이라고 할 수 있다.

나. 평생교육의 필요성

현대사회는 산업사회에서 정보화사회, 지식기반사회를 거쳐 4차 산업혁명의 시대를 맞이하면서 인간의 평균수명 또한 상당기간 늘어나고 있다. 평생교육은 이러한 사회의 급격한 변화에 대한 적응과 삶의 질 향상 등에서 이해할 수 있어야 하며 산업사회, 정보화 사회, 지식기반사회, 지식정보화 사회의 전환 속에서 야기된 새로운 변화에 적응하기 위한 노력과 인간 자신의 삶에 대한 질적 향상을 위한 수단으로 평생교육의 필요성이 제기되고 있다(Pata, 2004).

사회의 변화는 새로운 도전을 파생하고 그러한 위기와 관련된 도전이 결국 교육의 필요성을 강조한다고 말할 수 있다(Fryer, 1997). 지식기반사회 및 지식정보화 사회에 따른 변화와 관련한 여러 연구자들(성태제 외, 2012)의 제안에 따른 평생교육의 필요성은 다음과 같이 제기될 수 있다.

1) 세계화와 정보화사회의 도래

지식과 정보가 증가하고 고도산업사회가 성숙되고 교통수단의 발달 등으로 인한 정보화 사회, 지식기반사회를 거쳐 지식정보화 사회의 도래는 지식에 기반을 둔 경제사회를 만들었으며 이러한 사회는 세계화 범주 안에서 이해될 수 있다. 지식기반사회 및 지식정보화 사회는 기존의 세계화 경향을 더욱 가속시키며 동시에 새로운 통신, 교통, 경제의 상호의존성의 결과인 세계화는 지식발전의 중요한 요소로 작용하고 있다.

세계화는 단순히 경제적인 측면에서 강조되는 것이 아니라 문화, 이념, 종교, 스포츠 등과도 매우 관련이 깊다고 볼 수 있다. 또한 지식의 창출, 저장, 이용, 공유와 같은 여러 활동에 있어서 가장 중요한 도구의 역할을 한다. 그러므로 가치 있는 지식을 생산하고 가공하여 효과적으로 이용함에 있어 정보화기술의 숙련도는 필수적이다.

정보화기술은 과거 어느 때보다 매우 빠른 속도로 발전하고 있으며 지식기반사회 및 지식정보화 사회의 모든 시스템, 제도, 행정, 문화, 교육 등에 영향을 주고 있다. 지구촌이 갈수록 좁아지는 상황에서 개인과 국가 모두 세계화에 동참할 수 있는 개인의 가치관과 모든 생활양식이 변화에 적응하는 태도와 능력이 요구된다.

2) 경제발전에 따른 산업구조의 변화

글로벌 시대는 해를 거듭할수록 국가 간 경쟁이 심화되고 자유무역 시장경제 체제로 인하여 산업구조가 개편되고 고용구조 또한 변화하고 있다. 과거보다는 더 많은 여성, 노령 인력, 비정규 고용 인력에 대한 수요가 지속적으로 증가하고 있으며 이러한 인력들이 산업현장에서 차별 없이 일을 할 수 있도록 다양한 기술과 지식의 지원이 필요하다. 또한 정보화와 자동화에 기반을 둔 작업으로 급속히 변하고 있는 일의 형태도 작업이나 자재 중심에서 인간 중심의 경영 또는 지식경영에 기반을 둠으로써 새로운 형태의 업무나 작업을 수행할 수밖에 없다.

앞으로 사회의 급속한 변화와 함께 개인의 취향이나 생활양식의 변화로 인하여 기존에 인기 있고 많은 사람들이 선호하는 직업의 종류들이 갑자기 사라지고 새로운 직업의 종류들이 인기를 얻는 등 직업의 생명은 현저히 짧아지고 있는 추세이다. 이러한 변화에 능동적으로 대처할 수 있는 지식인들이 더 많이 일자리의 기회를 얻을 수 있게 될 것이다.

3) 평균수명 연장과 여가시간의 증대

고도의 전문적인 산업과 의료기술의 발달로 인간의 정년이 빨라지고 수명이 연장되며, 여가시간 또한 많아져서 다양한 여가활동을 위한 프로그램의 필요와 함께 노후를 준비하는 교육과 노인들을 대상으로 하는 노인교육의 필요성이 점차적으로 증대되고 있으나 산업사회가 고도로 발달되면서 인간이 해야 할 많은 일들이 기계나 새롭게 개발된 제도, 기술에 의하여 대치되고 있어 이에 필요한 교양교육, 취미, 오락 등의 교육의 필요하다.

노후준비 교육 내용으로 네 가지 고통인 병고, 생활고, 역할 상실고, 고독고에 대한 해소방안이 평생교육의 과제로 부각되고 있다. 따라서 노인들이 계속적으로 일을 할 수 있는 조건을 갖추고 변화하는 사회에 능동적으로 대처하여 지속적으로 직업을 가지고 일을 할 수 있도록 교육의 기회를 제공해야 할 필요가 있다.

4) 지식의 생산과 환경의 문제

지식의 생산과 사용으로 인해 세계적으로 급속한 경제성장과 인구증가로 인하여 예기치 않았던 환경문제를 야기하게 되었다. 기존의 산업사회에서부터 정보화사회, 그리고 최근의 지식기반 및 지식정보화 사회로 오면서 환경문제는 더욱 심각해지고 있다.

도시화, 산업화, 자동화, 대량화, 자본화 등으로 인한 환경파괴는 지식기반사회에서 아직까지 사회적 이슈로 작용하고 있다. 이러한 사회적 변화는 인간의 개성이나 존엄성보다는 이익추구에 혈안이 되고 상대방과 더불어 사는 사회보다는 개인을 우선시하는 이기적인 사회로 변하고 있다. 따라서 사회변화로부터 발생되는 사회병리와 기존에 없었던 새로운 가치의 등장, 환경적 변화에 대처하기 위한 지속적이고 꾸준한 문화적 이해와 사회적 질서가 요구되고 있다.

5) 자아실현과 삶의 질 향상 추구

지식기반사회는 어느 정도 경제성장을 이룩한 국가에서 나타날 수 있는 사회이며 인간의 기본권이나 생리적인 욕구가 충족되는 나라에서나 가능하다. 또한 지식기반경제사회를 의미할 정도로 경제적인 측면에 많은 초점을 맞추어 해석되는 것이 사실이지만 인간의 욕구는 다양하게 계층적 구조를 이루고 있기 때문에 경제적인 활동으로 경제적 가치를 성취하는 것만이 최우선의 과제는 아니다. 따라서 인간은 자신의 삶을 영위하기 위한 기본적인 욕구가 충족되면 자신의 삶의 질이 향상되기를 바라게 되므로 자아실현을 위한 교육이 필요하게 된다.

6) 새로운 사회생활양식의 변화

지식과 정보의 증가, 고도산업사회의 성숙, 교통수단의 발달로 인한 심각한 인구이동, 매스컴에 의한 정보전달 및 교환의 속도가 빨라짐에 따라 사회가 급격하게 변화하고 있고 인간의 가치관 및 생활양식 또한 변하고 있다. 특히 생활양식의 계속적 변화는 공식적이고 제한된 학교교육만을 통해서 해결되는 것은 아니라 평생을 살아가면서 적용해야 하기 때문에 이에 대한 지속적인 학습이 필요할 것이다. Hiemstra(2002)는 많은 사람에게 영향을 미치고 있는 생활양식의 변화와 문화가치의 향상이 평생교육의 필요성을 강조하는 계기가 된다고 주장하였다.

7) 교육수준의 질적 향상과 평생교육권의 보장

21세기는 초·중등의 의무교육화가 되어가고 있는 추세이다. 제2차 세계대전 직후에는 중등교육의 대중화 현상이 나타나고 20세기 후반부터는 고등교육의 대중화 현상이 나타나기 시작하여 고등교육의 인구가 급진적으로 증가함에 따라 고등교육의 기회는 학교교육만으로는 충족시킬 수 없으며 다양한 교육의 기회가 융통성 있게 모든 사람들에게 개방되어야 할 것이다. 이와 같이 학교교육의 한계를 극복하기 위한 방안으로 평생교육의 개념이 보급됨에 따라 모든 사람들에게 인종, 종교, 성별, 연령 등의 차별이 없는 민주주의 이념의 실현과 교육의 기회가 평생 동안 보장될 수 있도록 다양한 교육이 펼쳐져야 할 것이다.

현대사회의 변화는 과거와는 다른 지식기반사회에서의 새로운 도전과 기존의 공교육이나 형식교육의 체제로부터 무엇인가 다른 새로운 교육체제를 요구하는 비형식교육이나 학교 밖의 교육 등 다양한 교육이 펼쳐지는 평생교육의 중요성이 더욱 강조되고 있다.

다. 평생교육의 유형과 사례

1) 평생교육의 유형

① 파킨(Parkyn)의 평생교육 조직 모형

Parkyn의 평생교육 조직 모형에는 유아보건센터(Infant Health Centers), 유아교육센터(Infant Education Centers), 초등교육기관(Primary Education Centers), 중등교육기관(Secondary Education Centers), 고등교육기관(High Education Centers), 성인교육기관(Adult Education Centers: 지역사회 대학, 학교문화시설, 지역사회단체, 지역사회기업) 등이 있다.

② 스폴딩(Spaulding)의 평생교육 활동 모형

스폴딩(Spaulding)의 평생교육 활동 모형 6가지 유형과 다양한 교육기관에 대해 다음과 같이 살펴보고자 한다.

표 9-4 스폴딩(Spaulding)의 평생교육 활동 모형 및 교육기관

유형별	평생교육 활동 모형 및 교육기관
제1유형	고도로 조직적인 엄격한 교육기관이며 계획적 내용의 프로그램을 가지고 있음 예) 전통적 초등학교, 중학교, 고등학교, 기술계 학교 및 대학 등
제2유형	매우 조직적이며 계획적 교육활동을 수행하며 장기목표는 있으나 조직과 프로그램에 어느 정도 융통성이 있음 예) 실험학교, 복합단위학교, 종합고등학교, 개별지도학교 등
제3유형	계획된 학습목표를 가진 교과과정 및 세미나 등을 포함하지만 조직과 활동에 융통성이 있음 예) 성인학교, 지역사회센터, 사립교육기관, 방송통신학교, 산업체교육, 직업교육 등
제4유형	계획된 목표와 내용으로 대중들에게 영향을 주고자 하는 교육활동으로서 주민 자의에 의한 선책과 참여가 이루어지는 활동 예) 농사교도, 지역사회개발, 국민운동, 소비자교육, 보건교육, 현직훈련, 환경교육 등
제5유형	같은 배경과 흥미로 이해관계를 갖는 사람들이 계획된 프로그램이나 활동에 선택적으로 참여하는 참여자 중심의 단체 활동 예) 청년단체, 여성단체, 교회단체, 노동조합, 협동조합, 사회단체 및 클럽 등
제6유형	개인들의 흥미와 관심에 따라 접촉하는 교육적·문화적 매체로서 교육적 의도로 조직되는 프로그램도 있으나 대부분의 경우 개인의 선택에 의해 접하는 대중매체 및 정보자료 예) TV, 라디오, 신문, 잡지, 도서관, 서점, 문화관, 각종 공보사업 등

2) 평생교육의 사례

평생교육은 이제 우리 모두에게 친숙한 개념이며 누구든 쉽게 접할 수 있는 교육 서비스지만, 사실은 기존 교육 방식을 전환한 혁신적인 형태의 교육이라 할 수 있다. 아이와 학교, 선생님을 중심으로 한 일반적 교육에서 전 생애, 전 사회, 학습자 중심으로 무게를 옮겨온 교육이기 때문이다. 오늘날 각 나라의 시민, 사회활동가, 교육단체는 다양한 프로그램과 시스템을 만들어 평생교육의 개념을 실천에 옮기고자 노력하고 있으며, 정부에서도 제도와 정책을 바탕으로 교육의 지형과 문화를 확대 및 다양화하는 시도를 계속하고 있다. 표 〈9-5〉를 통해 각 나라 별 평생교육에 대한 관점과 정책을 살펴보고 이후 5개의 대표적인 국가별 평생교육 제공 단

체와 프로그램을 차례로 살펴보고자 한다.

표 9-5 국가별 평생교육 사례 및 프로그램

국가별	구분	국가별 평생교육 사례 및 프로그램
영국	목표	학습과 일터를 연계한 개인 능력 계발로 지속적인 경제성장을 도모하는 시장중심형 학습사회론 추구
	내용	영국은 평생교육정책 안에서 인력자원을 개발하는 데 중점을 두고 이를 실천하고 있다. 이러한 평생교육정책은 책무성과 가시적인 성과를 지나치게 강조하는 문화 형성으로 비판을 받기도 한다. 한 편으로는 시민단체 등 제3단체를 중심으로 다양한 대안교육운동과 프로그램이 활발하게 개발되어 운영되고 있다.
독일	목표	정치교육과 시민교육을 강조하여 평생교육을 통한 올바른 시민상 제시와 시민 간의 공동체 의식 형성 목표
	내용	독일의 평생교육은 정치교육과 시민교육이 잘 발달되어 있다. 과거의 역사적 과오를 반성하고 교육으로 올바른 시민상을 제시한다. 통일 전후 지속적인 시민교육으로 동·서독 시민 간의 상호이해 폭을 넓히고 함께 살아가는 방안을 제시하고자 노력하고 있다. 독일 학생들의 학업성취도는 OECD 국가 평균보다 낮은 수준이지만 모든 시민이 평생교육의 틀 안에서 다양한 교육 혜택을 누린다. 수많은 제반시설과 다양한 교육 프로그램 및 제도가 시민 교육을 뒷받침하고 그 힘이 독일 사회를 받치고 있다고 해도 과언이 아니다.
미국	목표	한국의 정책적 롤 모델, 대표적인 평생교육 제도 '커뮤니티 컬리지(Community College)'
	내용	미국은 경제, 사회, 복지제도 등 다양한 분야에서 한국의 롤 모델 역할을 하고 있다. 교육 분야에서도 역시 입학사정관제와 같은 대학제도부터 대안교육까지 많은 사례와 제도를 참고하고 있는데 그 중 미국의 평생교육 제도 중 대표적인 사례인 커뮤니티 컬리지는 미국 전역에 퍼져 있는 교육기관으로 저학력자, 이민자, 상급학교 진학 목표자 등 다양한 사람들이 함께 공부하는 공간이다. ※ 커뮤니티컬러지: 구제가 필요한 10대를 위한 학교, 고등학교를 중퇴한 20대들이 다니는 학교, 중년 이혼녀들의 학교, 이런 단어들이 생각나겠지만 사회라는 궤도에서 이탈했지만 다시 그 궤도에 올라설 '한 번의 기회'가 필요한 사람을 위해 기회를 주는 곳이라 할 수 있다.
일본	목표	지역주민이 주도하는 지역 자치와 공동체 참여 중심의 학습
	내용	일본의 주민자치와 마을만들기, 협동조합 운영 역사는 한국 시민사회의 선배 격으로 일본 내 평생교육 개념은 이러한 지역 주민 자치 활동과 궤를 같이 하고 있다. 전쟁 이전 국가가 주도하는 시민 교육이 실패로 돌아가면서 일본의 평생교육은 지방자치단체와 시민이 주도하는 형태로 발전했다. 시민 자치 활동과 공동체 생활에서 이뤄지는 평생교육은 일반적인 교수법과 커리큘럼을 따르면서 하나의 목표를 달성하는 형태의 교육과는 다르며 주민 간의 교류가 차지하는 부분이 더 많다는 특징이 있다.

	목표	학교교육과 사회교육을 모두 포함하는 개념으로 유아에서부터 노년까지 평생에 걸친 교육
한국	내용	개인의 역량이 국가 전체의 역량과 일맥상통하기에 우리나라도 국가 차원에서 평생교육을 장려하고 있다. 국가의 평생교육 정책 방향은 시대별 사회경제문화의 변화에 따라 다르게 추진되고 있다. 최근에 사회의 변화를 설명하는 데 있어 중요한 변수 중 하나인 인구성장률에 따라 우리나라 평생교육 정책의 변화와 프로그램을 살펴보고자 한다. • 1960-70년대 인구성장률과 평생교육 정책 인구성장률(인구성장률. 통계용어. 통계청)은 특정 연도 간의 출생, 사망, 이동과 같은 인구변동요인을 포함한 연평균 인구 증가 및 감소율을 이르는 통계용어이다. 우리나라는 6.25 전쟁 이후 베이비붐에서부터 현재의 인구 절벽 현상에 이르기까지 반세기의 기간 동안 급격한 인구성장률 변화를 보이고 있는데 1960년은 우리나라 인구성장률이 3%(인구성장률. 국가지표체)로 매우 높았던 시기이다. 1970년대에는 자녀를 둘만 낳자는 정책을 펼쳐 인구성장률이 1.5% 가까이 감소했다. 이 시기에는 기초학력 보완과 경제발전에 필요한 직업 교육에 평생교육의 방점을 두었다. 주요 업 중 마을문고보내기운동은 범국민적으로 실시된 사업이었는데 당시 낙후되었던 농촌지역의 의식 성장과 교양, 생활 수준 함양에 기여했다는 평가를 받는다. 또 온마을 교육 사업은 학교의 인적, 물적 자원을 활용하여 지역사회 개발에 기여하였으며 학교 교육의 기회를 놓친 사람들에게 교육의 기회를 제공하기 위해 방송통신대학이 설립되었다. • 1980-90년대 인구성장률과 평생교육 정책 1980년에서 1990년은 산아제한 정책이 성공을 거두면서 인구성장률이 1% 내외로 안정된 시기이다. 경제적 성장을 이루었고 그 토대를 기반으로 살기 좋은 복지사회를 구축하자는 담론이 지배적이었던 시대이다. 따라서 평생교육도 중산층 중심의 전문화·다양화되는 경향을 보인다. 이 시기에는 과잉된 대학 진학 욕구, 고등교육 대중화에 따른 고학력 사회에 대한 대비로 독학에 의한 학위 취득제와 학점은행제를 실시하여 대학 진학의 길을 더 넓혔다. 또 평생교육 기관을 증가하고 확충하였는데 각 대학의 부속기관으로서 평생교육원이 다수 생겨났다. 대학 외에도 언론사나 백화점에서 부설 문화센터를 만들거나 도서관, 박물관, 문화원에서 평생교육기관의 역할을 하기도 하였다. 그 외에도 각종 시설과 단체에서 남녀노소 다양하게 아우를 수 있는 예체능, 레크리에이션 활동, 직업 기술교육 등의 평생교육 프로그램을 운영하면서 평생교육 프로그램이 활발히 전개되었다. • 2000년대 이후 인구성장률과 평생교육 정책 2000년대는 인구성장률이 급격히 줄어들어 0.5% 내외의 인구성장률을 기록했다. 2021년과 2022년에는 마이너스 성장률을 보이기도 했다. 2000년대 초반부터 고령화 사회에 대한 대비가 필요하다는 우려가 높았고 최근에 경제활동의 주축이 되는 청년 인구가 급격히 줄어들면서 명실공히 초고령화 사회가 되었다. 사회가 점차 고학력화, 고령화되고 기술의 혁신이 급격히 이루어지면서 평생교육 정책 또한 다양한 연령과 계층을 아우르는 교육, 디지털 교육, 성인 직업교육, 중고령자 대상의 교육에 초점을 맞추고 있다.

대표적인 프로그램으로는 문해교육 프로그램(인구성장률. 국가지표체계)을 들 수 있다. 팬데믹 이후 일상에서의 디지털과 비대면 서비스가 급격히 늘어나면서 스마트폰이나 키오스크 사용에 어려움을 겪는 노년층이 증가함에 따라 디지털 분야에 대한 다양한 지자체와 기업에서 디지털 문해교육 프로그램을 운영하고 있다. 또 빅데이터, AI 등 4차 산업혁명으로 인한 격한 노동시장의 변화에 발맞추어 국민이 스스로 직업 역량을 키울 수 있도록 내일배움카드, 평생교육바우처 등의 제도도 운영하고 있다.

라. 평생교육 관련 기관

평생교육기관이란 평생교육을 실현시키기 위해 마련된 모든 교육기관이나 시설로서 평생교육활동을 위한 기간요소이며 교육지원체제의 핵심 조건이다.

⇒ 공공기관 평생교육: 중앙부처 각 하부조직의 평생교육

　비정부기관(NGO)평생교육: 각종 민간단체의 평생교육

　학교기관의 평생교육: 초등학교~대학원에 이르기까지 각종 평생교육

　종교기관의 평생교육: 종교단체의 평생교육

　언론기관의 평생교육: 언론매체를 통한 평생교육

1) 평생교육 시설에 따른 분류

평생교육을 전개하는 과정에서 각종 시설에 대한 규정 및 내용에 대해 다음과 같이 살펴보고자 한다.

표 9-6 평생교육 시설에 대한 규정 및 내용

구분	내용
학교형태의 평생교육시설(제20조)	초등학교, 중학교, 고등학교, 대학 등에서 제공하는 각종 평생교육프로그램을 의미
사내 대학형태의 평생교육시설(제21조)	각종 기업체가 종업원들에게 전문대학 또는 대학졸업자와 동등한 학력, 학위로 인정될 수 있도록 기업체가 종업원에게 제공하는 각종 평생교육을 의미
원격대학형태의 평생교육시설(제22조)	정보통신매체를 이용하여 특정 또는 불특정 다수인에게 원격교육을 실시하거나 다양한 정보를 제공하는 평생교육을 의미 예) 방송통신대학, 방송통신고등학교, 각종 사이버 교육

사업장부설 평생교육시설(제23조)	대통령이 정하는 일정규모 이상의 사업장의 경영자는 당해 사업장의 당해 사업장의 고객 등을 대상으로 평생교육시설을 설치·운영하는 것을 의미. 교양교육이 중심이 되고 있으며 각 기업의 생산품을 홍보한 전략으로 이용
시민단체부설 평생교육시설(제24조)	대통령이 정하는 시민단체는 일반시민을 대상으로 평생교육을 설치·운영할 수 있음. 최근 환경문제에 관한 시민교육이 많이 제공되고 있으며 어떤 평생교육보다 효과를 나타내고 있음
학교부설 평생교육시설(제25조)	각급 학교에 그 학교가 동원 할 수 있는 각종 자원을 활용하여 지역사회주민들에게 교양교육, 기술교육, 자격증 관련 교육, 학점관련 교육 실시
언론기관부설 평생교육시설(제26조)	언론기관을 경영하는 대표자는 당해 언론매체를 통하여 다양한 평생교육프로그램을 국민에게 제공. 주로 교양교육을 중심으로 한 평생교육 프로그램이 많음

2) 평생교육기관의 유형에 따른 분류

평생교육시설을 유형에 따라 분류해 본다면 평생교육 기능수행정도, 평생교육을 운영하는 기관 및 단체의 성격에 따라 다음과 같이 분류해 볼 수 있다.

표 9-7 평생교육기관 유형 및 특성

유형	기관의 특성	대표적 기관
평생교육 전담기관	기관의 주된 기능인 평생교육의 실시	• 지역평생교육센터 • 평생교육 전담기구 • 성인을 위한 특수대학 • 독립적으로 운영되는 연수원
일반 교육기관 (정규학교)	• 1차적 목표: 아동 및 청소년 대상 정규 학교 교육 실시 • 2차적 목표: 평생교육 실시	• 일반 초·중·고등학교에서 실시되는 평생교육 • 대학부설 평생교육센터
준교육기관	교육적 요구와 교육 이외의 요구 충족 기능을 동시에 수행하는 성격을 지닌 기관	• 문화시설(도서관, 박물관) • 대중매체 • 문화원, 여성회관, 노인회관, 청소년회관 • 종교시설 및 유관단체 • 사회복지시설
기타 교육기관 (비교육 기관)	본래 기관의 1차적 기능은 교육이 아니지만 부차적 또는 제3의 기능으로 특정 목적의 달성을 위해 평생교육을 실시하는 기관	• 병원, 노동조합 • 교도소, 군대 • 정부기관, 산업체

3) 평생교육을 운영하는 기관 및 단체의 성격에 따른 분류

표 9-8 평생교육을 운영하는 기관 및 단체의 성격 및 내용

기관명	기관·단체의 성격 및 내용
공무원 연수원 및 공공 연수기관	국가기관 연수원, 지방자치단체연수원, 교원연수원, 공공연수원, 입법·사법연수원
직업훈련기관	기능대학, 공공직업훈련원(직업전문학교), 사업내 직업훈련원, 인정 직업훈련원
산업교육 연수기관	공공산업교육연수원, 금융계연수원, 일반기업체연수원, 연수전용 시설, 리조트형 연수시설
학원과 일반평생교육기관	학원, 교습소, 일반평생교육시설
학교중심(부설) 평생교육기관	대학부설 평생교육원(평생교육원), 전문대학부설평생(사회)교육원, 대학공개강좌, 시간제등록, 초·중등지역사회학교
학교형태 평생교육기관	공민학교, 고등공민학교, 기술학교, 고등기술학교, 각종 학교(중·고·대학과정), 산업체 부설학교(중·고교), 특별학급(중·고교), 특수학교, 방송통신고등학교, 방송통신대학, 산업대학, 기술대학 • 학력인정평생교육시설: 중·고등학교과정 • 학력미인정평생교육시설: 중·고등학교과정 • 소년원학교: 소년원법에 운영되는 중·고등학교 과정 학교 • 사내대학: 과학기술부장관이 인정하는 기업체부설 전문대 및 대학, 대학원과정
청소년 평생교육기관 및 단체	청소년수련시설, 유스호스텔, 자연학습원, 청소년회관, 학생교육원, 학생과학관, 청소년 유관기관 및 단체, 청소년 상담기관, 심신수련장
여성 평생교육기관 및 단체	전국여성회관 및 부녀복지관, 여성단체
노인평생교육기관 및 단체	대한노인회, 노인학교, 경로당, 노인단체
사회복지기관 및 시설과 단체	아동복지기관 및 시설, 노인복지기관 및 시설, 여성복지시설, 장애자복지기관 및 시설, 보육원, 부랑인복지시설, 산업사회복지관, 갱생보호회, 사회복지상담기관 • 사회복지관련연구소 및 협회: 가족협회, 결핵협회, 보건협회 등 • 지역사회복지기관: 시·도, 대학, 단체 운영복지관

문화시설 및 단체중심 평생교육기관	공공도서관, 학교도서관, 새마을문고, 박물관, 미술관, 화랑, 문화원, 국악원, 전수회관 • 시·군·구민회관: 시·군·구청에서 문화적 행사, 집회 등의 목적으로 운영 • 종합공연장: 세종문화회관, 지방의 종합문예회관 등 문예, 예술의 전반적인 행위를 수용할 수 있는 다목적 공연장 • 일반공연장: 드라마센터, 숭의음악당 등 연극, 무용, 연주 등 순수 공연예술만을 주로 치르는 공연장, 객석 규모 300석 이상의 중규모 극장 • 소공연장: 마당세실극장, 한국의 집, 민속극장 등 소규모 공연물을 공연하는 객석 규모 300석 이하의 시설 • 영화관: 영화를 상시 상영하는 시설 • 사회단체평생교육기관: 지역평생교육협의회, 평생교육기구 등
상담기관	청소년종합상담기관, 아동·여성상담기관, 비행 및 약물관련상담기관, 근로관련상담기관, 학교관련상담기관, 사회복지관련상담기관, 종교기관상담기관
연구기관	국, 공립연구기관, 정부출연연구기관, 산업기술연구조합, 민간비영리법인 연구기관 등, 기업부설연구소, 대학부설연구소, 학회
시민사회단체	정치단체, 사회1(사회계급, 계층성격)단체, 시민, 지역, 노동, 노조, 농어민, 빈민, 여성, 청년단체, 사회2(단체성격)단체, 보건의료, 복지, 봉사, 생활, 안전, 추모사업회, 환경분야단체, 교육'문화단체, 종교단체, 학술단체, 경제단체, 국제단체

4) 주요 평생교육기관의 종류와 역할·프로그램

① 도서관

주요 평생교육기관인 도서관, 노인 평생 교육기관, 여성평생교육기관, 박물관, 청소년 평생교육기관에 대해 그 역할과 프로그램에 대해 살펴보고자 한다.

도서관은 서적, 잡지, 신문 등 일체의 도서를 수집·제공하고 독서를 위한 쾌적한 열람실을 갖추고 있으며 학습자가 필요로 하는 학습 자료를 대출하여 읽을 수 있는 등의 여러 가지 교육적 기능을 수행하고 있는 기관이다. 평생교육의 측면에서 본다면 지식과 정보가 폭증하고 있는 현대 정보화 사회에서 도서관만큼 편리한 교육기능을 보유하고 있는 시설도 드물 것이다. 도서관은 자료의 열람, 대출 뿐만 아니라 시민의 집회활동과 문화행사를 유치하고 다양한 학습욕구를 원조할 수 있는 기능을 보유하고 있어 평생교육의 중심시설로 인식되고 있다.

선진국에서는 이미 오래 전부터 도서관의 평생교육적 기능을 인식하고 이를 활성화시켜 왔다. 이제 도서관은 단순한 자료의 보관소가 아니라 시민의 교육적 요구를 충족시키기 위한 평생교육기관으로 역할과 가능을 확고하게 다지고 있다.

한편 우리나라의 공공도서관에서 평생교육 프로그램을 실시하게 된 것은 1980년대에 들어와서 부터이다. 최근에는 많은 도서관에서 독서교실과 독서회 그리고 문화활동을 위한 프로그램을 실시하고 있으며 특히 지방자치제의 실시와 더불어 도서관의 평생교육적 기능이 더 한층 강조되고 있다. 다음 〈표 9-9〉를 통해 도서관 운영 프로그램에 대해 알아보고자 한다.

표 9-9 도서관 운영 프로그램

프로그램 종류	내용
어린이를 위한 프로그램	주로 독서교육이 주를 이루고 있으며 그 외에 이야기 교실, 종이접기, 동화구현, 컴퓨터교실 등이 있다. 그러나 실제로 어린이를 위한 프로그램을 별도로 운영하고 있는 도서관은 많지 않다.
청소년을 위한 프로그램	도서관에서 중·고교생을 대상으로 하는 문화교실은 별로 없다. 그 대신 청소년들의 경우에는 방과 후 면학지도를 위해 공공 청소년 독서실을 따로 운영하고 있다. 특히 최근에는 청소년 공부방이 갈수록 인기를 끌고 있는데 이는 사설 독서실과는 달리 무료로 이용할 수 있을 뿐 아니라 관내의 주부 및 회사원 등으로 구성된 자원봉사요원들이 학습분위기를 잡아주고 학생들에게 각종 상담을 해 주고 있기 때문이다. 또한 청소년들의 건전한 학습을 유도하기 위해 어울마당 참여, 등산, 시청각교실, 체육대회, 레크레이션, 컴퓨터교실, 통기타교실, 서예교실, 한문교실 등도 운영하고 있다. 이와 함께 진로, 이성관계 등의 상담도 실시하고 있다.
성인들을 위한 프로그램	성인들을 위한 프로그램은 상당히 많은 도서관에서 실시되고 있다. 대부분 주부를 대상으로 한 교양과 여가선용을 위한 교육 프로그램으로 서예, 한문, 꽃꽂이, 메이크업, 외국어, 단전호흡, 요가, 문맹자를 위한 한글교실 등 다양한 강좌가 마련되고 있다. 프로그램을 주로 낮시간대에 운영하고 있어 직장인들이 참가할 수 없다는 점이 단점이 있으나 최근 몇몇의 도서관에서는 저녁강좌도 개설하여 직장인들의 문화적 욕구를 충족시켜 주고 있다.
노인들을 위한 프로그램	공공도서관이 평생교육의 장이 되기 위해서는 유아에서부터 노인에 이르기까지 모든 주민들에게 봉사하는 도서관이 되어야 한다. 하지만 현재 노인들만을 위한 프로그램은 거의 없는 것으로 나타났다.

② 노인평생교육기관

과거에는 주로 노인들은 보호의 대상일 뿐 교육의 대상은 아니었다. 그러나 단지 보호를 필요로 하는 약자적 관점에서 노인을 바라보는 접근은 일시적으로는 노인의 문제를 해결해 줄 수 있지만 그들 자신의 문제를 스스로 극복하고 해결할 수 있는 능동적인 주체자로 설 수 있도록 도와 줄 수는 없다. 따라서 이제는 노인들을 자립시키고 그들의 지식과 기술을 최대한 활용하고 적극적인 사회 참여자가 되게 하기 위해 노인복지에서 나아가 노인교육이 중요한 과제로 급부상하게 되었다. 그리하여 1960년대 이후 세계적으로 노인대학(노인학교)이 널리 보급되었다. 우리나라에서는 1972년 종로 태화관에서 서울평생교육원이 설립되면서 시작되었고, 1973년 서울 명동 카톨릭여학생회관에서 개강한 덕명의숙이 다음으로 개설되었다. 그 후 많은 노인학교와 노인교실이 설립 또는 개설되었으며 이들은 주로 사회복지기관이나 종교단체, 그리고 지역사회 독지가에 의해 운영되었다. 그러나 1989년 노인복지법이 개정되어 노인학교를 여가복지시설로 간주하고 보건사회복지부가 별도로 노인교실 운영지침을 1990년에 발표함으로써 노인학교운영에 획기적인 전환을 가져오게 되었으며 노인들을 위한 다양한 평생교육 프로그램이 제공되고 있다. 다음 〈표 9-10〉을 통해 노인평생교육기관 운영 프로그램에 대해 알아보고자 한다.

표 9-10 노인평생교육기관 운영 프로그램

프로그램 종류	내용
노인교실 프로그램	노인교실의 교과영역별 교육내용을 보면 교양 및 상식, 취미학습, 건강관리와 안전 등이 주를 이루고 있다. 지역별 차이는 시 지역에는 산업시찰, 봉사활동 등이, 군 지역에는 영농교육, 양봉 등의 교과목이 들어있는 점이다. 노인교실은 정형화된 교육과정이 없고 학교마다 특성에 맞게 프로그램을 마련하고 있다.
노인복지회관 프로그램	노인복지회관에서 제공되고 있는 노인복지 프로그램은 소득보장, 주거보장, 의료보장, 사회복지서비스 보장으로 구분되며 노인을 위한 프로그램 중 자기발전욕구 충족서비스가 평생교육에 속한다. 노인들은 노인학교와 한글 및 산수교실에 참여하고 개인취미활동, 체조 및 운동, 관광 및 야유회, 경로잔치 등을 통해 자신의 욕구를 충족시켜 나가고 있다. 노인복지회관에서는 평생교육 프로그램으로서 정규과정과 특별과정을 운영하고 있다. 정규과정으로는 건강을 주제로 한 프로그램이 주를 이루고 있다. 즉 장수교실 비타민교실, 건강측정, 단전호흡, 건강특강, 에어로빅 등이 그에 속하고 있다. 다음은 교양 및 취미강좌로 현대무용, 우리춤 한마당, 사물놀이 장구춤, 전통리듬체조, 한국무용, 포크댄스 등이 있다. 특별과정으로는 취미를 위주로 한 프로그램이 주를 이루고 있다. 즉 게이트볼, 서예교실, 합창반, 연극반 등을 구성하여 노인들의 흥미와 취미를 위주로 한 프로그램을 제공하고 있다.

③ 여성평생교육기관

오랫동안 여성은 남성에 비해 교육적 혜택을 제대로 받지 못했다. 그리하여 교육적 비수혜집단(educationally disadvantaged group)인 여성을 대상으로 하는 평생교육 시설이 만들어졌으며 이들을 위한 학교밖의 교육을 특별히 여성평생교육이라 불리었다. 이러한 교육시설로는 여성복지관을 비롯하여 많은 시설들이 있다. 그중에서 여기서는 특별히 여성회관을 중심으로 살펴보겠다. 여성평생교육시설의 효시는 1921년 설립된 '태화여자관'이다.

여성회관의 설립목적은 '여성의 잠재능력을 개발하여 자질을 향상시키고 저소득여성의 경제적 자립기반을 조성하며 여성의 사회참여 기회를 확대함으로써 여성복지를 증진하는 것이다. 그 주요 기능을 보면 저소득여성과 일반여성의 기능 및 정신교육으로 경제력 향상 지원, 여성의 사회참여 활성화를 위한 교육 및 활동의 장 제공, 신지식 및 신기술 정보습득의 장 제공, 가정문제 및 자녀문제 상담, 여성에 대한 각종 조사사업, 지역주민의 편의시설 제공, 여성자원봉사활동 지원, 그리고 생활개혁운동이 중심이 된다.

여성평생교육기관 주요 프로그램은 취미교육, 교양교육, 기술교육이다. 그리고 이외에도 복지사업, 자원봉사자 지원 등의 사업을 전개하고 있다. 여성회관에서 실시하고 있는 프로그램을 살펴보면 기초교육으로 한글교실이 교양교육으로서 건전생활, 환경보호, 자녀교육등이 실시되고 있으며 직업교육으로서 능력개발을 위한 교육, 부업 및 취업교실 등이 운영되고 있다.

④ 박물관

박물관은 역사적 의의를 가진 자료를 수집·보관하고 그것을 교육적인 목적을 가지고 일반 대중들에게 공개·전시하는 기능을 수행하는 평생교육의 중심기관 가운데 하나이다. 종래에는 미술품이나 문화재를 가진 소수의 전문가나 소장자에게만 가능했던 문화재의 관람이 20C 이후 미술관이나 박물관의 대중에 대한 교육적 기능이 강조됨으로써 대중들과 미술품들을 가깝게 만들었으며 대중들의 문화적·교육적 욕구도 충족시켜 주게 되었다. 그리하여 오늘날 미술관과 박물관은 점차 모든 국민들에게 인류의 상속물들을 보여 주고 그것을 통해 국민들의 자긍심을 불어 넣어 궁극적으로는 지역사회와 국가발전을 도모하게 하는 평생교육의 주요한 장이 되었다. 박물관은 과거 및 현재의 자연적·문화적 유산을 해석하고 이해할 수 있는 기회를 제공함으로써 개개인의 가치, 신념, 지식 그리고 태도의 변화를 가져오게 하고 나아가 행동의 변화를 가져오게 하는 교육적 역할을 한다. 근래에는 많은 박물관과 미술관에서는 예술과 문화에 관한 일반적인 강좌를 마련하고 있을 뿐만 아니라 실제로 사람들이 참여하여 예술품을 만들어 볼 수 있는 기회도 제공하고 있다. 과거에는 단순히 사회적·오락적인 고려에 의해 사람들이 박물관이나 미술관을 찾았지만 오늘날에는 점차 개인적 필요에 의한 학습 동기에 따라 이곳을 찾는 사람들이 늘고 있다. 또한 전문적인 차원에서 자신의 능력을 개발하거나 새로운 것을 배우기 위한 요구도 증가하고 있다. 특히 과학이나 산업박물관의 경우는 새로운 기술과 정보를 유포시키는 중요한 역할을 담당하고 있다.

표 9-11 한국평생교육기관 총 현황

기관분류	기관수	교육 연인원 (정원)	이용 연인원	수용(회원)인원
1. 공무원 및 공공교육연수기관	197	810,534		
2. 직업훈련기관	503	493,165		
3. 산업교육연수기관 (산업체·금융계연수원 등)	769	3,754,100		
4. 학원과 일반평생교육기관	110,657	13,719,293		
5. 학교중심(부설) 평생교육기관	10,712	7,552,293		
6. 학교형태 평생교육기관	954	653,739		
7. 청소년 평생교육기관 및 단체	681	353,594	21,136,305	251,469 (3,046,037)
8. 여성평생교육기관 및 단체	202	320,590	65,623	(8,663,010)
9. 노인평생교육기관 및 단체	34,652		43,713	(4,169,196)
10. 사회복지기관 및 시설	18,094			852,951
11. 문화시설 중심 평생교육기관	13,277		171,283,676	1,696,196
12. 상담기관	1,998		36,250,000	
13. 연구기관(연구소 및 학회)	5,641			(645,030)
14. 시민사회단체	7,087			(65,998,059)
총 계	205,424	27,657,111	228,779,317	2,800,016 (82,521,332)

위의 분류에 의한 우리나라 평생교육기관의 유형별 총 현황을 살펴보면 〈표 9-11〉과 같다. 총 205,424개 기관으로 교육 연인원이 2,766만여 명이며 이 중에서 가장 많은 비율을 차지하고 있는 기관은 학원과 일반평생교육기관으로 전체의 53.9%를 차지하고 있다.

⑤ 청소년 평생교육기관

청소년 평생교육은 가정교육과 학교의 정규교육과정 외의 조직적인 교육활동을 의미하며 그것을 위해 만들어진 교육시설이 청소년 사회교육시설이다. 청소년들이 주로 이용하는 평생교육 시설에는 그 유형에 따라 청소년 수련시설, 청소년회관, 심신 수련장, 자연학습원과 학생교육원, 학생과학관 등이 있다.

청소년 수련시설은 수련활동에 필요한 여러 가지 시설, 설비, 프로그램 등을 갖추고 청소년 지도자의 지도하에 체계적이고 조직적인 수련활동을 실시하는 시설을 말한다. 청소년들은 이 수련시설에서 수련활동을 함으로써 많은 경험을 하게 된다. 청소년 평생교육을 위해서는 청소년을 위한 다양한 평생교육시설과 함께 좋은 교육 프로그램 그리고 그것을 지도할 청소년지도자가 육성되어야 할 것이다.

1980년대 초반부터 사회 각계에서 청소년 건전 육성의 필요성에 대한 목소리가 높아지면서 이를 위한 청소년 수련시설의 설치 필요성이 제기되었다. 그 후 1987년 청소년 육성법의 제정·시행 이후 청소년 수련활동만을 전문으로 하는 수련시설이 부분적으로 설치·운영되기 시작했으나 주로 청소년단체나 개인 등 민간분야에서 산발적으로 설치하는 시설에 의존하고 있었다. 그러다가 정부는 지난 1991년 청소년 육성에 관한 장기적 종합계획인 한국 청소년기본계획을 수립하여 1993년에는 이를 제도적으로 뒷받침하는 청소년기본법이 종전의 청소년육성법에 대체 입법되어 시행되면서 청소년 수련시설 확충이 본격화되었다.

청소년기본법 시행령 제27조에서 청소년 수련시설의 종류에는 생활권수련시설, 자연권수련시설, 유스호스텔이 있다. 생활권수련시설은 주로 일상 생활권 안에서 행하는 수련활동을 실시하는 시설로서 청소년수련원, 청소년문화의 집 등이 해당되며 자연권수련시설은 주로 자연과 더불어 행하는 체험활동 위주의 수련활동을 실시하는 시설로서 청소년 수련마을, 청소년수련의 집, 청소년야영장 등이 있다. 유스호스텔은 청소년의 숙박 및 체제에 적합한 시설·설비와 부대·편의시설을 갖추고 숙식편의 제공, 여행청소년의 수련활동지원 등을 주된 기능으로 하는 시설이다. 〈표 9-12〉를 통해 청소년 평생교육기관 현황에 대해 살펴보고자 한다.

표 9-12 청소년 평생교육기관 현황

구분	합계	생활권 수련시설				자연권 수련시설				유스호스텔	비고
		소계	수련원	수련관	수련실	소계	수련마을	수련의 집	야영장		
공공	342	180	8	28	144	156	9	33	114	6	
민간	128	14	-	3	11	85	13	64	8	29	
계	470	194	8	31	155	241	22	97	122	35	

청소년 수련시설에서 수련을 하는데 사용되는 교육프로그램을 "수련거리"라고한다. 수련거리의 특징은 체험적 활동을 전제로 하고 집단적 활동을 가정하며, 정책적 의도를 포함하고 있다. 또한 일련의 체계적이고 조직적인 프로그램 사업이며덕성 함양에 중점을 둔다. 〈표 9-13〉을 통해 청소년 평생교육기관 교육 프로그램에 대해 살펴보고자 한다.

표 9-13 청소년 평생교육기관 교육 프로그램

구분	기본활동	응용활동	비고
창작마당활동	설계하기, 만들기, 꾸미기	즐거운 창작캠프, 신나는 창작마당	
모험체험활동	모험세상 만나기, 모험정신 기르기, 모험놀이하기	함께하는 모험나라, 신나는 모험나라	
정보체험활동	정보이해, 정보발견, 정보활용	신나는 정보캠프, 정보는 우리친구	
문예사랑활동	미술마당, 음악동네, 문학마을	문예사랑교실, 함께하는 문예마을	
역사읽기활동	역사이해, 역사탐구. 역사재인식	역사속으로의 여행, 역사나라이야기	
통일광장활동	분단의 광장, 화합의광장, 통일의광장	우리가 만든 통일의 땅, 안녕 내친구	
취미생활활동	감상과정, 체험과정, 창작과정	나의꿈 나의시간, 내가 꾸미는 하루	

마. 평생교육의 전망과 과제

인구성장률이 증가하는 시기의 우리나라 평생교육은 국가의 역량을 향상시켜더욱 성장하고자 하는 방향으로 추진되었지만 인구성장률이 감소하는 최근의 평생교육은 경제적인 성장을 위한 도구 외에도 구성원이 다양해지고 집단 간의 격차도 커진 우리 사회를 통합하는 역할도 수행하고 있다.

앞으로도 지속해서 변화할 사회에 발맞추어 국가적 성장과 사회 통합을 위해 우리 국민에게 필요한 평생교육 정책 방향을 설정하고 다양한 프로그램 개발과 보급해 나가려는 노력이 필요하며 평생교육의 전망과 과제를 다양한 측면에서 생각해 보고자 한다.

1) 학교와 지역사회의 연계

현재 평생교육을 실시하고 있는 대부분의 학교에서 운동장, 도서관, 강의를 위한 유휴교실 등의 다양한 시설을 주민에게 개방하고 있다. 학교에서의 평생교육이 주로 학부모를 대상으로 한 학교시설 개방과 프로그램 중심의 접근을 의미한다면 '평생학습학교'는 평생교육 원리에 입각하여 학교 자체를 지역주민들뿐 아니라 일차적으로 학생들과 교직원들을 위한 평생학습기관으로서 설립목적 및 운영철학, 교육과정, 교육방법, 교육평가, 교원양성 및 연수, 교육행정 들을 총체적으로 재구조화하는 것을 의미한다.

평생교육 이념을 실현하기 위해 총체적으로 변화된 학교가 평생학습학교이다. 1969년 발족된 이래 부모교육사업, 학교돕기사업, 지역사회 평생교육 및 학습공동체 사업의 프로그램을 지원하며 지도자를 육성하고 학부모 및 주민들을 교육하고 있는 지역사회 학교 운동을 예로 들 수 있다. 각 지역의 지역사회교육 협의회는 학교 및 지역교육청과 연계하여 다양한 프로그램을 기획하거나 제공하고 있으며 강사의 파견 등 다양하게 기여하고 있다.

이상과 같이 학교와 지역사회의 연계는 평생교육 활성화에 매우 중요한 시작점이 된다. 이러한 연계체제는 학교가 주체가 되어 지역사회와 연계하는 방안과 지역사회가 학교교육을 지원하는 방안이 있다. 학교에는 교사를 포함하여 훌륭한 인적자원이 있는 반면에 지역사회에도 많은 인적자원이 있다. 따라서 학교구성원과 지역주민들이 긴밀하게 교류하고 협력한다면 학교는 평생교육 활성화에서 겪게 되는 다양한 운영상의 어려움을 극복할 수 있을 것이며 지역사회는 학교의 평생교육 실시로 부족한 학습욕구를 충족시킬 수 있을 것이다.

2) 학교평생교육의 활성화를 위한 실천과제

평생교육 활동에 참여하는 기관으로서 학교의 활용이 보다 원활하게 이루어지기 위해서는 현재 실천 장면에서 발견되는 문제점을 적절하게 해결해 나가야 한다. 학교평생교육의 실천에서 확인할 수 있는 문제점을 바탕으로 한 실천과제를 다음과 같이 네 가지 정도로 요약할 수 있다.

첫째, 학교와 지역사회 간의 협력체제가 보다 강화되어야 한다. 제도적으로는 학부모 외에 학교와 직접적인 관계가 없는 지역주민에게도 기회는 개방되어 있지만 현실적으로 학교에서의 운영 프로그램에 대한 홍보가 학교구성원을 중심으로 이루어지기 때문에 정보부족으로 참여가 쉽지 않기 때문이다. 따라서 각 지역과 연계한 네트워크를 통하여 학교 프로그램의 운영과 홍보가 중요하다. 아울러 학교담당자와 지역실무자의 소통체제의 확보도 매우 중요하다.

둘째, 교사에 대한 업무지원이 필요하다. 학교에서 평생교육 담당자는 대부분이 교사이며 이들은 학생 지도에 대한 역할을 일차적으로 수행하는 가운데 평생교육에 대한 업무를 함께 감당하고 있다. 이러한 문제는 전문성 부족과 함께 효과적인 운영에 장애가 될 수밖에 없는 요인이다. 따라서 증가하는 업무 부담을 효과적으로 경감할 수 있는 지원책 마련이 필요하다.

셋째, 학교평생교육사의 배치에 대한 면밀한 검토가 필요하다. 이는 교사의 부담을 덜어주고 평생교육 실천의 전문성을 제고하기 위해서도 필요하다. 신규로 학교평생교육사를 채용하거나 기존교사들로 하여금 평생교육사 자격증을 취득하게 하여 업무를 전담하게 하거나 과학 조교나 방과후 코디네이트 처럼 자격증을 가진 사람을 배치하는 방법도 있을 것이다.

넷째, 지역사회의 교육 요구를 정확하게 파악해야 한다. 학교평생교육의 활성화를 위해서는 지역주민 및 학부모들이 기대하는 학습요구를 파악하여 그에 부합하는 교육프로그램을 특성화하고 차별화하는 시도가 필요하다.

3) 프로그램 운영자의 전문성 향상

학교관리자의 평생교육에 대한 기본적인 인식이 선행되어야 한다. 교직원은 교장의 명을 받아 직무를 수행하고 있기 때문이다. 교원이 전문성을 갖추도록 격려하고 지속적인 관심을 가지는 것은 학교경영의 근본이다. 학교평생교육에 대한 관리자와 깊은 관심과 지도 조언은 학교평생교육이 성공하기 위한 밑거름이 된다.

부정적인 인식을 갖고 있거나 무관심, 또는 방임하는 관리자가 있는 학교에서의 평생교육 활성화는 요원할 수밖에 없다. 아직까지도 학부모와 지역주민의 학교 참여에 대한 인식은 매우 소극적이다. 일부 지역의 경우 학교활동에 대한 참여와 관심이 거의 없기도 하다.

이러한 상황에서 해당학교 관리자와 담당자 또한 소극적인 성향을 가지고 있으면서 수요자의 참여와 요구만 기다리고 있어서는 안된다. 그러나 상급기관과 관리자가 새로운 일을 확장하여 담당자가 부담을 느끼게 하거나 생색내기에 그치게 해서도 안된다.

학교평생교육의 활성화에 의지를 갖고 적극적으로 추진할 수 있도록 관리자와 운영자에 대한 전문적인 프로그램을 구안하고 적용해야 한다. 아울러 학교평생교육을 전담할 전문인력을 적극적으로 양성하고 배치해야 한다.

4) 평생교육을 위한 학교시설의 적극적인 활용

평생교육 프로그램의 특성을 고려하여 학교시설을 배치하려는 노력과 다양하고 융통성 있는 공간의 활용을 위한 관리자와 업무 담당자의 적극적인 노력과 '관심'도 중요해지는 시점이다. 평생교육을 위한 전용강의실, 유아 놀이방, 동아리방 같은 시설의 설치가 절대적으로 필요하다. 또한 각 시설에 설치된 장비나 기구도 성인들의 체형과 요구에 적합하게 구비되도록 해야 한다.

그리고 학교시설의 개방에 있어서도 운동장 개방 이외에 도서관이나 기타 시설도 주민들의 교육을 위하여 적극적으로 개방하고 시설의 개방과 활용에 대하여 홍보하려는 노력도 병행되어야 한다. 평생교육의 큰 흐름을 바탕으로 시설 활용의 적절한 안내와 활용노력이 수반되어야 안정적인 평생교육이 뿌리를 내릴 수 있다.

평생교육이 활성화 되었을 때 평생교육을 위한 시설의 재배치와 전용은 당연한 일이 되어야 하기 때문이다. 또한 학교의 다양한 시설들이 학생을 위한 공간과 평생교육 대상자를 위한 공간으로 이원화되어서는 안 될 것이다. 수요자가 원하는 시간대에 적합한 시설을 적극적으로 활용할 수 있는 개방적인 사고와 함께 적극적인 시도를 통해 지금과 같은 문제점을 보완하는 노력이 이루어져야 하겠다.

5) 다양하고 특화된 프로그램의 운영

학교는 지역주민을 위한 다양한 학습공간으로 활용할 수 있음과 동시에 학생과 학부모의 중심공간이다. 학교평생교육의 가장 큰 수요자가 학부모이기 때문에 학부모를 위한 다양한 프로그램의 운영은 기본이 되어야 한다. 따라서 부모교육, 자녀교육과 같은 상설 프로그램의 운영에 대한 예산 확보와 함께 단위학교 또는 인근 학교와의 연합을 통하여 정기적으로 운영하려는 노력이 필요하다.

학부모교육을 포함하여 지역주민에게 보다 많은 프로그램을 제공하기 위해서는 시간과 공간운영의 다양화도 고려해야 한다. 학생과 겹치지 않는 오전 시간, 학생의 하교와 교직원이 퇴근하기 전 시간으로 운영되는 평생교육 프로그램의 운영은 매우 소극적일 수밖에 없다. 따라서 야간, 주말, 방학시간 등 다양한 시간을 평생교육 프로그램 운영을 위한 공간으로 확장하는 시도가 이루어져야 한다. 그리고 이러한 시간대에 다양한 프로그램을 운영하기 위해서는 인근학교를 포함하여 주민자치센터, 평생학습센터, 복사골 문화센터, 평생교육과 관련한 상급기관과의 긴밀한 협력이 이루어져야 한다.

다음의 내용이 설명하는 용어를 쓰시오.

> 획일적인 공교육의 한계를 극복하기 위하여 개인적 특성과 필요에 맞는 다양한
> 교육내용 및 교육방법을 통하여 개개인의 소질과 적성 개발을 목적으로 하는 학
> 습자 중심의 교육을 말한다.

(   )

정답   대안교육

 다음의 내용이 설명하는 대안교육 유형은?

> 초중등교육법시행령 제76조(특성화중학교), 제91조(특성화고등학교)에 따라 설
> 립·운영되는 교육부 인가된 학교이며, 학력이 인정된다.

① 학교 내 대안교실
② 대안학교
③ 대안교육 특성화학교
④ 의무교육단계 미취학·학업중단 학생 학습지원 사업
⑤ 대안교육기관

정답   ①

다음의 내용이 설명하는 용어를 쓰시오.

> 1921년, 영국의 교육학자 닐(Neill)이 5명의 학생으로 설립한 최초의 대안학교
> 이며, 만 5세부터 16세까지의 학생을 대상으로 하는 기숙사제 사립학교이다. 민
> 주·평등·자유를 세 원칙으로 삼아 강요가 아닌 자유를 통한 배움을 강조한다.

(   )

정답 서머힐

 다음 중 대안교육의 특성에 해당되지 <u>않는</u> 것은?

① 아동을 주체적이고 자율적인 존재, 독립된 인격을 지닌 개체로 본다.
② 생태주의적 세계관에 바탕을 둔다.
③ 대규모 학교와 공동체를 지향한다.
④ 생명에 대한 가치존중을 바탕으로 인간의 공존과 평화를 중시한다.
⑤ 지역사회의 풍부한 자원을 활용한다.

정답 ③

 다음 중 대안교육의 전망과 과제에 해당되지 <u>않는</u> 것은?

① 대안교육 운영기관의 안정적인 재정지원 필요
② 교육활동의 질 제고를 위한 지원체계 마련
③ 대안교육에 대한 적극적인 안내 및 홍보
④ 제도교육의 새로운 변화를 이끄는 역할
⑤ 특정계층의 교육받을 권리를 보장

정답 ⑤

평생교육의 개념을 정리한 것으로 옳지 않는 것은?

① 가르치는 제도로부터 배우도록 만드는 제도로의 패러다임 전환이다.

② 평생교육의 창시자는 랭그랑(P. Lengrand)이다.

③ 우리나라 평생교육 출발점은 1973년 8월 유네스코 한국위원회가 주최한 세미나에서 '평생교육의 방향과 전략'에 대해 협의한 것으로 부터다.

④ 평생교육의 목적은 삶의 과정에서 이루어지는 '평생학습'을 가능하게 하는 것이라고 볼 수 있다.

⑤ 평생교육의 용어는 불어의 영구교육에서 시작되어 영어로는 생애교육, 일본에서는 평생교육이라고 한다.

정답 ⑤

 평생교육의 필요성으로 볼 수 없는 것은?

① 교육수준의 양적 향상과 평생교육권의 보장

② 세계화와 정보사회의 도래

③ 경제발전에 따른 산업구조의 변화

④ 평균수명 연장과 여가시간의 증대

⑤ 지식의 생산과 환경의 문제

정답 ①

 평생교육의 유형을 크게 두 개 모형으로 설명할 수 있다. 대표학자와 해당 유형 두 가지를 연결하여 쓰시오.

1. _____

2. _____

정답 파킨의 평생교육 조직 모형, 스폴딩의 평생교육 활동 모형

9 평생교육 유형에서 스폴딩의 활동 모형 유형에 속하지 <u>않는</u> 것은?

① 제1유형은 고도로 조직적인 엄격한 교육기관이며 계획적 내용의 프로그램을 가지고 있다.
② 제2유형은 매우 조직적이며 계획된 교육활동을 수행하며 장기목표는 있으나 조직과 프로그램에 어느 정도 융통성이 있다.
③ 제3유형은 계획된 학습목표를 가진 교과과정 및 세미나 등을 포함하지만 조직과 활동에 융통성이 있다.
④ 제4유형은 계획된 목표와 내용을 가진 교육활동으로서 타의에 의한 참여가 이루어지는 활동이다.
⑤ 제5유형은 같은 배경과 흥미를 갖는 사람들이 계획된 프로그램이나 활동에 선택적으로 참여하는 참여자 중심의 단체 활동이다.

정답 ④

10 평생교육 관련 기관으로 볼 수 <u>없는</u> 것은?

① 비정부기관(NGO) 평생교육
② 비인가시설의 평생교육
③ 학교기관의 평생교육
④ 종교기관의 평생교육
⑤ 언론기관의 평생교육

정답 ②

11 평생교육 프로그램의 종류에 해당되지 <u>않는</u> 것은?

① 어린이를 위한 프로그램
② 청소년을 위한 프로그램
③ NGO 단체를 위한 프로그램
④ 성인들을 위한 프로그램
⑤ 노인들을 위한 프로그램

정답 ③

12 **평생교육의 전망과 과제로 볼 수 <u>없는</u> 것은 ?**

① 프로그램 참가자의 전문성 향상

② 학교와 지역사회의 연계

③ 학교평생교육의 활성화를 위한 실천과제

④ 평생교육을 위한 학교시설의 적극적인 활용

⑤ 다양하고 특화된 프로그램의 운영

정답 ①

CHAPTER

10

특수교육의 이해

 학습목표

가. 특수교육의 개념의 예를 들어 설명할 수 있다.
나. 특수교육의 분류, 출현율, 진단, 특성을 설명할 수 있다.
다. 특수아동의 발달단계에 적절한 교수-학습방법을 적용할 수 있다.

> 지적장애 아동들의 학습 속도의 차이를 만회시켜 주는 체계적인 교수
> 프로그램을 요구할 것이지만 그들에게 풍부하고 집중적이고 폭넓은
> 문해 경험이 제공될 때 그들을 읽을 수 있게 될 것이다.
>
> 카팀스(D. S. Katims)

> 특수아동을 위한 교육방법은 그들이 사회생활에 잘 적응할 수 있도록 인지·
> 정의적 능력, 의사소통 능력, 신체적 기능을 발달시키는 데 주력하여야 한다.
>
> 스테판스(J. M. Stephens)

모든 인간은 자신만의 개별적 특성을 가지고 태어나서 성장하면서 사회구성원으로 지녀야 할 여러 가지 신체 및 정신적 성숙과 발달 등의 특성을 가진다. 이러한 특성이 일상생활 속에서 다른 사람들과 약간 다름을 인정하는 아동들에게 적절한 교육을 교수하는 것이 특수교육이라고 한다. 특수교육은 학자들에 따라 목적에 차이가 있지만 궁극적으로는 특수교육대상자들의 자아실현과 사회적응 등을 돕기 위해 요구되는 교육적 활동이다.

1 특수교육의 정의

특수교육(special education)은 장애아동을 대상으로 특별히 설계된 교육을 제공하는 것을 말한다. 즉 장애로 인해 일반학교의 교육계획으로는 부족하거나 적합하지 않기 때문에 특별히 설계된 교육을 통해 그들의 교육적 요구를 충족시키고자 하는 교육으로 학자들에 따라 다양하게 정의되고 있다.

첫째, 특수아동이 최대한으로 개발할 수 있는 개인적인 자기 충족감을 달성하고 현재와 미래환경에서 성공할 수 있도록 도와주기 위해 개별적으로 계획하고 체계적으로 실행하며 주의 깊게 평가하는 교수를 말한다(Heward & Orlansky, 1992).

둘째, 특별한 요구를 갖고 있는 개별아동에게 적합한 맞춤식 개별화된 교육을 제공하는 것을 말한다(Smith, 2004).

셋째, 특수교육대상자의 교육적 요구를 충족시키기 위하여 특성에 적합한 교육과정 및 제2호에 따른 특수교육 관련 서비스 제공을 통하여 이루어지는 교육을 말한다(「장애인 등에 대한 특수교육법」, 2007). 즉 특수교육은 특수아동의 개별적인 욕구를 충족해 주기 위해 특별하게 고안되고 체계적으로 교수되는 활동을 의미하는 것이라 정의할 수 있다. 특수아동은 일반적으로 장애아동을 뜻하며 특수교육요구아동 또는 특수요구아동을 말하는 것으로 특수교육적 요구를 필요로 하는 아동을 지칭한다(변호걸 외, 2016).

2 특수교육의 목적

특수교육의 목적과 방법은 2007년에 제정한 "「장애인 등에 대한 특수교육법」 제1조와 「교육기본법」 제18조에 따라 국가 및 지방자치단체가 장애인 및 특별한 교육적 요구가 있는 사람에게 통합된 교육환경을 제공하고 생애주기에 따라 장애유형·장애 정도의 특성을 고려한 교육을 실시하여 이들이 자아실현과 사회통합을 하는 데 기여함을 목적으로 한다."라고 명시되어 있다.

이러한 법 규정에서 특수교육 목적은 특수교육대상자가 특수교육을 통해 최종적으로 자신들 스스로 독립적이고 생산적이며 통합된 삶을 살아갈 수 있는 자아실현과 사회통합에 궁극적인 목표가 있음을 알 수 있다. 즉 특수교육을 요구하는 아동들의 잠재성과 가능성을 최대한 신장시키는 것을 목표로 하며 신심이 건강하여 행복한 생활의 기초를 마련하고 배양하는 것을 목표로 하는 교육활동이라고 할 수 있다(김윤옥 외, 2006).

3 장애 및 특수아동의 이해

가. 장애의 정의

장애(障碍)는 한자어 '가로막을 한'과 '거리끼고 방해하는 애'로 구성되어 있어 풀이하면 가로막아서 거치적거림을 의미한다. 장애 및 특수아동의 정의는 장애를 인식하고 바라보는 관점과 시대 상황이나 학자의 견해에 따라 다양하다. 학자들의 성향이나 목적, 시대 상황이나 환경 등을 고려하므로 장애를 보는 관점이나 인식이 달라지기 때문이다. 세계보건기구(World Health Organization, WHO)는 장애의 차원을 손상(impairment), 무능력(disability), 불리(handicap)로 구분하고 장애의 발생과정을 첫째 질병, 사고 등으로 손상이 발생하여 기능이 손상되고, 둘째 이에 따라 장애가 야기되어 능력 저하가 생기며, 셋째 결국 사회적 불이익에 따른 불리를 겪게 된다고 하였다. 따라서 손상에 대해서는 의료적 지원을, 장애(무능력/능력 저하)에 대해서는 교육적 지원이나 훈련을, 그리고 불리에 대해서는 사회적·심리적 지원을 강구 할 필요가 있다(권요한 외, 2011). 장애를 지칭하는 용어는 〈표 10-1〉과 같다.

표 10-1 장애를 지칭하는 용어와 정의

용어	정의	예	비고
손상 (impairment)	신체나 내장의 특정 부위가 상실되거나 그 기능이 감소 된 상태	다리가 없는 상태	다리가 없다는 사실 및 이동이 자유롭지 못하다는 사실은 분명한 장애(손상 및 무능력)라고 할 수 있지만 전동 휠체어를 타고 가고 싶은 곳을 자유롭게 이동할 수 있다면 더 이상 장애(불이익)가 아닐 수 있음. 그러나 의족을 달고 일반 또래들과 축구 시합을 한다면 불이익을 경험할 수 있기 때문에 장애가 됨
무능력 (disability)	손상으로 인하여 특정 과제를 수행할 때 다른 사람들이 보편적으로 수행하는 방법으로 수행하기 어려운 상태	다리가 없어서 다른 사람들처럼 걸어서 이동하지 못하는 경우	
불리 (handicap)	손상이나 무능력으로 인하여 환경과의 상호작용에서 문제나 불이익을 경험하게 된 상태	다리가 없어서 의족을 달고 또래들과 함께 축구 시합을 하는 경우	

출처: 이소현 외(2011).

나. 특수교육대상자의 정의

우리나라 「장애인 등에 대한 특수교육법」 제2조 제3항에서는 특수교육대상자를 제15조에 따라 특수교육을 필요로 하는 사람으로 선정된 사람으로 정의하고 있다. 신체적·정신적 장애로 오랫동안 일상생활이나 사회생활에서 상당한 제약을 받는 자로 정의되는 「장애인복지법」상의 장애인과는 구별된다. 특수교육대상자를 선정하는 목적과 장애인 등록 또는 장애등급심사의 목적이 다르고 특수교육대상자와 장애인을 바라보는 관점이 다르기 때문이다(김동일 외 2019).

다. 특수아동의 정의

특수아동(exceptional children, 特殊兒童)은 정신적 발달, 감각적 능력, 신경 운동적, 신체적 능력, 사회적 행동, 의사소통의 능력 면에서 보통의 아동이나 정상 아동과는 현저하게 일탈 된 아동을 말한다(박현일, 2012). 특별한 정신적, 신체적, 사회적 능력이나 한계 때문에 특수한 형태의 교육, 사회적 경험 또는 처우를 필요로 하는 의존적인 아동들을 말한다(서강훈, 2013).

교육의 목적을 고려할 때 특수아동의 정의는 자신의 잠재력을 개발하기 위해서 특수교육 및 그 외 관련된 서비스를 필요로 하는 아동을 의미한다(Hallahan 외, 2003). 특수아동은 일반적으로 사회의 기준이나 정상성에서 벗어나는 아동을 의미하며 정신적 특성, 감각적 능력, 의사소통 능력, 행동·정서적 발달, 신체적 특성이 보통이나 정상으로부터 차이가 있는 아동으로 그들의 잠재능력을 개발하기 위하여 특수한 교육적 서비스가 요구된다.

그러나 교육현장에서 특수아동과 일반아동을 전혀 다른 범주의 집단으로 간주해서는 안된다. 왜냐하면 특수아동은 시각장애, 청각장애, 학습장애, 정서 및 행동장애, 의사소통장애, 지체장애, 뇌손상, 중도장애, 자폐 또는 뛰어난 재능, 우수성으로 학업적, 행동적, 사회적 특성이 다 다르게 나타나기 때문이다. 이러한 차이를 보이는 특수아동의 교육은 일반아동들의 교육과 다르게 접근해야 한다.

라. 특수아동의 분류

미국의 장애인교육법에서는 13가지 장애와 각각의 선정 기준을 제시하고 있다. 시각장애, 청각장애(농, deafness), 정신지체, 지체장애, 정서장애, 자폐성장애, 맘/언어장애, 학습장애, 기타 건강상의 장애, 농-맹(deaf-blindness), 중복장애, 외상성 뇌손상으로 특이한 점은 농과 청각장애가 분리되어 있고 농-맹을 이중감각장애로 별도 표시하고 있으며 중복장애와 외상성 뇌손상을 포함하고 있다(DEIA, 2004).

우리나라의 장애대상과 관련된 법률은 「장애인 등에 대한 특수교육법」과 「장애인복지법」이 있다. 그에 따른 분류는 〈표 10-2〉와 같다. 법률에 의하면 목적에 따라 장애대상자를 다르게 구분 짓고 있음을 알 수 있다.

표 10-2 장애대상 관련 법률

법률	영역
「장애인 등에 대한 특수교육법」	시각장애, 청각장애, 지적장애, 정서·행동장애, 자폐성장애, 의사소통장애, 학습장애, 건강장애, 발달지체, 그 밖에 대통령법으로 정하는 장애의 11개 영역
「장애인복지법」	지체장애, 뇌병변장애, 시각장애, 청각장애, 언어장애, 지적장애, 자폐성장애, 정신장애, 신장장애, 심장장애, 호흡기장애, 간장애, 안면장애, 장루·요루장애, 뇌전증장애의 15개 영역

출처: 장애인 등에 대한 특수교육법 시행령 제10조에 근거. 장애인복지법 시행령 제2조 [별표 1].

표 10-3 특수교육대상자의 선정

특수교육대상자의 선정은 「장애인 등에 대한 특수교육법 제15조」에 의한다.

제15조(특수교육대상자의 선정)
① 교육장 또는 교육감은 다음 각 호의 하나에 해당하는 사람 중 특수교육을 필요로 하는 사람으로 진단·평가된 사람을 특수교육대상자로 선전한다.
  1. 시각장애
  2. 청각장애
  3. 지적장애
  4. 지체장애
  5. 정서·행동장애
  6. 자폐성장애(이와 관련된 장애를 포함한다)
  7. 의사소통장애
  8. 학습장애
  9. 건강장애
  10. 발달지체
  11. 그 밖에 두 가지 이상의 장애가 있는 경우 등 대통령으로 정하는 장애
② 교육장 또는 교육감이 제1항에 따라 특수교육대상자를 선정할 때에는 제16조제 1항에 따른 진단·평가 결과를 기초로 하여 고등학교 과정은 교육감이 시·도 특수 교육운영위원회의 심사를 거쳐 중학교 과정 이하의 각급학교는 교육장이 시·군·구 특수교육운영위원회의 심사를 거쳐 이를 결정한다.

또 선정기준은 〈표 10-4〉 「장애인 등에 대한 특수교육법 시행령 제10조」에 의한다.

표 10-4 특수교육대상자의 선정기준

연번	구분	내용
1	시각장애	시각계의 손상이 심하며 시각기능을 전혀 이용하지 못하거나 보조공학기기의 지원을 받아야 시각적 과제를 수행할 수 있는 사람으로서 시각에 의한 학습이 곤란하여 특정의 광학기구·학습매체 등을 통하여 학습하거나 촉각 또는 청각을 학습의 주요 수단으로 사용하는 사람
2	청각장애	청력손실이 심하여 보청기를 착용해도 청각을 통한 의사소통이 불가능 또는 곤란한 상태이거나 청력이 남아 있어도 보청기를 착용해야 청각을 통한 의사소통이 가능하여 청각에 의한 교육적 성취가 어려운 사람
3	지적장애	지적기능과 적응행동 상의 어려움이 함께 존재하여 교육적 성취에 어려움이 있는 사람

4	지체장애	기능·형태상 장애를 가지고 있거나 몸통을 지탱하거나 팔다리의 움직임 등에 어려움을 겪는 신체적 조건이나 상태로 인해 교육적 성취에 어려움이 있는 사람
5	정서·행동장애	장기간에 걸쳐 다음 각 목의 어느 하나에 해당하여 특별한 교육적 조치가 필요한 사람 - 지적·감각적·건강상의 이유로 설명할 수 없는 학습상의 어려움을 지닌 사람 - 또래나 교사와의 대인관계에 어려움이 있어 학습에 어려움을 겪는 사람 - 일반적인 상황에서 부적절한 행동이나 감정을 나타내어 학습에 어려움이 있는 사람 - 전반적인 불행감이나 우울증을 나타내어 학습에 어려움이 있는 사람 - 학교나 개인 문제에 관련된 신체적인 통증이나 공포를 나타내어 학습에 어려움이 있는 사람
6	자폐성장애	사회적 상호작용과 의사소통에 결함이 있고 제한적이고 반복적인 관심과 활동을 보임으로써 교육적 성취 및 일상생활 적응에 도움이 필요한 사람
7	의사소통장애	다음 각 목의 어느 하나에 해당하여 특별한 교육적 조치가 필요한 사람 - 언어의 수용 및 표현 능력이 인지능력에 비하여 현저하게 부족한 사람 - 조음능력이 현저히 부족하여 의사소통이 어려운 사람 - 말 유창성이 현저히 부족하여 의사소통이 어려운 사람 - 기능적 음성장애가 있어 의사소통이 어려운 사람
8	학습장애	개인의 내적 요인으로 인하여 듣기, 말하기, 주의집중, 지각(知覺), 기억, 문제해결 등의 학습기능이나 읽기, 쓰기, 수학 등 학업성취 영역에서 현저하게 어려움이 있는 사람
9	건강장애	만성질환으로 인하여 3개월 이상의 장기 입원 또는 통원 치료 등 계속적인 의료적 지원이 필요하여 학교생활 및 학업 수행에 어려움이 있는 사람
10	발달지체	신체, 인지, 의사소통, 사회·정서, 적응행동 중 하나 이상의 발달이 또래에 비하여 현저하게 지체되어 특별한 교육적 조치가 필요한 영아 및 9세 미만의 아동
11	두 가지 이상의 중복된 장애	다름 각 목의 구분에 따른 장애를 지닌 사람으로서 제1호부터 제6호까지의 규정에 따른 특수교육대상자에 대한 각각의 교육지원만으로 교육적 성취가 어려워 특별한 교육적 조치가 필요한 사람 가. 중도중복장애: 다음의 구분에 따른 장애를 각각 하나 이상씩 지니면서 각각의 장애의 정도가 심한 경우, 이 경우 장애의 정도는 법 제14조 제1항에 따른 선별검사의 결과와 제9조 제4항에 따라 제출한 진단서 및 장애인복지법 시행령 제2조 제2항에 따른 장애의 정도 등으로 고려하여 정한다. 　　1) 지적장애 또는 자폐성장애 　　2) 시각장애, 청각장애, 지체장애 또는 정서·행동장애 나. 시청각장애: 시각장애 및 청각장애를 모두 지니면서 시각과 청각에 의한 학습이 곤란하고 의사소통 및 정보 접근에 심각한 제한이 있는 경우

출처: 장애인 등에 대한 특수교육법 시행령 제10조[별표]에 근거.

마. 특수아동의 출현율

교육부 국립특수교육원에서 조사 발표한 「2024년 특수교육 현황」에 따르면 전제 특수교육대상자는 115,610명으로 조사되었다. 자료를 토대로 보면 2023년 109,703명보다 특수교육대상자가 5,907명 증가하였다(교육부, 2024).

국내 특수교육대상자 중 출현율이 높은 1, 2, 3순위는 지적장애와 자폐성장애, 발달지체이다. 지적장애의 학생 수는 57,833명이고 출현율은 50.1%이다 자폐성장애는 22,194명으로 출현율은 19.2%, 발달지체는 14,301명으로 출현율 12.4% 순으로 매년 증가하고 있다.

그림 10-1 국내 장애 영역별 특수교육대상자 현황

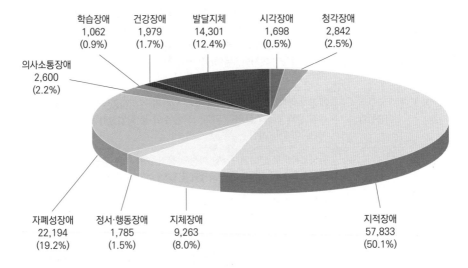

출처: 교육부(2024). p.3.

연도별 장애 영역별 현황은 〈표10-5〉와 같다. 해마다 장애 학생의 비율이 점진적으로 높아지고 있음을 확인할 수 있다. 출산율 감소로 인한 인구절벽을 고려한다면 우리 사회가 소수자인 장애 학생의 교육적 지원에 많은 관심을 가지고 장애 영역별로 전문적인 진단과 치료 등의 방법을 체계적이고 지속적으로 모색해야 한다.

표 10-5 연도별 장애영역별 학생 수

(단위: 명, %)

연도	시각 장애	청각 장애	지적 장애	지체 장애	정서· 행동 장애	자폐성 장애	의사 소통 장애	학습 장애	건강 장애	발달 지체	계
2020	1,908 (2.0)	3,132 (3.3)	50,693 (53.1)	9,928 (10.4)	1,993 (2.1)	13,917 (14.6)	2,404 (2.5)	1,226 (1.3)	1,785 (1.9)	8,434 (8.8)	95,420 (100)
2021	1,826 (1.9)	3,026 (3.1)	51,788 (52.8)	9,695 (9.9)	1,874 (1.9)	15,215 (15.5)	2,450 (2.5)	1,114 (1.1)	1,799 (1.8)	9,367 (9.5)	98,154 (100)
2022	1,753 (1.7)	2,961 (2.9)	53,718 (51.8)	9,639 (9.3)	1,865 (1.8)	17,024 (16.4)	2,622 (2.5)	1,078 (1.0)	1,948 (1.9)	11,087 (10.7)	103,695 (100)
2023	1,745 (1.6)	2,907 (2.6)	55,867 (50.9)	9,522 (8.7)	1,831 (1.7)	19,275 (17.6)	2,645 (2.4)	1,037 (0.9)	1,956 (1.8)	12,918 (11.8)	109,703 (100)
2024	1,698 (1.5)	2,842 (2.5)	57,883 (50.1)	9,263 (8.0)	1,785 (1.5)	22,194 (19.2)	2,600 (2.2)	1,065 (0.9)	1,979 (1.7)	14,301 (12.4)	115,610 (100)

출처: 교육부(2024). p.4.

바. 특수아동의 진단

「장애인 등에 대한 특수교육법 시행규칙」(개정 2022. 6. 29.) 제2조 제1항에 제시된 특수교육대상자의 선별검사 및 진단·평가도구는 〈표 10-6〉과 같다.

표 10-6 특수교육대상자의 선별검사 및 진단·평가도구

구분		영역
장애 조기 발견을 위한 선별검사		사회성숙도 검사(SMS), 적응행동검사, 영유아발달검사
진단·평가도영역	시각장애 및 청각장애	기초학습기능검사, 시력검사, 시기능검사 및 촉기능검사(시각 장애의 경우에 한함), 청력검사(청각장애의 경우에 한함)
	지적장애	지능검사, 사회성숙도검사, 적응행동검사, 기초학습검사, 운동 능력검사
	지체장애	지능검사, 성격검사, 적응행동검사, 행동검사, 지각-운동검사, 언어검사, 직업능력검사
	정서·행동장애	적응행동검사, 성격진단검사, 행동발달평가, 학습준비도검사
	자폐성검사	적응행동검사, 성격진단검사, 행동발달검사, 학습준비도검사
	의사소통장애	구문검사, 음운검사, 언어발달검사
	학습장애	지능검사, 기초학습기능검사, 학습준비도검사, 시지각발달 검사, 지각운동발달검사, 시각운동통합발달검사

출처: 조경자 외(2018). p.50; 한현지 외(2020). p.32.

사. 특수아동의 특성

학교교육의 현장에서 특수아동의 교수·학습활동을 원활하게 진행하기 위해서는 장애 분류에 따른 특성을 잘 이해하고 그에 따른 지도 방안을 마련하는 것이 필요하다. 장애의 특성을 고려해 학생의 상황에 맞는 적절한 개입을 위한 방안 마련이 절실하다.

1) 시각장애(Visual impairment)

시각장애는 신체적·기능적 특성을 고려하여 다각적으로 진단을 내린다. 장애의 정도에 따라 특성을 조기에 파악한다면 교육적 지원을 하는 데 도움이 된다. 시각장애아동을 지도함에 있어 그들에게 필요한 교육적 니즈(needs)를 파악하고 맞춤형 교수-학습방법을 적용한다면 장애로 인해 지연된 인지적·정의적·신체적·사회적 기능을 향상시켜 생활적응력을 높여 나갈 수 있다.

2) 청각장애(Hearing impairment)

아동의 청각장애는 외관상으로 판별하기 어려워 조기 발견이 어렵다. 다만 언어발달 시기에 다른 아동에 비해 느리거나 지체된다고 판단된 경우 청력검사를 조기에 실시하는 것이 좋다. 선천적인 청각장애와 후천적인 청각장애의 정도와 청력손실의 정도에 따라 청각장애인의 특성도 다양하게 발현된다. 청력손실의 정도에 따라 지능과 대인관계능력, 언어사용능력, 사고력(논리성, 비판성, 창의성 등) 등이 다르게 나타나지만 교육적인 경험과 주변환경에 따라 청각장애인의 삶의 양상도 달라지게 된다.

3) 지적장애(Intellectual disability)

지적장애 아동의 특성을 조기에 파악해 어려서부터 또래 아이들과 긍정적인 관계 형성을 위한 기회 제공으로 사회성 발달을 지속적으로 모색해야 한다. 또한 높은 자기효능감을 갖게 하고 독립성을 길러주어 사회 속에 자립할 수 있는 훈련이 지속적으로 필요하다.

4) 지체장애(Physical disability)

지체장애 아동의 경우 신체 형태의 이상, 운동 발달의 지연 등으로 지적장애, 의사소통장애, 행동 및 정서장애 등의 동반 장애를 가지는 경우가 많다. 지체장애 아동은 후유증(변비, 경련, 욕창 등) 등으로 인한 다양한 스트레스를 경험하게 된다. 그러므로 지체장애 아동이 잘 적응할 수 있도록 교사와 가족, 또래집단의 도움이 절실하며 행복지수를 높일 수 있는 교육적 지원이 요구된다.

5) 정서·행동장애(Emotional behavior disorder)

학교 현장에서 장애아동뿐만 아니라 일반아동에게도 행동 문제를 비롯하여 정서적 문제가 많이 나타나며 조기에 치료하지 못하고 방치했을 때 사회적 비용이 많이 소요되게 된다. 이에 학생에게 나타나는 특성을 빨리 발견해 교육적 조치가 취해져야 한다.

정서·행동장애로 진단되는 가장 보편적인 장애는 불안장애(anxiety disorder), 기분장애(mood disorder), 반항장애(oppositional defiant disorder), 품행장애(conduct disorder), 정신분열증(schizophrenia), 뚜렛증후군(Tourette syndrome) 등이 있다(이소현 외, 2011).

학교에서 아동을 관찰할 때 외부적으로 드러나는 문제행동을 보이면서 학업성취가 낮은 아동들에 대해서는 학교생활에 잘 적응할 수 있도록 각별한 관심과 지도를 가지고 학습지도와 생활지도, 전문가의 개입을 통한 치료 등이 병행되어야 한다.

정서·행동장애 아동의 사회적으로 위축된 행동은 겉으로 드러나는 공격행동과는 달리 학급활동을 방해하지 않기 때문에 잘 발견되지 않는 경우가 많으므로 조기 발견과 적절한 지원을 위한 노력이 필요하다.

6) 자폐성장애(Autistic Spectrum Disorder)

자폐증은 모든 지적 수준에서 나타나므로 의사소통, 사회적 작용, 행동적인 측면에서 문제 또한 개인에 따라 독특한 특성을 지니게 된다(한현지 외, 2020). 자폐성장애 아동은 사회적 관계 형성과 정서 반응에 어려움을 겪는다.

자폐성장애는 말, 언어 및 의사소통의 질적 사용에 있어서 장애를 보이므로 일상생활 중심의 기능적 교육을 통해 사회 적응력을 높여 나가야 한다. 더불어 자폐성장애 아동을 교육하는 데 부모와 교사, 또래 아동의 관심과 지지는 아동의 삶의 질을 높이는 데 도움이 될 것이다. 주요 특성은 감각적, 인지적, 사회적 상호작용, 언어 및 의사소통, 상동적인 행동과 변화에 대한 저항 등을 보인다.

7) 발달지체(developmental delay)

발달지체를 보이는 유아는 시각과 청각을 포함한 인지적, 신체적, 심리적, 사회적, 정서적, 언어 및 의사소통 발달 면에서 지체를 보이며 일반아동들보다 인지적 능력이 낮게 나타나는 편이다. 이러한 요소는 유아의 잠재 능력을 표현하는 데 어려움을 준다.

한 가지 이상의 발달 영역에서 지체를 보이는 유아는 사회적 유대감 형성과 사회적 상호작용에 관련된 다양한 능력에서의 결함을 보인다. 의사소통 능력, 다른 사람의 관점을 이해하고 수용하는 능력, 입력된 정보를 활용하는 능력, 상호 호혜적인 관계형성 능력, 협력을 필요로 하는 단체놀이의 참여 능력 등의 부족으로 인하여 사회적 기술 습득 및 수행의 어려움을 보이며 이것은 더 나아가 또래와의 사회적 상호작용을 어렵게 한다(김경숙 외, 2009). 언어지연이 나타난 경우 적절한 개입과 치료가 이루어지지 않으면 자연적 회복이 어려우므로 언어치료 등이 필요하다.

4 특수교육의 과제

나날이 증가하는 특수교육대상자들에게 개인의 능력을 계발하기 위하여 특수아동의 개별화 교육 프로그램 개발이 절대적으로 필요하다. 개별화 교육은 '배제 금지, 비차별적 평가 무상의 적절한 공교육, 최저 제한 환경 적법절차, 부모와 학생의 참여'라고 하는 6대 원리 중 하나로서 무상의 적절한 공교육을 받아야 하고 각 아동의 교육적 요구에 적절한 개별화교육 프로그램을 제공하도록 하는 것이다(Heward, 2009). 우리나라 역시 개별화 교육의 중요성을 인식하여 장애 학생의 교육권을 확립하고 특수아동의 특성을 고려한 교육적 요구에 적합한 개별화 교육을 실시하기 위해 많은 노력을 해왔다(정은희, 2010).

개별화 교육의 목표는 각 장애 학생이 필요로 하는 적절한 교육 서비스를 제공하기 위한 것이다. 첫째, 학생마다 영역별 교수·학습목표, 지도상의 유의점, 관련 서비스, 평가 절차 및 기준 등을 명시함으로써 체계적인 교육이 이루어지도록 한다. 둘째, IEP는 학생의 발전 정도를 측정해 보는 평가도구의 역할도 한다. 셋째, IEP를 개발하는 절차(IEP 회의 등)가 교사(또는 교육팀)와 학부모 간의 의사소통과 교육적 요구 반영의 기회가 될 수 있다.

개별화 교육계획은 체계적으로 장애 학생에게 무엇을 가르칠 것인가에 대한 문서화 된 정보라는 의미를 가질뿐만 아니라 학부모가 개별화 교육계획에 참여하도록 함으로써 장애 학생 보호자가 장애 학생 교육의 협력적 관계자임을 강조한 공식적인 문서라고도 할 수 있다. 개별화 교육계획은 과거와 달리 법적인 문서의 성격이 있기 때문에 매 학기 시작일부터 30일 이내에 반드시 작성되어야 한다. 학생이 진학이나 전학을 할 경우에는 14일 이내에 전입 학교로 송부하도록 함으로써 개별화 교육의 지속성과 연관성을 강조하고 있다(국립특수교육원, 2018). 특수아동의 특성을 고려한 개별화 교육계획을 통해 통합학급에서 부족한 인지적·정의적·신체적인 기능 발달 및 정신연령과 생활연령을 고려한 최적의 교수학습-방법이 적용될 수 있게 일반교사와 세심한 관심과 계획이 요구된다(김은진, 2022).

특수아동의 정의라고 보기 어려운 것은?

① 정신적 발달, 감각적 능력, 신경 운동적, 신체적 능력, 사회적 행동, 의사소통의 능력 면에서 보통의 아동이나 정상 아동과는 현저하게 일탈 된 아동

② 특별한 정신적, 신체적, 사회적 능력이나 한계 때문에 특수한 형태의 교육, 사회적 경험 또는 처우를 필요로 하는 의존적인 아동

③ 자신의 잠재력을 개발하기 위해 특수교육 및 그와 관련된 서비스를 필요로 하는 아동

④ 일반적으로 사회의 기준이나 정상성의 범주에서 벗어나지 않는 아동

⑤ 정신적 특성, 감각적 능력, 의사소통 능력, 행동·정서적 발달, 신체적 특성이 보통이나 정상으로부터 차이가 있는 아동

정답 ④

 2024년 특수아동의 출현율 중 가장 높은 장애 영역은?

① 지적장애 　② 자폐성장애 　③ 발달지체 　④시각장애 　⑤ 청각장애

정답 ①

 정서·행동의 진단 방법에 해당하지 않는 것은?

① 선별검사 　② 성격검사 　③ 투사적검사 　④ 직접관찰 　⑤ 행동기능평가

정답 ②

특수아동의 장애 유형 중 다음 설명에 해당하는 장애는?

> • 지적·감각적·건강상의 이유로 설명할 수 없는 학습상의 어려움을 지닌 사람
> • 또래나 교사와의 대인관계에 어려움이 있어 학습에 어려움을 겪는 사람
> • 일반적인 상황에서 부적절한 행동이나 감정을 나타내어 학습에 어려움이 있는 사람
> • 전반적인 불행감이나 우울증을 나타내어 학습에 어려움이 있는 사람
> • 학교나 개인 문제에 관련된 신체적인 통증이나 공포를 나타내어 학습에 어려움이 있는 사람

① 지체장애   ② 정서·행동장애   ③ 자폐성장애   ④ 지적장애   ⑤ 학습장애 정답

정답 ②

 지적장애의 특성이 <u>아닌</u> 것은?

① 수화, 사진, 점자 등 보완 대체 의사소통 체계를 사용해 원활한 의사소통을 위한 교육적 지원을 하고 있다.
② 키, 몸무게 등은 일반아동에 비해 기능이 상대적으로 낮은 경향을 보인다.
③ 학습동기, 주의집중력, 학습능력 등에서 반복된 실패 경험으로 학습된 무력감(Learned helplessness)이 쌓여 있다.
④ 일반아동과 비교했을 때 반응 속도나 이해의 정도, 키, 몸무게 등이 거의 차이를 보이지 않는다.
⑤ 사회적 상호작용에 어려움이 있어서 친구를 사귀는 것을 비롯해 원활한 사회관계 형성이 쉽지 않다.

정답 ④

특수아동의 장애 특성유형 중 다음 설명에 해당하는 장애는?

> 일반아동에 비해 인지능력이 낮지 않은 편이다. 다만 OO기능 손상으로 인해 다른 감각의 의존도가 높고 정보수집의 손상으로 인해 비슷한 지능선에서 출발했음에도 불구하고 인지능력 향상을 위한 경험이 부족하기 때문에 학습의 어려움을 겪게 된다. 또한 개념형성에 어려움으로 언어와 비언어를 표현하는 정도가 일반아동에 비해 낮은 것으로 나타난다.

① 지적장애   ② 정서·행동장애   ③ 시각장애   ④ 자폐성장애   ⑤ 학습장애

정답 ③

CHAPTER

11

교육방법과 디지털 교육의 이해

교육방법과 디지털 교육의 이해는 현대 교육의 중요한 주제 중에 하나이다. 전통적인 교육방법에서 벗어나 디지털 교육은 학습자 중심의 접근 방식을 통해 개인 맞춤형 학습을 가능하게 하고, 다양한 온라인 자원과 도구를 활용하여 학습의 접근성과 포용성을 높이고 있다. 교육방법과 디지털 교육의 이해는 교육의 질을 높이고 학생들에게 더 나은 학습 경험을 제공하는 데 필수적이다. 이 장에서는 교육방법과 디지털 교육에 대한 전반적인 흐름에 대해 살펴보고자 한다.

1 교육방법의 이해

 학습목표

가. 교육방법의 개념과 특징에 대해 설명할 수 있다.
나. 교수학습이론과 모형을 정확히 이해하고 설명할 수 있다.

듀이는 교육을 경험을 통한 학습으로 보았으며, 교육방법은 학생들이
능동적으로 참여하고 문제를 해결하는 과정에서 사용되는 방법이라고 정의함.
그는 교육이 단순한 지식 전달이 아니라, 학생들이 자신의 경험을 통해
배우는 과정 이라고 강조.

존 듀이(John Dewey)

교육방법이란 사전적 의미로는 '교수-학습활동을 효과적이고 능률적으로 수행하기 위한 방법'을 의미한다. 아울러 교육방법은 '제시된 교육목표를 합리적이고 능률적으로 달성하기 위한 교사, 학생, 교육내용 간의 상호작용 체제'로 볼 수 있다(변영계 외, 2007). 이 절에서는 교육방법에 대한 개념 및 특징, 다양한 교수-학습이론과 모형, 활용에 대하여 살펴보고자 한다.

가. 교육방법의 개념

넓은 의미에서 교육방법은 교육의 목적을 실현하는 데 요구되는 모든 수단적·방법적 조건을 말한다(황정규 외, 1998). 좁은 의미에서 교육방법이란 '가르치는 방식'이나 '수업목표를 달성하기 위해 사용하는 효과적·효율적인 수업방식'을 의미한다. 또한 교육방법을 '학습목표에 맞는 내용을 효과적으로 전달하고 학습활동을 지원하기 위해 사용하는 방법'이라고 정의하였다(김신자 외, 1999). 여기에서 교육방법은 수업목표를 달성하기 위해 사용하는 다양한 수업기법을 의미한다. 이렇듯 교육방법에 대한 개념 정의는 다양하다고 할 수 있다.

교육방법의 개념을 세 가지 관점으로 구분하여 설명하고자 한다. 첫째, 교육방법을 수업기술로서 이해하는 관점이다. 이 관점은 교육내용의 조직방식보다는 교사의 수업기법이나 기술 및 태도에 더 많은 관심을 둔다. 또한 교육내용의 효과적인 관리방법보다 학생들에게 효과적으로 전달하거나 이해시키는 기술을 더 중시한다. 학생들을 효과적으로 이해시키는 기술이란 학생 통제방법, 학습동기 유발방법, 각종 교수매체 사용방법, 교사의 학생에 대한 태도 등을 의미한다.

둘째, 수업과정에 관한 설계로서 교육방법을 이해하는 관점이다. 이 관점은 수업과정에 관한 모형개념으로 수업과정을 계획하고, 이에 따른 각 과정별 활동내용이 무엇이 되어야 하는가를 교육방법으로 파악하는 것을 의미한다.

셋째, 수업내용의 조직방식으로서 교육방법을 이해하는 관점이다. 이 관점에서는 교육방법의 개념을 내용과 떼어서 생각하지 않고 내용 그 자체를 중심으로 파악하는 것을 의미한다. 교과의 성격에 걸맞도록 교과내용을 조직하는 원리로서, 교과의 성격을 충실하게 가르치기 위한 목적을 전제로 한 내용조직 방법이다.

즉, 교육방법은 어떻게 가르칠 것인가를 탐구하는 것이 주된 일이며, 설정된 교육목표를 성공적으로 달성하기 위하여 선정된 교육내용을 학습자에게 효과적으로 전달하기 위한 수단이다. 교육방법이란 "개인으로 하여금 특정한 조건하에서나 특정한 상황에 대한 반응으로서 특정한 행동을 나타내도록 학습하게 하거나 또는 그 특정 행동에 참여할 수 있도록 개인을 둘러싼 환경을 계획적으로 조작하는 과정"이라고 정의할 수 있다(Corey, 1967). 즉, 학습자로 하여금 특정 행동에 참여할 수 있도록 환경을 계획적으로 조장하는 것을 교육방법이라 볼 수 있다. 또한 교육방법은 학교교육 효율성의 극대화를 위한 조건형성과정이라 정의할 수 있는데, 이러한 정의들은 교육의 목표달성을 위해 계획적으로 환경을 조작하고 자극과 반응의 조건형성을 촉진시키는 과정으로 볼 수 있다.

정리하면, 교육방법은 교수-학습활동에서 피교육자의 개인적 특성과 학습지도의 모델, 비용과 시간적 여유에 대한 고려, 학습환경 등을 고려해서 수업목표에 도달하기 위한 학습설계·개발·적용·관리·평가를 위한 제반활동으로 정의할 수 있다(신재흡, 2019).

나. 교육방법의 특징

교육방법은 학습자에게 지식, 기술, 태도 등을 효과적으로 전달하기 위해 사용되는 다양한 접근 방식과 기법을 의미한다. 교육방법의 특징은 다음과 같다.

첫째, 목표 지향성이다. 교육방법은 특정 교육 목표를 달성하기 위해 설계된다. 각 방법은 학습자가 무엇을 배우고, 어떤 능력을 기를 것인지에 따라 달라지기 때문이다. 예를 들어, 문제 해결 능력을 기르기 위한 교육방법은 프로젝트 기반 학습 등이 있다.

둘째, 학습자 중심이다. 현대 교육방법은 학습자의 필요와 흥미를 고려하여 설계되어야 한다. 특히, 학습자의 참여와 주도성을 강조한다. 학습자 중심 교육방법으로는 협동 학습, 탐구 학습 등이 있다.

셋째, 상호작용성이다. 교육방법은 교사와 학생, 학생 상호 간의 상호작용을 촉진한다. 이러한 상호작용은 학습 효과를 높이는 데 기여한다. 상호작용성 중심 교육방법으로는 토론식 수업, 그룹 활동 등이 있다.

넷째, 다양성이다. 다양한 학습 스타일과 능력을 가진 학습자를 고려하여 여러 가지 방법이 사용되어야 한다. 이는 모든 학습자가 효과적으로 학습할 수 있도록 돕는다. 다양성 중심 교육방법으로는 시청각 자료, 실습, 게임 기반 학습 등이 있다.

다섯째, 적용 가능성이다. 교육방법은 다양한 교육 환경과 상황에 따라 적용될 수 있어야 한다. 이는 교실 내·외부에서 모두 활용될 수 있음을 의미한다. 적용 가능성 중심 교육방법으로는 온라인 학습, 현장 학습 등이 있다.

여섯째, 피드백 제공이다. 효과적인 교육방법은 학습자에게 지속적인 피드백을 제공하여 학습 과정을 개선할 수 있도록 해야 한다. 피드백 제공 교육방법은 자기평가, 동료평가 등이 있다.

일곱째, 비판적 사고 촉진이다. 많은 교육방법들은 학습자가 비판적으로 사고하고 문제를 해결하는 능력을 기를 수 있도록 설계되어 한다. 비판적 사고 촉진을 할 수 있는 교육방법은 사례 연구, 문제 기반 학습 등이 있다.

이러한 특징들은 교육방법이 효과적으로 작동하고, 학습자의 성장을 지원하는데 필수적이다. 교수자는 이러한 특징을 고려하여 적절한 교육방법을 선택하고 적용해야 한다.

다. 교수학습이론과 모형

'교수 이론'이란 "학습자에게 학습이 효과적으로 일어나도록 하기 위한 교수전략을 제공하는 모형(한정선 외, 2000)"이며 '학습이론'이란 "학습이 어떠한 심리적 기제로 이루어지며, 어떠한 힘이 학습을 성립시키는가를 설명해 주는 법칙이나 이론의 체계를 의미(손은주 외, 2015)"한다. 여기서는 다양한 교수-학습이론과 모형들 가운데서도 '캐롤의 학교학습 모형', '블룸의 완전학습 모형', '반두라의 관찰학습 이론', '거꾸로 학습' 등을 위주로 살펴보고자 한다.

1) 캐롤의 학교학습 모형

캐롤의 학교학습 모형은 학습자가 해당 과제를 배우는 데 필요로 하는 시간의 양에 따라서 주어진 과제학습의 성공을 설명하는 이론이다. 또한 캐롤은 「학교학습의 한 모형」이라는 논문에서 완전학습(完全學習)의 가능성을 제시하기도 하였다. 대부분의 학교학습에 관한 연구는 한 두 개의 요인에 국한된 것들이 대부분이었으나, 캐롤은 교육과정에 상호 관련되는 여러 가지 측면을 종합적으로 검토하여 학교

학습모형을 제시하였다.

그러나 캐롤의 학교학습 모형은 인지적·기술적 학습을 위한 것으로 정의적 학습에는 영향을 미치지 못하였다. 캐롤은 학습자들의 학습 정도에 미치는 변인(變因)을 다섯 가지로 학습자의 적성, 학습자의 수업이해력, 학습자의 지속력을 개인차 변인으로 들고, 수업의 질과 학습기회를 교사 변인으로 분류하였다. 이를 나타낸 방정식 모형은 다음과 같다.

$$학습정도 = f\ \frac{학습에\ 투입한\ 시간}{학습에\ 필요한\ 시간} = f\ \frac{학습기회 \times 학습지속력}{적성 \times 수업이해력 \times 수업의\ 질}$$

여기에서 학습에 필요한 시간은 주어진 학습과제를 완전히 학습하여 진술된 수업목표 수준까지 도달하는데 필요한 시간을 의미하며, 학습에 투입한 시간은 학습자가 학습과제에 능동적으로 주의를 집중시켜 학습에 열중한 시간을 의미한다. 캐롤의 학교학습모형의 5가지 변인을 자세히 살펴보면 다음과 같다.

첫째, 학습자의 적성이다. 적성(aptitude)은 학습자가 최적의 수업 조건에서 주어진 학습과제를 완전히 학습하는데 필요한 총 시간량을 뜻한다. 따라서 학습자의 적성이 높은 학습자는 낮은 학습자보다 수업목표를 성취하는데 필요한 시간량은 적어진다. 어떤 과제를 성공적으로 학습하는데 학습자마다 소용되는 시간은 다르며, 동일한 적성을 가졌다 할지라도 학습과제의 종류나 성질, 선행학습 정도에 따라 다르므로 학습자의 적성을 결정하는 데는 여러 가지 요인이 작용한다. 학습에 있어 필요한 시간은 가능한 줄이고, 학습에 실제 투입되는 시간은 늘림으로써 학습의 정도를 극대화시키면 적성은 높아진다.

둘째, 학습자의 수업이해력이다. 수업이해력(ability to understand instruction)이란 학습자가 교사의 설명과 교수 내용을 이해하는 능력을 말한다. 수업과정을 이해하는 데는 학습자의 일반지능과 언어능력 두 가지 측면에서 생각할 수 있다. 교사의 수업 활동이 대부분 언어로 이루어지며 교과서로 구성되어 있다. 따라서 교사가 사용하는 언어나 교과서를 잘 이해하는 능력을 가진 학습자가 수업목표에 도달하는데 용이하다. 적성과 수업이해력과의 중요한 차이는 수업이해력은 여러 과제에 거의 공통으로 적용되는 일반 능력이며, 적성은 과제의 종류와 성질에 변화하는 특수 능력이라는 점이다.

셋째, 학습자의 지속력이다. 학습지속력(perseverance)이란 학습자가 학습과제를 일정 수준으로 성취할 때까지 스스로 인내를 가지고 지속적으로 몰두하여 학습하는 시간량을 말한다. 학생의 적성이 높고, 학습을 위한 충분한 시간이 있더라도 학생이 노력하지 않으면 학습목표에 도달할 수 없다. 학습지속력은 학습의욕과 태도를 의미하는 것으로 학습자의 학습동기, 흥미, 인내심과 밀접한 관계를 가진 개념이다. 학습지속력은 학습자마다 개인차가 있으며 과제에 따라 학습지속력은 달라질 수 있다.

넷째, 수업의 질이다. 수업의 질(quality of instruction)이란 학습과제를 제시, 설명 및 구성이 학습자에게 최적의 상태로 접근된 정도를 의미하는 것이다. 수업내용과 방법이 학습자가 학습을 하는데 용이하게 정비되어 있느냐 하는 것은 학생의 학습목표 도달에 큰 영향을 준다. 최적 수준이 아니라면 학습과제를 해결하는데 많은 시간이 소요될 것이다. 이때 어떤 것이 학습자의 최적 수준이냐 하는 것은 학습자 개개인의 특성에 따라 달라질 수 있다. 각각 다른 학습양식을 가지고 있기 때문에 수업의 질은 학습자 개개인의 입장에서 고려되어야 할 것이다. 그러기 위해서는 교사는 학습목표와 학습내용을 학습자가 충분하게 이해할 수 있도록 제시·설명·구성하고, 학습과제를 적절히 계열하여 제공하여야 한다.

다섯째, 학습의 기회이다. 학습기회(opportunity)란 학습자가 특정한 학습 과제를 할 수 있도록 학습자에게 실제로 주어진 시간량이다. 학습기회를 제공할 때는 학습자들의 개인차를 고려하여 제공하는 것이 중요하다. 따라서 모든 학습자에게 단순히 학습할 수 있는 시간을 많이 제공해 주는 것이 아니라 효율성 측면에서 학습자에게 적합한 학습기회를 제공해 주는 것이 필요하다.

캐롤의 학교학습 모형에서는 학습에 관련된 변인을 시간개념으로 이해하여 학습자가 사용한 시간량에 따라 수업목표에 도달하는 것이 달라질 수 있다는 점을 시사하였으며, 우수아와 열등아라는 개념에서 빠르고, 느린 학습자라는 개념으로 변화시키는 데 공헌하였다. 또한 상대평가 제도를 절대평가 제도로 바꾸는 계기가 되었다(조혜영 외, 2023).

2) 블룸의 완전학습 모형

블룸의 완전학습은 캐롤의 학교학습이론을 기초로 하여 개선·발전시킨 모형이다. 학교에서 학생들의 약 1/3은 학습을 충분히 이해하며, 약 1/3은 충분히 이해하지 못한 상태에서 학습하고, 나머지 1/3은 거의 학습되지 않는 상태에서 학년을 올라간다고 한다. 완전학습이란 신체 및 능력적 면에 결함이 있는 5%를 제외한 대부분의 95%의 학생들이 학습목표에 90% 이상을 완전히 도달하는 것을 의미한다. 이 때의 학급은 이질적 집단의 경우이며, 각 개인에게 최적의 교수조건만 만들어주면 거의 모든 학생이 완전 학습을 해낼 수 있다고 가정하였다. 따라서 완전학습 곡선은 부적편포 곡선을 이룬다.

완전학습을 위한 수업전략은 수업목표의 명료화, 형성적 평가에 의한 학습결손 발견과 개별지도, 소집단별 상호협력을 통한 복습 등의 방법으로 구성되어 있다.

완전학습을 위한 수업 단계는 세 단계로 다음과 같다. 첫째, 수업 전 단계에서는 성취목표설정 및 과제분석 단계로 교사에겐 수업목표, 학습자에게는 학습목표를 확정짓는 단계이다. 또한 학습결손 발견 및 처치 단계로 어떤 학습자들이 선행학습의 결손을 갖고 있는지를 진단하고 발견하여 처치하는 단계이다. 학습결손 처치가 끝나는 것으로 수업 전 활동이 종결이 된다.

둘째, 수업 중 단계에서는 수업목표를 구체적으로 진술하여 명시하며, 여러 가지 수업활동을 전개하여 충분한 학습기회를 제공한다. 교과의 성질에 따라 실험 실습 및 시청각적인 방법 등 다양한 수업 보조활동을 전개한다. 또한 수업 진행 과정에서 형성평가(形成評價)를 실시하여 학생에게 학습진도에 대한 피드백을 제공하고 목표의 성취 여부를 확인한다. 형성평가를 통해 학습이 부진한 학생에게는 적절한 보충학습을 실시하고, 정상적 학습 수준을 이룬 학생들에게는 심화학습 기회를 제공한다. 또한 보충학습과 심화학습을 거친 학생들에게 제2차 학습의 기회로 자율적인 협력학습 기회를 제공한다.

셋째, 수업 후 단계에서는 학생들의 학업성취도를 총합적으로 평가하는 총괄평가를 통하여 학습정도를 평가한다. 총괄평가는 한 단원이 끝날 때나 학기말에 이루어진다.

블룸의 완전학습 모형의 시사점으로는 첫째, 완전학습 모형은 개별학습 또는 개별수업의 원리를 전제로 하므로 대부분의 학습자들이 높은 성취를 보일 수 있다. 둘째, 높은 성취에 대한 자신의 만족감과 외부로부터의 인정은 학습자 흥미 증진, 학습에 대한 동기 유발, 자아 개념 향상 등 정의적 성장을 유도할 수 있다(조혜영 외, 2023).

3) 반두라의 관찰학습 이론

관찰학습이란 다른 사람이나 사물의 모델링을 통해서 정상 혹은 비정상적인 행동을 관찰함으로써 자극이 되어 학습이 이루어지는 것을 의미한다. 또한 어떤 모델의 행동을 관찰함으로써 학습하거나 주위의 사람이나 사건들에게 주의 집중함으로써 정보를 획득하는 것도 의미한다. 반두라는 이를 관찰학습·모방학습·인지적 행동주의 학습이라고 한다.

아동은 자신의 행동에 대해서 직접적인 강화를 받지 않더라도 관찰과 모방을 통해서 학습이 가능하다. 다른 아동이 보상이나 벌을 받는 것을 관찰함으로써 간접적인 강화를 받는다. 간접적 강화를 가리켜 대리적 강화라 한다. 인간은 획득하는 정보가 다른 사람들과의 상호작용에서 온다는 점에서 사회학습이론이라고도 한다. 모델을 직접 관찰함으로써 이루어지는 경우가 많으나 최근에는 대중매체의 발전으로 언어나 사진, 그림과 같은 상징적 모델을 모방하는 경우도 많다.

반두라의 관찰학습 과정을 살펴보면 다음과 같다. 첫째, 주의집중 과정이다. 모델과 모델의 행동을 단순히 관찰하는 것만으로는 학습이 일어나지 않는다. 관찰자는 모델의 독특한 특징이나 단서를 정확하게 인지해야 모델로부터 학습이 가능하다. 모델의 연령, 성별, 지위, 능력 등과 같은 모델의 특징은 학습자의 주의집중에 영향을 미친다. 둘째, 파지 과정이다. 파지 과정은 관찰된 모델의 행동이 관찰자의 기억 속에 유지되는 것을 의미한다. 또한 파지 과정은 언어적 체계와 같은 상징적 기호로 저장됨으로 시연을 통해 가능하다. 셋째, 운동재생 과정이다. 운동재생 과정은 관찰자가 파지과정에서 상징적으로 부호화한 기억을 적절한 행동으로 전환시키는 것을 의미한다. 간단한 행동은 관찰만으로 재생이 가능하지만, 복잡한 문제해결 과정이나 동작을 실행하기 위해서는 지속적인 연습, 피드백, 점검, 시범 등이 요구된다. 넷째, 동기화 과정이다. 동기화 과정은 유기체로 하여금 어떠한 특정 방향으로 행동하도록 만드는 것을 의미한다. 또한 동기화 과정에는 직접강화, 대리강화, 자기강화 등이 영향을 미친다(손은주 외, 2015).

관찰학습의 특징을 살펴보면 다음과 같다. 첫째, 사람은 다른 사람의 행동을 관찰함으로써 배운다. 둘째, 학습과 실행은 서로 구분된다. 즉, 관찰만으로도 학습은 일어난다고 본다. 셋째, 강화는 학습에 중요한 역할을 한다. 넷째, 인지적인 과정은 학습에 주요한 역할을 한다. 반두라는 반응-강화 연결을 인지하는 것은 학습과정의 필수적인 요소라고 할 수 있다.

반두라는 초기 학습이론들이 대부분 동물실험이나 한 사람에 대한 연구에 초점을 두고 있기 때문에 설명하는 원리가 다소 제한되어 있다는 이유로 이의를 제기했다. 또한 스키너의 이론에 대해 조작적 조건화에 입각하여 결과는 조작될 수 있기 때문에 바람직한 행동은 강화되고, 바람직하지 않은 행동은 처벌될 수 있다는 이론에 동의하지만 단지 자극-반응이라는 유형을 넘어서서 복합적인 사회적 상호작용의 중요성을 강조했다.

반두라의 관찰학습이론은 인지가 행동의 원인이 될 수 없다고 주장하는 행동주의자들에 의해 비판을 받거나, 정신역동이론에 비해서 인간의 행동을 잘 예견하지 못한다는 비판을 받기도 했다. 그러나 관찰학습이론을 자극-반응 모델의 패러다임 그 이상의 것으로 전개시키면서 학습을 매개하는 중요한 요소인 인지과정을 강조하였으며, 이상행동에 초점을 두는 정신역동이론을 근본적으로 거부하면서 성격이론의 발달에 있어 중요한 분기점을 나타냈다. 이러한 노력의 결과로 관찰학습이론은 장래의 사회심리적 사고의 발달에 큰 공헌을 하였다(문승한 외, 2014).

4) 거꾸로 학습

거꾸로 학습(flipped learning)은 미국의 고등학교 화학교사인 조나단 버그만과 아론 샘즈에 의해 용어와 학습방법이 처음 사용되었다. 학교에서 수업을 듣고, 집에서 숙제를 하는 기존 방식은 효과적이지 않았음에 착안하였다. 즉, 수업에 흥미가 없는 학생들은 수업시간엔 딴 짓을 하게 되고, 집에서 마땅히 도움을 받을 사람이 없는 학생들은 쉽게 숙제를 포기하는 경우가 많기 때문이다. 거꾸로 학습에서 학생들은 학교에서 들어야 할 교사의 수업을 집에서 동영상, 유인물, 파워포인트 자료, 온라인 학습 등으로 학습하고, 학교에서는 교사의 지도 아래 과제활동이나 심화활동을 하는 것이다(백영균 외, 2018).

거꾸로 학습의 장점은 다음과 같다. 첫째, 학습자들은 학습내용에 대한 자료를 사전에 제공받는 것을 선호한다. 둘째, 학습자는 수동적인 것보다 능동적인 학습을 더 좋아한다. 셋째, 학습자들이 더 깊게 공부할 수 있다. 넷째, 교사-학생 간의 상호작용이 활발해진다. 다섯째, 교사는 수업 중에 설명하는 시간을 줄일 수 있다. 여섯째, '기억하기'와 '이해하기' 중심의 수업이 아니라, 더 상위수준의 학습목표에 도달할 수 있다.

거꾸로 학습을 위해 필요한 사항들은 살펴보면 다음과 같다. 첫째, 교수자가 전문성을 갖추어야 한다. 교수자는 수업을 위해 체계적인 수업설계를 하는 것이 필요하다. 둘째, 교수자가 개방성을 가지고 있어야 한다. 전통적인 수업방식에서 벗어나 교수자 스스로 새로운 경험들이 필요하다. 셋째, 교수자-학습자 간의 규칙을 정해야 한다. 거꾸로 학습이 제대로 완수되려면 교수자-학습자 간의 규칙을 지키려는 노력이 필요하다. 넷째, 융통성 있는 학교문화와 풍토가 필요하다. 거꾸로 수업을 지속적으로 수행되기 위해서는 교육과정을 재구성해야 함으로 융통성 잇는 학교문화가 필요하다. 다섯째, 다양한 학습콘텐츠가 구비되어야 한다. 동료교사 및 지역 학교교사들 간의 학습콘텐츠를 공유한다면 충분히 학생들의 사전학습 자료로 활용할 수 있을 것이다(서미옥, 2016).

라. 수업 매체의 활용

수업 매체는 교육 과정에서 정보를 전달하고 학습을 촉진하기 위해 사용되는 다양한 도구와 자료를 의미한다. 이러한 매체는 교사가 수업을 진행할 때 활용하여 학생들이 내용을 이해하고 학습할 수 있도록 돕는 역할을 한다.

수업 매체는 교육적 목적을 가지고 정보를 전달하거나 학습 활동을 지원하는 모든 도구와 자료를 포함한다. 이는 교사가 수업을 진행할 때 사용하는 시각적·청각적·촉각적 자료 등을 포함한다.

수업 매체의 목적은 첫째, 복잡한 개념이나 내용을 명확하게 전달하기 위해 사용되는 의미로 정보 전달이다. 둘째, 학생들이 능동적으로 참여하고 학습할 수 있도록 유도하는 학습 촉진이다. 셋째, 시각적 자료나 실물 자료를 통해 학생들의 이해도를 높이는 것이다.

수업 매체의 특징은 다음과 같다.

첫째, 다양성이다. 다양한 형태와 기능을 가진 매체가 존재하여, 교사는 학습 목표에 맞는 매체를 선택할 수 있다.

둘째, 상호작용성이다. 일부 매체는 학생과의 상호작용을 촉진하여 학습 효과를 높일 수 있다.

셋째, 적시성이다. 적절한 시점에 적절한 매체를 사용함으로써 학습의 효과를 극대화할 수 있다.

수업 매체의 유형은 크게 몇 가지로 나눌 수 있다.

인쇄 매체로는 특정 과목에 대한 체계적인 정보 제공하는 교과서, 연습 문제와 활동을 포함하여 학습을 강화하는 워크북, 추가적인 정보나 심화 학습을 위한 자료인 참고서 등이 있다.

시청각 매체로는 강의, 다큐멘터리, 교육용 영화 등 시청각 자료인 비디오, 팟캐스트, 오디오북, 음악 등 청각적 학습 자료인 오디오 자료, PowerPoint 등으로 시각적으로 정보를 전달하는 슬라이드 프레젠테이션 등이 있다.

디지털 매체로는 웹 기반의 강의나 세미나, 학습 관리 시스템(LMS), 시뮬레이션 프로그램, 학습을 지원하는 다양한 애플리케이션, 인터넷 자료 등이 있다.

실물 매체로는 과학 실험, 수학적 개념 등을 시각적으로 이해할 수 있도록 돕는 도구, 게임 및 퍼즐 등이 있다.

협력 학습 매체로는 그룹 프로젝트 도구(공동 작업을 위한 플랫폼, 예: Google Docs, Trello 등), 소셜 미디어 등이 있다.

결론적으로 수업 매체는 교육의 질을 높이고 학생들의 학습 경험을 풍부하게 만드는 데 필수적인 요소이다. 교사는 다양한 매체를 적절히 활용하여 학생들이 효과적으로 학습할 수 있는 환경을 조성해야 한다.

2 디지털 교육의 이해

 학습목표

가. 디지털 교육의 개념과 특징을 설명할 수 있다.

나. 디지털 윤리와 정보 보호에 대해 설명할 수 있다.

다. 수업에서의 디지털 활용의 예를 들어 설명할 수 있다.

> 디지털 리터러시(Digital Literacy)란, 디지털 시대에 필수적으로 요구되는
> 정보 이해 및 표현 능력이다. '읽고 쓸 수 있는 능력'이라는 리터러시(Literacy)
> 가 디지털 플랫폼과 만나 다양한 미디어를 접하면서 명확한 정보를 찾고, 평
> 가하며, 조합할 수 있는 개인의 능력이다.
>
> 권영부, 2021

디지털 교육은 정보통신기술(ICT)을 활용하여 학습과 교육 과정을 지원하고 향상시키는 모든 형태의 교육을 의미한다. 본 장에서는 디지털 교육의 개념과 특징, 디지털 윤리와 정보 보호, 그리고 수업에서의 디지털 활용 사례 등을 살펴보겠다.

가. 디지털 교육의 개념

우리 사회는 인간과 디지털 기술이 공존하는 디지털 심화 시대로 진입하고 있으며, 교육 분야에서도 전방위적인 디지털 변화가 진행되고 있다. 첨단 기술이 적용된 다양한 디지털 도구가 개발되고, 교사들과 학생들이 이를 교수·학습에 적절히 활용하면서 교육이 변화할 수 있는 여건이 만들어지고 있다.

디지털 시대의 인재로 성장하기 위해서는 "정답을 암기"하는 것이 아니라 개념적 지식의 기반 위에 창의성, 비판적 사고력, 융합 능력, 인성 등 디지털, 인공지능 시대의 핵심 역량을 키워 나가야 한다.

이를 위해서는 교육도 변화해야 한다. 학습자는 스스로 문제를 해결해 나가는

능동적 학습자로, 교수자는 지식 전달자에서 멘토, 코치, 나아가 학습 디자이너로서의 역할을 수행해야 하고, 지식 전달 중심 강의식 수업도 탐구 중심 수업으로 전환해야 한다(김성미 외 2024).

디지털 교육이란 디지털 환경 속에서 시간과 공간의 제약 없이 기존의 교과서와 참고서 등에 수록된 컨텐츠를 멀티미디어로 통합 제공해 학습자의 특성과 수준에 맞추어 학습이 진행되는 것을 의미한다. 또한 디지털 교육은 교수와 학습과정에서 디지털 기술을 통합하고 활용하는 것을 의미한다. 디지털 기술을 활용하여 동적이고 상호작용적이며 맞춤화된 학습 환경을 만들어 학습자로 하여금 디지털 시대에 필요한 중요한 기술을 스스로 발전시킬 수 있도록 도모하는 것을 의미한다.

나. 디지털 교육의 특징

디지털 교육은 기술을 활용하여 학습 경험을 향상시키고, 교육의 접근성과 효율성을 높이는 방식이다. 디지털 교육의 주요 특징은 다음과 같다.

첫째, 접근성과 유연성이다. 인터넷만 있으면 언제든지 학습 자료에 접근할 수 있어, 시간과 장소에 구애받지 않고 학습할 수 있다. 또한 학습자는 자신의 속도에 맞춰 학습할 수 있으며, 필요에 따라 다양한 자료를 선택하여 학습할 수 있다는 점이다.

둘째, 다양한 학습 자료와 형식이다. 텍스트, 이미지, 비디오, 오디오 등 다양한 형식의 자료를 활용하여 학습할 수 있어, 학습자의 흥미를 유도하고 이해도를 높일 수 있다. 퀴즈, 게임, 시뮬레이션 등 상호작용이 가능한 콘텐츠를 통해 학습의 재미를 더할 수 있다.

셋째, 상호작용과 협업이다. 온라인 플랫폼을 통해 교사와 학생, 학생 간의 실시간 소통이 가능하여, 질문이나 의견을 즉시 나눌 수 있다. 협업 학습은 디지털 도구를 활용하여 그룹 프로젝트나 공동 작업을 쉽게 진행할 수 있다.

넷째, 데이터 기반 학습이다. 학습자의 진행 상황과 성과를 데이터로 분석하여, 개인 맞춤형 피드백을 제공하고 학습 전략을 조정할 수 있다. 또한 디지털 도구를 통해 즉각적인 평가와 피드백이 가능하여, 학습자의 이해도를 신속하게 파악할 수 있다.

다섯째, 자기 주도적 학습이다. 학습자가 스스로 학습 목표를 설정하고, 필요한 자료를 찾아 학습하는 자기 주도적 학습이 촉진된다. 다양한 디지털 도구와 자료를 활용하여 문제를 해결하는 과정에서 비판적 사고와 창의성도 기를 수 있다.

여섯째, 지속적인 학습 기회이다. 필요할 때 언제든지 학습할 수 있는 기회를 제공하여, 평생 학습을 촉진한다. 디지털 환경에서는 최신 정보를 쉽게 업데이트할 수 있어, 항상 최신의 학습 자료를 제공받을 수 있다.

일곱째, 비용 효율성이다. 전통적인 교재나 시설에 비해 디지털 자료는 상대적으로 저렴하게 제공될 수 있으며, 물리적 공간이 필요 없어 비용을 절감할 수 있다.

이러한 특징들은 디지털 교육이 현대 교육 환경에서 점점 더 중요해지고 있는 이유를 잘 보여준다. 디지털 기술을 활용한 교육은 학습자의 참여를 유도하고 보다 효과적인 학습 경험을 제공하는 데 기여하고 있다.

다. 디지털 윤리와 정보 보호

디지털 윤리란? 디지털 환경에서 올바른 행동과 결정을 내리는 데 필요한 도덕적 원칙과 기준을 의미한다. 개인정보 보호, 정보의 정확성, 온라인에서의 예의와 책임 등도 포함한다.

디지털 윤리가 중요한 이유는 다음과 같다.

첫째, 프라이버시 보호이다. 인터넷과 SNS의 확산으로 개인정보가 쉽게 노출될 수 있는 가능성이 높아졌다. 디지털 윤리는 개인정보를 보호하고, 악용되지 않도록 기준을 제공한다.

둘째, 정보의 신뢰이다. 최근 들어 SNS을 통해 가짜 뉴스와 잘못된 정보가 문제가 많이 되고 있다. 디지털 윤리는 정확하고 신뢰할 수 있는 정보를 제공하는 데 중요한 역할을 제시한다.

셋째, 책임 있는 상호작용이다. 온라인에서는 익명성이 보장되기 때문에 무책임한 행동이 증가할 수 있다. 온라인에서 활동하면서 상대방을 존중하도록 안내해야 한다.

넷째, 기술 남용 방지이다. AI와 같은 첨단 기술은 남용될 위험이 크다. 디지털 윤리는 기술이 인간의 가치를 지키며 사용되도록 해야 한다.

다섯째, 건강한 디지털 환경 조성이다. 디지털 윤리는 건강한 온라인 커뮤니티를 형성하고, 사이버 괴롭힘이나 혐오 발언과 같은 부정적인 행동을 줄이는 데 기여한다.

디지털 윤리 실천 방법으로는 첫째, 개인 정보 보호이다. 주기적 비밀번호 변경, 이중 인증 등 기본적인 개인정보 보호 수칙을 따르는 것이다. 웹이나 앱 등 온라인 서비스를 이용하며 개인정보 보호 정책을 꼼꼼히 확인하는 것이 중요하다.

둘째, 비판적 사고 적용이다. 웹상에서 접하는 정보의 출처와 신뢰성을 확인하고, 의심스러운 정보는 함부로 공유하지 않도록 한다. 정보의 사실 여부를 확인하는 습관을 기르는게 필요하다.

셋째, 웹상 예의 준수이다. 타인에게 존중과 예의를 지키고, 의견이 다를 경우에도 상대방을 존중하는 것이 중요하다.

넷째, 학습과 교육이다. 디지털 윤리에 관한 최신 지식을 지속적으로 확인하고, 주변 사람들과 공유하는 습관을 가지는게 좋다.

AI 교육 시대, 이제 디지털 윤리는 더 이상 선택이 아닌 필수이다.

개인정보 보호와 저작권은 디지털 시대에 매우 중요한 두 가지 이슈로 각각 개인의 권리와 창작물의 보호를 다루고 있다.

개인정보 보호는 개인의 사생활과 관련된 정보를 안전하게 관리하고 보호하는 것을 의미한다. 이는 개인의 권리를 존중하고, 불법적인 정보 수집 및 사용을 방지하기 위해 필요하다.

개인정보 보호의 주요 요소는 다음과 같다.

첫째, 개인정보의 정의이다. 개인정보는 개인을 식별할 수 있는 정보로, 이름, 주소, 전화번호, 이메일, 생년월일 등 다양한 형태가 있다.

둘째, 법적 규제이다. 많은 국가에서는 개인정보 보호를 위한 법률을 제정하고 있다. 예를 들어, 유럽연합의 일반 데이터 보호 규정(GDPR)이나 한국의 개인정보 보호법이 있다. 이러한 법률은 개인의 동의 없이 개인정보를 수집하거나 처리하는 것을 금지한다.

셋째, 정보 주체의 권리이다. 개인정보 보호법은 개인에게 자신의 정보에 대한 접근, 수정, 삭제, 처리 제한 등의 권리를 부여한다. 이는 개인이 자신의 정보를 통제할 수 있도록 돕는다.

넷째, 데이터 유출 및 보안이다. 기업이나 기관은 개인정보를 안전하게 관리해야 하며, 데이터 유출 사고가 발생할 경우 신속하게 대응하고 피해를 최소화해야 한다.

다섯째, 디지털 환경에서의 개인정보 보호이다. 소셜 미디어, 온라인 쇼핑, 모바일 앱 등에서 개인정보가 수집되는 경우가 많기 때문에 사용자들은 자신의 개인정보가 어떻게 사용되는지 이해하고, 필요한 경우 설정을 조정해야 한다.

저작권은 창작자가 자신의 창작물에 대해 가지는 법적 권리로, 창작물의 무단 복제, 배포, 전시 등을 방지하는 역할을 한다.

저작권의 주요 요소는 다음과 같다.

첫째, 저작물의 정의이다. 저작권은 문학, 음악, 미술, 영화, 소프트웨어 등 다양한 형태의 창작물에 적용된다. 저작물은 창작자의 독창적인 표현이 담긴 것이어야 한다.

둘째, 저작권의 자동 발생이다. 저작권은 창작물이 만들어지는 순간 자동으로 발생하며, 별도의 등록 절차 없이도 보호를 받는다. 그러나 일부 국가에서는 저작권 등록을 통해 법적 보호를 강화할 수 있다.

셋째, 저작권의 권리이다. 저작권자는 자신의 저작물을 복제, 배포, 공연, 전시, 변형할 수 있는 권리를 가진다. 타인이 저작물을 사용하려면 저작권자의 허락을 받아야 한다.

넷째, 공정 사용(Fair Use)이다. 저작권법에는 공정 사용이라는 개념이 있어, 교육, 비평, 뉴스 보도 등의 목적으로 저작물을 일부 사용할 수 있는 경우가 있다. 그러나 공정 사용의 범위는 국가마다 다를 수 있다.

다섯째, 디지털 환경에서의 저작권이다. 인터넷과 디지털 기술의 발전으로 저작물의 복제와 배포가 용이해졌다. 이에 따라 저작권 침해가 증가하고 있으며, 이를 방지하기 위한 다양한 기술적, 법적 대응이 필요하다.

개인정보 보호와 저작권은 디지털 사회에서 개인의 권리와 창작물의 보호를 위해 필수적인 요소이다. 개인정보 보호는 개인의 사생활을 지키고, 저작권은 창작자의 권리를 보호하여 창작 활동을 장려한다. 두 가지 모두 법적 규제와 사회적 인식이 중요하며, 사용자와 기업 모두가 책임감 있게 행동해야 한다.

인공지능(AI) 윤리와 교육은 현대 사회에서 점점 더 중요한 주제로 부각되고 있다. AI 기술이 발전함에 따라 그 사용과 관련된 윤리적 문제도 증가하고 있으며, 이러한 문제를 해결하기 위해서는 교육이 필수적이다.

AI 교육의 주요 요소는 다음과 같다.

첫째, 기초 교육이다. 학생들에게 AI의 기본 개념, 작동 원리, 응용 분야 등을 가르치는 것이 중요하다. 이를 통해 AI에 대한 이해도를 높이고, 기술에 대한 두려움을 줄일 수 있다.

둘째, 윤리 교육이다. AI의 윤리적 문제와 관련된 주제를 다루는 교육이 필요하다. 학생들이 AI의 사회적 영향, 윤리적 고려 사항, 법적 규제 등을 이해하도록 돕는 것이 중요하다.

셋째, 비판적 사고이다. AI 기술의 사용에 대한 비판적 사고를 기르는 교육이 필요하다. 학생들이 AI의 장단점을 분석하고, 윤리적 문제를 논의할 수 있는 능력을 키워야 한다.

넷째, 실습과 경험이다. AI 기술을 실제로 사용해 보는 경험이 중요하다. 프로젝트 기반 학습이나 인턴십 등을 통해 학생들이 AI 시스템을 개발하고 적용하는 과정에서 윤리적 고려를 할 수 있도록 해야 한다.

다섯째, 다학제적 접근이다. AI 윤리는 기술적 측면 뿐만 아니라 사회적, 경제적, 법적 측면에서도 다루어져야 한다. 다양한 분야의 전문가들이 협력하여 포괄적인 교육 프로그램을 개발하는 것이 필요하다.

AI의 발전이 가져올 수 있는 긍정적인 변화와 함께 윤리적 문제를 해결하기 위한 교육이 뒷받침되어야 한다. 이를 통해 미래 세대가 AI 기술을 올바르게 이해하고 활용할 수 있도록 준비시키는 것이 중요하다(김태현 외, 2024).

라. 수업에서의 디지털 활용의 실제

수업에서의 디지털 활용은 교육의 질을 높이고 학생들의 참여를 증진시키는 데 중요한 역할을 한다. 디지털 기술을 효과적으로 활용하면 학습 경험을 풍부하게 하고, 다양한 학습 스타일에 맞춘 맞춤형 교육이 가능해진다.

디지털 기술을 활용한 교수·학습 방법과 모형은 교육의 질을 높이고 학생들의 참여를 증진시키는 데 중요한 역할을 한다. 디지털 활용 교수·학습 방법과 모형에 대해 간단히 설명하고자 한다.

첫째, 플립드 러닝(Flipped Learning)이다. 전통적인 수업 방식과는 반대로, 학생들이 수업 전에 온라인 자료(비디오 강의, 읽기 자료 등)를 통해 학습하고, 수업 시간에는 토론, 문제 해결, 프로젝트 작업 등을 진행하는 방식이다. 디지털 활용은 비디오 강의, 온라인 퀴즈, 포럼 등을 통해 학생들이 사전 학습을 할 수 있도록 지원한다.

둘째, 블렌디드 러닝(Blended Learning)이다. 온라인 학습과 오프라인 학습을 혼합하여 진행하는 방식이다. 학생들은 디지털 자료를 통해 자율적으로 학습하고, 교실에서는 상호작용과 협업을 통해 심화 학습을 한다. 디지털 활용은 LMS를 통해 학습 자료를 제공하고, 온라인 토론 및 과제를 통해 학생들의 참여를 유도한다.

셋째, 프로젝트 기반 학습(Project-Based Learning)이다. 학생들이 실제 문제를 해결하기 위해 팀을 이루어 프로젝트를 수행하는 학습 방법이다. 이 과정에서 학생들은 비판적 사고, 협업, 문제 해결 능력을 기를 수 있다. 디지털 활용은 협업 도구(구글 문서, Trello 등)를 사용하여 프로젝트를 관리하고, 온라인 자료를 통해 필요한 정보를 수집한다.

넷째, 게임 기반 학습(Game-Based Learning)이다. 게임의 요소를 활용하여 학습을 진행하는 방법이다. 학생들은 게임을 통해 동기를 부여받고, 학습 내용을 재미있게 익힐 수 있다. 디지털 활용은 Kahoot, Quizizz와 같은 플랫폼을 통해 퀴즈 형식의 게임을 진행하거나, 교육용 게임을 통해 학습한다.

다섯째, 협력 학습(Collaborative Learning)이다. 학생들이 그룹으로 협력하여 학습하는 방법이다. 서로의 의견을 공유하고, 문제를 해결하는 과정에서 사회적 기술과 의사소통 능력을 기를 수 있다. 디지털 활용은 온라인 포럼, 소셜 미디어, 협업 도구를 통해 학생들이 서로 소통하고 협력할 수 있는 환경을 제공한다.

여섯째, 혼합 현실(Mixed Reality) 학습이다. 가상 현실(VR)과 증강 현실(AR)을 결합하여 학생들이 몰입감 있는 학습 경험을 할 수 있도록 하는 방법이다. 디지털 활용은 VR 기기를 통해 역사적 사건을 체험하거나, AR 앱을 통해 과학적 개념을 시각적으로 이해할 수 있도록 지원한다.

디지털 기술을 활용한 교수·학습 방법과 모형은 학생들의 참여를 유도하고, 다양한 학습 스타일에 맞춘 맞춤형 교육을 가능하게 한다. 교수자는 이러한 방법과 모형을 적절히 활용하여 학생들이 보다 효과적으로 학습할 수 있는 환경을 조성해야 한다.

다음으로는 AI 활용 수업 설계 사례를 그림으로 소개하고자 한다.

그림 11-1 AI 활용 수업설계 사례(초등 4, 영어)

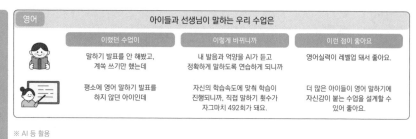

초등학교
영어
4학년

※ AI 등 활용
① 개별 맞춤 연습(학생별 발음, 강세, 억양 등의 정확도 판단), ② 학생별 보충·심화 과제 제시
- **학습 주제**: 좋아하는 과목을 묻고 답하는 표현 말하기
- **수업 설계**: 학생별 특성을 고려하여 "개별 맞춤학습" 설계
  - 찬찬히 배우는 학생은 AI가 추천한 학습경로에 성공경험을 느낄 수 있는 작은 도전과제를 추가하고, 해냈을 경우 즉시 피드백하는 과정을 반복

- **수업 실행**
  - 도입 1주일 시간표를 보며 과목을 영어로 바꿔 말하기 활동 안내
  - 개별 활동 맞춤형 개별활동(단어 연습, 문장 연습, 문장 녹음, 명작) 수행
    ※ 찬찬히 배우는 학습자: 학생의 학습 속도와 깊이에 맞춘 학습 추천 및 코칭
  - 모둠 활동 좋아하는 과목을 묻고 답하는 대화 나누기
  - 마무리 학생별 보충·심화 과제 제시 및 피드백

- **수업 성찰**
  - 동학년 교사들과 찬찬히 배우는 학습자 위한 코칭 사례 나누고, 개선점 협의

그림 11-2 AI 활용 수업설계 사례(중등 1, 수학)

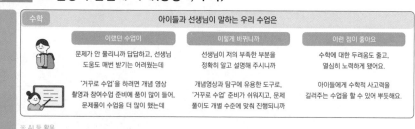

중학교
수학
1학년

※ AI 등 활용
① 자동채점 및 정답률 분석, ② 탐구환경, 협업 및 생산 도구
- **학습 주제**: 그래프로 나타난 실생활 속 변화 관계 탐구하기
- **수업 설계**: 상호작용과 협력을 통한 "개념 기반 탐구학습" 설계
  - 문제풀이 선행학습에 치중하여 개념 오류를 바로잡아야 하는 학생 다수

- **수업 실행**
  - 도입 진단평가(퀴즈)로 오개념 진단하고 보충 설명
  - 개별 활동 자신의 관심 분야(기후 위기, 멸종위기 동물)나 실생활 소재(국가대표 경기와 치킨 판매량)와 관련된 다양한 그래프를 조사하여 의미 해석, 변화 예측, 그래프에 나타나지 않은 정보 추측하기
  - 모둠 활동 각자 조사한 내용을 모아, 그래프 해석(의미, 변화 예측, 숨은 정보 추측)에 대한 수학적 근거가 충분한지 토론하여 검증 → 변화하는 두 양 사이의 관계를 수학적으로 표현하여, 세상을 이해하고 예측하는 데에 활용할 수 있다는 개념(지식)으로 일반화(구성) → 개념 설명에 가장 적합한 사례를 선정하여 발표자료 공동 제작
  - 마무리 모둠별 탐구결과 발표 및 상호 평가, 개별 피드백

- **수업 성찰**
  - 동학년 수학교사, 영양교사와 협력해서 그래프 해석을 어려워하는 학생들을 위해 학생들에게 익숙한 급식메뉴와 잔반의 관계에 관한 도전과제 제작

그림 11-3 AI 활용 수업설계 사례(고등 1, 정보)

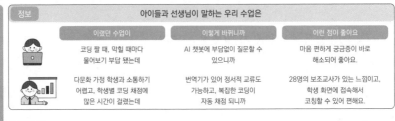

정보	아이들과 선생님이 말하는 우리 수업은		
	이랬던 수업이	**이렇게 바뀌니까**	**이런 점이 좋아요**
	코딩 짤 때, 막힐 때마다 물어보기 부담 됐는데	AI 챗봇에 부담없이 질문할 수 있으니까	마음 편하게 궁금증이 바로 해소되어 좋아요.
	다문화 가정 학생과 소통하기 어렵고, 학생별 코딩 채점에 많은 시간이 걸렸는데	번역기가 있어 정서적 교류도 가능하고, 복잡한 코딩이 자동 채점 되니까	28명의 보조교사가 있는 느낌이고, 학생 화면에 접속해서 코칭할 수 있어 편해요.

고등학교
정보
1학년

※ AI 등 활용
① AI챗봇, ② 다국어번역기, ③ 코드자동채점, ④ 개별코칭시스템
• **학습 주제:** 실생활 문제 해결을 위한 프로그래밍 실습하기
• **수업 설계**
  – 코딩 실습 시 간단한 오타 등은 AI 튜터의 도움을 받되, 교사는 문제 해결을 위한 코드 완성을 위해 "개별 맞춤 코칭"

• **수업 실행**
  – 도입 학생마다 실생활과 연계된 문제 해결 실습 코스를 제공
  – 개별 활동 과제 관련 영상(코딩 원리, 작성법 등)을 시청하여, 개념을 학습하고, 실습 문제를 코딩환경에서 코드로 작성하여 제출
  – 개별 코칭 학생별 화면에 접속하여 코칭하고, 다문화 가정 학생은 번역기를 통해 학습 코칭분만아니라 사회·정서적 피드백
  – 마무리 개별 활동 과제에 대한 자동 채점 결과와 함께 개별 피드백 제공

• **수업 성찰**
  – 다음 수업은 학생 선택권을 넓힐 수 있도록 코스 종류를 더 다양하게 구성

출처: 교육부(2024). 2024년 디지털 기반 교육혁신 정책 브리프(DXE) 5월호. p. 6~7.

연습 문제

1 **교육방법의 특징이 <u>아닌</u> 것은?**

① 목포지향성　　② 단편적 평가　　③ 학습자 중심　　④ 다양성　　⑤ 피드백 제공

정답 ②

2 **반두라의 관찰학습의 특징이 맞는 것은?**

① 실제적 과제와 맥락을 강조한다.

② 개별수업의 원리를 전제한다.

③ 협동학습을 강조한다.

④ 인지적인 과정은 학습에 주요한 역할을 한다.

⑤ 수업 중에 설명하는 시간을 줄일 수 있다.

정답 ④

3 **'교육방법'의 정의를 100자 이내로 요약하여 쓰시오.**

_____

_____

_____

_____

_____

정답 교육방법은 교수-학습활동에서 피교육자의 개인적 특성과 학습지도의 모델, 비용과 시간적 여유에 대한 고려, 학습환경 등을 고려해서 수업목표에 도달하기 위한 학습설계·개발·적용·관리·평가를 위한 제반활동으로 정의할 수 있다.

'거꾸로 학습'이 무엇인지 80자 이내로 요약하여 설명하시오.

_____

_____

_____

_____

_____

정답 학교에서 들어야 할 교사의 수업을 집에서 동영상, 유인물, 파워포인트 자료, 온라인 학
      습 등으로 학습하고, 학교에서는 교사의 지도 아래 과제활동이나 심화활동을 하는 것

 디지털 교육의 특징이 <u>아닌</u> 것은?

① 접근성과 유연성
② 상호작용과 협업
③ 공간의 제한이 많음
④ 테이터 기반 학습
⑤ 자기 주도적 학습

정답 ③

개인정보 보호의 주요 요소는?

① 저작권 자동 발생
② 디지털 환경에서의 저작권
③ 공정 사용
④ 저작권의 권리
⑤ 정보 주체의 권리

정답 ⑤

7 디지털 리터러시(Digital Literacy) 개념을 150자 이내로 요약하여 쓰시오

_____

_____

_____

_____

_____

정답 디지털 시대에 필수적으로 요구되는 정보 이해 및 표현 능력이다. '읽고 쓸 수 있는 능력'이라는 리터러시(Literacy)가 디지털 플랫폼과 만나 다양한 미디어를 접하면서 명확한 정보를 찾고, 평가하며, 조합할 수 있는 개인의 능력

8 디지털 기술을 활용한 교수-학습 방법과 모형 2가지를 골라 각각 120자 이내로 요약하여 설명하시오.

1. _____

_____

_____

2. _____

_____

_____

_____

정답 플립드 러닝(Flipped Learning)이다. 전통적인 수업 방식과는 반대로, 학생들이 수업 전에 온라인 자료(비디오 강의, 읽기 자료 등)를 통해 학습하고, 수업 시간에는 토론, 문제 해결, 프로젝트 작업 등을 진행하는 방식이다. 디지털 활용은 비디오 강의, 온라인 퀴즈, 포럼 등을 통해 학생들이 사전 학습을 할 수 있도록 지원한다.

블렌디드 러닝(Blended Learning)이다. 온라인 학습과 오프라인 학습을 혼합하여 진

행하는 방식이다. 학생들은 디지털 자료를 통해 자율적으로 학습하고, 교실에서는 상호 작용과 협업을 통해 심화 학습을 한다. 디지털 활용은 LMS를 통해 학습 자료를 제공하고, 온라인 토론 및 과제를 통해 학생들의 참여를 유도한다.

Introduction to Education

CHAPTER

12

다문화교육과 세계시민교육의 이해

CHAPTER 12
다문화교육과 세계시민교육의 이해

 학습목표

가. 다문화교육의 개념과 필요성을 이해할 수 있다.

나. 다문화교육의 내용 및 방법을 예를 들어 설명할 수 있다.

다. 세계시민교육을 정확하게 이해하고 개념과 필요성을 알 수 있다.

라. 세계시민교육의 내용과 방법을 예를 들어 설명할 수 있다.

마. 세계시민교육의 실제를 사례별로 열거할 수 있다.

다문화교육은 교육과정과 교육제도의 재구성을 주요 골자로 하는 학교교육
개혁 운동이며 이는 다양한 인종, 성별, 언어, 사회계층, 집단에 속한 사람들이
동등한 교육의 기회를 누릴 수 있도록 하는 지속적 노력이다.

뱅크스(Banks)

세계시민이란 첫째, 글로벌화된 세계를 인지하고 세계시민으로서 자신의 역할을
인식하는 사람이다. 둘째, 다양성을 존중하고 가치있게 생각하는 사람이다.
셋째, 세계가 어떤 방식으로 돌아가는지 비판적으로 이해하는 사람이다.
넷째, 사회적 정의를 위해 헌신하는 사람이다. 다섯째, 지역적 차원부터 세계적
차원의 공동체 활동에 참여하는 사람이다. 여섯째, 세계를 좀 더 공평하고
지속 가능한 곳으로 만들기 위해 다른 사람들과 힘쓰는 사람이다. 일곱째,
자신의 행동에 책임을 지는 사람이라고 정의하였다.

옥스팜(Oxfam)

세계시민교육이란 세계 시민성을 지위·감정·실천의 세 가지 차원에서 이해할
수 있다. 첫째, 국적에 기반을 둔 법적 지위를 갖고 있지만 동시에 보편적인
인권에 호소할 수 있는 지위. 둘째, 단수 혹은 복수의 지역사회(공동체)에 속
한다는 감정(느낌). 셋째, 다른 동료시민들과 함께 공동선을 증진시키는 데
참여하는 실천이다고 정의하였다.

오슬러/스타키(Osler/Starkey)

세계시민교육이란 다양한 문화적 배경의 학생들이 자신의 지역과 국가,
문화 공동체 나아가 세계 공동체의 시민으로서의 삶을 살아갈 수 있는 지식,
기술과 가치를 가르치는 것이 세계시민교육이라고 하였다.

마사 누스바움(Martha Nussbaum)

다문화교육은 자신의 문화뿐만 아니라 다른 문화를 이해, 존중하고 함께 다른
문화권의 사람들과 공동체 의식을 가지고 상호작용하는 방법을 가질 수 있도록 작
용하는 총체적인 과정이다. 세계화와 더불어 우리는 더 이상 자신이 소속된 국가만
의 시민이 아니라 전 세계의 시민 즉, 세계시민이라는 의미로 시민의 개념이 확장
되었다. 따라서 세계시민으로 가는 길에는 세계시민교육이 필요하다. 따라서 이 장
에서는 다문화사회의 이해, 개념과 필요성, 내용, 방법과 실제 등과 더불어 세계시
민교육의 내용, 방법, 실제, 전망과 과제 등을 차례로 살펴보고자 한다.

1 다문화교육의 이해

가. 다문화사회의 이해

다문화사회는 문화적 다원론과 문화적 상대주의에 기초하여 인류공동의 가치
와 문화를 인식하고 생활 및 행위양식이 광범위하게 수용되고 공유되는 사회를 말
한다(Waters, 이기철 역, 1998). 다문화사회의 의미는 현상적 측면과 규범적 측면에서
살펴볼 수 있다. 현상적 측면의 다문화사회는 민족, 인종, 성, 연령, 계층, 지역, 신
체 등 다양한 변인이 매개가 된 문화 현상이 사실로서 나타나는 사회를 의미한다.
규범적 측면에서는 다문화주의의 이념이 온전하게 실현된 사회를 의미한다(구정화,

외, 2009). 즉, 다문화사회는 생활양식과 가치관이 매우 다양한 시대로서 사회구조와 제도가 다문화주의를 반영하고 구체화된 사회로 사회구성원들이 다양한 민족과 서로 다른 문화가 공존하는 사회임을 인정하는 사회라고 할 수 있다(전상준 외, 2018).

다문화사회는 일반적으로 민족, 인종, 문화 등을 기반으로 다양성과 특수성이 존재한다. 이민자의 유입, 기존 토착민의 문화 등 다양한 민족, 인종, 문화가 존재하며, 가족의 형태, 학교교육, 지역사회, 직장, 성, 연령, 신체 등 다양성과 특수성이 존재하는 특징을 가진다. 둘째, 다문화사회는 다양한 유형의 집단 간 갈등이 존재한다. 다양한 민족, 인종, 언어, 종교, 계층의 특성을 가진 집단이 공존하므로 집단 간 욕구 충돌로 인한 갈등이 발생하게 된다. 셋째, 유입 집단에 대한 고정관념도 존재한다. 이러한 고정관념은 절대적인 성격과 상대적인 성격을 가지고 있으며 자칫하면 유입 집단 혹은 이주자 개인에 대한 의식적, 제도적 차별로 이어질 가능성도 존재한다(구정화 외, 2009).

나. 다문화교육의 개념

다문화교육은 다민족교육, 다문화적인 교육, 문화 간 교육, 세계화 교육 등 유사한 용어와 함께 사용되고 있다. 다문화교육은 인종, 문화, 언어, 사회계층, 젠더 및 장애를 포함하는 광의의 개념을 포함하여 행해지고 있다. 뱅크스(Banks, 1994)는 다문화교육의 개념을 교육과정과 교육제도의 재구성을 주요 골자로 하는 학교교육 개혁운동이라고 보았다. 이는 다양한 인종, 성별, 언어, 사회계층, 집단에 속한 사람들이 동등한 교육의 기회를 누릴 수 있도록 하는 지속적인 노력이라고 정의하였다.

김선미(2002)는 다문화교육은 성별, 종교, 계층, 직업, 인종 등에서 비롯되는 각 사회 집단들의 고유한 문화적 특성이 다양하게 존재하고 있음을 강조하고 주류 또는 비주류 집단들의 문화를 동등하게 가치롭게 여기고 존중하기 위한 교육이라고 정의하였다. 다문화교육의 개념을 구체적으로 살펴보면 첫째, 개인들로 하여금 다른 문화의 관점을 통해 자신의 문화를 바라보는 자기 이해를 증진시키는 교육활동이다. 둘째, 학생들에게 문화적, 민족적, 언어적 대안을 가르치기 위한 목적으로 실시되고 있다. 셋째, 모든 학생이 자문화, 주류 문화, 그리고 다문화가 공존하는 사회에서 요구하는 지식과 기능, 그리고 태도를 습득하도록 하기 위한 것이다. 넷째, 소수민족 집단이 그들의 인종적·신체적·문화적 특성 때문에 겪는 고통과 차별을 감소시키기 위한 것이다. 다섯째, 학생들이 전 지구적이고 평평한 테크놀로지 세계에서 살아가는 데 필요한 기초학습능력을 습득하도록 하기 위한 것이다. 여섯째, 학생들이 자신이 속한 문화 공동체, 국가적 시민 공동체, 지역 문화, 그리고 전 지구적 공동체에서 제 구실을 하는 데 필요한 지식, 태도, 기능을 다양한 인종, 문화, 언어, 종교 집단의 학생들이 습득하도록 도움을 주는 교육이다(조혜영 외, 2023).

지금까지의 내용을 종합해 보면, 다문화교육은 국가, 민족 및 인종, 성, 언어, 종교, 정치, 가족 구성, 연령, 장애, 외모, 사회적 계층의 다양한 배경을 가진 사람들이 자신과 다른 문화의 다양성을 존중하도록 지원하여 그들의 삶을 긍정적으로 변화시키고 서로 다른 문화를 이해, 존중, 수용하여 바른 지식과 가치, 태도를 갖추는 것으로 궁극적으로 모든 집단의 관심과 이익에 부합하는 사회를 만들 수 있는 시민을 양성하는 교육이다.

다. 다문화교육의 필요성

우리나라는 국제결혼 가정, 외국인이주민가정, 북한이탈주민 등 다양한 형태의 가정에서 다문화 학생들이 살고 있다. 이러한 상황에서 다문화교육은 매우 중요하게 강조되고 있다. 다문화교육의 필요성을 제시하면 다음과 같다(전상준 외, 2018).

첫째, 다문화인식의 발달이다. 다문화교육은 인간의 심리적 발달 측면에서 다문화적 인성 발달을 위해 매우 필요하다. 인간은 다문화에 대한 인식의 발달적 측면에서 초기에는 주류문화를 중심으로 문화 정체성을 형성한다. 초기에는 문화 간 연대적 이해가 가능할 수 있도록 발달해 나간다는 점에서 초기에 문화 간 이해와 주류문화, 소수문화에 대한 편견 등의 내용을 다루는 교육이 필요하다.

둘째, 다문화사회의 갈등 완화이다. 주류집단과 소수집단 모두의 문화에 대한 편견 및 선입견을 감소시키고, 문화적 차이로 어려움을 겪는 사람들을 따뜻하게 배려해야 함으로써, 문화 간 차이를 넘어 서로의 문화를 이해, 수용하고 존중함으로써 공존할 수 있도록 다양한 방법의 다문화교육이 필요하다.

셋째, 소수집단의 어려움과 인권보호이다. 서로 다른 문화권에 대한 사회적 인정이 필요하며 이를 위해 차별 의식과 고정관념, 선입견을 없애기 위하여 다문화교육이 이루어질 필요가 있다.

넷째, 다양한 문화 체험 활동을 통한 폭넓은 이해를 위해서 필요하다. 다른 문화를 체험하면서 그 문화를 더 폭넓게 이해하고 다른 문화를 인정하고 존중하는 태도를 기를 수 있다.

라. 다문화교육의 내용

1) 다문화교육 내용 선정의 원칙

다문화 교육 내용 선정을 위하여 몇 가지 고려할 점(구정화 외, 2009; 김영옥, 2002)을 토대로 다문화 교육의 내용 선정 원칙을 제시하면 다음과 같다.

첫째, 다문화 현상이 학생 자신의 일상적 경험과 밀접하게 연관되어 있음을 알게 한다. 따라서 다문화적 현상이 우리 사회에서 복합적 양상으로 나타남을 알게 해 주어야 한다.

둘째, 유아부터 청소년들이 다양성, 상호의존성을 특징으로 하는 삶을 살아가도록 해야 한다. 다양한 배경을 지닌 학생들이 상호의존적인 협력을 통해 미래의 질을 더욱 높일 수 있도록 내용이 선정되어야 한다.

셋째, 집단과 사회의 문화 속에서 발견될 수 있는 인간의 기본적 욕구 및 흥미와 관련된 공통점과 차이점을 포함하는 내용을 선정해야 한다.

넷째, 다문화 사회에 대한 거시적, 종합적 이해를 위해 민족, 인종, 문화만이 아닌 성, 종교, 신체, 사회경제적 지위 등의 다양성을 존중해야 한다. 문화에 대한 상대주의적 태도를 중요하게 다루어 문화에 대한 사람들의 다양한 관점에 대한 상이한 해석을 포함해야 한다.

다섯째, 다양한 문화권의 언어, 이야기, 음악, 예술 등을 포함시킨다. 이 때 특수성을 너무 강조하기 보다는 우리 사회 안에 들어와 있는 다른 문화의 특징을 호기심, 흥미를 가지고 다가갈 수 있도록 해야 한다.

여섯째, 다른 문화권 사람들이 물리적 환경과 사회적 환경에 어떻게 대응하고 있는지 비교한다. 또한 다양한 문화의 중요성과 함께 집단 내 문화 및 집단 간 문화 즉, 문화 공동체 간의 협력과 조화를 강조하는 내용이 다루어져야 한다.

2) 다문화 교육 내용 요소

다문화교육의 내용은 다문화 사회에 대한 다양성의 이해와 함께 상호 존중, 평등한 기회, 수평적 소통관계 등에 초점을 맞추어 구성될 수 있다(조혜영 외, 2023). 다문화교육 내용 요소를 제시하면 다음과 같다.

첫째, 문화이다. 문화적 차이에 대한 지식 및 이해와 존중 태도 함양의 강조로 각 문화간의 유사점과 차이점의 특성 알기, 각 문화에 대한 이해 및 존중감 갖기, 문화 간 긍정적 태도 발달시키기 등의 내용이 포함될 수 있다.

둘째, 협력으로 의사소통 및 대인관계 기술 강조이다. 다양한 사람들과 상호작용하는 능력, 다양한 사람들과 협동하는 능력을 증진할 수 있는 내용이 포함되어야 한다.

셋째, 반편견으로 고정관념에 대한 비판적 접근, 존중의 태도, 문제해결능력 등의 강조이다. 선입견, 편견, 고정관념에 대한 비판적 사고 기르기, 문제 상황에 대한 대처능력 및 해결능력 기르기 등이다.

넷째, 정체성으로 자아개념 형성, 집단에 대한 소속감 및 자부심 강조이다. 긍정적 자아개념의 형성과 자아 정체감 및 집단 정체감 형성하기의 내용이 포함된다.

다섯째, 평등성이다. 민주적 가치로서의 평등에 대한 이해 및 신념의 강조이다. 국가, 민족, 성, 능력, 계층에 대한 긍정적 태도를 갖는 것, 인간평등에 대한 신념 형성하기 등이다.

여섯째, 다양성이다. 차이 자체를 현상으로 인정하고 존중하는 태도의 강조이다. 다양한 개인과 집단의 존재를 인정하기, 다양성을 수용하고 존중하는 마음 갖기 등이다.

마. 다문화교육의 방법

1) 다문화 교육내용의 접근 방법

뱅크스(2002)는 다문화적인 내용을 초, 중등학교 및 대학의 교육과정에 통합시킬 때 다문화교육과정 개혁을 위한 접근법으로 기여적 접근법, 부가적 접근법, 변혁적 접근법, 사회적 행동 접근법을 제시하였다. 이에 대하여 구체적으로 살펴보면 다음과 같다.

첫째, 기여적 접근법은 초등학교에서 활용할 수 있는 단계로 영웅이나 임시공휴일, 기념일 등의 개별적인 문화 요소를 사용하여 다른 문화집단의 사회 참여에 대한 중요성을 인식시키는 것이다. 이는 교육과정 전반적 개편 없이 수업에 적절하게 반영할 수 있는 장점을 가지고 있다.

둘째, 부가적 접근법이다. 이는 교육과정의 기본적 구조는 변화시키지 않고 개념, 주제, 관점, 내용을 교육과정에 넣는 방법으로 단원이나 교사의 재량에 따라 하나의 과정을 삽입하는 것이다.

셋째, 변혁적 접근법이다. 이는 학생들이 다양한 민족과 문화의 관점에서 개념과 사건, 해당 인물을 이해하고 지식이 사회 산물임을 이해시키는 방법이다. 다양한 민족 집단, 문화집단의 관점에서 개념, 이슈, 사건, 주제를 바라볼 수 있도록 교육과정의 구조를 변화시키는 과정이 요구된다.

넷째, 사회적 행동 접근법이다. 이는 학생들이 주요한 사회 문제들과 관련하여 프로젝트 활동을 통해 개인, 사회, 시민 행동을 적극적으로 수행할 수 있도록 하는 것이다. 이러한 활동을 통해 학생들은 문제해결을 위한 결정과 문제해결에 도움이 되는 행동을 증진할 수 있다.

뱅크스(Banks)는 위의 여러 가지 접근법 중 바람직한 다문화교육을 위해서는 변혁적 접근법과 사회적 행동 접근법에 도달하는 것이 필요하다고 보았다(모경환 외, 2010).

2) 다문화교육 교수-학습 방법

(1) 뱅크스와 뱅크스(Banks & Banks)

뱅크스와 뱅크스(Banks & Banks, 2007)가 제시한 다문화교육 교수-학습 방법에 대하여 살펴보면 다음과 같다.

첫째, 다양한 문화로부터 적절한 예와 내용을 통합적으로 제시한다. 둘째, 지식이 구성되는 방법에 영향을 주는 훈련 내에서 문화적 가정이나 참고물의 프레임, 시각, 편견들을 함축하는 방법을 이해하고 조사하도록 한다. 셋째, 다양한 인종적, 문화적, 성, 그리고 사회적 계층 집단 학생들의 학문적 성취를 촉진하도록 교사 자신들의 교수방법을 수정하는 페다고지의 실천이 필요하다. 넷째, 그룹핑, 실제 명명하기, 스포츠 참여, 성취의 불균형, 민족과 인종을 넘어서 지역과 학생 간의 상호작용을 통한 학교문화를 강화하는 교수-학습 방법이 요구된다.

(2) 슬리터와 그랜트(Sleeter & Grants)

슬리터와 그랜트(Sleeter & Grants, 1999)가 제시한 다문화 교육방법을 제시하면 다음과 같다. 첫째, 교사는 학생에 대하여 복합적인 자료를 학습하고 높은 기술 수준에서 수행할 능력이 있으며, 타고난 호기심이 많은 개인으로 바라보는 시각이 필요하다. 둘째, 각 학생은 자신만의 독특한 학습 양식이 있으므로 교사는 개인의 독특한 학습 양식을 발견하도록 도와주어야 한다. 셋째, 모든 학생에 대한 높고 현실적인 기대를 하게 하고 서로 협력할 수 있도록 지원해야 한다. 넷째, 모든 학생이 긍정적 자아개념을 발달할 수 있는 학습방법이 필요하다.

(3) 디트와 디트(Tiedt & Tiedt)

디트와 디트(Tiedt & Tiedt, 1998)가 제시한 다문화 교육방법은 예술, 읽기, 수학, 음악, 신체적 활동, 과학과 기술, 사회활동 등 다양하며 이를 제시하면 다음과 같다 (김영옥, 2002).

① 예술: 아동문학의 삽화, 종이접기, 동식물 모음집, 영화, 미술 등에 대한 자료와 실제적인 견학 등

② 읽기: 의미있는 토의 수행하기, 국제적인 펜팔, 역할놀이, 교육과정을 통한 모든 언어 활동 등

③ 수학: 수학적 단어 찾기, 컴퓨터 이용하기, 주제 연구에서 수학 사용하기 등

④ 음악: 음악 단어망 구성하기, 노래를 묘사한 책, 음악가에 대한 이야기, 악기, 노래책 등

⑤ 신체활동: 질병, 다양한 문화를 반영한 게임 조사, 스포츠와 스포츠 스타, 운동에 대한 이야기 등

⑥ 과학과 기술: 뉴스에서 나오는 과학, 과학과 이중 언어 사용 학생, 여성과 과학, 실제적 견학, 과학 소설, 과학 주제 등

⑦ 사회: 토의 주제, 학습 구성원들의 태생 조사하기, 다문화적 역사에 대한 소설, 분석하기와 비교하기, 실제 사람들에 대한 이야기 읽기 등.

바. 다문화교육의 실제

1) 도서를 활용한 다문화교육

교실에서 도서를 활용하는 것은 매우 일반적인 방법이며 이는 다문화교육에서도 예외는 아니다. 학생들의 수준에 맞는 도서를 교육의 자료로 활용하는 것은 가장 일반적인 다문화 교육 방법 중 하나이다. 다문화 내용을 포함하고 있는 도서는 인종, 민족, 종교, 계층, 언어, 성, 장애, 연령, 가족 등과 관련하여 다양한 사회집단의 문화를 다문화적인 관점에서 기술한 책이다(박윤경, 2007). 대부분의 다문화 요소가 반영된 도서는 소수 문화 및 집단구성원의 삶을 문화 다양성 측면에서 기술하고 있으므로 특정 집단에 대한 편견 감소, 고정관념 해소의 방법으로 그려져 있다(구정화 외, 2009).

다문화도서를 활용한 교육의 효과는 다음과 같다.

첫째, 다양한 문화에 대한 간접 경험을 증대시킨다. 다문화도서의 활용은 학생들에게 다양한 문화 및 구성원의 삶에 접촉할 수 있는 기회를 제공한다. 이는 학생들에게 문화의 다양성을 인정, 수용하고 존중하는 능력과 태도 증진에 도움을 준다. 문학 작품은 간접적 경험을 제공하는 데 있어 매우 효과적이므로 다문화적인 여러 영역에서 나타나는 편견과 차별을 느끼는 사람들의 삶과 감정, 사고를 간접적으로 경험할 수 있다(Gay, 2000).

둘째, 자신의 문화와 경험에 대한 성찰의 기회를 제공한다. 도서를 통해 주류집단이든 소수문화집단이든 학생들은 자신의 삶에 대해 성찰할 수 있다. 도서의 활용은 자신과 다른 삶의 경험과 관점이 존재한다는 것을 알게 된다. 즉, 다문화 도서는 학생들에게 다른 문화의 렌즈를 통해 자신의 문화를 타자의 눈으로 보는 기회를 제공(박윤경, 2007)하는 가치있는 매체이다.

셋째, 학생들의 긍정적 자아정체성 확립에 도움을 준다. 집단의 문화를 반영하고 있는 다문화도서는 자신들의 문화가 가치로움을 느끼고 자아에 대하여 긍정적으로 생각하는 계기가 되므로 학생들의 학습 및 긍정적 자아정체성에 효과가 있다.

넷째, 문화가 가지고 있는 다양성과 함께 문화의 유사성 및 보편성을 이해하는 데 도움을 준다(김영옥 외, 2008). 다른 나라에 대한 객관적인 정보, 상식, 지식, 관심 등 인지적인 태도의 향상에도 영향을 준다. 문화는 다양성의 측면이 있지만 그 안에는 유사한 형태의 생활양식과 공통된 방식이 존재하고 있다. 이에 다문화도서는 문화가 가지고 있는 보편성 및 유사성을 발견할 수 있도록 도와주고, 다른 문화와의 보편적 유대감 형성에 효율적인 매체로 활용될 수 있다.

2) 영화를 활용한 다문화교육

영화는 그 시대의 생활모습과 사상, 현실이 담겨져 있는 매체이다. 영화는 줄거리와 함께 대사, 음악, 음향, 다양한 장면 등 시각적 및 청각적 요소가 담겨 있는 종합적인 영상 매체로 친근감을 가진다. 영화를 활용한 다문화교육은 수업에서 다루고자 하는 주제 관련성, 학습자 수준을 고려한 영화 선정과 어떤 부분에 초점을 맞추고 영화를 시청할 것인지에 대한 이야기 나누기 과정이 중요하다. 영화를 활용한 다문화교육의 효과는 다음과 같다.

첫째, 간접적 체험을 통하여 다문화 현상에 대한 이해를 돕는다. 영화는 현재 그 사회 문화가 담고 있는 문제점과 고민, 과제를 고스란히 반영하고 있다(구정화 외, 2009). 따라서 다문화적 내용을 보고 다른 문화의 삶에 대한 공감, 이해, 존중 의식을 키워갈 수 있다.

둘째, 친숙한 매체인 영화는 학생의 수준, 다양한 상황을 고려하여 적절하게 반영할 수 있고 이를 통해 공감적 이해를 더욱 증진시킬 수 있다. 다문화 현상에 대한 이해와 함께 가치판단, 의사결정을 도우며 적절한 행동을 할 수 있는 동기와 실천 의지를 더욱 증진하게 돕는다.

3) 전통놀이를 활용한 다문화교육

놀이는 모든 문화권에 존재하는 것으로 매우 친숙하고 즐겁게 부담없이 참여할 수 있다는 장점을 가지고 있다. 또한 놀이는 여러 문화권에서 다양한 유형으로 존재하지만 그 안에서 유사성과 공통성을 가지고 있다. 이에 다문화적 놀이를 통해 다양성에 대한 이해와 존중을 배우고 이와 함께 서로 조화와 화합의 공동체적 의식을 강하게 증진시켜 준다. 따라서 각 나라의 다양한 전통놀이를 함께 체험하고 즐기면서 자발적인 참여 의지와 함께 자연스럽게 협력과 공존, 공동체적인 삶의 중요한 가치를 깨닫게 해 주기에 매우 효율적이고 바람직한 방법이라고 볼 수 있다.

4) 역할놀이를 활용한 다문화교육

역할놀이는 교실 안에서 사회현상을 재현하는 활동으로 정서적 사회적 활동을 통하여 공감, 감정이입을 경험하고 그에 대한 문제를 해결해 볼 수 있도록 한다. 역할놀이는 학생들에게 감정이입을 통한 공감, 분노, 애정 등의 다양한 감정을 탐색하는 기회 제공과 사회 현상과 관련된 태도 및 가치를 습득하고 행동을 증진하게 한다(Joyce et al., 2000). 이와 함께 통찰력, 의사결정능력 및 문제해결능력, 상담 및 의사소통 기술 등의 증진을 길러주는 데 유용하다.

역할놀이를 활용한 다문화교육의 효과는 다음과 같다.

첫째, 역할놀이는 자기중심적 사고를 벗어나 조망수용능력의 발달을 가져온다. 상대방의 관점에서 의도, 생각, 느낌을 파악할 수 있는 능력을 발달시킨다. 따라서 역할놀이를 통하여 타민족이나 문화에 대한 이해 증진에 도움을 준다.

둘째, 역할놀이는 다양한 상황에서 경험할 수 있는 실제적인 갈등상황을 재현하므로 이러한 경험을 통해 행동에 대한 성찰과 함께 바람직한 문제해결능력을 길러 준다. 따라서 다문화사회에서 나타나는 갈등에 대한 해결책을 논의하고 고려할 수 있도록 한다.

셋째, 역할놀이는 두 명 이상의 학생이 함께 활동하므로 집단 활동을 통해 협력적 사고, 공동체 의식을 향상시킨다. 이에 다양한 문화집단이 공존하고 협력해 나갈 수 있는 방법을 알게 되고 공동체 의식을 배양할 수 있다.

넷째, 다른 문화나 집단에 대한 공감을 통해 편견이나 선입견을 감소시키고 자신의 생각과 감정을 적절하게 표현하게 한다. 또한 다른 사람의 이야기를 잘 수용하는 기회를 경험함으로써 바람직한 의사소통능력의 증진을 가져온다.

5) 지역사회를 활용한 다문화교육

다문화교육을 위한 지역사회의 인적 및 물적 활용은 학생들에게 지역사회의 상황과 문화를 보다 잘 이해하도록 도움을 준다. 지역주민으로서 정체성과 함께 공동체 의식을 높이는데 도움을 줄 수 있다. 지역사회의 인적 활용은 다문화교육과 관련하여 전문성을 갖춘 지역 인사 초빙, 현장 직접 방문 등이 있을 수 있다. 또한 교육 관련 대학생들의 봉사활동, 다문화가정 자녀의 학부모 초청, 초빙 수업 진행의 방법도 있다. 물적 자원의 활용은 다양한 문화를 습득하고 체험할 수 있는 기관 방문과 함께 기관 연계 프로그램 참여의 방법도 있다. 지역사회 자원을 활용한 다문화교육이 주는 효과는 다음과 같다.

첫째, 지역사회와 학교 간의 협력 체계 구축이다. 지역사회의 자원 활용은 지역사회를 교육 공동체로서 상호 간 연계하고 협력하는 관계로 발전시켜 나가게 된다. 이를 통해 다문화적 가치를 실현하는 장으로서 역할을 수행할 수 있게 된다.

둘째, 지역사회의 이해와 구성원으로서의 정체성을 고취할 수 있다. 지역사회의 다양한 자원 활용을 통해 지역사회에 대한 이해를 고취하고 소속감과 사회 구성원으로의 정체성을 확립할 수 있다.

셋째, 지역사회의 문제해결에 적극적으로 참여할 수 있는 동기를 유발시킨다. 지역사회가 가지고 있는 여러 문제를 보다 깊이 있게 파악하고 이를 해결하기 위한 동기 및 실천 의지를 높이고 적극적 참여을 할 수 있도록 한다.

2 세계시민교육의 이해

가. 세계시민교육의 이해

세계시민교육은 세계화 시대에 세계시민이 되어 살아가는 데 필요한 자질을 기르는 교육이라고 할 수 있다. 세계시민교육이란 세계를 하나의 큰 사회로 보고 다른 나라의 사람들과 서로 의존하고 있다는 생각을 길러주며 국경을 넘어 인류 전체의 문제를 확인하고 그 해결책을 모색해가는 능력을 함양하고자 하는 교육이다.

1) 세계화의 이해

세계시민교육(Global Citizenship Education, GCE)을 알기 위해서는 '세계화'를 먼저 이해할 필요가 있다. 세계화는 교통·통신·정보기술의 발달에 따라 전 세계가 경제·정치·군사·사회·문화 등의 영역에서 하나로 통합되는 과정을 말한다. 세계화에 더불어 개방화, 국제화, 정보화, 다문화로 특징되는 미래사회에 대비하기 위한 교육적 노력들과 논의가 이루어지고 있다. 특히, 이러한 변화에 대응하기 위해 한 개인이 기존의 시민성을 넘어서는 세계 시민성을 모색해야 한다는 관점에서 세계시민교육이 시작되었다.

우리나라도 2015년 인천에서 세계교육포럼이 열리면서 세계시민교육에 대한 관심이 높아졌다. 세계교육포럼은 "모두를 위한 교육(Education for All. EFA,)"을 목표로 진행한 성과를 평가하고 향후 15년을 이끌 교육 목표를 설정하는 회의다. 인천 세계교육포럼을 전후로 우리나라에서도 공교육을 중심으로 세계시민교육이 확대되고 관심도 높아졌다.

글로벌 시민단체인 Oxfam(2015)은 세계시민을 첫째, 글로벌화된 세계를 인지하고 세계시민으로서 자신의 역할을 인식하는 사람이다. 둘째, 다양성을 존중하고 가치있게 생각하는 사람이다. 셋째, 세계가 어떤 방식으로 돌아가는지 비판적으로 이해하는 사람이다. 넷째, 사회적 정의를 위해 헌신하는 사람이다. 다섯째, 지역적 차원부터 세계적 차원의 공동체 활동에 참여하는 사람이다. 여섯째, 세계를 좀 더 공평하고 지속 가능한 곳으로 만들기 위해 다른 사람들과 힘쓰는 사람이다. 일곱째, 자신의 행동에 책임을 지는 사람이라고 정의하였다. 민주시민과 민주시민교육에 대한 정의는 다음 표와 같다.

표 12-1 민주시민과 민주시민교육의 정의

▶ 민주시민(民主市民)
사회 일반 민주주의의 원리를 존중하고 실천하는 태도를 가지며 개인적 행복을 추구하는 동시에 국가와 사회의 발전에 공헌할 수 있는 사람.

▶ 민주시민교육(民主市民敎育)
교육 시민들이 급격히 변천하는 사회에 적응하고 발전적인 민주 사회를 이룩할 수 있도록 훌륭한 시민으로서 지녀야 할 자질을 기르는 데 목적을 둔 교육.

2) 세계 시민성 이해

Osler/Starkey(2008)는 세계 시민성을 지위·감정·실천의 세 가지 차원에서 이해할 수 있다. 첫째, 국적에 기반을 둔 법적 지위를 갖고 있지만 동시에 보편적인 인권에 호소할 수 있는 지위. 둘째, 단수 혹은 복수의 지역사회(공동체)에 속한다는 감정(느낌). 셋째, 다른 동료 시민들과 함께 공동선을 증진시키는 데 참여하는 실천이다.

세계 시민성의 함양과 신장에 지향을 둔 세계시민교육은 결국 민족정체성 혹은 국민적 정체성을 보다 폭넓게 이해한다는 것을 포함하고 있다. 예를 들면 한국(인)의 정체성은 서로 다른 사람들이 서로 다르게 경험할 수도 있다는 것을 인정하도록 요구하는 것이다. 다시 말하면 특정한 정체성이 서로 다른 사람들에게 서로 다른 것을 의미할 수도 있다는 것을 인정하도록 요청하는 것이다.

그러면 세계시민교육을 받은 사람이 갖춰야 할 '세계 시민성은 무엇으로 구성되어 있을까?'라는 질문에 답하기 위해 여기서는 유네스코가 이미 1990년대에 발간한 시민교육 관련 문서에서 제시한 방안을 인용하고자 한다. "교육을 받은 세계시민은 그들 자신의 정체성에 대하여 신뢰감을 가지고 지역사회에서 그리고 지구적 수준에서 평화·인권·민주주의를 달성하기 위하여 일할 것으로 기대된다." 이를 좀 더 구체적으로 표현하면 다음 표와 같다(UNESCO, 1995; Osler/Starkey, 2008, 210에서 재인용).

표 12-2 세계 시민성의 구성요소

① 개인적인 책임을 받아들이고 시민적 관여와 헌신의 중요성을 깨닫는다.
② 문제를 해결하고, 정의롭고 평화로운 그리고 민주적인 지역사회(혹은 공동체)를 달성하기 위하여 다른 사람들과 협력한다.
③ 성별·민족·문화측면에서 사람들 사이에 존재하는 다양성을 인정하고 존중한다.
④ 그들 자신의 세계관이 개인적·사회적 역사와 문화적 전통에 의해 이미 형성되었거나 형성되고 있다는 것을 깨닫는다.
⑤ 문화유산을 존중하고 환경보호에 동참한다.
⑥ 국가적 수준과 국제적 수준에서 연대와 형평성(공평과 정의)을 증진시키는데 기여한다.

결론적으로 세계화된 세계 혹은 다문화 사회에서 세계시민교육은 평화·인권·민주주의의 구현에 주된 관심을 두고 있으며 세계에 존재하는 여러 가지 불평등과 차별의 문제에 특별한 주의를 기울여야 한다. 그것은 청소년과 시민들로 하여금 세계를 바람직한 방향으로 변화시키는 데 있어서 요청되는 지식·기능·태도를 갖추도록 하는데 유의하다. 또 지역적 수준에서 지구적 수준에 이르는 모든 수준에서 세계를 형성하고 구성하는 데 있어서 젊은이와 시민들이 능동적인 역할을 수행할 수 있도록 준비시키려는 시도와 노력을 하며 그런 점에서 미래지향적인 과제를 안고 있다.

나. 세계시민교육의 개념

세계는 지식기반의 정보사회로 인하여 빠르게 변하고 있다. 교통과 통신 수단의 발달로 인간의 활동 범위와 문화 교류의 속도가 확대되어 문화적 다양성을 가진 지구촌 사회로 변하고 있다. 세계시민교육(Global Citizenship Education, GCE)은 국제화·세계화에 따라 학교 교육의 대응력을 제고하기 위해서 그 중요성이 강조되고 있다.

국제화란 초고속 통신망이 구축되어 인간 활동의 범주가 한 국가에 한정되지 않고 전 세계로 확장되는 경향을 일컫는다. 이러한 국제화를 통하여 의식주의 일상생활 양식에서도 국경을 초월한 세계문화가 나타나고 있다. 교통 통신의 발달, 다국적 기업의 활동 증대, 국제기구의 역할 증대, 국가 및 지역간 상호 의존 증대와 같은 다양한 요인이 이러한 세계화의 배경이 되고 있다(Steenbergen et al, 1994: 7-8).

세계화란 오늘날 인간이 거주하고 있는 사회적·경제적·문화적 환경이 서로 연관되어 변화하는 과정과 그 결과로 나타나는 특징을 총칭하는 말이다. 이러한 세계화는 지리적 활동 영역뿐만 아니라 국경의 의미가 사라지고 경제 활동 면에서 전 지구적 규모의 기능적 통합이 일어나는 것으로 이해되어야 한다. 세계화로 인해 다민족 다문화 사회가 형성되면서 여러 민족과 문화가 함께 어울려 공존할 수 있도록 추구해야할 지식, 기능, 가치, 태도 등에 있어서 공통기준이 필요하기 때문에 세계 시민이 강조되며 학교 교육 차원에서 세계 시민 형성을 위한 교육이 요청되고 있는 것이다(전숙자, 2002).

세계화 시대에 요구되는 세계시민이란 현실적으로 한 국가의 국민임을 자각하면서 동시에 보편성을 인정하며 다양성을 추구하고 세계 사회의 한 구성원으로서 문제를 조망하고 협동적으로 자신의 역할과 의무를 충실히 담당하며 문화적 차이를 관대히 다루며 비판적이고 체계적으로 사고하며 평화적인 갈등해결, 환경보호, 인권존중, 정치 참여 등에 있어서 지식, 기능, 가치 등을 겸비하고 이를 바람직한 방향으로 실천할 수 있는 사회 구성원을 의미한다고 본다. 이렇게 볼 때 세계시민교육이란 세계시민으로서 자질을 육성하기 위한 다양한 교육을 일컫는다고 하였다(전희옥, 2016).

김현덕(1997:23)은 세계시민교육은 나와는 문화적 배경이 다른 이웃을 이해하고 존중하는 것을 배우는 학습이고 타인의 마음과 관점으로 세계를 바라볼 수 있게 하는 학습이라 하였다.

김진희 외(2014)는 세계시민교육은 세계를 하나의 단위로 인식하고, 세계 안에 다양한 문화와 사람들과의 상호의존성을 이해하는 보편적 인류 공영을 추구하는 가치 지향적 교육이자, 사회적 실천을 모색하는 교육이라고 정의하고 있다.

또, 조혜승(2019)은 세계시민교육은 평등, 다양성, 인권 등의 인류 보편적 가치를 강조하면서 궁극적으로는 국내·외의 다양한 불평등 현상을 드러내고 이를 비판적으로 성찰하고 해결하고자 하는 능동적인 시민을 양성하는 교육으로 정의하고 있다.

Martha Nussbaum(2002)는 다양한 문화적 배경의 학생들이 자신의 지역과 국가, 문화 공동체 나아가 세계 공동체의 시민으로서의 삶을 살아갈 수 있는 지식, 기술과 가치를 가르치는 것이 세계시민교육이라고 하였다.

위의 정의들을 종합해 볼 때 세계시민교육은 국제화·세계화·개방화된 지구촌 사회에서 문화적 다양성의 사회에서 세계 시민성(Gobal citizenship)을 함양하기 위한 교육으로 우리의 삶과 관련된 다양한 문제에 대해 책임감을 가지고 그 문제에 대해 생각하고 행동할 수 있도록 돕는 교육이다. 결국 세계시민교육은 국가의 개념을 넘어 인류 보편적 가치인 세계평화, 인권, 문화의 다양성 등에 대해 지구를 중심으로 이해하고 실천하려는 시민을 양성하는 교육이다. 즉 학생들의 시야를 세계로 넓히고 대한민국 국민의 개념을 넘어 지구촌의 일원으로 지구에 어떻게 기여할 것인가를 가르쳐야 할 것이다.

다. 세계시민교육의 중요성

세계화와 다원화의 진전에 따라 다양한 민족이나 국가를 상대로 문화적으로 원활히 교류할 뿐만 아니라 그 과정에서 발생할 수 있는 갈등을 최소화하는 동시에 적응능력을 극대화 할 수 있는 살아있는 세계시민교육의 중요성이 매우 크다고 할 수 있다(박남수, 2005; 차경수, 2000: 315-344).

학교 교육에서 실시되는 세계시민교육의 중요성은 다음과 같다.

먼저, 학습자에게 다양한 문화와 생활방식을 형성하며 살아가는 사람들의 인간으로서 존엄성을 객관적으로 인식하고 이를 실제 생활 속에서 실천할 수 있는 세계시민 자질 형성이 이루어지도록 교육할 필요가 있다. 세계화 시대에는 전 인류의 인간가치를 보편성, 다양성, 특수성 측면에서 인식하도록 교육하는 것이 중요하다. 예를 들어 다른 사회문화 사람들, 외국인 노동자를 포함하여 우리나라에 현재 거주하는 외국인, 외국에 거주하는 우리나라 사람 등에 대한 인권의 가치를 객관적으로 인정할 수 있도록 한다.

둘째, 개인과 집단 및 국가간 세계평화 의식을 고양시킬 수 있는 교육이 필요하다. 평화교육이란 평화를 이룩하기 위한 교육적 활동을 의미한다. 일반적으로 평화 개념은 전쟁과 대비되는 개념으로 인식되어 왔으며 평화교육에서도 전쟁방지가 큰 비중을 차지해 왔다. 그러나 최근 들어 평화 개념은 '전쟁 없는 상태', '물질적 정신적 빈곤을 극복하는 것', '구조적 폭력을 제거하는 것' 등의 세 가지 유형으로 나누어 정의되고 있다(Hicks, 1993: 17-37).

셋째, 다양한 민족이 지향하는 문화를 객관적으로 이해할 수 있도록 다문화교육이 필요하다. 사회과 문화교육에서는 학습자 스스로의 자아정립과 삶의 방식, 사회적 관계를 형성하는 과정에서 자신이 속한 문화뿐만 아니라 서로 다른 문화에 대하여 올바른 지식과 기능, 가치 등을 갖출 수 있도록 다문화교육이 필요한 것이다. 다문화교육은 미국의 경우 다양성과 다원주의에 기초를 두고 있다고 할 수 있으며 민주주의, 평등, 인간의 권리, 사회정의 등에 기반을 둔 교육이라고 할 수 있다(Guichun Zong, 2002: 447-448: 김선미, 2002: 89-108). 다문화 교육의 접근 관점으로 다양성과 평등을 강조하는 개념적 접근, 교육이 실행되는 과정으로 보는 관점, 개혁운동을 강조하는 관점, 교과중심의 교육과정을 강조하는 관점 등으로 분류되기도 한다.

넷째, 문화 세계화로 인해 야기될 수 있는 문화와 자아정체감의 혼란 문제에 대하여 대응할 수 있는 문화 세계화 문제교육이 필요하다. 디지털문화는 복수문화의 경험을 가능하게 하며 이것은 여러 개의 다양한 가치를 강조하는 다양한 문화를 접하게 하는 속성을 지닌다. 다양한 문화를 접하게 된 학생들은 무엇이 옳고 그른지에 대한 가치판단뿐만 아니라 행동기준을 알지 못하여 자아정체감의 혼란을 경험하게 되고(한명희, 1998; 강창동, 2003: 61-81), 사회적으로 다양한 문제를 일으킬 수 있다. 따라서 학교 문화교육에서는 문화 세계화에 따른 문화 정체성 문제 극복을 위한 의도적인 노력이 필요하다고 할 수 있다.

위의 네 가지를 정리하면 학교 사회과 문화교육에서 세계시민교육은 인류 인권의 존중에 대한 인식과 실천의지 형성, 개인과 집단 및 국가 간 세계평화 의식 고양, 다양한 민족이 지향하는 문화에 대한 객관적 이해, 문화 세계화로 인해 야기될 수 있는 문화와 자아정체감의 혼란 문제에 대한 대응력 등의 육성 측면에서 매우 중요하다고 할 수 있다(전희옥, 2016).

라. 세계시민교육의 내용과 방법

1) 세계시민교육의 내용

하나의 민족국가라는 단위와 국경을 넘어선 시민의식을 함양하기 위한 글로벌 교육패러다임은 국제이해교육, 지속가능발전교육, 세계시민교육, 다문화교육, 문화다양성교육 등 다양한 개념들이 혼재한 채 발전·진행되고 있다.

유네스코는 창립 이래 사람들 상호 간의 이해를 증진시키기 위한 평화교육을 강조하였고 세계인권선언에 대한 이해와 실천을 위한 인권교육을 추진하였다. 유네스코는 평화와 국제이해를 위한 노력을 계속하면서 군비축소를 평화교육과 연결시키기도 하고 평화에 대한 시각을 확대하고자 하였으며 관용을 평화 구축을 위한 선결 요건으로 강조하기도 하였다(한경구, 2017). 유네스코는 헌장에서 "전쟁은 사람들의 마음속에서 시작되기 때문에 전쟁을 방지하기 위한 방벽을 사람들의 마음속에 건설해야" 한다고 보았다. 따라서 사람들 간의 상호이해를 증진함으로써 전쟁을 방지하고 평화를 증진시키는 교육 프로그램을 모색하였다.

유네스코는 제2차 세계대전 이후 교과서 개선을 통한 국제이해를 증진시키고자 하였고 이후 1948년 '세계인권선언'이 유엔총회에서 채택되자 인권교육을 국제이해교육의 핵심적 내용으로 강조하기 시작했다. 유네스코의 국제이해교육 패러다임이 초기 상호조화, 우애를 강조하는 모호한 내용을 담고 있었다면 세계인권선언을 교육 현장에서 적극적으로 실천하고자 하는 노력은 국제이해교육 패러다임에 인권교육이라는 구체적 목표를 설정하였다고 볼 수 있다.

1974년 유네스코 총회는 '국제이해, 협력, 평화를 위한 교육과 인간의 권리 및 기본적 자유를 위한 교육에 관한 권고'를 채택하면서 국제이해교육을 현대 교육의 핵심적 요소로 보았다. 또한 국제이해교육은 "학제적이며 인지적·윤리적·정서적 및 심미적 측면 전체에서 인성의 전반적인 발전을 목표로" 한다고 정의하였다(한경구 2017).

유네스코는 1983년 정부 간 회의를 개최하여 1974년 권고안을 구체화하기 위한 조치들을 검토하였고 그 결과 국제이해, 협력, 평화교육의 발전을 위한 계획을 수립하는 권고안을 채택하고 이에 따라 10년 행동계획을 수립·채택하였다(한경구 2017). 그 결과 국제이해교육에서 평화교육과 인권교육은 핵심적 내용으로 자리 잡았고 국제이해교육은 발전 및 빈곤의 문제까지 포괄하게 되었다.

평화와 인권은 국제이해교육의 핵심적 내용으로 간주하였지만, 평화와 인권 간의 상호연계성을 추구하는 노력은 두드러지지 않았다. 그러나 1993년 비엔나 세계인권회의에서 '비엔나 선언과 행동 프로그램'이 만들어지고 이를 통해 평화교육을 인권교육의 일부로 보는 시각이 대두되면서 평화와 인권의 연계성이 강조되기 시작했다. 더 나아가 평화를 인간의 권리로 보는 시각이 발전되면서 평화는 인간의 권리로서 인권에 포섭되기 시작했다.

평화와 인권의 연계성이 강조되기 시작하는 가운데 1980년대 들어 평화와 인권의 증진을 저해하는 요인으로 발전과 빈곤의 문제가 대두 되었다. 2000년 다카르 세계교육포럼은 '다카르 행동계획'을 채택하면서 범 세계적으로 기초교육을 확산시킴으로써 모든 사람이 교육을 통해 각자의 꿈을 실현하고 이를 통해 국가의 발전을 끌어내야 한다는 인식을 넓혀나갔다. 이러한 노력은 '새천년개발목표'에 정량화된 지표로 구체화되어 새천년개발목표 중 하나로 '초등교육의 보편화' 및 '성차별 해소의 달성'이 채택되었다. 따라서 글로벌 교육패러다임으로서 국제이해교육은 인권과 평화를 핵심 내용으로 삼고 여기에 인권과 평화를 증진시키기 위해 개선되어야 하는 장애물을 극복해 나가면서 발전과 빈곤의 문제에 주목하여 이를 해결하기 위한 국제사회의 노력을 새천년 개발목표를 통해 구체화해 나갔다.

글로벌 교육패러다임으로서 세계시민교육은 2012년 유엔 총회에서 반기문 사무총장이 글로벌 시민의식의 함양을 강조하는 '글로벌교육 우선구상(Global Education First Initiative, GEFI)'을 제안하면서 등장하였다(한경구 2017).

글로벌교육 우선 구상은 모든 어린이들이 학교에 다녀야 한다는 교육기회의 확대, 교육의 질 향상, 그리고 세계시민의식의 함양을 제안하였다. 빈곤 문제를 해결하기 위한 수단으로써 교육을 강조함과 동시에 제3세계뿐만 아니라 선진국에서도 세계시민으로서의 인식과 태도를 증진하는 교육이 필요하다고 본 것이다.

위와 같은 내용은 국제 이해 교육의 패러다임에서 새로운 내용이 아니었음에도 불구하고 국제 사회의 폭넓은 지지를 받았다.

세계시민교육이라는 패러다임을 통해 개발도상국의 교육뿐만 아니라 선진국의 교육도 함께 다루어 전 지구적인 문제에 대한 관심과 상호이해를 끌어낼 수 있다는 긍정적 측면이 있었다. 또한 이러한 목적을 추진함에 있어 민주시민으로서 책임의식과 실천을 강조하기에 적합한 측면이 있었다.

더 나아가 새천년개발목표 이후 15년을 책임질 새로운 국제개발협력 패러다임을 구상해야 하는 필요성과 맞물려 세계시민교육은 새로운 글로벌 교육 패러다임으로 주목받게 되었다. 세계시민교육이 강조했던 세계시민성은 지속가능개발목표의 17개 과제 중 4번째 목표 '모든 이를 위한 포괄적이며 공정한 양질의 교육보장과 평생학습의 기회의 향상' 가운데 5번째와 16번째 목표에 인권과 평화, 양성평등, 지속가능발전, 문화다양성등과 함께 언급되었다. 지속가능발전목표(Sustainable Development Goals, SDGs) 4~5번째, 16번째는 "2030년까지 모든 학습자들이 지속가능발전의 증진에 필요한 지식과 기술을 지속가능발전교육과 지속가능라이프스타일 교육을 통해서 습득하도록 하는 데 특히 인권, 양성평등, 평화와 비폭력 문화의 증진, 세계시민성 그리고 문화적 다양성 및 지속가능발전에 대한 문화의 기여에 대한 이해 등이 포함된다."고 밝히고 있다.

이와 같은 지속가능발전목표 4~5번째, 16번째에 따르면 세계시민교육은 지속가능발전을 위한 하위 개념으로 설정된 것으로 보이지만 유네스코의 국제이해교육 패러다임의 진화라는 측면에서 본다면 인권과 평화, 세계시민성, 지속가능한 발전은 모두 상호 연결되어 상호보완적인 개념으로 이해되어야 한다(한경구 2017). 지속가능개발의 17대 목표는 다음 표와 같다.

표 12-3 지속가능개발의 17대 목표

연번	목표명	내 용
1	모든 형태의 빈곤 퇴치	모든 곳에서 모든 형태의 빈곤 종식
2	기아 해소와 지속가능한 농업	기아 종식, 식량 안보 달성, 개선된 영양상태의 달성, 지속 가능한 농업 강화
3	건강과 웰빙	모든 연령층의 모든 사람을 위한 건강한 삶 보장 및 복지증진
4	양질의 교육	포용적이고 공평한 양질의 교육 보장 및 모두를 위한 평생학습 기회 증진
5	양성 평등	남녀 차별 철폐와 양성 모두의 평등 사회 건설
6	물과 위생	모두를 위한 물과 위생의 이용가능성 및 지속가능한 관리 보장
7	깨끗하고 저렴한 에너지	모두를 위한 저렴하고 신뢰성 있으며 지속가능하고 현대적인 에너지에 대한 접근 보장
8	양질의 일자리와 경제 성장	모두를 위한 지속적이고 포용적이며 지속가능한 경제성장 및 완전하고 생산적인 고용과 양질의 일자리 증진
9	혁신과 인프라 구축	회복력 있는 사회기반시설 구축, 포용적이고 지속가능한 산업화 증진 및 혁신 촉진
10	불평등 완화	국가 내 및 국가 간 불평등 완화
11	지속가능한 도시	포용적이고 안전하며 회복력 있고 지속가능한 도시와 거주지 조성
12	지속가능한 소비와 생산	지속가능한 소비 및 생산 양식 보장
13	기후 변화 대응	기후변화와 그 영향을 방지하기 위한 긴급한 행동의 실시
14	해양 생태계	지속가능개발을 위한 대양, 바다 및 해양자원 보존 및 지속가능한 사용
15	육상 생태계	육상 생태계의 보호, 복원 및 지속가능한 이용 증진, 산림의 지속 가능한 관리, 사막화 방지, 토지 황폐화 중지, 역전 및 생물다양성 손실 중지
16	평화와 정의 제도	모든 수준에서 지속가능개발을 위한 평화롭고 포용적인 사회 증진, 모두에게 정의에 대한 접근 제공 및 효과적이고 책임 있으며 포용적인 제도 구축
17	파트너십	이행수단 강화 및 지속가능개발을 위한 글로벌 파트너십 활성화

출처: 지속가능발전포털 2019 국가 지속가능발전목표(k-SDGs) 수립보고서

즉, 세계시민교육은 "인권과 평화와 양성평등과 지속가능발전과 문화다양성의 문제를 세계시민으로서, 즉 자신이 사는 공동체와 글로벌한 차원에서 비판적으로 사고하고 책임의 식을 갖고 참여하고 행동하는 것"으로 정의할 수 있다(한경구 2017).

글로벌 시민교육은 문화다양성, 인권, 평화 등의 보편적 가치를 이해하고 이를 바탕으로 실천하는 시민을 교육하기 위한 이념으로 전 지구적 문제에 대응하기 위한 교육의제라고 할 수 있다. 이런 점에서 글로벌 시민교육은 국제이해교육, 인권교육, 평화교육 그리고 지속가능발전 교육을 모두 포함할 수 있는 실천적이고 미래지향적인교육 목표로 등장하게 되었다.

2) 세계시민교육의 방법

세계시민교육은 '글로벌' 이슈만을 다루는 교육은 아니다. 세계화의 영향으로 우리가 살아가는 매일의 삶이 세계와 닿아있기 때문에 더 이상 개별 국가의 문제가 해당 국가만의 문제에 그치지 않고, 여러 모양으로 세계와 연결되어 있다는 것을 아는 것이 중요하다. 세계시민교육은 학습자가 스스로 생각하고 자신의 삶에 적용하고 직접 참여하는 것이 중요한 요소인 만큼 학습자가 속한 지역의 이슈들, 혹은 학습자의 삶과 연계된 이슈들에서 출발하는 것을 권장한다.

세계시민교육은 저개발국 또는 가난한 나라의 사람들을 돕는 교육만을 말하는 것이 아니다. 세계시민교육은 학습자 자신과 지구촌에 속한 모든 사람을 '인류 공동체'의 구성원으로 인식하여 지구촌 공동체에 대한 연대감을 가지도록 장려한다. 이러한 소속감을 바탕으로 많은 학교에서 학생들이 저개발국의 사람들을 위한 나눔 활동에 참여하고 있다.

이러한 참여는 학습자들로 하여금 지구촌의 문제에 동참하도록 하는 측면에서는 긍정적인 기여를 한다. 그러나 여기서 주의해야 할 점은 구호나 자선 행위가 학습자들로 하여금 인류 공동체에 대해 제한적 시각을 가지거나 복잡한 이슈를 단순화함으로써 비판적 사고를 제한할 수 있다는 점을 인식해야 한다. 저개발국의 사람들 역시 우리와 동일한 권리와 의무를 가진 세계시민이라는 인식하에 '도움'이 아닌 '평등과 정의'의 가치 실현을 위한 노력으로 접근할 것을 제안한다.

세계시민교육을 위해 교사는 모든 주제(세계화, 인권, 평화 등)에 대해 지식을 갖춰야 할 필요는 없다. 세계시민교육을 위해 교사가 모든 관련된 주제에 대한 지식을 갖추는 것은 불가능하다. 그러나 세계시민교육에서 다루는 주제와 가치에 대한 개념적 이해는 반드시 필요하다. 세계시민교육을 의미있게 실천하기 위해서는 교사가 모든 내용을 가르치기보다는 다양한 지역과 세계에 대한 주제에 관심을 가지고 학생들과 함께 탐구해나가는 것이 바람직하다.

실제 세계시민교육의 교수학습법으로는 대화와 탐구를 기반으로 한 학습자 중심의 참여형 학습과 협동적 학습 등을 권장한다. 이 때 교사는 '지식의 전달자'라기보다는 '촉진자'로서의 역할을 하는 것이 더욱 바람직하며 평생학습의 관점에서 교사 역시 배움의 주체로 함께 배우고 성장해 나가고자 하는 태도와 노력이 필요하다.

세계시민교육은 어렵고 복잡한 세계에 대한 지식 전달만을 목표로 하지 않는다. 세계시민교육은 인지, 사회·정서, 그리고 행동영역의 역량들을 포괄하고 있으므로 태도나 가치관이 형성되는 시기에 세계시민교육을 제공하는 것은 매우 중요하다. 연령에 맞는 주제와 소재를 선택하고 교육의 목표를 해당 연령에 적합하게 설정해 그에 맞는 내용을 가르친다면 초등학교에서도 충분히 세계시민교육은 가능하다. 같은 영역의 학습이라도 학습자들의 연령에 맞추어 다르게 접근한다는 것이다.

마. 세계시민교육의 실제

세계시민교육이란 우리가 사는 지구를 더 잘 이해하고, 지구촌의 일원으로서 어떻게 행동해야 하는지 배우는 교육이다. 이를 통해 다양한 문화와 생각을 존중하고 지구가 지속 가능하게 발전하도록 돕는 것을 목표로 해야 한다.

조대훈(성신여자대학교 교수)는 교육과정 차원에서 나타나는 세계시민교육의 4가지 양상을 소개했다. 안드레오티(Andreotti)와 파쉬비(Pashby)가 제시한 틀을 확장해서 여행자적 관점, 국가주의적 관점, 인도주의적 관점, 비판적 변혁적 관점으로 구분했다. 세계시민교육의 4가지 관점 비교는 다음과 같다.

표 12-4 세계시민교육의 4가지 관점 비교

구분	여행자적 관점	국가주의적 관점	인도주의적 관점	비판적-변혁적 관점
문제의식	다른 나라의 사회, 문화 관련 지식의 부족	세계화 시대에서 생존을 위한 국가 경쟁력 강화	- 빈곤 문제 - 개발 역량 및 기술 부족 문제	- 구조적·체계적인 차별과 불평등 - 부정부패
핵심가치	- 다양성 - 상호이해의 정신	- 국가경쟁력 강화 - 수월성 - 리더십	- 인류애 - 조화 - 개발 - 관용	- 정의 - 배려 - 다원성 - 책임감
교육목적	문화적 다양성의 이해와 존중	글로벌 경쟁력의 강화	타인을 배려하고 인류 공영에 기여할 이타적 시민의 역량을 증진함	자국 및 타국의 문화와 사회체제에 존재하는 편견, 불평등, 권력 관계에 대해 비판적 성찰을 수행할 수 있는 역량을 함양함

출처: 조대훈(세계시민교육이란 무엇인가, 서울교육 Vol 225호, 2024)

위와 같이 세계시민교육의 관점을 비교·분석해보면서 국가별로 세계시민교육 실제에 대해 살펴보고자 한다.

1) 캐나다의 온타리오 초등교사 연맹의 세계시민 교육과정 개발

캐나다는 전통적으로 다양한 이민자들로 구성된 국가이다. 그로 인해 캐나다의 세계시민교육은 주로 문화 간 관점에서 다양성과 포용을 강조하는 방향으로 진행되어 왔다. 온타리오는 캐나다 전체 인구의 약 40%가 거주하는 경제, 교육, 문화의 중심지로서 캐나다에서 가장 다양한 인종과 민족들이 모여 사는 주이다.

2008년에 온타리오 교육부의 재정 지원 하에 토론토 대학의 교육학과 학자들과 온타리오 초등교사 연맹이 함께 세계시민교육 실천공동체를 설립하여 활동하여 왔다. 실천공동체의 목표는 초등학교 교사들에게 세계시민교육의 다양한 이론과 실천을 조사할 수 있는 기회를 제공하고 실제적인 교육과정을 개발하는 것이었다. 실천공동체에 소속한 교사들은 2회의 면대면 만남과 1년간의 온라인 만남을 통해서 세계시민교육 웹북을 개발하였다. 세계시민교육 웹북에서 한 교사가 개발한 '머리, 마음, 손: 어떤 교실에서건 세계시민교육과 인성교육을 통합해보기'라는 교육과정의 일부를 소개하자면 다음과 같다.

이 교사는 세계시민교육을 함으로써 초래될 수 있는 학부모의 불만, 부가적인 교사의 업무, 수업시수 부족 등의 문제에 대해 충분히 인지하면서도 어떻게 세계시민교육의 주제를 인성교육의 덕목과 통합하여 연간 교육과정을 운영할 수 있는지를 제시하였다. 예를 들어 12월에는 '친절과 돌봄'이라는 인성교육의 덕목을 '전 세계적으로 생각하고 지역적으로 행동하라'는 세계시민교육의 주제와 연계하여 활동과 학습 자료를 만들어 수업을 진행한 것이다. 이렇게 하면 굳이 세계시민교육의 수업을 따로 만들지 않고도 다른 수업들과 연계하여 충분히 세계시민교육을 실시할 수 있게 된다(이성희, 2019).

2) 영국의 GLP(Global Learning Programme)

많은 식민지를 거느렸던 대연방제국의 역사를 가진 영국에서는 세계시민교육을 개발교육의 관점에서 접근하는 특징을 보여준다. 최근에는 세계시민교육 활성화를 위한 교사지원 프로그램인 GLP를 강조하고 있다. GLP에서는 '글로벌 빈곤, 인권, 불평등, 지속가능성, 상호의존성' 등의 지식을 효과적으로 다루기 위해 한 주제에 대해 세상이 어떤지 살펴보고 그의 의미를 생각한 후 변화 추이, 영향력, 내가 할 수 있는 일 순서로 학생들이 능동적인 생각을 하며 지식의 내용을 습득할 수 있도록 하는 것을 제안한다.

GLP의 특징에 대해 더 알아보자면, 첫 번째로 세계시민교육이 단위학교 차원에서 체계적이고 구조적으로 실시되게 하기 위해서는 학교장의 역할이 중요하다는 것을 강조한다. 이러한 문제의식을 기반으로 하여 학교장이 학교 단위로 GLP에 신청하도록 한다. 두 번째로 학생들이 세계시민교육을 통해 어떤 변화를 경험했는지 측정하는 학생 평가 부분을 강조한다. 이에 따라 학생들의 변화를 측정할 때 지식의 영역뿐만 아니라 기술역량과 가치가 조화를 이루어 측정될 수 있는 평가 기준을 개발하였다.

3) 한국의 실제

현재 우리나라의 학교 교사들을 대상으로 설문조사를 한 결과 세계시민교육을 활용하고 있다고 응답한 교사의 비율이 저조했고(이성희 외, 2015; 황세영·최정원, 2017) 교사들의 세계시민교육에 대한 지각 정도와 개념에 대한 이해 정도가 매우 낮았으며(이성희 외, 2016, p.124) 현재 제공되는 교육과 청소년 활동 프로그램이 우리나라 청소년들의 세계시민의식을 함양하기 위한 충분한 경험을 제공하지 못하고 세계시민의식의 여러 요소 중 지식을 위주로 이루어지고 있다(황세영·최정원, 2017).

또한 2015 개정 교육과정 문서에서 세계시민교육은 교육과정 구성의 기본 정신이나 원리가 아닌 기존의 개별 학문 중심적 체계를 그대로 유지한 채 세계시민 관련 내용을 특정 단원에 삽입하는 형태로 접목되고 있다. 이로 인해 세계시민 교육은 중단원 수준의 단편적인 지식으로 환원되는 문제점을 보인다(조대훈, 2015).

세계시민교육에 대한 중요성과 필요성이 강조되고 있음에도 불구하고 한국의 세계시민교육에 대한 체계적 접근이나 구현은 현장에서의 세계시민교육 중요성 인식 부족, 단기성·일회성 프로그램 위주의 학습, 교육효과를 입증할만한 실질적 데이터 기반 연구 부족, 체계적 평가의 어려움 등의 이유로 매우 미흡한 상황이다(월드비전, 2015). 특히 국제적으로 세계시민교육의 성과를 제시해야 할 상황인 가운데 전 세계적으로 세계시민교육의 효과성 평가를 위한 지표 개발과 이를 근거로한 구체적인 현장 학습과 지도 방안이나 모델이 제시되고 있지 못하고 있다(윤성혜, 강명희, 2017).

세계시민교육의 효과성 평가를 위한 지표는 학습자의 성취에 대한 근거가 되며 학습자에게 추가 처치 요소를 분별하게 하여 개별화된 교육을 가능하게 하며 개선된 교육 프로그램 및 산출물 구체화를 위한 중요한 과정이기도 하다(윤성혜, 강명희, 2017). 따라서 세계시민교육 프로그램의 목표를 제시함으로써 교육 프로그램을 설계하고 실행하기 위한 구체적인 지향점의 역할을 위해 세계시민교육의 지표 개발은 반드시 개발해야 하는 도구이다.

바. 세계시민교육의 전망과 과제

향후 세계시민교육이 원활히 진행되고 성공적으로 정착하기 위해 요구되는 일들은 헤아릴 수 없을 정도로 많다. 그 중 가장 시급하고 필수적이라고 여겨지는 국가에서의 정책과 국제 협력의 면에서 살펴보고자 한다.

1) 국가에서의 정책 과제

첫째, 우리나라의 역사적 특수성과 환경을 고려하여 기존의 단일 국가 기반의 시민교육의 한계를 극복할 수 있는 세계시민교육과정 관련 연구 및 개발이 요청된다(조대훈, 2019). 세계시민교육 역량과 측정 지표 개발과 같은 기초 연구를 비롯하여 세계시민교육의 교육과정, 교재개발 역시 필수적으로 진행되어야 할 요소이다.

둘째, 세계시민교육이 학교 안에서 정착되기 위해서는 전통적인 수업 내용 및 수업 방식이 변화되어야 한다. 또한 기존 학교의 일상 구조와 체제에 대한 점진적이고 장기적인 변화가 필요하다. 세계시민교육 전문가들이 한 목소리로 지적하는 것처럼 세계시민교육은 '교과서 지식'을 통해서가 아니라 '학교 안팎의 삶의 문제'를 통해 접근할 때 비로소 결실을 맺을 수 있다. 치열한 경쟁 구도 위에서 펼쳐지는 입시교육 문화는 세계시민교육의 가장 강력한 장애물이라고 할 수 있다. 따라서 지금까지의 교육의 문제점에서 탈피하고 세계시민교육을 온전히 받아들일 수 있는 교육 정책을 고안해 낼 필요가 있다.

셋째, 세계시민교육을 학교교육과 평생교육 영역에서 기획하고 실천할 수 있는 세계시민교육 전문가 양성 및 관련 전문가 양성 프로그램 개발이 요청된다. 이를 위해 우선적으로 예비교원 양성 또는 현직교사 직무연수 프로그램에서 세계시민교육을 강화하는 방안을 고려해 보아야 한다. 그리고 한 걸음 더 나아가 세계시민교육 전문가 과정을 개발하고 세계시민교육 전문가 인증 프로그램을 활성화해야 한다. 현재 유네스코 아시아태평양국제이해교육원(APCEIU), 유네스코한국위원회, 월드비전 등이 제공하는 세계시민교육 교사 연수 프로그램들이 있다. 이를 토대로 세계시민교육을 이끌어나갈 전문 인력을 양산할 수 있는 인증 프로그램을 개발해 낼 수 있을 것이다.

2) 세계시민교육 확장을 위한 국제 협력

세계시민교육에는 국제협력이 매우 중요한 요소이다. 현재 국내·외 세계시민교육 추진기관 및 전 세계 5개 권역별 중점 협력 기관을 중심으로 세계시민교육을 진행하기 위한 네트워크를 구축하여 운영하고 있다. 국내에서는 유네스코한국위원회, 한국국제협력단, 민간개발 NGO가 활동하고 있으며 국외에서는 유엔 글로벌교육우선 구상 및 유네스코, OECD와 같은 국제기구가 세계시민교육을 추진하고 있다. 또한 유엔, 유네스코, OECD 등 국제기구와 포럼을 개최하여 세계시민교육에 대한 국제협력을 공고히 하고 있다(세계시민교육 들어보셨나요? 교육부 공식 블로그).

지구촌에서의 삶은 세계화 등으로 인해 매우 긴밀하게 연결되어 있으며 최근 들어서 그 긴밀성은 더욱 높아지고 있다. 브렉시트(Brexit)와 같은 영국의 정치적 상황이 유럽 이외 다른 나라의 정치에 미치는 영향력이나 중국의 경제 성장이 다른 나라의 경제와 환경에 미치는 영향 등을 고려해보면 한 나라의 의사결정에 따른 영향력이 국경을 한정하여 제한되지 않는다는 것을 알 수 있다.

과거와 비교해 상품, 자본, 사람들의 이동만이 국경을 넘는 것이 아니다. 병원균, 미세먼지, 가치관 등 다양한 것이 국경을 넘나들면서 동시에 세계 전체와 지구 전체에 영향을 미치는 현실에서 세계 모든 사람은 지구라는 하나의 배를 타고 있는 것과 같다. 지구라는 배가 잘 운항하기 위해서는 배도 튼튼해야 하지만 그 안에 타고 있는 사람들 간에도 문제가 생기지 않도록 해야 한다.

2020년 5월 유네스코에서 출범한 「연대와 포용을 위한 세계시민교육 우호그룹」을 활성화시켜 국제사회가 함께 연대와 포용의 정신으로 혐오와 차별을 반대하고 세계시민교육 증진 활동을 통해 국제협력을 강화해 나가며 국제적인 관심을 끌어모으기 위해 다른 나라들과 협심하여 다양한 정책과 홍보를 추진하는 것이 필요하다.

국제사회의 주요 이슈인 차별과 낙인, 외국인 혐오는 인권의 근본을 해칠 뿐이다. 이에 대응하기 위한 수단으로 "지구라는 한 공간에서 상호 의존적으로 살아가는 세계 시민들이 하나의 공동체임을 인식할 수 있도록 세계시민교육의 중요성을 널리 알려서 다양한 논의가 실질적인 정책 제안으로 이어질 수 있도록 국제사회가 협력하여 행동 지향적인 플랫폼 역할을 해야 한다.

1 다음 중 다문화사회의 특징이 <u>아닌</u> 것은?

① 다양성   ② 일방성   ③ 갈등   ④ 특수성   ⑤ 유입집단에 대한 고정관념 존재

정답 ②

2 다음 중 다문화교육의 필요성이 <u>아닌</u> 것은?

① 다문화인식의 발달
② 다문화사회의 갈등 완화
③ 소수집단의 어려움과 인권보호
④ 주류집단으로 소수집단의 무조건적인 유입
⑤ 편견 및 선입견 감소

정답 ④

3 다문화교육 내용 요소 중 협력에 대한 내용을 설명하시오.

(   )

정답 의사소통 및 대인관계 기술 강조

4 다문화교육 내용 요소 중 정체성에 대한 내용을 설명하시오.

(   )

정답 자아개념 형성, 집단에 대한 소속감 및 자부심 강조

다음 보기가 설명하고 있는 교육을 쓰시오.

성별, 종교, 계층, 직업, 인종 등에서 비롯되는 각 사회 집단들의 고유한 문화적 특성이 다양하게 존재하고 있음을 강조하고 주류 또는 비주류 집단들의 문화를 동등하게 가치롭게 여기고 존중하기 위한 교육이다.

(   )

정답 다문화교육

 다음 보기가 설명하고 있는 다문화교육 접근방법을 쓰시오.

이 접근법은 학생들이 다양한 민족과 문화의 관점에서 개념과 사건, 해당 인물을 이해하고 지식이 사회 산물임을 이해시키는 방법이다. 다양한 민족 집단, 문화집단의 관점에서 개념, 이슈, 사건, 주제를 바라볼 수 있도록 교육과정의 구조를 변화시키는 과정이다.

(   )

정답 변혁적 접근법

 다음 글의 ( )에 들어갈 알맞은 용어를 쓰시오.

(   )은(는) 국제화·세계화·개방화된 지구촌 사회에서 문화적 다양성의 사회에서 세계 시민성을 함양하기 위한 교육으로 우리의 삶과 관련된 다양한 문제에 대해 책임감을 가지고 그 문제에 대해 생각하고 행동할 수 있도록 돕는 교육이다.

정답 세계시민교육

세계화의 이해에서 세계시민에 해당되지 않는 것은?

① 글로벌화된 세계를 인지하고 세계시민으로서 자신의 역할을 인식하는 사람

② 다양성을 존중하고 가치있게 생각하는 사람

③ 정치적 및 사회적 이익을 위해 헌신하는 사람

④ 세계가 어떤 방식으로 돌아가는지 비판적으로 이해하는 사람

⑤ 지역적 차원부터 세계적 차원의 공동체 활동에 참여하는 사람

정답 ③

 세계시민성의 구성요소로 볼 수 없는 것은?

① 개인적인 책임보다는 시민적 관여와 헌신의 중요성을 깨닫는다.

② 문제를 해결하고 정의롭고 평화로운 민주적인 지역사회를 달성하기 위하여 사람들과 협력한다.

③ 성별·민족·문화측면에서 사람들 사이에 존재하는 다양성을 인정하고 존중한다.

④ 문화유산을 존중하고 환경보호에 동참한다.

⑤ 국가적 수준과 국제적 수준에서 연대와 형평성을 증진시키는데 기여한다.

정답 ①

 세계시민교육은 국경을 넘어선 시민의식을 함양하기 위한 교육이라고 표현할 수 있다. 글로벌 교육 패러다임 내용으로 볼 수 없는 것은?

① 국제이해교육   ② 지속가능발전교육   ③ 글로벌윤리교육

④ 다문화교육   ⑤ 문화다양성교육

정답 ③

세계시민교육을 이해하기 위해 안드레오티(Andreotti)와 파쉬비(Pashby)
가 제시한 교육과정 차원에서 나타나는 4가지 양상(관점)을 쓰시오.

1. _____

2. _____

3. _____

4. _____

정답 여행자적 관점, 국가주의적 관점, 인도주의적 관점, 비판적–변혁적 관점

⓬ 세계시민교육을 성공적으로 정착하기 위해 국가에서 추진해야 할 정책으로
볼 수 없는 것은?

① 우리나라의 역사적 특수성과 환경을 고려해야 한다.
② 기존의 단일 국가 기반의 시민교육의 한계를 극복할 수 있는 세계시민교육과정 관
련 연구 및 개발이 요청된다.
③ 세계시민교육이 학교 안에서 정착되기 위해서는 전통적인 수업 내용 및 수업 방식
이 변화되어야 한다.
④ 기존 학교의 일상 구조와 체제에 대한 점진적이고 단기적인 변화가 필요하다.
⑤ 세계시민교육을 학교교육과 평생교육 영역에서 기획하고 실천할 수 있는 전문가 양
성 및 프로그램 개발이 요청된다.

정답 ④

참고문헌

교육과학기술부(2009). 2009 개정 교육과정 총론(중학교).

교육부(2018). 2015 개정 교육과정 총론(중학교).

권건일(2005). 교육학개론. 양서원.

김대현 외(2020). 교육과정 및 교육평가. 학지사.

간디고등학교 https://gandhi-h.gne.go.kr

강기수 외(2013). 최신 교육학개론. 동문사.

강명희 외(2017). 델파이 기법을 통한 대학생용 세계시민성(Global Citizenship) 측정도구 개발. 시민교육연구, 49(4), 63-87.

강봉규 외(2014). 교육과정 및 교육평가. 태영출판사.

강선보 외 역(2011). 20세기 성인교육철학. 동문사.

강유정 외(2020). 교육사회학. 동문사.

강인구(2015). 회복적 생활교육과 대화모임의 적용. 한국학술정보.

강창동(2003). 지식기반 사회와 학교지식. 문음사.

경기도교육청(2014b). 평화로운 교실을 위한 회복적 생활교육.

경기도교육청(2015b). 평화로운 교실을 위한 회복적 생활교육.

고미숙(2006). 교육철학. 문음사.

교육부(2018). 2015 개정 교육과정 교과별 선도교원 연수 자료집.

교육부(2019). 교육부. 학교폭력 예방 및 대책에 관한 법률.

교육부(2023). 학교폭력 사안처리 가이드북.

교육부(2024). 2024. 특수교육통계. 교육부.

교육부(2024). 2024년 디지털 기반 교육혁신 정책 브리프(DXE) 5월호. p. 6~7.

구병두 외 13인(2015). 교육평가. 양서원.

구정화 외(2009). 다문화교육 이해. 동문사.

국립특수교육원 http://www.kise.go.kr

권건일 외(1996). 사회교육의 이해: 프로그램 이론과 실제. 양서원.

권대훈(2006). 교육심리학. 학지사.

권석만(2010). 현대이상심리학. 학지사

권석만(2014). 긍정심리학. 학지사.

권영부(2021). 미디어 리터러시 교육 어떻게 할 것인가?. 지식프레임.

권요한 외(2011). 특수교육교육과정론. 학지사.

권이종 외(2011). 청소년교육개론. 교육과학사.

권태훈(2010). 교육심리학의 이론과 실제. 서울: 학지사

김경숙 외(2009). 유아특수교육학개론. 학지사.

김기연(2004). 2004 한국 평생교육정책의 변화과정 및 변화형성요인 분석. 이화여자대학교.

김대현 외(2008). 교육과정 및 교육평가. 학지사.

김대현·김석우(2014). 교육과정 및 교육평가. 학지사.

김동일 외(2011). 학습상담. 학지사.

김동일 외(2019). 다양한 학습자를 위한 특수교육의 이해. 학지사.

김문숙(2015). 대안교육, 대안학교 대안의 개념을 다시 묻다. 한국연구재단.

김민자(2019). 학교를 살리는 회복적 생활교육. 살림터.

김병성(1995). 교육과 사회. 학지사.

김병찬(2000). 교사교육의 패러다임 변화. 한국교원교육연구, 17(3), 113-141.

김병희 외(2008). 교육학개론. 공동체.

김병희 외(2012). 교육학개론. 공동체.

김상섭 외(2024). 교육철학 및 교육사. 교육과학사.

김선미(2002). 정보사회의 사회과교육과 다문화교육. 일반사회 연수교재. 공주대학교 교육연수원. 89-108.

김성미 외(2024). 디지털 교육. 교육과학사.

김성열 외(2021). 미래교사를 위한 교육학개론. 학지사.

김신일(2000). 교육사회학. 교육과학사.

김신일(2005). 학습 사회의 교육학. 학지사.

김신자 외(1999). 교육공학의 이론과 실제. 문음사.

김영옥 외(2008). 유아 다문화교육의 통합적 적용. 학지사.

김영옥 외(2014). 아동발달론. 고양: 공동체.

김영옥(2002). 유아를 위한 다문화교육: 반편견, 세계 이해 교육의 현장 적용. 정민사.

김윤옥 외(2006). 특수아동교육의 실제. 교육과학사.

김은아(2017). 회복적 생활교육에 근거한 활동 중심 갈등 해결 프로그램이 초등학생의 공동체 의식에 미치는 효과. 행동분석지원연구

김은진 외(2022). 교육학개론. 정민사.

김정희 외(1998). 심리학의 이해. 학지사.

김종서(2000). 평생교육개념의 모색. 교육문제연구 2집.

김종서(2000). 평생교육개론. 교육과학사.

김종철(1982). 교육행정의 이론과 실제, 교육과학사

김지연 외 (2015). 회복적 정의와 대화모임에 관한 연구 논문

김지연, 하혜숙(2015). 회복적 정의의 이론과 실제. 회복적 정의와 교육

김진규(2015). 교육과정 및 교육평가. 동문사.

김진한 (2011). 교사를 위한 교육학. 학지사.

김진희 외(2014). 세계교육포럼과 글로벌 의제로서 세계 시민 교육 고찰. UNESCO.

김창걸 외 1인(2006). 교육학개론. 형설출판사.

김춘경 외(2016). 상담학 사전 세트. 학지사.

김태오(2011). 아동교육의 철학적 탐구. 도서출판 특수교육.

김태현 외 1인(2024). 예비교사를 위한 디지털교육. 티칭앤러닝.

김한별(2010). 평생교육론. 학지사.

김현덕(1996). 국제 이해 교육의 내용과 방법. 정민사.

김훈태(2019). 교실 갈등, 대화로 풀다. 서울: 교육공동체 벗.

김희수(2011). 교육심리학. 신정.

노상우(2008). 교육의 역사와 사상. 교육과학사.

노안영(2005). 상담심리학의 이론과 실제. 학지사.

노희선 외(2014). 쉽게 풀어 쓴 교육학개론. 교육과학사.

류동훈(2003). 신교육학탐구. 창지사.

류방란 외(2018). 제4차 산업혁명 시대의 교육: 학교의 미래. 한국교육개발원.

모경환 외(2010). 다문화교사교육과정의 실태와 개선방안: 2010년 교과과정을 중심으로. 다문화교육, 1(1), 21-35.

문승한 외(2014). 교육방법 및 교육공학. 경상대학교출판부.

문은식 외 2인(2011). 교육심리학. 공동체.

문종철 외(2022). 알기쉬운 교육학개론. 양서원.

미국 지적 및 발달장애(2010).

미국심리학회(APA) https://www.apa.org

미국의 장애인교육향상법(DEIA, 2004).

민희식 역(2003). Hall. Calvin S 저. 프로이트 심리학. 정민미디어.

박균열 외(2019). 고교학점제의 안정적 정착을 위한 학교 구성원의 역할 분석. 고려대학교 교육문제연구소, 32(4), 87-113.

박남수(2005). 다문화교육의 관점이 특수학교 사회과교육과정 재구성에 주는 함의. 사회과교육연구, 12(2), 37-54.

박남정(2022). 공교육 측면에서 바라본 「대안교육기관법」 제정의 의미와 향후 과제. 교육문화연구.

박도순 외(2012). 교육평가: 이해와 적용. 교육과학사.

박선영 외(2010). 교육학개론. 원미사.

박성용(2012). 청소년을 위한 비폭력 평화 수업 매뉴얼: 정서 지능과 관계적 배움 증진 및 학습 공동체 구축을 위한 회복적 수업 서클 진행 모델, 비폭력 평화 물결.

박숙영(2013). 학교를 살리는 회복적 생활교육. 살림터

박영진 외(2011). 교육학개론. 동문사.

박윤경(2007). 지식구성과 다문화 문식성. 독서연구, 18(2). 97-126.

박의수 외(2007). 교육의 역사와 철학. 동문사.

박철홍 외(2013). 현대교육학개론. 학지사.

박현일 외(2012). 아동미술용어사전. 이담북스.

백영균 외(2018). 스마트 시대의 교육방법 및 교육공학(4판). 학지사.

버트엘리스연구소. https://www.rebt.org

법제처 http://www.moleg.go./main.html

벨 훅스(2020). 모두를 위한 페미니즘. 문학동네.

변영계 외(2007). 교육방법 및 교육공학(제3판). 학지사.

변호걸 외(2019). 특수교육의 이해. 동문사.

서강훈(2013). 사회복지용어사전. 이담북스.

서동기 외 9인(2019). 교육평가. 동문사.

서미옥(2016). 잘 가르치기 위한 교육방법 및 교육공학. 공동체.

서미옥(2017), 교육심리학. 양서원.

서용석 외(2013). 교육철학 및 교육사. 학이당.

서용석 외(2017). 교육철학 및 교육사. 학이당.

서울특별시교육청 서울미래교육준비협의체(2017). 서울미래교육의 상상과 모색. 서울특별시교육청.

석태종(1996). 교육사회학. 재동문화사.

성낙돈 외(2020). 교육사회학. 동문사.

성태제 외(2012). 교육학개론. 학지사.

성태제(2002), 교육연구방법의 이해. 학지사.

성태제(2018). 최신교육학개론. 학지사.

성태제(2019). 교육평가의 기초. 학지사.

세계보건기구 http://www.who.int

소경희(2009). 역량기반 교육의 교육과정사적 기반 및 자유교육적 성격 탐색. 교육과정연구, 27(1), 1-20.

손승남 외(2013). 교육의 역사와 철학. 학이당.

손승남(2001). 교육해석학. 교육과학사.

손영환 외(2009). 교육학개론. 창지사.

손은주 외(2015). 교육방법 및 교육공학. 경기: 교육과학사.

송명자(2013). 발달심리학. 학지사.

신득렬 외(2004). 교육철학 및 교육사. 양서원.

신득렬 외(2020). 쉽게 풀어 쓴 교육철학 및 교육사. 양서원.

신명희 외(2011). 교육심리학, 서울: 학지사.

신봉호 외(2014). 교육학개론. 동문사.

신봉호 외(2015). 교육학개론. 동문사.

신봉호 외(2016). 교육심리학. 동문사.

신봉호 외(2018). 개정판 교육심리학. 동문사.

신봉호(2020). 상담기법 연습. 서울: 부크크.

신응섭 외(2006). 심리학 개론. 박영사.

신재흡(2019). 21세기 스마트시대의 교사 양성을 위한 교육방법 및 교육공학. 서울: 동문사.

신차균 외(2013). 교육철학 및 교육사의 이해. 학지사.

안길훈 외(2019). 교육학개론. 동문사.

안병환(2012).교육사회학의 이해. 공동체.

안영진(2009). 교육심리학. 정민사.

오만록(2008). 교육심리학, 경기: 교육과학사.

오세진 외(2015). 인간행동과 심리학. 학지사.

월드비전(2015). 세계시민교육의 효과성 연구. 월드비전.

위키백과 https://ko.wikipedia.org

유승구(2012). 교사를 위한 교육심리학, 경기: 공동체

윤성혜(2017). 대학생용 세계시민의식 (Global Citizenship) 척도 개발. 이화여자대학교 대학원 박사학위논문.

윤옥한(2020). 삶은 교육사회학. 양서원.

윤재흥(2012). 교육철학 및 교육사. 학지사.

윤태현(2017). 회복적 정의를 통한 학교 폭력예방 및 대책의 발전방안 연구.

이건인, 이해춘(2009). 교육심리학, 서울: 학지사.

이경원 외(2017). 회복적 정의와 교육. 양서원

이경호(2019). 4차 산업혁명시대 인재상 분석을 통한 교육과제 탐색. 한국교육학연구, 25(2), 143-166.

이명기 외(2011). 교육학개론. 학지사.

이미선 (2017). 서클 프로세스를 활용한 평화적 교실 환경 조성. 교육학 연구 저널, 25(2), 123-145

이병환 외(2023). 학교폭력예방 및 학생의 이해. 교육과학사.

이성호(2013). 교육과정 및 교육평가. 양서원.

이성회 외(2016). 세계시민교육의 실태와 실천과제(연구보고 RR2015-25). 한국교육개발원.

이성희(2015). 세계시민교육의 실태와 실천과제. 한국교육개발원.

이성희(2019). 세계시민교육의 해외 동향. 서울특별시교육청 교육연구정보원.

이소현 외(2011). 특수아동교육. 학지사.

이용남 외(2012). 교육학의 이해. 교육과학사.

이원호(2003). 그림과 사진으로 보는 교육의 역사. 문음사.

이장호(2005). 상담심리학 입문. 박영사.

이재영(2020) 회복적 정의 세상을 치유하다. pp. 228~261.

이종각(2004). 새로운 교육학 총론. 동문사.

이종승 (2012). 현대교육평가. 교육과학사.

이종철 외(2010). 신교육학의 탐색. 동문사.

이종철(2019). 교육평가의 탐색. 정민사.

이종태(2005). 대안교육의 영향분석 및 제도화 방안 연구. 교육인적자원부.

이지헌 외(2009). 교육학의 이해. 학지사.

이지헌 외(2012). 교육학의 이해. 학지사.

이지헌 외(2018). 교육학개론. 학지사.

이지헌 외(2019). 교육철학 및 교육사. 공감플러스.

이형행(2010). 교육학개론. 양서원.

이혜옥(2019). 회복적 생활교육에 대한 아들러 심리학의 관점과 교육적 시사점 광주교육대학교 대학원 석사학위 논문.

임경희 외(2013). 교사를 위한 생활지도와 학교상담. 아카데미프레스.

장애인 등에 대한 특수교육법 시행령 제10조에 근거. 장애인복지법 시행령 제2조[별표 1]

장원동(2011). 교육사 및 교육철학의 이해. 태영출판사

전국교육직원노동조합 엮음(1991), 학급경영 1학기, 도서출판 돌베개.

전라남도교육육청(2023). 학교폭력 사안처리 가이드북.

전상준 외(2018). 교육학의 이해. 정민사.

전숙자(2002). 다문화교육: 세계시민 교육. 사회과교육의 통합적 구성과 교수-학습 설계. 교육과학사.

전희옥(2016). 학교 문화교육에서 세계시민 교육 내용요소 분석 – 초등학교 사회교과서 분석을 중심으로 –. 사회과교육연구 2006. 13권 3호.

정미경 외 2인(2023). 예비교사를 위한 교육평가. 공동체.

정범모(1976). 교육과 교육학. 배영사.

정윤경(2010). 교사를 위한 교육철학. 교육과학사.

정은희(2010). '개별화교육과 교수방법' 특수교육학개론. 학지사.

정제영(2018). 디지털 시대와 4차 산업혁명에 대비한 교육의 시대. 박영스토리.

정진(2016). 회복적 생활교육 학급운영 가이드북. 피스빌딩

정진(2016). 회복적 생활교육의 이론과 실제. 한국복지대학교

정희숙(2011). 교육철학. 집문당.

조경자 외(2018). 특수교육의 이론과 실제. 동문사.

조남미 외(2020). 교육학개론. 정민사.

조남미 외(2021). 교육학개론. 정민사.

조대훈(2015). SDGs 시대의 세계시민교육 추진 방안. 유네스코 아시아태평양 국제이해교육원.

조대훈(2019). 세계시민교육이란 무엇인가. 서울특별시교육청 교육연구정보원.

조성연 외(2010). 아동발달. 신정.

조승제(2007). 교육과정과 평가의 쟁점 -삶과 앎-.교육과학사.

조헌국(2017). 4차 산업혁명에 따른 미래사회와 교육환경의 변화. 초등과학교육, 36(3), 286-301.

조혜승(2019). 젠더 관점에서 본 세계시민교육 – 세계시민교육 교과서 분석을 중심으로 –.

조혜영 외(2020). 교육학개론. 정민사.

조화섭(2004). 조화섭교육학(上). 교육마을.

최고은(2019). 회복적 정의의 이론과 실제. 학지사

최호성(2008). 교육과정 및 평가. 교육과학사.

토마스 J. 세르지오바니. 한유경 번역(2007). 교육행정(제6판). 아카데미프레스.

통계청 https://kostat.go.kr

특수교육진흥법. 시행 2008. 2. 29. 교육기본법 제18조.

팽형일(2004). 교육의 역사와 철학. 양서원.

평생교육진흥원 http://www.nile.or.kr

평생교육진흥원(2009). 평생학습계좌제. 평생교육진흥원 홍보자료.

평생학습계좌제 http://www.all.go.kr

하나 맥켄 외 편저(2019). 페미니즘의 책. 지식갤러리.

하태욱(2022). 대안교육지원센터 구축 방안 연구. 충청북도교육청.

한경구(2017). 세계시민성과 교육의 미래: 고등교육과 평생학습. 유네스코 한국위원회 및 한
    국교양기초교육원과 공동 주최 '세계시민교육과 교양교육' 기조강연.

한국 소년 정책학회 소년 보호 연구 제30권 제2호 89 - 123.

한국고용정보원(2017). 2017 한국직업전망. 한국고용정보원.

한기철 외(2016). 교육철학 및 교육사. 교육과학사.

한명희(1998). 정보화 사회에서의 문화교육. 한국교육학회 교육철학연구회. 문화개방과 문화
    교육. 연차학술대회.

한민석(2016). 교육학(하). 정민사.

한민석(2016). 교육학(上). 정민사.

한방교(2004). 교육의 이해. 동문사.

한원석(2016). 교육학(上). 동문사

한정선(2000). e-learning 시대의 매체와 방법의 의미 제고. 교육공학연구, 16(4), 201-224.

한현지 외(2020). 특수교육학개론. 정민사

허형(2010). 학습촉진자로서의 교사의 역할 변화에 관한 연구. 한국교육학연구, 16(3), 181-203.

허혜경 외(2012). 교육학개론. 창지사.

홍선주 외(2016). 지능정보사회 대비학교 교육의 방향 탐색. 한국교육과정평가원.

홍선주 외(2019). 미래 학교 교사의 교수학습역량 모델링. 교육문화연구, 25(3), 265-288.

황세영 외(2017). SDGs시대 청소년 역량증진을 위한 환경교육 활동 개발 및 활 용방안 연구.
    세종: 한국청소년정책연구원.

황정규 외(1998). 교육학 개론. 교육과학사.

황정규 외(2011). 교육평가의 이해. 학지사.

Amstutz, L & Muller, H (2005) Restorative Justice in Practice: A Guide for the Restorative
    Justice Practitioner. Hawker Publications

Banks, J. A. (1994). Transforming the mainstream curriculum. *Educational Leadership, 8,*
    4-8.

Banks, J. A. (2002). An introduction to multiculture education(3rd-ed). Boston: Allyn &
    Bacon.

Banks, J. A., & Banks, C.(2007). Multiculture education: Issues and perspectives. Boston:
    Allyn & Bacon.

Corey, G.(2005). *Theory and Practice of counseling and psychotherapy* (7th ed.). Belmont, CA: Brooks/ Cole.

Corey, S, M. (1967). The National Instruction. In P. C. Lange(ed.).Programed Instruction. The Sixty-Sixth Yearbook of the National Society for the study of Education. Chicago: University of Chicago Press.

Dave, R. H.(1976). Lifelong Education and the School Curriculum. Hamburg: UNESCO Institute for Education.

Freud, S.(1949). *An outline of psychoanalysis*. New York: Norten.

Fryer(1997). Lifelong learning exclusion and residence. adults learning.

Gay, G. (2000). Culturally responsive teaching: theory, research, and practice. New York: Teacher College Press.

Griffin, P., Care, E., & McGaw, B. (2012). The changing role of education and schools. In Assessment and teaching of 21st century skills (pp. 1-5). Springer.

Guichun Zong et al.(2002). Multicultural Education in Social Studies. Social Education 66(7). National Council for the Social Studies. 447-448.

Hallahan, D. P., & Kauffman, J. M.(2003). Exceptional children: troduction to special education Englewood Cliffs: Prentice-Hall.

Heward & Orlansky,(1992). Study guide to accompany Exceptional children, fourth edition,

Heward, W. L.(2009). Exceptional Children: An Introduction to Special Education(9th ed) Pearson Education, Inc., Upper Saddle River, New Jersey.

Hicks, D. (1993). 고병헌(역). 평화교육의 이론과 실천. 도서출판 서원.

Hiemstra(2002). Bertus Haverkort and Wim Hiemstra(eds), Food for Thought: Ancient Visions and New Experiments of Rural People. development and change-The hague then london.

Hoy, W. K.,& Miskel, C. G.(2005), Educational Administration: Theory, research, and https://blog.naver.com/nanabooboo/221254262541

Joyce, B., Weil, M., & Calhourn, E. (2000). Models of teaching. Needham Heights, MA: Allyn & Bacon.

Khon, A. (2005). "Restorative Justice: A Guide for Practitioners.

Lengrand(1965). Areas of learning basic to lifelong education. London: Pergamon Pr.

Liddell & Scott, Greek-English Lexikon. London: Oxford University Press, 1975.

Marsh, S & Crow, I. (1998). The Role of the Community in Restorative Justice:

Perspectives on the Practice

McCold, P. (1999). "Restorative Justice: A Conceptual Framework." In: Restorative Justice: An International Perspective.

Nigel Blake 외 편집·강선보 역(2009). 현대 교육철학의 다양한 흐름 Ⅰ.Ⅱ. 학지사.

Osler, A., & Starkey, H. (2008). Education for Cosmopolitan Citizenship in: V.Georgi (Ed) The making of citizens in Europe: new perspectives oncitizenship education (Berlin, Bundeszentrale für politische Bildung (BPB)(German Federal Agency for Civic Education).

Oxfam(2015). Education for global citizenship: A guide for schools. Oxford: Oxfam.

Palazzo & Hosea(2004). Restorative Justice and Mediation: A Framework for Reconciliation

Pata(2004). Teaching the Fundamentals of Cell Phones and Wireless Communications: Mark Davids Rick Forrest and Don

Pineau, E, L. (1994). Teaching is performance: Reconceptualizing a problematic metaphor. American Educational Research Journal, 31(1), 3-25.

Practice(7th). N. Y.: McGraw-Hell, Inc.

Pranis, K. (2005)의 "The Little Book of Circle Processes: A New/Old Approach to Conflict Resolution

Rhodes, M. (1961). An analysis of creativity. Phi Delta Kappan, 42,305-310.

Rogers, C. R.(1942). *Counseling and psychotherapy*. Boston: Houghton Mifflin Company.

Simpson, D. P., Cassell's Latin-Enghish English-Latin Dictionary. London: Cassell Publishers, 1987.

Skinner, B. F. (1953). Science and Human Behavior. Macmillan.

Skinner, B. F. (1972). About Behaviorism. Knopf.

Sleeter, C. E., & Grant, C. A. (1999). *Making choices for multicultural education: Five approaches to race, class, gender.* Englewood Cliffs, NJ: Prentice-Hall.

Smith(2004). Reflecting on the development of interpretative phenomenological analysis and its contribution to qualitative research in psychology.

Sternberg, R. J., & Lubart, T. I. (1996). Investing in creativity. *American Psychologist 51*, 677-688.

Tiedt, P. L, &Tiedt, I. M. (1998). Multicultural Teaching: A Handbook of Activities, Information, and Resources. MA: Allyn and Bacon.

Toffler, A. (1990). Power Shift. New York: Bantam Books.

Turner, B. (1994). Postmodern Culture/Modern Citizens, The Condition of Citizenship(ed.Steenbergen, Bart van,), London: SAGE Publication.

UNESCO(1995). Declaration and Integrated Framework of Action on Education for Peace, Human Rights and Democracy. Paris: Unesco.

Waters, M. (1998). 이기철(역). 세계화란 무엇인가. 현대미학사.

Wechsler, D. (1958). *the measurement and appraisal of adult intelligence*. Baltimore, Md: Williams & Wikins.

Woolfolk. A. E. (2007). *educational psychology*(10th ed.). Bostion: Allagn & Bacon.

색인

저자 약력

전상준(田尙準)
순천대학교 대학원 교육학(교육과정)전공 박사과정 수료
현) 청암대학교 외래교수, 더나눔학술·문화재단 사무국장
저서) 교육학개론(공저, 정민사, 2023) 외 15권

신봉호(申鳳浩)
국립순천대학교 대학원 교육학(상담심리)전공 교육학 박사
현) 더나눔학술·문화재단 이사장
저서) 학교상담의 이론과 실제(정민사, 2019) 외 16권

조남미(趙南美)
순천대학교 대학원 교육학(교육철학)전공 박사과정 수료
현) (사)행복을 가르치는 교사들의 모임 이사장, 더나눔학술·문화재단 부이사장
저서) 교육학개론(공저, 정민사, 2023) 외 7권

정수애((丁秀愛)
순천대학교 대학원 교육학(평생교육)전공 박사과정 수료
현) 여수시청 공무원, 여수 한영대학교 외래 교수
저서) 교육학개론(공저, 정민사, 2023) 외 8권

서동기(徐東基)
국립경상대학교 대학원 교육학(교육심리및교육방법)전공 교육학박사
현) 순천대학교, 광주교육대학교 외래 교수
저서) 교육학개론(공저, 정민사, 2023) 외 15권

조혜영(曺惠永)
순천대학교 대학원 교육학(상담심리)전공 박사과정 수료
현) 부산교육대학교 수석상담관
저서) 교육학개론(공저, 정민사, 2023) 외 15권

김회엽(金會葉)
순천대학교 대학원 교육학(상담심리)전공 박사과정 수료
현) 전라남도고흥교육지원청, 더나눔학술·문화재단 부이사장
저서) 교육학개론(공저, 정민사, 2023) 외 15권

홍지명(洪志明)
전남대학교 대학원 교육학(유아교육전공) 박사
현) 세한대학교 유아교육과 교수, 더나눔학술·문화재단 부이사장
저서) 유아교육과정(공저, 동문사, 2023) 외 10권

정두배(鄭斗培)
세한대학교 대학원 경영학 박사, 광신대학교 대학원 철학 박사
현) 세한대학교 휴먼서비스학과 교수, 더나눔학술·문화재단 부이사장
저서) 교육학개론(공저, 정민사, 2021) 외 5권

문종길(文鍾吉)
한남대학교 대학원 상담학전공 상담학 박사
현) 더나눔학술·문화재단 이사
저서) 우리들의 교육 이야기(공저, 동문사, 2024)

조창영(趙昌榮)
조선대학교 대학원 영어영문학(영어교육) 전공 문학 박사
현) 더나눔학술·문화재단 이사장
저서) 직업과 윤리(공저, 정민사, 2019) 외 5권

김숙경 (金淑慶)
순천대학교 일반대학원 소비자가족아동학과 석사
현) 한국아동가족상담센터장
저서) 교육학개론(공저, 정민사, 2023) 외 2권

교육학개론

초판발행	2025년 1월 3일
지은이	전상준·신봉호·조남미·정수애·서동기·조혜영·김회엽·홍지명·정두배·문종길·조창영·김숙경
펴낸이	노 현
편 집	조영은
기획/마케팅	조정빈
표지디자인	BEN STORY
제 작	고철민·김원표
펴낸곳	㈜피와이메이트
	서울특별시 금천구 가산디지털2로 53, 210호(가산동, 한라시그마밸리)
	등록 2014.2.12. 제2018-000080호
전 화	02)733-6771
f a x	02)736-4818
e-mail	pys@pybook.co.kr
homepage	www.pybook.co.kr
ISBN	979-11-7279-037-0 93370

copyright©전상준 외 11인, 2025, Printed in Korea

정 가	28,000원

박영스토리는 박영사와 함께하는 브랜드입니다.